Richard David Precht

Tiere denken

GOLDMANN
Lesen erleben

Richard David Precht

Tiere denken

Vom Recht der Tiere und den Grenzen des Menschen

GOLDMANN

Originalausgabe

Dieses Buch ist auch als E-Book erhältlich.

MIX
Papier aus verantwortungsvollen Quellen
FSC® C083411
FSC
www.fsc.org

Verlagsgruppe Random House FSC® N001967

2. Auflage

Umschlaggestaltung: Uno Werbeagentur, München
Umschlagmotiv: FinePic®, München
Illustrationen im Innenteil: Oliver Seibt, designambulanz
Satz: Buch-Werkstatt GmbH, Bad Aibling
Druck und Bindung: GGP Media GmbH, Pößneck
Printed in Germany
ISBN 978-3-442-31441-6
www.goldmann-verlag.de

Besuchen Sie den Goldmann Verlag im Netz

Für Paul und Hagen, Elvira, Asterix & Kriemhild,
die dicke Nolpa, Frank-Walter & Angela
und all die anderen, die unter meinen
unsachkundigen Händen lebten und
hoffentlich wenig haben leiden müssen.
Und natürlich für Artus!

Inhalt

Eine neue Tierethik

Was tun?

Anhang

Vorwort

Dieses Buch handelt nicht von denkenden Tieren, sondern nur von einem einzigen denkenden Tier – dem Menschen. Es handelt von der Schwierigkeit, die dieses denkende Tier hat, wenn es sich eine Vorstellung vom Innenleben anderer Tiere macht. Und davon, wie schwer wir uns im Nachdenken und Handeln tun, anderen Tieren gerecht zu werden.

Diese Frage ist so etwas wie mein Lebensthema. Tiere haben mich schon immer fasziniert. Ich erinnere mich gut daran, wie ich mit meinem Großvater in ungezählten Ferien den Zoo in Hannover besucht habe. Es waren jahreszeitenlose Frühlingstage im Herbst; sie durften nie enden. Ich fasste damals den Berufswunsch, Zoodirektor zu werden, und ein schöneres Leben schien mir nicht vorstellbar. Meine Helden waren Bernhard Grzimek und Heinrich Dathe, die beiden großen Zoodirektoren in West und Ost. Um zu üben und um mir die Vorfreude zu erhalten, holte ich mir nach und nach viele Tiere in mein kleines Kinderzimmer: Meerschweinchen, Fische, Eidechsen und Molche. Die

Meerschweinchen bekamen Koliken, die Eidechsen lebten nicht lange, und die Fische hausten in viel zu vielen Arten in einem viel zu kleinen Aquarium. Meine Faszination paarte sich mit einem schlechten Gewissen. Sie umschlangen einander sehr eng und waren selten zu trennen.

Ich wurde kein Zoodirektor. Der schlechte Biologieunterricht in der Schule zerstörte mir meinen Traum. Vielleicht war es auch gut so. Der frühere Kölner Zoodirektor Gunther Nogge sagte zu mir: »Seien Sie froh, dass Sie es nicht geworden sind!« So erhielt ich mir meine Faszination für Tiere, aber auch mein schlechtes Gewissen.

Beides war noch wach, als in der Mitte der Neunzigerjahre der BSE-Skandal und gleich darauf das Klonschaf *Dolly* die Bevölkerung aufschreckten. Ich schrieb einen Essay über Tierethik und ein Dossier über Zoologische Gärten für *Die Zeit;* die Poesie des Herzens, die nur das Beste für alle Tiere wollte hier, die Prosa der Verhältnisse eines barbarischen und problematischen Umgangs mit dem Tier in der Gesellschaft dort.

Im Februar 1997 verschlug mich der Zufall nach Braunschweig zu einem Kongress über »Tiere – Rechte – Ethik«. Für mich war es eine Art intellektuelles Woodstock einer neuen Bewegung. Menschen aus dem ganzen Bundesgebiet waren angereist, und auch die Braunschweiger Bevölkerung nahm sehr regen Anteil. Ich lernte Manuela Linnemann kennen, die Geheime Rätin der Tierrechtsbewegung, die den Kongress glänzend organisiert hatte. Der Schriftsteller Hans Wollschläger predigte in der St.-Andreas-Kirche fulminante Worte über den Paradiesgarten und die abtrünnige Menschheit. Der sympathische Schweizer Philosoph Jean-Claude Wolf gehörte bereits zu den versierteren Denkern auf diesem Gebiet, der Philosoph Michael Hauskeller, ebenso jung wie ich, noch zu den Neueren. Mit dem Biologen und Philosophen Hans Werner Ingensiep, einem der spannendsten Denker, die mir je begegnet sind, und seiner Lebensgefährtin, der Theologin Heike Baranzke, verbindet mich seitdem eine lange Freundschaft. Auch die Frontkämpfer fehlten nicht. Die Tierrechtsorganisation Animal Peace erlebte gerade einen Boom an Spendern, und der Tierrechtler Helmut Kaplan befeuerte die Aktivisten mit radikalen Schriften und kühnen Sprüchen.

Die Gedanken, die wir in Vorträgen und Gesprächen verkündeten, diskutierten und überdachten, hatten damals noch etwas sehr Neues. Zwar hatte der australische Philosoph Peter Singer bereits 1975 sein berühmtes Buch über *Die Befreiung der Tiere* geschrieben. Aber eine Tierrechtsbewegung entstand, anders als in England und den USA, in Deutschland erst langsam in den späten Achtzigerjahren. Nun, in der Mitte der Neunzigerjahre, war das Thema endlich gesellschaftlich relevant geworden: Können wir unseren alltäglichen Umgang mit Tieren weiterhin moralisch rechtfertigen? Die Massenmedien griffen das Thema auf. Der Journalist Manfred Karremann drehte Filme über Massentierhaltung, Schlachthäuser und Tiertransporte und brachte das Elend der Tiere damit in die deutschen Wohnzimmer. Die inzwischen eingestellte Zeitung *Die Woche* nahm dagegen den radikalen Flügel der Bewegung ins Visier. Sie berichtete über angesägte Hochsitze, eingeschlagene Schaufenster von Metzgereien und warnte auf einer Doppelseite vor »Tierschutzterrorismus«.

In diesem Klima erschien im Herbst 1997 mein Buch *Noahs Erbe.* Seine Zustimmung und Ablehnung verlief, wie ich es mir erhofft hatte, oft quer zu den etablierten Freund-Feind-Linien zwischen Tierschützern, Artenschützern und Tierrechtlern. Bedauert habe ich dabei eigentlich nur jene Kritiken, die mir von einem pathologischen Menschenbild bis hin zu einer »ökofaschistischen« Gesinnung so ziemlich alles unterstellten, wovon ich selbst in den finstersten Winkeln meines Wirbeltiergehirns niemals geträumt hatte.

Seitdem ist viel und wenig geschehen. Seit November 1999 erfreuen sich die Menschenaffen in Neuseeland, und waren es damals auch nur acht an der Zahl, eines unantastbaren Rechts auf Leben. Der Tierschutz wurde 2002 als Staatsziel im deutschen Grundgesetz verankert. Die gravierendste Veränderung aber sind ohne Zweifel die vielen Menschen, die sich fleischlos oder vegan ernähren. Das Wort »vegan«, in den Neunzigern noch etwas höchst Obskures, das nur von wenigen seltsam blutleeren Bio-Vampiren betrieben wurde, ist heute in aller Munde. Ein veganes Kochbuch erreichte jüngst eine Millionenauflage. Und nahezu jeder kennt einen Veganer oder häufiger eine Veganerin. Nach einer Umfrage des Allensbacher Instituts aus dem Jahr 2015 gibt es in Deutschland inzwischen 7,8 Millionen Vegetarier und 900 000 Veganer.[1]

In den westlichen Industrienationen steigt die Sensibilität im Umgang mit Tieren unaufhaltsam an, insbesondere bei jungen Frauen. Doch diese Haltung hat zugleich etwas sehr Privates. Schönheit, Fitness, Gesundheit und Tierliebe sind meist auf einen Nahhorizont beschränkt. Waren der Kampf für Tierrechte und die vegane Ernährung früher fast untrennbar miteinander verbunden gewesen, so hat sich das eine heute vom anderen gelöst. In Westeuropa gibt es inzwischen mehr Massentierhaltung, mehr Legebatterien und mehr industrielles Tierelend als je zuvor. Gut versteckt vor der Öffentlichkeit, arbeitet diese Maschinerie, trotz gelegentlichen Protesten, heftiger denn je. Noch nie war die Kluft so groß, die das, was Menschen im Umgang mit Tieren für richtig halten, und das, was tatsächlich praktiziert wird, voneinander trennt. Solange wir unsere Ernährung und unser persönliches Verhältnis zu Tieren als Privatsache auffassen, so lange wird die millionenfache Grausamkeit gegen Tiere weiterhin gesellschaftlich akzeptiert.

In dieser Lage stellen sich manche Fragen, die in *Noahs Erbe* behandelt wurden, anders und neu. Auch viele Zahlen sind, wie könnte es auch anders sein, veraltet. In den Wissenschaften, wie der Paläoanthropologie, der Primatologie und der Verhaltensökologie, ist in den letzten beiden Jahrzehnten einiges geschehen, das es zu berücksichtigen gilt. Die historische Forschung über das Verhältnis von Mensch und Tier hat manches Neue zutage gefördert, ebenso in den Religionen wie in der Philosophie. Die akademische Debatte über eine angemessene »Tierethik« hat stark an Fahrt aufgenommen. Und nicht zuletzt hat meine eigene Beschäftigung mit dem Wesen und den Spielregeln moralischen Handelns zu mancher neuen Einschätzung und Bewertung geführt. Manches von dem, was Menschen tun oder lassen, erscheint mir mit über fünfzig in einem anderen Licht als mit Anfang dreißig …

Einleitung

Wir haben nicht zwei Herzen – eins für die Tiere
und eins für die Menschen.

Alphonse de Lamartine

Es gibt zwei Kategorien von Tieren. Die eine glaubt, dass es zwei Kategorien von Tieren gibt, und die andere hat darunter zu leiden. Die eine nennt sich selbst »Menschen« und die andere sind eben »nur Tiere«. Die eine besitzt eine Menge großartiger Fähigkeiten: Sie hat eine Sprache, gebraucht Werkzeuge und kann aufrecht durchs Leben schreiten. Die andere kann nur einen Teil davon. Sie ist folglich dümmer, irgendwie mangelhaft und entsprechend rechtlos.

Manche Unterschiede machen einen Unterschied, und manche tun dies nicht. In der gegenwärtigen Moral und Rechtsordnung ist der Unterschied zwischen Schimpanse und Mensch größer als jener zwischen Schimpanse und Blattlaus. Die Rechte des Menschen regeln die Verfassung und das Bürgerliche Gesetzbuch, der Schimpanse hingegen hat überhaupt keine Rechte. Seine

Belange regelt ebenso wie jene des Maulwurfs das Tierschutzgesetz. Maulwürfe und Schimpansen sind keine Rechtssubjekte. Man darf sie in enge Käfige einpferchen, man darf sie mit Elektroschocks foltern, mit tödlichen Keimen infizieren, sie am lebendigen Leib verätzen, sie verstümmeln und vergiften.

Das vernünftige und sittliche Leben und das unvernünftige, rohe Leben teilen die Welt in zwei Herrschaftsbereiche. Einer davon besitzt ein moralisches Siegel. Der andere dagegen ist ein nahezu unbeschriebenes Blatt. Fast hundertsechzig Jahre ist es her, dass der britische Naturforscher Charles Darwin den gemeinsamen Ursprung, die fließenden Übergänge und zarten Verästelungen allen Lebens bewies. Doch Menschen gelten weder alltagssprachlich noch rechtlich als Tiere. Eine alte Gewohnheit trennt den Menschen von seinen animalischen Verwandten. Es gehört zu den eigentümlichen Folgen der Darwin'schen Wende, dass sie, mit einigen kleineren Korrekturen, das anthropozentrische Weltbild unangetastet ließ. Kaum jemand dürfte sich als jener Trockennasenprimat in der Verwandtschaft von Menschenaffen, Meerkatzen und Pavianen sehen, als den uns die Zoologie klassifiziert. Stattdessen definieren wir uns als Menschen und geben uns alle Mühe, unsere animalische Natur zu vergessen und zu verbergen.

Das Band zu den anderen Tieren haben wir vor langer Zeit zerschnitten. Vor etwa 10000 Jahren hat der Mensch gelernt, die Rohstoffreserve »Tier« planmäßig zu züchten. Er hält sie von nun an in Form eines lebenden Versorgungsvorrats zum eigenen Nutzen und Frommen. In den Anfängen der Tierzucht legten manche sesshaft gewordenen Jäger gestorbene Hunde in dafür vorgesehene Gruben und bestatteten sogar Mutter, Kind und Rinder gemeinsam. Welten klaffen zwischen dem animistischen Glauben der ersten Viehzüchter und der materialistischen Massentierhaltung der modernen Gesellschaft. Mit dem Ende der Konkurrenz schwand die Notwendigkeit, sich mit dem Tier als einem Lebewesen auseinanderzusetzen. Heute nutzen wir die Ressource »Tier« völlig fraglos für die Ansprüche des Menschen. Das Gemeinsame von Tier und Mensch trat in den Hintergrund. Zwar lebte das Tier noch immer in der kulturellen Fantasie fort, als magische oder fantastische Gestalt, als Freund, Gefährte oder Bedrohung. Doch die Bedeutung in der Alltagswelt ermattete auf Schwundstufen der Natur wie Schoßhund, Zierguppy, Legehenne und Zirkuspferd. Grenzenlos überlegen und unabhängig gegenüber den Tieren seiner Umwelt, entwickelte sich im menschlichen Bewusstsein ein völlig entfremdetes Verhältnis. Nicht nur radikale Ausnutzung und Sadismus, auch falsch verstandene Liebe, Denaturierung und unfreiwillige Quälerei bestimmen seither den menschlichen Umgang mit dem Tier.

Bis ins frühe Mittelalter überwog die Zahl der wilden Tiere die Anzahl der Nutz- und Haustiere, die der Mensch in seinen Dienst gestellt hatte. Doch spätestens mit dem Siegeszug des Kapitalismus in Westeuropa und Nordamerika verschwanden die Reste der Ehrfurcht in die Märchenbücher und Zirkusdarbietungen. Moderne Agrarunternehmen, Industriemetropolen, Autobahnen und Hochspannungsmasten bilden das Ornament unserer Umwelt, die wir seit mehreren hundert Jahren »Landschaft« nennen. Nirgendwo in der Alltagswelt eines Menschen der westlichen Zivilisation begegnet uns das Tier noch als Konkurrent: nicht bei der Ernährung, nicht im Kampf um den Lebensraum und nicht als Fressfeind, dessen Zähne und Klauen ernsthaft Furcht erregen könnten. Das einzig Bedrohliche, das heute bleibt, sind ausgerechnet ein paar kleine Tiere, etwa Ratten und Mäuse, die letzten gefährlichen Fresskonkurrenten des Menschen. Dazu kommen Insekten, Mikroben und Viren.

Das Band zwischen uns und den anderen Tieren wuchs auch nicht dadurch wieder zusammen, dass wir die Tiere über die Wissenschaft als Verwandte wiederentdeckten. Seit mehr als zweitausend Jahren sieht sich der Mensch als legitimer Herrscher über eine beherrschbare Umwelt, dazu geschaffen, sie zu nutzen und auszubeuten. Unsere Evolution hat sich dabei rasant beschleunigt. Längst findet sie kaum noch in unserem Körper statt, sondern vor allem in unserer Technik und Kultur. Und schon lange dient sie nicht mehr dazu, sich der Natur anzupassen. Sie dient einer immer wieder neu geschaffenen menschlichen Kultur. Anpassung bedeutet heute, sich an den eigenen Fortschritt anzupassen mit all den bekannten Folgen für unsere Umwelt. Dramatische Klimawechsel, die Zerstörung der schützenden Ozonschicht, die Versteppung weiter Landstriche auf allen Südkontinenten und die Vergiftung der Meere vernichten nicht nur die nichtmenschliche Tierwelt, sie betreffen mehr und mehr den Menschen selbst.

In atemberaubendem Tempo beschleunigte das industrialisierte 20. Jahrhundert die Beherrschung und Ausbeutung der Natur und mit ihr die der Tiere. Schon in den vergangenen Jahrtausenden hatte *Homo sapiens* den gesamten Planeten in Besitz genommen. Kein größeres Wirbeltier besitzt ein solches Verbreitungsgebiet, bewohnt Wüsten, Regenwälder und Polarregionen gleichermaßen. Und kein größeres Wirbeltier hat sich zu Milliarden vermehrt. Rücksichtslose Plünderung der Rohstoffe und ein ungeheures Bevölkerungswachstum der Spezies *Homo sapiens* schaffen einen erdgeschichtlichen Ausnahmezustand.

Der Mensch beherrscht heute den Planeten, aber offensichtlich nicht sich selbst. Es könnte daran liegen, dass es »den Menschen« gar nicht gibt. Stattdessen gibt es mehr als sieben Milliarden unterschiedliche Individuen. Und niemand davon ist für die Menschheit zuständig. Sie ist eine Gemeinde, der anzugehören nicht dazu verpflichtet, sich um das Ganze zu sorgen und zu kümmern.

Zu herrschen bedeutet, Ordnungen zu etablieren und Regeln dafür aufzustellen, was wichtig ist und unwichtig, richtig oder falsch. Jahrhundertelang sah die Moral der abendländischen

Zivilisation in der Ausrottung der Wildtiere und Ausbeutung der Nutztiere nahezu kein Problem. Eine klare Grenzziehung erlaubte jeden Umgang mit dem Tier, von der Liebe bis zur Folter, von der Zucht bis zur Tötung. Das Argument war schlicht: Der Mensch ist eine Sonderanfertigung Gottes und mit dem Tier gerade mal durch den losen Faden der göttlichen Schöpfungstat verbunden. So kam, in den Worten des deutsch-französischen Theologen und Arztes Albert Schweitzer, »die Ansicht auf, dass es wertloses Leben gäbe, dessen Schädigung und Vernichtung nichts auf sich habe. Unter wertlosem Leben werden dann, je nach den Umständen, Arten von Insekten oder primitive Völker verstanden.«[2] (Eine Klientel, die sich überdies noch um Frauen erweitern ließe.)

Diese Grenze wurde und wird in der abendländischen Kulturgeschichte variantenreich verteidigt. Doch je genauer wir sie betrachten, umso seltsamer erscheint sie uns. Denn sie lässt sich immer schlechter begründen, und zwar sowohl philosophisch als auch biologisch. Seit etwa vierzig Jahren besteht in der Gesellschaft eine Debatte, die unseren Umgang mit Tieren grundsätzlich infrage stellt. Tierethiker wie Peter Singer und sein US-amerikanischer Philosophenkollege Tom Regan fordern Rechte auch für Tiere. Der Ausschluss der Tiere aus der Ethik sei ein moralischer Skandal. Das Tier heute moralisch draußen vor der Tür zu lassen sei das Erbe eines religiösen Aberglaubens. Da der Mensch keine Sonderanfertigung Gottes sei, sondern ein intelligentes Tier, müssten wir die Reichweite der Moral ebenso auf die »anderen Tiere« ausdehnen. Haben wir nicht nach und nach gelernt, die Sklaverei zu ächten und Frauen als gleichberechtigte Menschen zu achten? Und ist es nun nicht an der Zeit, neu über Tiere nachzudenken und sie moralisch angemessen zu beurteilen?

Doch wie könnte ein solcher angemessener Umgang mit den anderen Tieren aussehen? Den Menschen als ein Tier unter anderen anzusehen könnte ja auch bedeuten, ihn abzuwerten, statt die Tiere moralisch ernster zu nehmen. Das Unheil des Sozialdarwinismus und der barbarischen Rassentheorie steht uns mahnend vor Augen. Und was ist überhaupt das Kriterium dafür, Tiere moralisch zu achten? Ist es ihre Leidensfähigkeit, ihr Lebenswille oder ihre Intelligenz? Haben kluge Tiere ein höheres Lebensrecht als dümmere? Das Verhältnis des Menschen zu den anderen Tieren neu zu bewerten ist eine große und schwierige Aufgabe.

Ich möchte in diesem Buch versuchen, diese Fragen neu zu stellen und zu durchdenken. Dabei betrachte ich den Menschen als ein besonderes Tier unter vielen auf andere Weise besonderen Tieren. Ich möchte mich nicht darauf festlegen, den Menschen allgemein über bestimmte Eigenschaften zu definieren, die ihn ethisch wertvoll machen sollen. Ich möchte ihm aber auch nicht im Umkehrschluss alle gemeinhin als »menschlich« bezeichneten Eigenschaften absprechen, weil nicht alle Menschen Träger all dieser Eigenschaften sind. Vielleicht ist bereits das Suchen nach solchen exklusiven Eigenschaften der falsche Weg. Der Denkfehler könnte bereits darin liegen, eigenständige Disziplinen wie »Anthropologie« oder »Moralphilosophie« betreiben zu wollen, die eine solche enge Definition des Menschen voraussetzen. Wäre es nicht besser, die Enge des Begriffs zu sprengen? Statt Anthropologie zu betreiben, sollte man sich lieber mit einer *Anthrozoologie* beschäftigen – eine Lehre vom Menschentier *und* den anderen Tieren.

Der Begriff ist neu, er wurde erst vor wenigen Jahren unter anderem von dem US-amerikanischen Psychologen Hal Herzog eingeführt.[3] Die neue Disziplin der *Human-Animal Studies* konzentriert sich weitreichend darauf, was Menschen und andere Tiere *verbindet.* Dabei verwende ich den Begriff »Anthrozoologie« allerdings etwas anders als Herzog und die Vertreter der Human-Animal Studies. Es ist ein etwas eintöniger Sport, alles, was gemeinhin als »menschlich« betrachtet wird, als Mythos zu entzaubern. Ich möchte es lieber anders einbetten und bewerten. Denn ich meine, dass die Vertreter der Human-Animal Studies ihre Definition des Menschen als ein Tier unter Tieren nicht ganz zu Ende denken. Denn wäre der Mensch durch nichts Menschliches grundsätzlich vom Tier unterschieden, wie sie annehmen, so ließe sich auch nicht einfordern, dass Menschen sich *aus vernünftiger Einsicht* angemessen gegenüber Tieren verhalten sollen!

Um menschliches Handeln zu verstehen, müssen wir verstehen, in welchem Rahmen Menschen die Welt sehen, sich orientieren und handeln. Die beiden ersten Teile des Buches skizzieren diesen biologischen und den kulturellen Rahmen. In ihnen möchte ich zeigen, auf welche Art und Weise Menschen sich unter Tieren verhielten und verhalten. Dabei beschäftigt sich der erste Teil mit der Frage, was für ein spezielles Tier der Mensch eigentlich ist. Wie ist seine Rolle in der Evolution? Und nach welchen Denkmustern haben Menschen diese Chronik unserer selbst seit der Antike geschrieben? (*Die Ordnung der Schöpfung*). Welche Stellung hat sich *Homo sapiens* in der Natur dadurch gesichert, dass er sie sich zuschrieb? (*Der Primat*).

In jeder menschlichen Wissenschaft vom Leben besteht bis heute, stillschweigend oder lauthals verkündet, zwischen Mensch und Tier eine Grenze. Doch weiß weder die Evolutionsbiologie noch die Paläoanthropologie mit Gewissheit zu sagen, an welchem Punkt sich *nur* animalisches von menschlichem Leben scheidet. Was haben Paläoanthropologen in den letzten hundert Jahren darüber geglaubt? Und was denken sie heute? (*Der aufrechte Affe*). Dabei werden wir sehen, dass es mit der Grenze zwischen dem Menschen und den anderen Tieren eine äußerst komplizierte Sache ist. Seit Jahrzehnten messen und vergleichen Verhaltensforscher die kognitiven Leistungen von Tieren mit jenen des Menschen, mit dem überraschenden Ergebnis, dass Tiere in nahezu allen »wichtigen« Punkten unterlegen sind: bei Kulturleistungen wie Werkzeuggebrauch und Religion ebenso wie beim Erwerb der menschlichen Sprache. Doch haben wir bei solchen Messungen tatsächlich den richtigen, den fairen Maßstab? Ist es sinnvoll, die Intelligenz von Menschenaffen mit uns zu vergleichen? (*Sinn und Sinnlichkeit*).

Die Molekulargenetik zeigt uns, dass Menschen biologisch Schimpansen sind. Welche Konsequenzen ziehen wir daraus? (*Eins Komma sechs Prozent*). Nachdem wir den Menschen auf diese Weise biologisch eingekreist haben, werfen wir noch einen Blick darauf, wie objektiv unser Wissen vom Menschen und den anderen Tieren ist. Was können wir überhaupt über das Bewusstsein anderer Tiere wissen? Stellt es nicht eine so große Barriere dar, dass wir zugeben müssen, nichts Definitives sagen zu können? (*Die Tücke des Subjekts*).

Im zweiten Teil werfe ich einen Blick in die Kulturgeschichte des Mensch-Tier-Verhältnisses. Was haben Menschen zu welcher Zeit über Tiere gedacht und warum? Wie hat man sie behandelt? Und welche Sensibilität oder Kälte setzte sich warum durch? Was wissen wir darüber aus der Jungsteinzeit? (*Die Tundra des Gewissens*). Was glaubten und dachten die alten Ägypter? (*»Ich habe kein Tier misshandelt«*). Und warum entzauberte das alte Judentum die Tiere? (*Hirten und Herrscher*).

In der abendländischen Philosophie gibt es seit der Antike sehr unterschiedliche Deutungen von Tieren. Mal sehen die Denker eine große spirituelle oder naturgeschichtliche Nähe, mal erheben sie den Menschen qua seiner Vernunft zum uneingeschränkten Weltenherrscher. (*Das verlorene Paradies*). In der christlichen Religion dagegen werden Menschen und Tiere deutlich voneinander geschieden: eine Sonderanfertigung hier, eine Dreingabe dort. Das Christentum entfernt die tierfreundlichen Momente der jüdischen Religion aus den Glaubenslehren. (*»Kümmert sich Gott etwa um die Ochsen?«*). Anders verläuft der Weg in Indien, China und Südostasien. Das Weltbild und die Tierethik von Hindus und Buddhisten unterscheiden sich von der unseren. (*Scheinheilige Kühe*). Im Abendland dagegen dominiert in der Nachfolge des französischen Philosophen René Descartes eine »rationalistische« kalte Perspektive auf das Tier. Tiere, weil sie nicht vernunftfähig seien, werden kaum noch als Lebewesen wahrgenommen – eine Position, die im 18. Jahrhundert allerdings ziemlich kontrovers diskutiert wird. (*Die Denker und das liebe Vieh*). Nach und nach entstehen im späten 18. Jahrhundert eine neue Mitleidsethik und sogar erste Forderungen nach Rechten für Tiere. (*»Können sie leiden?«*).

Im dritten Teil möchte ich eine eigene ethische Haltung entwickeln. Zunächst werden Theorien von Philosophen des 20. Jahrhunderts vorgestellt, die, wie Albert Schweitzer, »Ehrfurcht vor dem Leben« verlangen oder Tieren einen hohen moralischen Status zusprechen, wie Peter Singer und Tom Regan. (*Das eiserne Tor*). Diese Positionen zwingen dazu, grundsätzlicher darüber nachzudenken, was das »Tierrecht« vom »Tierschutz« unterscheiden soll. (*Schutz oder Recht?*). Anschließend möchte ich die Schwachstellen der gängigen Tierrechtsphilosophien herausarbeiten und zeigen, warum ich sie weder dem Menschen für angemessen halte noch für allgemein praktikabel. (*Eine artgerechte Moral*). Daran schließen sich meine Überlegungen an, was ein angemessener Umgang mit Tieren sein könnte. (*Gut, besser, am besten*).

Solchermaßen gerüstet, können wir uns im vierten Teil mit den vielen Problemen befassen, die sich im Alltag stellen. Das erste dieser Kapitel bilanziert das alltägliche Chaos im Umgang mit Tieren. (*Lieben – Hassen – Essen*). Danach wenden wir den Blick auf die rechtliche Situation und unterziehen die Logik unseres Tierschutzgesetzes einer genaueren Prüfung. (*Ein kurzer Text über das Töten*). Das nächste Kapitel gilt der Jagd. Ist Jagen arttypisches Verhalten des Menschen oder eine staatlich legitimierte Perversion? (*Naturschutz oder Lustmord?*). Und wie sieht es mit unserer Ernährung aus? Welche Argumente sprechen dafür, dass Menschen in unseren heutigen westlichen Gesellschaften noch Tiere töten dürfen, um sich von ihnen zu ernähren? Und welche Argumente sprechen dagegen? Vielleicht gibt es sogar schon in Kürze einen Ausweg, der uns endlich hilft, die Massentierhaltung zu beseitigen. (*Jenseits von Wurst und Käse*). Ebenso stellt sich die Frage, unter welchen Umständen Tierversuche zukünftig erlaubt sein sollten und unter welchen nicht. (*Das Tier als Dummy*). Ist es moralisch vertretbar, Tiere in Zoologischen Gärten zu halten? Und wenn ja, welche und welche nicht? (*Alcatraz oder Psychotop?*). Zoos verstehen sich heute als »Naturschutzzentren«, die Tiere erhalten, die in ihren Heimatländern vom Aussterben bedroht sind. Wie ist dies zu bewerten? (*Das Zeitalter der Einsamkeit*). Dabei stoßen wir auf die Schwierigkeit, dass Tierschutz, Tierrecht und Artenschutz keine natürlichen Verbündeten sind, sondern sich in ihrer Philosophie, ihrer Weltanschauung und ihren Zielsetzungen stark unterscheiden. (*Das unversöhnliche Triumvirat*). Das Schlusswort bilanziert diese Erkenntnisse und fragt, was wir aus alledem pragmatisch folgern sollten und in welchen Schritten es geschehen könnte. (*Schopenhauers Treppe*).

Das Menschentier

Die Ordnung der Schöpfung

Wie menschlich ist die Evolution?

Nicht das, was du nicht weißt, bringt dich in Schwierigkeiten, sondern das, was du sicher zu wissen glaubst, obwohl es gar nicht wahr ist.

Mark Twain

Es gab einmal eine Welt, da weideten sich schwerfällige Apathosaurier am saftigen Grün der Farne und Schachtelhalme; Trilobiten krabbelten bäuchlings über den Meeressand, Tyrannosaurier wateten hungrig durchs Gesümpf.

Wir leben nicht in dieser Welt. Wir leben in *unserer* Welt. Unsere Welt ist das Hier und Jetzt, begrenzt durch unseren Verstand, eingezäunt durch die Märchenhecke der Kultur. Was immer wir über die Dinosaurier zu wissen glauben, wir müssen uns ihre Welt, die wir nicht erleben, erst konstruieren. Wir müssen sie ausmalen mit den Buntstiften unserer Fantasie. Die Welt der Kreide und des Jura, die vor rund zweihundert Millionen Jahre begann –, dies alles ist ein Bild unserer Vorstellung, ein wahrscheinliches Bild vielleicht, etwas, das wir geneigt sind, für

Wahrheit zu halten. Aber dieses Bild hat sich schon oft verändert, und es wird sich gewiss noch weiter verändern.

Menschen neigen dazu, die Welt, in der sie leben, aufzuräumen. Es ist eine ziemlich arttypische Verhaltensweise. Wir sortieren die alltäglichen Dinge unseres Lebens, und ebenso sortieren wir die Gedanken über die Welt, die uns umgibt. Jede Ordnung, auch die der Natur, ist also ein menschlicher Entwurf. Und allem Anschein nach entstand das Bedürfnis, die Welt zu ordnen, in unserer Entwicklungsgeschichte parallel zur Entwicklung der Sprache. Denn ohne die künstliche Aufräumarbeit der Sprache wäre die Vorstellung von einer »Ordnung der Schöpfung« oder der »Natur« nicht möglich.

Wer auf die Ordnung angewiesen ist, bewegt sich gern in den sicheren Grenzen eines Systems. Nur innerhalb eines solchen Ordnungsgefüges fragt man nach Wahrheit und Geltung, Richtigkeit, Methode und Bedeutung. Zu leicht übersieht der Ordner dann die künstliche Behausung und die selbst gezimmerten Regale, in die er die Welt so sorgfältig hineinsortiert. Selten gelingt ihm ein Blick aus dem Fenster in die ungewisse Landschaft, die ihn umgibt. Und nur ein gewaltiger Sturm, ein Blitzschlag oder eine Erschütterung zwingt den Verwalter der Welt, die sichere Wohnstatt zu verlassen und sich ein anderes Haus zu bauen, das den Anfeindungen des neuen Klimas widersteht.

Erst im Rückblick auf die vielen Irrtümer der Vergangenheit erkennen wir dann unsere eigene Unzulänglichkeit beim Aufräumen. In der Gegenwart erscheint uns die jeweilige Ordnung meistens so selbstverständlich, dass wir gern über jede Möglichkeit der Veränderung lächeln. So haben Menschen mit völliger Gewissheit angenommen, dass die Erde eine Scheibe ist und dass Frauen und Sklaven keine Rechte zustehen. Und mit einem ebensolchen Lächeln betrachten wir heute die Gründe, mit denen Menschen sich im Laufe der Jahrhunderte von den Tieren zu unterscheiden glaubten.

Schon die alten Griechen, insbesondere *Aristoteles* (384 v. Chr. – 322 v. Chr.), haben sich für die Geschichte und das in vielen Details verborgene System der Natur interessiert. Er teilt die Tiere in Klassen ein, versucht zu ergründen, was Leben ist, und schafft damit die Grundlagen der Zoologie. Aber Aristoteles kennt nur wenige hundert Tiere. Eine »vollständige Naturgeschichte« wird das erste Mal im 18. Jahrhundert geschrieben – und auch sie ist äußerst unvollständig. Seitdem verfügen wir nicht nur über einen reichen Vorrat an gedachten Ordnungen von den Schöpfungsmythen bis hin zur Molekularbiologie. Wir kennen auch eine Wissenschaft, die sich »Taxonomie« nennt und jede Pflanze und jedes Tier systematisch in eine Inventarliste der Natur einträgt.

Dabei verraten die Denkschemata der Naturforscher nicht nur etwas über die klassifizierte Natur selbst, sondern ebenso über das Ordnungsbedürfnis und die Pfiffigkeit des menschlichen Geistes. Das 18. Jahrhundert ist eine Zeit, in der das Bürgertum an die Macht drängt und sich zunehmend gegen den Adel auflehnt. Seine schärfste Waffe ist etwas, das man »Vernunft« oder »Rationalität« nennt und das man gegen den Glauben ins Feld führt. Für die Philosophen der Rationalität ist die Welt keine vorgefundene Schöpfung mit fester Ordnung, sondern etwas, dass man geistig durchdringen und auf seine Logik und Widersprüche untersuchen kann. Dabei geben zunächst die Physik und die Mathematik das Schema vor, nach dem alle Erkenntnis, auch jene von Pflanzen und Tieren, funktionieren soll. Die Systematiker der Naturgeschichte suchen nach unverrückbaren Kriterien, objektiven Gesetzmäßigkeiten und logischen Verbindungen, um die unübersichtliche Welt der Lebewesen ihrer »wahren Anordnung« gemäß einzuteilen. Aber nicht alle Naturforscher glauben, dass ein solches Vorhaben tatsächlich gelingen kann. Manche halten die Natur für zu reichhaltig, um sie auf diese Weise zu klassifizieren. Weltanschauungen treffen aufeinander: auf der einen Seite der Glaube an ein vom Menschen prinzipiell völlig durchschaubares Natursystem; auf der anderen Seite eine unergründliche Schöpfung, in der der Mensch sich immer nur tastend fortbewegt.

Die erste Variante gilt im 18. Jahrhundert als der modernere Ansatz. Man orientiert sich dabei an einem Rationalismus, den *René Descartes* (1596–1650) schon hundert Jahre zuvor neu begründet hat. Dieser Rationalismus orientiert sich an der Mechanik. Die Schöpfung Gottes erscheint als eine einzige klug ausgetüftelte Maschine, die der Mensch Stück für Stück zu beherrschen lernt. Und das Universum besteht aus Materie in Bewegung, organisiert nach mathematischen Gesetzen. Obgleich das 18. Jahrhundert zentrale Spekulationen des Philosophen widerlegt, orientiert es sich in vielem an Descartes' mechanistischer Denkweise. Sie tut dies vorzugsweise in jenen Disziplinen, deren Erkenntnisfortschritt zunächst gering bleibt. Und nirgendwo trifft dies in einem solchen Maß zu wie bei der Erforschung der biologischen Natur.

Doch dieses Weltbild hat problematische Folgen. Wer die Welt konsequent nach mechanistischen Grundsätzen betrachtet, hat für den Bereich der nichtmenschlichen Natur wenig Verständnis. Für Descartes sind Tiere nichts als Maschinen. Es macht keinen Unterschied, ob eine Maschine die äußere Gestalt und die inneren Organe eines Affen hat, oder ob es sich dabei tatsächlich um ein lebendes Tier handelt. Denn relevantes Leben kommt für den Denker nicht durch zirkulierendes Blut und Reizempfindungen in den Körper. Sondern bedeutsames Leben garantieren einzig und allein der erleuchtete Geist und seine Sprache.

Descartes' Zeit kennt weder den Begriff des »Organismus«, die Besonderheit des Lebens noch die Evolution, sondern eben nur die Mechanik. Trotzdem ist seine Theorie von den Tieren als seelenlose Automaten im 17. und 18. Jahrhundert äußerst umstritten. Französische Philosophen schreiben Buch um Buch über die Tier-Frage und befehden sich dabei über mehr als hundert Jahre. Noch weiß man nichts von einer »Biologie«. Man betreibt eine neue Disziplin, die sich »Naturgeschichte« nennt und damit aufräumt, die Geschichte von Lebewesen als eine wahllose Sammlung von Erzählungen anzusehen. Bisher schrieben Autoren umstandslos von der Fangweise der Tiere, ihrer Anatomie, ihrer biblischen und allegorischen Bedeutung, ihrem praktischen Gebrauch, ihrer Vermehrung, ihren Stimmen und Sprachen, ihren Bewegungen, ihrem Alter und von der Sympathie oder Antipathie des Verfassers. Auch Kochrezepte wurden von Fall zu Fall hinzugefügt.

Ein zoologisches System ist zu Anfang des 18. Jahrhunderts weitgehend unbekannt, die Verwandtschaftsverhältnisse der Pflanzen und Tiere sind diffus geahnt und werden eher nach Lebensräumen bestimmt als nach körperlichen Merkmalen: Tiere, die nachts jagen, stehen dabei ebenso in einem Ordnungsgefüge wie Tiere, die fliegen können, im Wald oder in einem See leben. Bereits die Priesterschrift der biblischen Genesis hatte die Welt der Tiere und Pflanzen nicht nach anatomischen Merkmalen unterteilt, sondern in Bezug auf den Lebensraum: Pflanzen und Tiere des Meeres, der Luft und der Erde. Über mehr als tausend Jahre kannten auch der Islam und die Hindus Ordnungssysteme, die Tiere in ihrem Ökosystem verankerten.

In der hinduistischen Samkhya-Tradition existieren vierzehn Klassen unterschiedlicher Lebewesen, eingeteilt in acht Formen himmlischer und sechs irdischer Lebewesen, zu denen auch der Mensch gehört. Als weiteres Unterscheidungsmerkmal dient die Art und Weise der Geburt. Im großen indischen Nationalepos aus dem 4. Jahrhundert, dem *Mahabharata,* heißt es: »Auf dieser Erde gibt es zwei Arten von Lebewesen, die Beweglichen und die Unbeweglichen. Die Beweglichen haben einen dreifachen Schoß: Sie sind aus dem Ei, aus feuchter Hitze und Lebendig-Geborene. Von allen beweglichen Lebewesen wiederum sind diejenigen, die lebendig geboren sind … die besten. Die besten unter den lebendig Geborenen sind die, die zum Menschengeschlecht gehören, und die Nutztiere.«[4]

Die neuen Systeme des 18. Jahrhunderts befreien die Naturgeschichte von allem, was sich mit den Methoden der Zeit nicht wissenschaftlich exakt beschreiben lässt. Kochrezepte fallen sowieso unter den Tisch, aber auch manche Verhaltensbeobachtungen und vormals wichtige Eigenschaften wie zum Beispiel der Geruch. Geforscht wird mit Lupe und Mikroskop, Lineal und Pinzette. Der wichtigste Mann auf diesem Gebiet ist der schwedische Naturforscher *Carl von Linné* (1707–1778). Er orientiert sich an Aristoteles, den er bewundert, nicht an Descartes. Geradezu revolutionär demokratisch entwickelt der aufgeklärte Schwede im 18. Jahrhundert ein beschreibendes System der Natur, frei vom theologischen Firlefanz seiner Zeit. Mit der Akribie eines Briefmarkensammlers, dem Vollständigkeit mehr bedeutet als das Bestaunen einzelner Werte, ordnet er die belebte Natur nach Arten, Gattungen, Ordnungen und Klassen. Vier Variablen: die Form der Elemente, ihre Anzahl, die räumliche Anordnung der Elemente und ihre relative Größe, bestimmten von nun an den Platz im System.

Unter der Leitdisziplin der Botanik wandelt sich die Naturgeschichte in eine geordnete Welt aus Linien und Flächen. Entscheidend sind die sichtbaren Unterscheidungsmerkmale wie Blüten und Staubgefäße, Blätter und Früchte, Füße und Hufe, Federn und Flossen. So setzt Linné für jede Pflanzen- und Tierklasse, jede Ordnung und Gattung bestimmte Merkmale fest, die er als die wichtigeren erachtet. Denn nur unter der Annahme solcher privilegierter Strukturen ist es ihm möglich, die verschiedenen Spezies im Gesamtsystem unmissverständlich zu rastern. Der menschliche Ordner beschreibt also nicht einfach die belebte Natur. Er fügt ihr auch etwas hinzu: die Entscheidung nämlich, was in der Formenvielfalt der Lebewesen *wichtige* Merkmale sind und was nicht.

Wie alle damaligen Naturforscher nimmt Linné an, dass die Einteilungen, die der menschliche Verstand macht, tatsächlich einer objektiven Ordnung der Natur entsprechen. Doch Linnés System ist, wie er selbst weiß, nicht »natürlich«. Seine Strukturen sind keine, die er in der Natur als Unterscheidungskriterien vorfindet. Denn was sich am Schreibtisch nun mühsam in Ordnungen pressen lässt, liegt, wie der französische Naturforscher *Michel Adanson* (1727–1806) feststellt, in der Wildnis wie Kraut und Rüben durcheinander: »... eine konfuse Mischung aus Wesen ... die der Zufall einander angenähert zu haben scheint. Hier wird das Gold mit einem anderen Metall, mit einem Stein oder mit Erde gemischt. Dort wächst die Eiche neben dem Veilchen. Unter diesen Pflanzen irren ebenfalls der Vierfüßler, das Reptil und das Insekt umher. Die Fische mischen sich sozusagen mit dem wässrigen Element, in dem sie schwimmen, und mit den Pflanzen, die auf dem Grunde der Gewässer wachsen ... Diese Mischung ist sogar so allgemein und so vielfältig, dass sie eines der Naturgesetze zu sein scheint.«[5]

Der Widerspruch zwischen einer taxonomischen und einer ökologischen Ordnung der Natur ist offensichtlich. Er findet sich noch heute in der Diskussion um die Ästhetik von Zooanlagen. Soll man die Tiere nach Verwandtschaftsverhältnissen sammeln, also in Raubtierhäusern, Antilopenhäusern und Hirschanlagen, sodass der Besucher zwischen den anatomischen Besonderheiten der Arten – mitunter sogar den geografischen Varianten einer einzigen Art – zu unterscheiden lernt? Oder gewährt die Nachgestaltung eines Naturbiotops, einer afrikanischen Savanne oder eines alpinen Panoramas den wichtigeren Einblick in die Ordnung der Natur?

Zwar steht für Linné und seine Kollegen fest, dass die »wahre Ordnung« der Natur sich an den körperlichen Merkmalen zu orientieren hat, doch muss eine Erklärung dafür gefunden werden, warum diese Ordnung in der freien Natur nicht von allein sichtbar wird. Ohne Zweifel ist das System der Natur keine zeitlose Schöpfung, sondern durch Veränderungen gekennzeichnet, die sich in der Erdgeschichte ereignet haben. Parallel mehren sich die Funde von Fossilien, also von Tieren, die mutmaßlich ausgestorben sind. Es hat allem Anschein nach größere geologische Katastrophen in unbekannter Zahl gegeben, denen viele Arten zum Opfer gefallen sind. Doch haben diese Desaster auch zur Entstehung von neuen Formen geführt?

Um den Faktor der Zeit und seine Folgen für das System der Natur einzuschätzen, gibt es viele Möglichkeiten. Die einfachste und menschlichste aller zeitlichen Ordnungsvorstellungen ist die Idee, alles folge einem Plan und sei auf ein Ziel hin ausgerichtet (*Teleologie*). Religionen, Philosophien und Ideologien funktionieren nahezu allesamt zielgerichtet: Es geht um ein besseres Leben auf Erden, im Jenseits, in einem gerechten Staat, um die Herrschaft über die anderen, über die Produktionsmittel oder das Böse. Selbst unser Alltag gestaltet sich weitgehend teleologisch, durchtränkt von zukünftiger Erwartung. Motor jedweder Teleologie ist der Fortschrittsgedanke. Sein imaginäres Ziel ist der vollkommene Zustand. So glauben christlich-abendländische Gesellschaften gern an eine ständige Verbesserung durch Anstrengung; eine Tugend, die nach calvinistischer Tradition im Himmel wie auf Erden von Gott materiell entlohnt wird. Wie naheliegend also, auch in der Natur die Entstehung »höherer« Lebensformen durch Fortschritt erkennen zu wollen mit dem Endziel des Menschen.

Die Unordnung der Schöpfung mit einem göttlichen Fortschrittsplan in Einklang zu bringen, ist das Lebenswerk des Schweizer Naturforschers und Philosophen *Charles Bonnet* (1720–1793). Für Bonnet ist die Zahl der Arten und ihre äußere Gestalt von Gott ein für alle Mal festgelegt. Doch kann sich ein jedes Lebewesen perfektionieren. Der Weg vom simplen Gemüt zur genialischen Leistung ist vom Schöpfer vorgezeichnet. Und alle Tiere beschreiten ihn zeitlich versetzt nach dem gleichen Muster, das der Mensch ihnen vorgelebt hat: »Es wird einen mehr oder weniger langsamen und kontinuierlichen Fortschritt aller Arten zu einer höheren Vervollkommnung geben, sodass alle Grade der Stufenleiter in einer determinierenden und konstanten Beziehung fortgesetzt variabel sein werden ... Es wird unter den Affen Leute wie Newton und unter Bibern wie (den Festungsbaumeister, R.D.P.) Vauban geben. Die Austern und die Polypen werden in Beziehung zu den höchsten Arten das sein, was die Vögel für die Vierfüßler im Verhältnis zum Menschen sind.«[6]

Seit Bonnet ist die Vorstellung von der »Leiter der Natur«, der *Scala naturae,* ein wichtiges Inventar des naturgeschichtlichen Denkens. Fortschritt, Vervollkommnung und göttlicher Plan – diese drei Größen bestimmen die Vorstellung vom Werden der Natur vom 18. Jahrhundert bis in die Gegenwart hinein. Das Prinzip, nach dem die Evolution Leben hervorbringt, sei unvermeidlich und von Anfang an vorherbestimmt. Nicht wenige Evolutionstheoretiker haben dies ebenfalls geglaubt, und zwar mit beachtlicher Kontinuität. Der englische Naturforscher *Alfred Russel Wallace* (1823–1913), der gemeinsam mit Darwin die Theorie der natürlichen Selektion entwickelt hatte, hielt nicht nur den menschlichen Geist und sein Moralempfinden, sondern zudem auch die weiche, nackte, empfindsame Haut des Menschen für das Resultat einer notwendigen Entwicklung.

Doch schon im 18. Jahrhundert regten sich zugleich vorsichtige Zweifel an der Stimmigkeit einer solchen Vorgeformtheit. Denn wie sollte man Naturkatastrophen bewerten? Während die meisten Naturforscher sie als Teil des göttlichen Schöpfungsplans interpretierten, zogen andere vergleichsweise finstere Schlüsse. Und so wurde tatsächlich ein großes Erdbeben zum indirekten Auslöser der Evolutionstheorie, nämlich jenes von Lissabon im Jahr 1755. Wer über die Katastrophe nachdachte, konnte starken Zweifel daran hegen, dass die Weltordnung ausgeklügelt und harmonisch sei.

Die weitestreichenden Schlussfolgerungen zog der englische Pfarrer und Nationalökonom *Thomas Robert Malthus* (1766–1834). Nicht nur die geologische Natur und ihr Gefahrenrisiko, sondern auch die Vermehrung der Bevölkerung wurde nun als Übel erkannt. Im Jahr 1798 publizierte Malthus seinen *Essay on the Principle of Population* (*Das Bevölkerungsgesetz*), die erste Mahnschrift vor den Gefahren einer Bevölkerungsexplosion. Bei einer Verdoppelungsrate der Weltbevölkerung innerhalb von fünfundzwanzig Jahren, errechnete Malthus, werde ihr exponentielles Anwachsen aufgrund der von der Umwelt gesetzten Grenzen notwendig zu Armut, Katastrophen und Tod führen. Der biblische Auftrag »Seid fruchtbar und mehret euch« erschien mit einem Mal als ein Fluch. Ein gnadenloser »Kampf ums Dasein« (*struggle for life*) war entfesselt. Das Einzige, was blieb, war die Hoffnung, die katastrophalen Folgen der göttlichen Anweisung so weit wie möglich eindämmen zu können.

In einer Zeit, als die Gesellschaftstheorie noch der Biologie den Leuchter voran und nicht wie heute die Schleppe hinterherträgt, begeistert sich vor allem ein englischer Dorfpfarrer, Charles Darwin (1809–1882), für die Malthus'schen Gesetze. Denn wenn es richtig ist, dass sich ein Tier mit einer so geringen Vermehrungsrate wie der Mensch gegenüber seinen Artgenossen durchsetzte, so gab es sichtlich andere Kriterien für die Überlebensfähigkeit einer Population als die Zahl ihrer Geburten. Der Maßstab für den Erfolg einer Spezies war ihr Durchsetzungsvermögen oder, wie Darwin es später in den *Prinzipien der Biologie* des jungen Philosophen *Herbert Spencer* (1820–1903) lesen konnte, *»the survival of the fittest«*.

Darwins naturkundliche Studien waren ursprünglich von dem Gedanken beseelt, die nichtanimalische Identität des Menschen zu beweisen. Erst der Sieg des Entdeckerstolzes über das Entsetzen verlieh ihm schließlich den Mut, den berühmten Satz zu schreiben: »Und ich bin beinahe überzeugt (der Meinung, mit der ich an die Frage herangetreten bin, völlig entgegengesetzt), dass die Spezies (mir ist es, als gestände ich einen Mord ein) nicht unveränderlich sind.«[7]

Darwins kühne Vermutung war nicht ganz neu. Bereits ein halbes Jahrhundert zuvor hatten der französische Naturforscher *Georges-Louis Leclerc, Comte de Buffon* (1707–1788) und der Philosoph *Denis Diderot* (1713–1784) über eine Veränderung der Arten spekuliert. Besonders *Jean-Baptiste de Lamarck* (1744–1829) behauptete die allmähliche Entwicklung der Arten aus primitiveren Vorformen, die sogenannte *Transmutation.* Lamarck war nicht nur ein Pionier, der mit Jahrmillionen hantierte, als alle Welt die Erde noch einige tausend bis hunderttausend Jahre jung wähnte, sondern er prägte (zur gleichen Zeit wie zwei deutsche Naturforscher) das Wort *Biologie.* Bei ihm wandelten sich die Lebewesen dadurch, dass sich ihre körperlichen Anstrengungen auf ihr Erbgut auswirken. Dabei nahm er allerdings nicht an, dass die Arten auseinander hervorgehen, wie Darwin es später tat. Lamarcks Theorie ist näher an jener von Bonnet. Für ihn vervollkommnen die einzelnen Tierarten im Laufe der Zeit ihre Anlagen und entwickeln sich dadurch immer höher. Besonders vollkommene Tiere, wie der Mensch, sind demnach sehr alt, denn sie haben einen weiten Weg von einem primitiven Organismus bis hin zur heutigen Gestalt hinter sich gelassen. Andere, wie der primitive Süßwasserpolyp, haben ihre Reise durch die Zeit gerade erst angefangen.

Lamarck war kein Charismatiker, und die zoologische Allmacht seines Vorgesetzten am Jardin des Plantes in Paris, des Barons *George Cuvier* (1769–1832), verhinderte, dass man sich allzu sehr mit seinen Theorien beschäftigte. Cuvier war ein bedeutender Mann. An die Stelle einer nach botanischem Muster verfahrenden Zoologie setzte er eine neue Wissenschaft, die sich weniger an äußeren Merkmalen als am Organismus der Tiere orientierte. Doch was die Transmutation anbelangte, blieb der Oberaufseher der protestantisch-theologischen Fakultäten Frankreichs beim konservativen Modell. Er verbreitete weiterhin, eine Kette von Naturkatastrophen habe als modifizierte Sintfluten ganzen Klassen von Tieren den Garaus gemacht. Diese Theorie ist weitgehend richtig, allerdings schließt sie die Transmutation nicht aus.

Das wirklich Revolutionäre an Lamarck war die Idee, die Geschichte der Natur nicht vom Menschen aus bis hinunter zur Bakterie zu schreiben, sondern umgekehrt von der Bakterie zum Menschen. Aus einem Modell der räumlichen Hierarchie wurde ein Modell der zeitlichen Entwicklung. Lamarck erkannte zudem, dass das Bewusstsein eines Tieres an die Physiologie und Neurologie seines Körpers gebunden ist. Demnach ist jeder Geist erstens begrenzt und zweitens veränderlich.

Die philosophische Konsequenz aus Lamarcks Denken ist so radikal, dass sie fast einhundertfünfzig Jahre lang von niemandem ernsthaft in Betracht gezogen wurde. Wie kann ein Geist, der den Gesetzen der Evolution unterworfen ist, sich eigentlich anmaßen, die Natur der Welt so zu erkennen, wie sie »an sich« ist? Von dieser Schlussfolgerung wollte die Biologie allerdings bis weit ins 20. Jahrhundert hinein nicht viel wissen.

Auch Darwins Theorie von der natürlichen Selektion der Lebewesen im Ringen um ihr Leben und mit der Umwelt entwickelte sich weiter. Gewitzten Zeitgenossen wie *Karl Marx* (1818–1883) war aufgefallen, wie stark Darwins Denken dem Zeitgeist des Viktorianischen Zeitalters verhaftet war: »Es ist merkwürdig, wie Darwin unter Bestien und Pflanzen seine englische Gesellschaft mit ihrer Teilung der Arbeit, Konkurrenz, Aufschluss neuer Märkte, ›Erfindungen‹ und Malthusschem ›Kampf ums Dasein‹ wiedererkennt.«[8] Die Betonung des Malthus'schen

Kampfes von jedem gegen jeden und auch der Fortschrittsglaube in Darwins Denken zeigen ihn stark seiner Zeit verhaftet.

Eine andere Kritik kam aus der Biologie selbst. Darwin hatte noch nichts von Genen gewusst. So konnte er nicht erklären, was sich biochemisch ereignete, wenn Arten sich veränderten. Der »Darwinismus« der Jahrhundertwende gab schließlich die Hoffnung auf, die Evolution ließe sich allein durch die natürliche Selektion der Arten nach Maßgabe ihrer Anpassungsfähigkeit an die Umwelt begründen. Man entdeckte die Rolle der Genetik, und zum neuen Erklärungsprinzip wurde das Modell der zwei Konstrukteure. Das Spiel des Lebens erhielt einen Würfel: zufällige Veränderungen im Genmaterial, also sogenannte *Mutationen.* Im *Trial-and-Error*-Verfahren entstehen im Erbgut gelegentlich Abweichungen, die dann erfolgreich sind, wenn sie sich in der Umwelt bewähren. Damit war die Idee vom Tisch, dass sich neu erworbene Eigenschaften oder »die anatomischen Auswirkungen körperlicher Anstrengungen«, wie Lamarck meinte, vererben könnten. Noch Darwin hatte dies für denkbar gehalten. So vertraute er Erzählungen, wonach bei jenen Volksgruppen, zu deren Riten die regelmäßige Beschneidung der Penisvorhaut gehört, sich die Vorhaut allmählich verkürzte. Das hätte zwar die Beschneidung überflüssig gemacht, aber Darwin hatte gerade anderes Gewichtiges zu bedenken, als darüber nachzusinnen.

Die Verkürzung der Vorhaut blieb im Wissensschatz der Darwinisten, bis *August Weismann* (1834–1914) im späten 19. Jahrhundert nachwies, dass ein solcher Informationsfluss vom äußeren Erscheinungsbild zum Erbmaterial nicht möglich sei. Über fünf Generationen kürzte Weismann einem Stamm von Mäusen ihre Schwänze, ohne dass eine Nachricht über diesen Eingriff die Keimbahnen der Mäuse erreichte. Denn siehe da: Auch die Schwänze der nachfolgenden Mäusegenerationen blieben gleich lang. Da bedurfte es schon der Spitzfindigkeit des irischen Dichters *George Bernard Shaw* (1856–1950), der Weismanns schneidende Widerlegung der Lamarck'schen Theorie leichtfertig vom Seziertisch wischte. Die Mäuse, bemerkte der Dichter, hätten gar keine Anstrengungen unternommen, ihre Schwänze zu verlieren, während sich die Tiere bei Lamarck ja darum bemüht hätten, sich zu verändern.

Im Nachhinein also war es der pädagogische Optimismus, der Lamarck in die Irre geführt haben sollte. So machte die Hoffnung auf einen ethisch ansprechenden Evolutionsverlauf – die Erwartung, die Menschheit entwickle sich qua Anpassung an das soziale Milieu durch Selbsterziehung zum Besseren – nur noch eine etwas abseitige Karriere im staatssozialistischen Biologieunterricht der Sowjetunion. Wie kalt dagegen der überlegene »Kampf ums Dasein«, der ja ein Kampf um die Fleischtöpfe ist, ohne Hoffnung, der Mensch werde den kühnen Geist statt seines materialistischen Gierhalses nach Höherem strecken. Und einzig die Kirche bewahrte unverdrossen einen lamarckistischen Gedanken – allerdings einen pessimistischen und keinen optimistischen. In bester Schützenhilfe für den französischen Chevalier verteidigt sie bis heute ihr molekulargenetisch bedenkliches Dogma, Adams Ungehorsam im Garten Eden habe zu einer »Erbsünde« geführt, die daraufhin auf alle zukünftigen Generationen übergegangen sei.

Immerhin sind in den beiden letzten Jahrzehnten einige Biologen wieder etwas offener dafür geworden, der Vererbung erworbener Eigenschaften einen Platz in der Genetik zu lassen. Zwar vererben sich psychische und physische Lebenserfahrungen nicht durch veränderte Gene. Aber es könnte doch sein, dass jene Schalter, die darüber bestimmen, welche genetische Information weitergegeben wird und welche nicht, durch Umwelteinflüsse verändert werden. Überlegungen wie diese beschäftigen sogenannte *Epigenetiker* seit einiger Zeit, sie haben einen wachsenden Einfluss auf unsere Vorstellung von der Evolution.

Die heutige Leitdisziplin, die uns die Verwandtschaft des Lebens entschlüsseln soll, ist die Genetik. Wir untersuchen die Summe aller genetischen Informationen und registrieren dabei Übereinstimmungen und Abweichungen mit anderen Arten. Doch der Prozess, die Natur unserer Natur zu erkennen, ist noch lange nicht abgeschlossen und wird wohl auch nie abgeschlossen sein. Wir wenden Ordnungsschemata auf Theorien und Theorien auf Beobachtungen an. Nur so kommen wir zu Kausalitäten und Gesetzen. Doch ihre Bedeutung verändert sich in dem Maße, wie wir den Blickpunkt unserer Aufmerksamkeit wieder verlagern. Dieser Vorgang des Entdeckens und des Verdeckens durch neue Denkschemata ist prinzipiell nicht abschließbar, denn selbst gegenwärtige Evolutionstheorien unterliegen weiterhin der Evolution.

Erstaunlicherweise hat die moderne Evolutionstheorie nur zu einer geringfügigen Korrektur alter Denkschemata geführt. Wie früher in der Naturgeschichte erkennen wir heute in der Biologie überall Regelhaftigkeit, Notwendigkeit und Vorteile. Doch bei näherer Sicht erweist sich die Evolution geradezu als Herrschaftsgebiet der Ausnahmen über die Regeln. Sie ist eine »Zweckmäßigkeit ohne Zweck«, wenn auch allein für die 0,1 Prozent der heute noch – oder gerade – existierenden Spezies, nicht aber für die 99,9 Prozent, die in den Urfluten, dem Ordovizium, dem Perm, der Kreide oder dem Tertiär, das Weltliche segneten. Evolutionsbiologen suchen in der Geschichte der Natur überall nach Vorteilen, die das Überleben von Arten erklären sollen. Dabei vermengen sie oft zwei verschiedene Vorteilsbegriffe. Einmal geht es um Mutationen, die *situativ* vorteilhafte Eigenschaften für eine Tierart hervorgebracht haben sollen. Eine größere Statur, ein pompöseres Geweih, ein stärkeres Gebiss sollen Weibchen beeindrucken und die Nachkommenschaft erhöhen. Da diese Eigenschaften aber oft nichts nützen, wenn der Zufall die Spielregeln der Umwelt ändert, gibt es einen zweiten Vorteilsbegriff. Danach ist das vorteilhaft in der Evolution, was *vom Ende her* betrachtet dazu geführt hat, dass eine Art überlebt. Nach dieser Sichtweise kann der mickrigste Pavian auf dem Felsen seine Gene weitergeben, wenn die stärkeren Konkurrenten bei einem Erdbeben ums Leben gekommen sind.

Angesichts zweier so unterschiedlicher Bedeutungen von »Vorteil«, fragt es sich, ob der Begriff in der Evolutionstheorie überhaupt sinnvoll verwendet werden kann. Tatsächlich ist er ein Erbe der Theologie des 17. und 18. Jahrhunderts, die überall in der Natur nach der klugen Vernunft Gottes suchte. Darwin kannte diese Tradition gut. Als Student verehrte er den Theologen *William Paley* (1743–1805), der, naturkundlich beschlagen, die göttliche Voraussicht auf den neuesten Stand gebracht hatte. Als Darwin sich von Gott verabschiedete und die natürliche Selektion erkannte, ersetzte er überall, wo Paley *»God does«* geschrieben hatte, den Satz durch *»Nature does«*. An Paleys Vorstellung, dass die Natur zweckmäßig eingerichtet sei und Vorteile belohne, hielt Darwin ebenso fest wie viele spätere Evolutionstheoretiker.

Die Frage ist deshalb wichtig, weil sie zeigt, wie eng unsere Vorstellung von der Natur bis hinein in die moderne Evolutionstheorie von sehr menschlichen Vorstellungen durchsetzt ist. Statt Vorteile zu benennen, würde es nämlich auch ausreichen zu sagen, dass alles in der Natur überleben kann, das für eine Art *keinen tödlichen Nachteil* hatte. Vermutlich überlebt in der Evolution nicht nur Zweckmäßiges, sondern jede Veränderung, die zumindest nicht zum Aussterben führt, und möglicherweise liegt gerade hierin der Grund für eine große Artenvielfalt.

Die traditionell verengte Sichtweise gilt insbesondere bei der Betrachtung des Menschen. Evolutionsbiologen können zahlreiche Vorteile benennen, die erklären, warum die menschliche Art so erfolgreich ist. Menschen sind äußerst anpassungsfähig und besiedeln fast alle Lebensräume, sie sind Allesfresser mit einer großen Nahrungsbandbreite, sie haben eine flexible Sozialstruktur und verfügen über ein Selbstbewusstsein, das es ihnen ermöglicht, ihr Verhalten zu korrigieren. So gesehen ist der Mensch gleichsam das optimalste aller Tiere. Doch alldem zum Trotz existieren Menschen der Gattung *Homo sapiens* erst seit rund 100 000 Jahren, und ihre langfristigen Zukunftschancen stehen schlecht. Denn mit all den vorteilhaften Eigenschaften haben Menschen in Rekordzeit ihre Umwelt zerstört und das langfristige Überleben der Spezies dramatisch infrage gestellt. Die mit weniger spektakulären Vorteilen ausgestatteten Dinosaurier existierten auf unserem Planeten hundertfünfzig Millionen Jahre, ganz zu schweigen von den seit über vierhundert Millionen Jahren nahezu unveränderten Nautiliden und Urschnecken.

Gesichert in der Evolutionstheorie ist, dass keine ihrer Annahmen gesichert ist. Evolutionsbiologen, die ihre Sache ernst nehmen, müssen immer auch die Evolutionsbedingtheit ihres eigenen Erkenntnisapparats reflektieren, also mithin die Evolution aller menschlichen Erkenntnis. »Letztlich ist«, wie der Neurobiologe Gerhard Roth schreibt, »jedes Nachdenken über die objektive Realität, sei es wissenschaftlich oder nicht, an die Bedingungen menschlichen Denkens, Sprechens und Handelns gebunden und muss sich darin bewähren«.[9]

Man muss reflektieren, dass die unvermeidlichen Ordnungsmittel des Geistes, das Denken und die Sprache, nicht die Wirklichkeit »an sich« aufräumen. Sie sind Modelle, die die unverfügbare Wirklichkeit nach Maßgabe der eigenen Spielregeln erklären. Nicht erst seit Erforschung der Evolution in den letzten zweihundert Jahren müht sich der menschliche Geist, dem Lauf der Welt einen – nach menschlichem Ermessen – »vernünftigen« Sinn zu geben. Doch das Paradoxe der Geschichte liegt darin, dass der menschliche Geist selbst Produkt evolutionärer Prozesse ist. Er ist Maßstab und Gemessenes zugleich.

An eine tatsächlich objektive Erkenntnis der Evolution wäre nur halbwegs sinnvoll zu denken, wenn die Evolution des Menschen *abgeschlossen* ist und damit die Stufe der größtmöglichen *Vollkommenheit* erreicht hat. In den Zeiten vor Lamarck und Darwin haben das nicht nur Theologen, sondern auch die Naturforscher fast allesamt geglaubt: Das menschliche Bewusstsein sei die unübertroffene Spitzenleistung des Schöpfergottes, geschaffen, die Welt so zu erkennen, wie sie »an sich« ist. Seinen schönsten Ausdruck fand diese Sicht in einem Ausspruch des jungen Philosophen *Friedrich Wilhelm Joseph Schelling* (1775–1854). Er meinte, dass der Mensch jenes Wesen sei, »in dem die Natur das Auge aufschlägt« und sich damit ihrer selbst bewusst wird. Ein hübscher Satz, aber doch viel zu pathetisch formuliert. Von der vollen Erkenntnis der Natur und unserer selbst sind wir noch immer weit entfernt. Aber wir können darüber staunen, dass die Evolution mit uns ein Lebewesen hervorgebracht hat, in dem die Natur sich für sich selbst faszinierbar gemacht hat. Wie hatte es dazu kommen können?

• *Der Primat. Was ist ein Mensch?*

Der Primat

Was ist ein Mensch?

Ordnung PRIMATES (Herrentiere)
III: Unterordnung:
ANTHROPOIDEA (Menschenähnliche)
Überfamilie Hominoidae (Menschen)
Unterfamilie Australopithecinae (Urmenschen)
Unterfamilie Homininae
Gattung *Homo*
Spezies *sapiens*

Leichte Vögel, welke Blätter dahingetrieben vom Wind. Über den Akazienbäumen leuchtet trocken der Morgen. Wenige Stunden – und die Luft ist gesättigt vom Summen der Insekten. Die meisten Mitglieder der Horde liegen nach wie vor still und zusammengerollt im Wipfel des Baumes; nur allmählich klettern die ersten aus den Schlafnestern heraus. Tief unten im Tal rumoren die Geysire und heißen Quellen, Dämpfe umnebeln das nachtfeuchte Unterholz. Ein heißer Tag wartet hinter den Bergen darauf, die Erde zu sengen.

Hunderttausend Generationen später werden die Schlafnester

verwaist sein. Die Menschheit wird erwacht sein und die Welt jenes Gesicht erhalten haben, das uns gegenwärtig erscheint. Doch wie sah das aus, als die Natur das erste Mal in einem affenähnlichen Wesen die Augen aufschlug? War es auf einer Waldwiese, in einem Hain, an einem Berghang oder auf einer Lichtung? War das erleuchtete Wesen ein Männchen oder ein Weibchen? Ging es den ganzen Tag aufrecht, oder saß es noch gerne in der Hocke, eng gekauert an seine Brüder und Schwestern? Und war es eine Eingebung, ein Blitzschlag, als das Selbstbewusstsein das erste Mal die Fesseln des Primatengehirns sprengte?

Wir wissen nicht, woran Schelling dachte, als er meinte, die Natur habe im Menschen ihr Auge aufgeschlagen. Sicher dachte er nicht an einen einzigen Moment, dem Millionen andere folgten. Er dachte an den »Menschen an sich«. Und er wusste nichts vom ostafrikanischen Great Rift Valley und von haarigen Vormenschen, die dort einst hausten. Er lebte in Jena und in München, und einen Menschenaffen hatte Schelling nie gesehen. Der einzigartige Moment, in dem die Natur sich ihrer selbst bewusst wird, bleibt eine Metapher.

Doch wie wurde der Mensch nun tatsächlich zum Menschen? Die Formulierung ist doppeldeutig. Denn wie der Mensch zum Menschen wurde – das ist nicht ein evolutionärer Prozess auf der leeren Weltbühne, sondern ein Spiel von Beobachter und Beobachtetem, Schauspieler und Zuschauer. Geschichte, auch Entwicklungsgeschichte, ist nichts Vorgefundenes. Der Mensch, schrieb der französische Philosoph *Jean-Paul Sartre* (1905–1980), macht sich selbst, wie der Romanschriftsteller, seine Figuren. Er ist gefertigt aus biologischen (anatomischen, neurologischen und physiologischen) Bestandteilen, zuallermeist jedoch durch jene wenig biologischen Weisheiten, mit denen sich diese Substanzen selbst zum »Menschen« erkoren.

Das Gleiche gilt für die menschliche Stammesgeschichte. Auch sie ist zunächst einmal eine Geschichte. Ihre Ursprünge liegen im alten Griechenland, als Aristoteles den Menschen und den Affen verwandtschaftlich naherückt: »Manche Tiere stehen zwischen Mensch und Vierfüßler in ihrem Wesen, wie Affen, Meerkatzen und Paviane ... Ihr Gesicht hat viele Ähnlichkeiten mit dem des Menschen, Nase und Ohren gleichen den seinen, und Zähne hat er auch wie ein Mensch, die Vorderzähne wie die Backenzähne.«[10] Auch Aristoteles' Schüler *Theophrast* (ca. 370 v.Chr.–ca. 288 v.Chr.) besteht auf der Ähnlichkeit zwischen Menschen und Tieren. Er lehnt es sogar ab, Fleisch zu essen oder Tiere zu opfern, da man seine Verwandten nicht verspeise.

Aristoteles und Theophrast stellten den Menschen zwar neben den Affen – Menschenaffen kannte man noch nicht –, aber die alten Griechen hatten ihn nur sehr ungefähr zu einem Tier unter Tieren erklärt. Den nächsten Schritt machte mehr als zweitausend Jahre später Carl von Linné. An der Zugehörigkeit des Menschen zu den Säugetieren bestand für den Schweden kein Zweifel; die Behaarung und das Stillen der Jungen belehrten unmissverständlich darüber. Auch die Verwandtschaft mit Affen und Menschenaffen stand außer Frage. Hier waren es die flachen Finger- und Fußnägel statt der Klauen, der abgespreizte Daumen, die Greifhände, die zwei Zitzen der Weibchen und der frei herunterhängende, statt am Unterleib anliegende Penis – Merkmale, die größtenteils auch schon Aristoteles aufgefallen waren.

Doch Linné zögerte vor der Konsequenz. Händeringend suchte der gottesfürchtige Anatom nach einem Unterschied zwischen dem Menschen und den übrigen von ihm sogenannten »Primaten«: »Ich verlange«, schrieb er 1747 seinem deutschen Freund Johann Georg Gmelin, »von Ihnen und von der ganzen Welt, dass Sie mir ein Gattungsmerkmal zeigen ... aufgrund dessen man zwischen Mensch und Affe unterscheiden kann. Ich weiß selbst mit äußerster Gewissheit von keinem.«[11]

Nach seinen Kriterien hätte Linné den Menschen zumindest mit dem Schimpansen gemeinsam in dieselbe Gattung einordnen müssen. Der Gedanke schwebte zeitgleich auch dem Philosophen *Jean-Jacques Rousseau* (1712–1778) vor, als er Schimpansen, Orang-Utans und Menschen sogar als Vertreter der Spezies Mensch ansah. Rousseau hatte nie einen Menschenaffen gesehen. Aber die Berichte, die er von Expeditionen nach Afrika und Südostasien las, ließen in ihm keinen Zweifel, dass die darin beschriebenen Menschenaffen »weder Tiere noch Götter, sondern Menschen« seien.[12] Für den Aufklärer waren Menschenaffen edle Wilde, die von keiner Zivilisation in ihrem friedfertigen Wesen zerstört seien, anders als die Menschen in Europa. Ebenso dachte wenig später der schottische Sprachforscher *James Burnett, Lord Monboddo* (1714–1799). Auch er betrachtete den Orang-Utan als einen Menschen, nämlich als einen »sprachlosen Wilden«.

Interpretationen, wie Rousseau sie in Paris und Burnett bald darauf in Kincardineshire wagten, waren Linné im schwedischen Uppsala fremd. Den Menschen ins Tierreich einzuordnen war in den Augen der strengen protestantischen Kirche Sünde genug, und Linné zögerte, den letzten Schritt zu tun. In seiner Not sortierte er 1758 achselzuckend Mensch und Schimpanse in unterschiedliche Gattungen, zusammengefasst in der Ordnung der Primaten, in der sie auch heute noch mehr schlecht als recht hübsch getrennt nebeneinanderhocken: *Homo sapiens,* der »intelligible Mensch«, und *Pan troglodytes,* der »höhlenbewohnende Faun«.

So weit, so schön. Der Mensch wurde der oberste Primat, das höchste »Herrentier«, Linné bekam keinen Ärger mit der Kirche und die Naturwissenschaft den großen Wurf des Linné'schen Systems. Wenn nur diese Nachbarn nicht wären. Seit Bekanntwerden der Menschenaffen bemühten sich Wissenschaftler und Theologen immer wieder um den Versuch, den kleinen Graben mit großen Wassern zu füllen, der *Homo sapiens* und *Pan troglodytes* bei ihrer ordnungsgemäßen Vergesellschaftung auf der

Affeninsel trennt. Sie evakuierten den Menschen vom Primatenfelsen und schufen ihm eine eigene *Ordnung*.

In dieser Vorstellungswelt wuchs auch der Theologiestudent Charles Darwin auf. Das frühe 19. Jahrhundert war eine gottesfürchtige biedermeierliche Zeit. Doch je mehr er sich mit der Veränderung der Arten beschäftigte, umso deutlicher wurde Darwin, dass es mit der offiziell bekundeten Sonderstellung des Menschen im Universum nicht weit her sein konnte. So notierte er schon erstaunlich früh in sein Tagebuch: »Der Mensch hält sich in seiner Arroganz für ein großartiges Werk, des besonderen Eingreifens einer Gottheit würdig. Es dürfte bescheidener und, wie ich glaube, auch richtig sein, ihn als aus den Tieren entstanden anzusehen.«[13]

Darwin hatte dennoch zwölf Jahre gezögert, bis er sich schließlich getraute, nach der allgemeinen Darstellung einer Evolutionstheorie im Jahr 1859, seine Schlussfolgerungen in Bezug auf den Menschen in Druck zu geben. *Die Abstammung des Menschen* aus dem Jahr 1871 ist ein gemächliches Buch in versöhnlichem Tonfall. Der Naturforscher erzählt darin wie ein guter alter Großvater, woher die Pflanzen, die Tiere und die Engländer kommen. Die »Abwertung« des Menschen geht dabei einher mit einer kontinuierlichen »Aufwertung« der Tiere. »Wir haben gesehen«, schreibt Darwin, »dass die Empfindungen und Eindrücke, die verschiedenen Erregungen und Fähigkeiten, wie Liebe, Gedächtnis, Aufmerksamkeit, Neugierde, Nachahmung, Verstand usw., deren sich der Mensch rühmt, in einem beginnenden oder zuweilen selbst in einem gut entwickelten Zustand bei den niederen Tieren gefunden werden.«[14]

Lamarck und Darwin waren die Ersten, die mit Mitteln der modernen Naturwissenschaft behaupteten, was viele Kulturen und Zeiten schon zuvor religiös geahnt hatten: »Natürlich« ist es absurd, eine Teilung des Tierreichs in zwei Kategorien vorzunehmen – in eine menschliche und eine nichtmenschliche Kategorie. Denn die Kluft ist zunächst einmal – wie alles andere auch – eine von Menschen gemachte begriffliche Unterscheidung und nicht von der Natur vorgegeben, also gleichsam abbildhaft aus ihr herausgelesen.

Doch bis ins 20. Jahrhundert hinein definierten christliche Theologen und viele abendländische Philosophen den Menschen weiterhin als eine Sonderschöpfung, in einigen äußerlichen Punkten den Tieren ähnlich, aber eben nur in den äußerlichen. Beim Blick in die menschliche Seele hingegen sollte die einzigartige Überlegenheit hervorleuchten. Sie rückte jede Verwandtschaft mit dem Tier in weite Ferne. Auch Biologen schaufelten weiterhin mit an diesem großen Graben. In den Fünfzigerjahren schlug der Brite *Julian Huxley* (1887–1975) – ein Enkel des legendären Thomas Henry Huxley, der als »Darwins Bulldogge« für die Sache der Evolution ins Rennen gegangen war – für die Gattung *Homo* eine ganz neue Stufe vor: das Reich *Psychozoon.* Diese Stufe, meinte Huxley, entspreche in ihrer Größenordnung mindestens dem ganzen übrigen Tierreich. Und einmal in Schöpferlaune, bezeichnete er diese Stufe als einen völlig neuen Bereich des Evolutionsprozesses, den psychosozialen im Gegensatz zur gesamten nichtmenschlichen Evolution. Huxley war ein hervorragender Evolutionstheoretiker, einer der Väter der »Synthetischen Theorie«. Doch er war auch ein Kind seiner Zeit. So etwa stützte er seine weltanschaulichen Ansichten auf die Behauptung, »dass nur der Mensch in der Lage ist, konkret um ein Ei oder eine Banane zu bitten«[15] – eine Fertigkeit, die wir heute wohl nicht mehr zum Maßstab fürs Psychosoziale oder gar für ein eigenes Sonderreich machen würden.

Huxleys Meinung war kein Einzelfall. Der österreichische Verhaltensforscher *Konrad Lorenz* (1903–1989) hielt ebenfalls am prinzipiell unvergleichlichen Sonderstatus des Menschen fest. Die beiden »größten Einschnitte, die sich in der Geschichte unseres Planeten je ereignet haben«, seien demnach »1. Entwicklungsvorgänge, die vom Anorganischen zum Organischen und 2. vom Tier zum Menschen führen«.[16]

Huxley und Lorenz waren nicht religiös. Wenn sie für den Menschen ein eigenes Reich oder den zweiten großen Einschnitt in der Geschichte des Planeten beanspruchten, fühlten sie sich im Einklang mit der Wissenschaft. Und doch knüpfen sie dabei ohne Absicht an das jüdisch-christliche Weltbild an. Was in der Genesis der Bibel durch die zeitliche Reihenfolge der Schöpfung angedeutet ist – erst kommt das niedere Tier, dann der höhere Mensch –, erhält nun einen wissenschaftlichen Unterbau. Der Mensch entsteht zwar nicht als Folge eines separaten Schöpfungsakts, wohl aber als die höchste, fortgeschrittenste Entwicklung in der Welt der Biologie. Wurde dem Lieblingsgeschöpf Gottes die Krone im ersten Fall nur aufgesetzt, so erscheint es hinfort als die gewachsene Krone, oben in den letzten Zweigen des Stammbaums der Evolution.

Ein Stammbaum, bei dem der Mensch den Abschluss bildet, erscheint uns heute selbstverständlich. So denken wir kaum darüber nach, wie seltsam er ist. Der erste dieser Stammbaummaler war der Biologe *Ernst Haeckel* (1834–1919), der den Streuner auf dem Waldboden im Jahr 1874 in die Krone setzte. Haeckel war ein glühender Darwinist und ein arger Feind der Kirche, aber an der Idee vom Menschen als »Krone der Schöpfung« hielt er nicht nur grafisch fest. In alter theologischer Tradition schickte er das Tier in einen Wettkampf um die Spitzenposition nach rein menschlichen Spielregeln. Diese Kriterien sind Intelligenz, Rationalität, Religion, Lautsprache und Kultur. Sie lassen anderen Tieren keine Chance, denn diese haben diese Fähigkeiten nur in elementaren Zügen. So sehen wir uns gern als die Vollendung allgemeiner Naturanlagen an, und die anderen Tiere erscheinen als Vorstufe. (Nach den Kriterien der Biber erfüllt auch der Mensch alle wesentlichen Voraussetzungen im Ansatz: Er kann schwimmen, sich an Land fortbewegen und Staudämme bauen. Nur mit dem Umnagen von Bäumen hapert es ein wenig. Biber sind eben doch um einiges vollkommener und die erwählten Lieblinge des Bibergottes.)

Unsere vermeintlich wissenschaftliche Sicht auf die Geschichte des Lebens und des Menschen entstand nicht im luftleeren Raum oder in der sterilen Atmosphäre eines Labors. Sondern sie ist ein weiteres Kapitel jener langen und voraussetzungsvollen Kulturgeschichte, in der der Mensch sich selbst beschreibt. Doch nicht nur zwischen Naturwissenschaft und Religion, sondern auch innerhalb der Biologie scheiden sich bis heute die Geister. Die Rede von der Veränderung der Arten im Kampf ums Dasein und die Abstammung des Menschen aus dem Tierreich ließen sich nämlich von Anfang an in verschiedene Richtungen deuten. So etwa meinte der renommierte südafrikanische Paläontologe und überzeugte Darwinist *Robert Broom* (1866–1951), dass der Mensch einfach kein Zufall sein könne. Vieles an der Evolution sehe so aus, als wäre sie darauf hin geplant gewesen, zum Menschen zu führen sowie zu anderen Tieren und Pflanzen, welche die Erde für ihn zu einem geeigneten Wohnort machen. Broom konnte sich daher kaum vorstellen, dass der denkende Affe mit seinem gewaltigen Gehirn zufällig entstanden sei.

Das ist klug und richtig erkannt, solange die Betonung des Satzes auf dem *Vorstellen* liegt. Zufälle von der Größenordnung der Evolution sind eine so gewaltige Denkbarriere, dass sie Generationen von Gelehrten dazu verführte, im gleichen Maße ihr Unverständnis zu dokumentieren, in dem sie glaubten, die Dinge mit absoluter Sicherheit zu verstehen: »Meines Erachtens gibt es für das denkende Wesen«, erklärte der französische Anthropologe und Theologe *Pierre Teilhard de Chardin* (1881–1955), »keinen entscheidenderen Augenblick als den, wo ihm gleichsam die Schuppen von den Augen fallen und es entdeckt, dass es nicht einsam in den Einöden des Weltalls verloren ist, sondern dass ein universeller Lebenswille in ihm zusammenströmt und sich in ihm vermenschlicht. Der Mensch ist nicht, wie er so lange geglaubt hat, fester Weltmittelpunkt, sondern Achse und Spitze der Entwicklung – und das ist viel schöner.«[17] Für Teilhard erreicht das Leben seinen physikalischen Höhepunkt im Menschsein, genau wie Energie ihren physikalischen Höhepunkt im Leben erreicht. Der naturwissenschaftlich beschlagene Jesuit erkannte in der Stufenleiter der Natur kein historisches Modell des christlichen Abendlands. Sondern er zwängte den Kreislauf der physikalischen Energie mit aller Gewalt in das alte Schema; eine Erkenntnis, die nicht der naturwissenschaftlichen Ordnung der Dinge abgelauscht ist, sondern dem theologischen Empfinden in Teilhards Gehirn. Das Ergebnis dieser Anstrengung, ein barockes Dreirad auf den Nürburgring der modernen Physik zu schicken, ist deshalb auch nicht weiter verblüffend: Das Phänomen Mensch, verkündete der Jesuit, war im Wesentlichen von Anfang an vorbestimmt.

Teilhard de Chardin ist heute weitgehend vergessen. Aber in den Fünfziger- und Sechzigerjahren war er ungemein populär. Sein Werk *Der Mensch im Kosmos* war ein internationaler Bestseller. Vielen gläubigen Christen half er dabei, sich mit der Evolutionstheorie anzufreunden. Und er bot gleichzeitig den ungläubigen Vertretern der Wissenschaft ein ums andere Mal die Stirn. Doch es spricht nicht allzu viel dafür, dass der Mensch und sein Tun das Ziel der Evolution ist. Bedenkt man die fortgeschrittene Zerstörung des Planeten durch *Homo sapiens* zum gegenwärtigen Zeitpunkt, ist es schon etwas befremdlich, das Ziel des mutmaßlichen Schöpfergottes in der Zerstörung seines Werks zu sehen.

Doch nicht nur der Gang der Menschheitsgeschichte weckt Zweifel. Schon der Begriff des »Ziels« ist verdächtig. Ziele sind menschliche Denkvorstellungen. Sie haben enge Grenzen, ebenso wie die Begriffe »Fortschritt« und »Sinn«. Etwas ist nur innerhalb eines Zeitrahmens ein Ziel. Aller Fortschritt ist relativ. Und

Sinn entsteht immer nur in einem bestimmten überschaubaren Kontext, in dem mir etwas sinnvoll erscheint. Mit anderen Worten: Sinn hat andere Eigenschaften als zum Beispiel Protein. Natürlich braucht unser Bewusstsein, um denken zu können, Protein. Aber ein System, das Sinn produziert, wie unser menschliches Bewusstsein, funktioniert gleichwohl nach anderen Spielregeln als das System, das Protein produziert. Das System, das Sinn produziert, hat als Bestandteile Vorstellungen wie Sinn und Zweck, richtig und falsch, gut und böse, angebracht und unangebracht, angemessen und unangemessen, beängstigend und beruhigend, widersprüchlich und widerspruchsfrei, plausibel und unplausibel usw. Das System, das Protein produziert, weiß von alledem überhaupt nichts. Es hat weder eine Sprache noch eine Bewertungsskala noch eine Moral.

Doch was sollen wir tun, wenn wir den »Ziel«-Begriff nicht sinnvoll auf die Evolution und die Entstehung des Menschen anwenden können? Welche Rolle sollen wir *Homo sapiens* dann zuschreiben? Und wie sollen wir ein nüchternes Bild von uns selbst gewinnen? Die Sache scheint nicht leicht zu sein. So befürchtete der Paläontologe *Heinrich Karl Erben* (1921–1997), »dass die Betrachtung ›des Menschen an sich‹ sehr leicht ins Subjektive abgleitet, und dass dies unter sehr verschiedenen Aspekten geschehen kann. Oft trifft man Urteile an, die entweder einer narzisstischen Selbstüberschätzung (›Krone der Schöpfung‹) entstammen oder auf der anderen Seite (›nur ein intelligentes Tier‹) einer gewissen Selbstverachtung, einer wohl nur tiefenpsychologisch erklärbaren Abneigung gegen sich selbst und seinesgleichen entspringen.«[18]

Man kann sich fragen, ob die Bezeichnung des Menschen als ein »intelligentes Tier«, die biologisch gar nicht so verkehrt ist, gleich das Resultat eines tiefenpsychologischen Problems sein muss. Wichtiger aber wäre es, herauszufinden, was ein nichtsubjektiver Standpunkt bei der Selbstbetrachtung der eigenen

Art sein könnte. Ist eine objektive Aussage des Menschen über sich selbst denn überhaupt möglich? Auch wenn es gelänge, den eigenen Standpunkt unausgesetzt zu erweitern, so sind es doch die menschliche Sprache und die menschliche Kultur, die uns in unserer Beschränkung gefangen halten. Wissenschaftler, Philosophen oder Theologen, die glauben, den Menschen objektiv zu betrachten, sehen nicht, dass sie nicht sehen, was sie nicht sehen: die Wirklichkeiten in und die Wirklichkeitsbegriffe, mit denen sie leben. Und natürlich gilt das Gleiche auch für von Menschen gemachte Ordnungsvorstellungen: Eine absolute Ordnung existiert nicht. Was es gibt, sind Systeme, Ordnungen, Vorschläge, Entwürfe, Hypothesen und Spekulationen, die Welt so einzurichten, dass sie den Ordnungsvorstellungen des menschlichen Geistes zu einem bestimmten historischen Zeitpunkt genügen.

Vielleicht ist das der Grund dafür, warum die Darwin'schen Wende, trotz einiger Korrekturen, das anthropozentrische Weltbild unangetastet ließ. Zwar zogen Biologen und Philosophen vom letzten Drittel des 19. Jahrhunderts an gegen die christliche Moral zu Felde. Sie ersetzten sie durch einen fürchterlichen Sozialdarwinismus, eine Moral der Erbgesundheit, der Rassenhygiene, der Herrenmoral und des Völkerkampfes ums Dasein. Aber aus der Einsicht, dass das menschliche Bewusstsein Produkt der Evolution ist, zogen sie keine Konsequenzen in Bezug auf den fragwürdigen Erkenntnisanspruch ihrer Philosophie und Weltanschauung. Ganz im Gegenteil: Sie traten mit größter Entschlossenheit und Selbstgewissheit auf. Philosophisch betrachtet, warfen diese »Materialisten« die Philosophie weit hinter *John Locke* (1632–1704), *David Hume* (1711–1776) und *Immanuel Kant* (1724–1804) zurück. Diese hatten nämlich schon im 17. und 18. Jahrhundert sehr fein und genau erklärt, inwieweit all unser Denken unserem Wahrnehmungs- und Erkenntnisapparat unterliegt und was dies für die menschliche Erkenntnis und Selbsterkenntnis bedeutet.

Doch spätestens seit Darwins Zeit trennte sich die Philosophie, die über die Bedingungen unseres Erkennens reflektiert, von der Biologie. Natürlich beschäftigen sich auch Evolutionsbiologen und materialistische Philosophen mit dem menschlichen Erkenntnisapparat. Aber sie tun es als Paläoanthropologen, Neurobiologen und Evolutionstheoretiker. Als solche blenden sie die Bedingungen, denen *ihr eigener* Erkenntnisapparat während der Forschung unterliegt, systematisch aus. Man teilt die Welt in zwei getrennte Kammern: in das Schlafzimmer der Philosophie und Theologie und in das Hightech-Labor der Biologie, deren schwindelerregende Ergebnisse die Schnarcher im Nebenzimmer kaum jemals erreichen.

Wie stark sich die beiden vormals verschwisterten Disziplinen entfremdet haben, sehen wir heute in der Gentechnik-Diskussion. Gereizt und merklich irritiert beschwert sich der über ein Jahrhundert in Frieden gelassene Bewohner des Hightech-Labors darüber, warum der so lange friedlich schnarchende Bruder auf einmal zornig an die Tür klopft und, widerwillig hineingelassen, darauf pocht, in Fragen der Gentechnologie ein Wörtchen mitzureden. Doch während der Labortechniker noch aus schrägem Augenwinkel die fehlenden Fachkenntnisse des Spätaufstehers moniert, erklärt ihm der Mann im Schlafanzug, dass es trotz eines hundertjährigen Vorsprungs auch den Biologen nicht vergönnt sei, die umfassende und wahre Sicht des Seins zu besitzen. Außerdem bleibe die Schöpfung einer neuen Ordnung des Lebendigen nicht auf das Hightech- Labor beschränkt, sondern habe Auswirkungen für das ganze Haus.

Die Trennung der Sphären von Biologie und Philosophie hat die gesuchte realistische Sicht auf den Menschen nicht erleichtert. Und sie schafft ein fundamentales Problem, wenn wir herausfinden wollen, wann im Laufe der Evolution der Mensch entstand. Wie kann ein Naturwissenschaftler erste Spuren des Menschseins entdecken? Er kann es nur, wenn er das, was er im afrikanischen Geröll findet, mit etwas abgleicht, was er sich unter einem »Menschen« vorstellt. Der naturwissenschaftlich objektive Begriff des »Menschen« setzt also ein kulturelles Wissen vom Menschen voraus. Und nicht die Biologie definiert den Menschen, sondern der kulturelle Horizont, in dem ein Forscher lebt. Man muss also immer schon wissen, was ein Mensch ist, um ihn zu erkennen und zu identifizieren. Eine rein naturwissenschaftliche Definition des Menschen, wie sie die »Naturalisten« anstreben, ist grundsätzlich nicht möglich.

Was ein Mensch ist, bestimmt demnach notwendig die menschliche Kultur. Über mehr als zwei Jahrtausende, von Aristoteles bis in die jüngste Zeit, hatte sich der Chronist seiner selbst dabei einen äußerst komfortablen Platz gesichert auf der obersten Sprosse der »Leiter der Natur«, abgesondert von den Tieren. Unvergleichlich thronte das »Herrentier« mit dem Anrecht auf rücksichtslose Eroberung im Glanz seiner Erleuchtung, die *Homo sapiens,* dem Plünderer der Welt, gleich einem Herrenwitz die *sapientia,* die Weisheit, verlieh, sich, wenig weise, als weise, klug und einsichtig zu definieren.

Inzwischen verdanken wir der wissenschaftlichen Erforschung der menschlichen Evolution und der Arbeit der Paläoanthropologen ein deutlich verändertes Bild. Was können sie uns heute über *Homo* erzählen?

• *Der aufrechte Affe. Was macht den Mensch zum Menschen?*

Der aufrechte Affe

Was macht den Menschen zum Menschen?

Die ersten Menschen waren nicht die letzten Affen.

Erich Kästner

Es ist der wohl komplexeste Organismus, den die Natur je hervorgebracht hat, ein Meisterwerk der Evolution. Kein anderes Lebewesen hat sich auf vergleichbare Weise perfektioniert. Es bewohnt alle Meere vom Nordpol bis zum Südpol, von seichten Gewässern bis in die finstere Tiefe von fünftausend Metern. Das Nervensystem schlägt alles andere im Bereich der Biologie, das Gehirn steuert acht Nervenknotenpunkte und erlaubt ihnen ein bemerkenswertes Eigenleben. Drei Herzen schlagen in dieser Kreatur, 75 000 bewegliche Zähne sammeln sich in seinem Kiefer und selbst die Speiseröhre zermalmt noch die Beute. Das Fingerspitzengefühl ist das feinste in der ganzen Natur, sensibelste Organe nehmen geringste Wasserströmungen wahr. Riechen und Schmecken kann dieser emotionale Gigant wie kaum ein anderes Lebewesen. Spitzenorgane erspüren Temperatur und Wasserdruck, Salzgehalt und Kohlensäure. Elektromagnetische Schwingungen werden subtil erspürt. Kommuniziert wird durch feinste Farbnuancen und beständige Verfärbung. Tausende Schattierungen bestimmen den für Außenstehende unentzifferbaren Code einschließlich der Option »unsichtbar« zu werden. Das Liebesspiel stellt alles in den Schatten, was die Evolution ansonsten hervorgebracht hat. Mit drei Penissen stimuliert und massiert das Männchen die drei Klitoris des Weibchens und begattet es in kunstvollster Weise. Die Paarung ist ein nicht endendes Spiel aus Taumeln und Tanzen, schillerndsten Verfärbungen und zärtlichsten Ritualen. Und sie erstreckt sich uferlos in die Zeit, so lange, bis die Jungen geboren und vom Vater liebevoll betreut werden. Ein halbes Leben verbringt dieses bezaubernde Wesen ausschließlich mit Sex.

Die Rede ist vom Kraken, dem vollendetsten Lebewesen der Natur. Als Weichtier hat es sich aus der einfachen Form einer Muschel herausgewunden zu größtmöglicher Komplexität, so perfekt, dass manche Kopffüßler ihre Form in dreihundert Millionen Jahren kaum noch veränderten. Der Mensch dagegen hatte einen vergleichsweise einfachen und simplen Weg. Im Wesentlichen unverändert, ist er gefangen in dem Bauplan jener spitzmausähnlichen Wesen aus der Zeit der Dinosaurier, die zweiäugig, zweiohrig und vierbeinig durchs Dickicht huschten. Possierliche Tierchen, die sie waren, beobachteten sie zur Zeit der oberen Kreide arglistig den Niedergang der Dinosaurier. Ängstlich schlichen sie des Nachts umher, mieden die Sonne und kauerten im Mondlicht. Zurückgezogen, versteckt und getarnt warteten sie auf ihre Stunde: In ihren kleinen schwachen Körpern schlummerten ungenutzt die potenziellen genetischen Voraussetzungen zur Weltherrschaft.

Die urtümlichsten und ältesten der plazentalen Säugetiere fraßen Insekten. Und sie waren die Vorfahren aller heute existierenden Primaten einschließlich des Menschen. Igel und Maulwürfe sind ihre wenig veränderten Urenkel, Schimpanse und Mensch etwas weiter vom Stamm gefallene Äpfel. Zu Beginn des Tertiärs, vor rund sechzig Millionen Jahren, verästelte sich der Baum durch eine Vielzahl neuer Entwicklungen. Aus den Primaten entstanden mit der Zeit die Halbaffen (Lemuren), die Altwelt- und die Neuweltaffen und möglicherweise die ersten Vorläufer der Überfamilie *Hominoidea*. Allen gemeinsam war ein gegenüber anderen Tierordnungen charakteristischer Bauplan. Sie konnten räumlich und perspektivisch sehen, ihre Hand war zu einem differenzierten Greiforgan ausgebildet, und ihr Vorderhirn hatte sich sehr zügig entwickelt.

Fossilfunde der ersten Vertreter der *Hominoidea*, der menschenartigen Affen, stammen von vor ungefähr dreißig Millionen Jahren aus dem Oligozän. Was man von diesen frühen Affen weiß, ist, dass man eigentlich nichts weiß. Einige unvollständige, beschädigte Unterkieferhälften und wenige Schädel – das ist so ziemlich das ganze Material für Schlussfolgerungen. Auch bei der Einordnung späterer Ur-Affen wie *Oreopithecus* und *Dryopithecus* tappen wir weitgehend im Dunkeln. Einen besseren Einblick für die Paläoanthropologie gibt es erst, als sich die Wälder lichten und offenes Grasland entsteht. Gewaltige Kräfte heben vor fast fünfzehn Millionen Jahren im Osten Afrikas die Erdkruste an und türmen sie bis fast dreitausend Meter über den Meeresspiegel. Der kontinentale Felsen wölbt sich und reißt über 4500 Kilometer hinweg auf. Eine völlig veränderte Vegetation entsteht. Und genau hier, an den Klippen der Gregory-Spalte, entstehen in vergleichsweise kurzer Zeit mehrere neue Primatenformen, die in irgendeiner Weise zum Menschen führen sollen. »Hätte die Gregory-Spalte sich nicht an diesem Ort und zu dieser Zeit gebildet«, vermutet der kenianische Paläoanthropologe *Richard Leakey* (* 1944), »wäre es durchaus möglich, dass die Spezies Mensch überhaupt nicht entstanden wäre.«[19]

Die Hypothese vom Ursprung der Menschheit in Ostafrika hat die Wissenschaft lange geeint. Erst in jüngster Zeit konkurrieren Paläoanthropologen aus Südafrika mit ihren ostafrikanischen Kollegen um die Funde der ältesten Überreste von Hominiden. In jedem Fall scheint die »Wiege der Menschheit«, wie man so schön sagt, in Afrika zu liegen. Die Metapher von der menschlichen Stammesgeschichte (*Phylogenese*) als persönliche Entwicklungsgeschichte (*Ontogenese*) bewahrt den Schöpfungsmythos. Doch die Rede von der Wiege weckt auch nach wie vor die Hoffnung, die Grenze von Mensch und Tier tatsächlich benennen zu können – nicht nur als Angabe des Ortes, sondern zugleich der Zeit, in der der Mensch aus der großen geologischen Vulva der Gregory-Spalte entstieg und sich aufrechten Ganges und faustkeilbewehrt zum sprechenden Großwildjäger mauserte. Doch war das wirklich die gleiche Spezies, die als erster Primat den aufrechten Gang wählte, Werkzeuge gebrauchte und damit auf Großwildjagd ging?

Noch bis weit ins 20. Jahrhundert glaubten viele Paläoanthropologen an die gesuchte Einheit. Sie behaupteten eine völlig neue Art namens »Mensch« entdeckt zu haben. Im Zuge ihres rasant wachsenden Vorderhirns sollte sie die genannten Stufen der Zivilisation geradezu im Sprung genommen haben. Der aufrechte Gang brachte die nicht animalische Würde eines höheren Wesens in die Welt, der Werkzeuggebrauch dokumentierte dessen überragende Intelligenz, die Großwildjagd schließlich die aggressive, heroische Mentalität.

Der erste überlieferte Denker, der den aufrechten Gang des Menschen hervorhob, war der griechische Philosoph *Anaxagoras* (ca. 500 v. Chr.–428 v. Chr.). Der Mensch, so soll er gesagt haben, »sei das klügste der Lebewesen, weil er Hände habe«.[20] Ansonsten hielt er den Menschen allerdings für nichts Besonderes. Für Anaxagoras steckte in ihm kein prinzipiell anderer Geist als in Pflanzen und Tieren. Ob Pflanzen-, Tier- oder Menschenseele – nichts davon sei spirituell, moralisch besser oder gar unsterblich. Aristoteles, der uns diese Aussagen von Anaxagoras überliefert, sieht die Sache mit dem aufrechten Gang allerdings anders. Für ihn ist der Mensch nicht das klügste Lebewesen, weil er Hände hat, sondern er hat Hände, weil er das klügste Lebewesen ist. Die Hände des Menschen sind »ein Werkzeug, und die Natur weist, ebenso wie ein kluger Mensch, jegliches Ding immer demjenigen zu, der es gebrauchen kann«.[21]

Was von beidem stimmt? Hat uns der Zufall, dass der Mensch aufrecht ging und die Hände freibekam, intelligent gemacht? Oder hat eine weise Voraussicht der Natur – oder etwas anderes – den Menschen auf die Hinterläufe gestellt, damit er seine Intelligenz gebrauchen konnte? In jedem Fall wurde der »aufrechte Gang« im Laufe der Kulturgeschichte zu einem wichtigen Bild, untrennbar verbunden mit dem menschlichen Selbstverständnis. Noch zu Darwins Zeit schrieb der anglikanische Bischof Samuel Wilberforce, den berühmten Paläontologen Richard Owen zitierend, der englischen Jugend ins Stammbuch: »Das höchste Werk der Schöpfung ist vollbracht worden, dass ihr einen Körper besitzen möget – den einzigen aufrechten – von allen Tierkörpern den freiesten – und wozu? Zum Dienst der Seele.«[22]

Aus Sicht der Wissenschaft war es allerdings weniger eine Sache der Seele als eine der Anpassung an die veränderte Umwelt. Sie sollte der Grund dafür sein, warum die *Australopithecinen,* die »Südaffen«, vor etwa drei Millionen Jahren sich zunehmend auf die Laufleistung ihrer Hinterbeine verließen. Im Westen des großen Grabens boten nahrungsreiche Urwälder klettertüchtigen Affen einen idealen Lebensraum. In den abwechslungsreichen neuen Lebensräumen im Osten hingegen, wo das Waldsterben Halbwüsten, Savannen, kleine Auwälder und sumpfige Flusslandschaften erzeugte, hätten einige Hominiden, etwa die *Australopithecinen,* zum ersten Mal den aufrechten Gang bevorzugt. Die Evolutionsbiologen führten dafür zahlreiche Gründe ins Feld. Wie bereits Aristoteles vermutete, mussten die Hände entlastet werden, um Werkzeuge zu gebrauchen. Wer sich aufrecht hält, kann auch leichter die Savanne übersehen und feststellen, ob eine Raubkatze sich nähert. Außerdem habe der aufrechte Gang geholfen, das im Grasland weit verstreute Futter zu finden, Kadaver zu erspähen und die Orientierung zu behalten.

Bedauerlicherweise widerspricht diese nette Theorie den Grundannahmen der Darwin'schen Evolutionstheorie, und es ist erstaunlich, dass das vielen Evolutionsbiologen nicht auffiel. Denn dass unsere Vorfahren in der Savanne ihren Gang veränderten, weil sie gelernt hatten, sich auf diese Weise besser zurechtzufinden, passt zwar gut zu Lamarck, nicht aber zu Darwin. Gleichwohl schreibt Heinrich Karl Erben: Fliehen »können Sohlengänger besser und rascher, wenn sie nicht alle vier Extremitäten benützen, sondern lediglich die Hinterbeine (wie manche der heutigen Echsen und wie manche Gruppen der Dinosaurier auch). *So* wurden sie bei schneller Fortbewegung zu ›Zweibeinern‹, und das *musste* auf die Dauer zu einer entsprechenden Umkonstruktion des Fußes führen, dessen Greiffunktion nun zunehmend unwichtiger geworden war.«[23] Jede dieser Formulierungen unterstellt, dass sich der Mensch in der Savanne veränderte, weil er *lernte,* mit einer neuen Herausforderung der Umwelt umzugehen. Dagegen gehört es zum festen Wissensschatz der modernen Evolutionsbiologie, dass »das Auftreten einer gegebenen Mutation in keiner Weise mit den evolutiven Bedürfnissen des speziellen Lebewesens oder der Population, zu der es gehört, relationiert. Das genaue Resultat eines gegebenen Selektionsdruckes ist unvorhersehbar, da Mutation, Rekombination und Entwicklungshomöostasis nicht feststehende Beiträge zu der Reaktion auf diesen Druck leisten.«[24] Kurz gesagt: In der Natur gibt es keine zwangsläufigen Entwicklungen.

Es musste deshalb nicht erstaunen, als Paläoanthropologen vor rund zwanzig Jahren zwei neue Typen menschenähnlicher Menschenaffen fanden, die die Theorie vom aufrechten Gang als

Anpassung an das Savannendasein widerlegten. Die beiden neu gefundenen Arten lebten etwa eine bis zwei Millionen Jahre vor Beginn des großen Waldsterbens im Urwald und gingen dort offensichtlich aufrecht. Seitdem gelten *Ardipithecus ramidus* und *Ardipithecus kadabba* als gute Kandidaten für die ältesten bekannten Vorläufer des Menschen – und die Entstehung des aufrechten Ganges in der Savanne als ein Märchen.

Die aktuelle Geschichte dagegen lautet so: Vor vielleicht fünf oder sechs Millionen Jahren wählten mehrere Arten von Primaten den aufrechten Gang zur Fortbewegung. Einige von ihnen starben irgendwann aus, andere entwickelten sich weiter. Allesamt erfüllten sie keines der geläufigen Kriterien des Menschseins. Sie verfügten ersichtlich über keine phonetisch fortgeschrittene Sprache, hinterließen keine Spuren von Kulturleistungen oder Religion und zeichneten sich, soweit überhaupt rekonstruierbar, kaum vor der Intelligenz von Schimpansen aus, von deren Vorfahren sie sich vielleicht eine bis zwei Millionen Jahre zuvor getrennt hatten.

Für den Mythos der Menschwerdung durch den aufrechten Gang, der so lange durch die abendländische Kulturgeschichte gegeistert ist, sind dies keine allzu guten Nachrichten. Zwar brachte das Aufrechtgehen tatsächlich den wichtigen Vorteil mit sich, die Hände freizubekommen. Aber dies ereignete sich nicht auf einen Schlag und offensichtlich noch nicht einmal aus einer zwingenden Notwendigkeit heraus. Es ist nicht einmal klar, ob der aufrechte Gang im Regenwald überhaupt ein Vorteil war. Vielleicht war er schlichtweg eine Laune der Natur, die sich erst viel später in der Savanne tatsächlich als nützlich erwies. Und selbst über diese Nützlichkeit lässt sich trefflich streiten. Der aufrechte Gang macht den Menschen deutlich langsamer und nicht schneller. Und Paviane und Meerkatzen tummeln sich seit mindestens ebenso langer Zeit sehr erfolgreich vierhändig in den ostafrikanischen Savannen, ohne dafür aufrecht gehen zu müssen.

Paläoanthropologen in den Achtziger- und Neunzigerjahren, die noch immer einen Vorteil im aufrechten Gang suchten, meinten, die neue Fortbewegungsart habe das Gehirn unserer Vorfahren in der Savanne besser vor Überhitzung geschützt. Aber auch das dürfen wir nach der Entdeckung der beiden *Ardipithecinen* wohl zu den Akten legen. Vielleicht liegt die Wahrheit doch etwas näher bei Anaxagoras als bei Aristoteles? Doch Evolutionsbiologen, die der Ansicht sind, dass der aufrechte Gang ein Vorteil, vielleicht sogar eine Notwendigkeit gewesen sei, bewahren nach wie vor Aristoteles' Erbe und mit ihm das vieler christlicher Theologen. Was den Gläubigen ein göttlicher Eingriff und weiser Plan war, ist den Wissenschaftlern die Entwicklung der Beckenknochen und der *Iliopsoas,* eines bestimmten Muskels zwischen Wirbelsäule und Oberschenkel. Beides soll aus zahlreichen Mutationen als *vorteilhafte* Anpassungsleistung entstanden sein. Und das Aufrechtgehen diene dem *Zweck* des besseren Überlebens.

Wollen wir die Evolution unserer Art besser verstehen, so müssen wir uns wohl von genau diesem Erbe trennen. Wir müssen vorsichtiger werden, überall Vorteile und Zwecke zu benennen. So könnte es sein, dass die anatomische Fähigkeit zum aufrechten Gang nicht zweckhaft durch einen evolutionären Druck entstand. Vielleicht war sie nur eine neue Möglichkeit, von der sich allenfalls sagen lässt, dass sie nicht tödlich war und zum Aussterben führte. Gut denkbar, dass das Aufrechtgehen gar nicht dem Überleben diente. Sicher können wir nur sagen, dass sich die Menschheit trotz ihres in mancher Hinsicht nachteiligen Hanges zur Zweifüßigkeit bislang sehr erfolgreich vermehrt hat. Ein echter Vorteil wurden die freien Hände unserer Vorfahren wahrscheinlich erst im Zuge der kulturellen Evolution. Und die nahm erst vor wenigen hunderttausend Jahren sehr langsam Fahrt auf.

Erschwerend kommt hinzu, dass wir bis heute nicht wissen,

aus welchen Wurzeln und über welchen Weg der heutige Mensch entstand. Der entscheidende Zeitraum der Trennung von Menschenaffen und Urmenschen soll vor etwa sechs bis sieben Millionen Jahren gewesen sein. Paläoanthropologen fanden aus dieser Zeit in Afrika bisher allerdings nur sehr wenige Fossilien von Menschenaffen. Auch bei den *Australopithecinen,* die vor rund vier Millionen Jahren in den Steppen Ost- und Südafrikas auftauchten und dort zweieinhalb Millionen Jahre lang herumstreunten, gibt es anatomisch extrem unterschiedliche Fossilien, deren Verbindungen hochspekulativ sind.

Bezeichnenderweise förderte die wechselhafte Landschaft des Great Rift Valley gerade nicht eine einheitliche Hominiden-Entwicklung, sondern kleine, isolierte Teilpopulationen. Ihre Abspaltung begünstigte rasche genetische Umwandlungen (*Gen-Drift* und *Gen-Shift*) und somit die Entstehung neuer Arten. So scheinen sich die *Australopithecinen* vor etwa drei Millionen Jahren in mehrere Arten geteilt zu haben. Eine vermutlich vegetarische Gattung mit robustem Schädel und sehr großen Backenknochen entstand, die *Paranthropus*-Arten. Ihre Spuren verlieren sich vor etwa 1,5 Millionen Jahren. Daneben folgten nacheinander zwei andere Spezies mit leichter gebautem Schädel und kleineren Zähnen, *Australopithecus afarensis* und *Australopithecus africanus.* Ersterer sorgte durch den Fund eines ziemlich vollständigen Skelettes in den Siebzigerjahren als »Lucy« für Furore. Lucy und ihre Verwandten galten einige Zeit als mögliche Stammform des *Homo habilis,* des mutmaßlich ersten Vertreters der Familie *Hominae.* Doch mittlerweile ist das Bild deutlich unübersichtlicher geworden. In den letzten Jahrzehnten wurden immer neue Australopithecus-Arten gefunden, der ältere *anamensis,* der mysteriöse *garhi,* der südafrikanische *sediba* sowie noch andere, von denen wir nur Schädelbruchstücke kennen.

Bis in die frühen Sechzigerjahre waren sich die Wissenschaftler zumindest in einem einig: Man sollte erst dann von frühen

»Menschen« sprechen, wenn unsere Vorfahren sowohl aufrecht gingen als auch über ein Gehirnvolumen verfügten, das mindestens 800 Gramm betrug. Doch als der kenianische Paläoanthropologe *Louis Leakey* (1903–1972) im Jahr 1964 seinen *Homo habilis* vorstellte, schätzte man dessen Hirnvolumen nur auf 650 Gramm. Dafür aber bewegte er sich vor etwa 1,8 Millionen Jahren wohl durchgängig aufrecht fort und stellte primitive Werkzeuge her. Die Kriterien, die den Menschen zum Menschen machen sollten, gerieten ins Wanken. Nicht leichter wurde es, als Leakeys Sohn Richard 1972 den Schädel eines anderen *Homo* ausgrub. Dieser *Homo rudolfensis* genannte Vorfahre sollte möglicherweise älter sein als *Homo habilis,* verfügte aber mit 750 Gramm über ein größeres Gehirn. Inzwischen sind mit *Homo ergaster* und *Homo naledi* zwei weitere undurchsichtige Vorfahren hinzugekommen. Überreste von mehr als einem Dutzend Exemplaren des Letzteren fanden Höhlenforscher in einer Höhle unweit von Johannesburg. Sein Gehirn ist klein, kaum größer als das der *Australopithecinen.* Dafür aber scheint er seine Toten bestattet zu haben, was allgemein als spezifisch »menschlich« gilt. Und um die Verwirrung komplett zu machen, beschrieben Paläoanthropologen im Jahr 2015 einen 2,8 Millionen Jahre alten Unterkieferknochen aus Äthiopien, der ebenfalls einem *Homo* zuzurechnen sein soll.

Fast jeder neue Fund bringt die Systematik durcheinander. Und die Lücken nicht nur bei der menschlichen Abstammung, sondern ebenso bei den großen phylogenetischen Verbindungen zwischen Familien, Gattungen, Ordnungen, Klassen und Stämmen sind noch immer sehr groß. Seit Darwins Zeit ermutigen sie Generationen von Kritikern seiner Abstammungslehre, die Existenz dieser Verbindungen grundsätzlich zu bezweifeln. Auch Wissenschaftler streiten seit Langem darüber, ob sich die Evolution durchgängig in kleinen Schritten oder mitunter doch in größeren Sprüngen vollzogen hat. Für die Entstehung des Menschen ist diese Frage weithin ungeklärt. Zwischen den *Australopithecinen,* den frühen *Homo*-Formen und dem *Homo sapiens* findet sich bislang kein rekonstruierbares verwandtschaftliches Band. Und je mehr neue Vormenschen-Typen wir entdecken, umso verwirrender wird die Zuordnung. Wie soll man bei dieser unübersichtlichen Lage heute sagen, wann das Tier irgendwo in Afrika zum Menschen wurde? Und nach welchem Kriterium sollen wir das überhaupt entscheiden?

Nun hatten die Paläoanthropologen neben dem von den »Südaffen« praktizierten aufrechten Gang lange ein zweites Ass im Ärmel. Sie verbanden das Charakteristische des Menschen mit einer besonderen Fertigkeit: dem Gebrauch von Werkzeugen. Ob die *Australopithecinen* Werkzeuge nicht nur benutzten, sondern selbst herstellten, ist allerdings äußerst umstritten. Und wo auch immer dieses »Werkzeug« herkam, es handelte sich um nichts anderes als ein paar spitze Steine. Das sollte, von wenigen marginalen Veränderungen abgesehen, auch die nächsten zwei, drei Millionen Jahre so bleiben.

Dieser Befund ist sehr erstaunlich. Denn wie wir an den sich rasch vergrößernden Schädeln ablesen können, wuchs das Gehirn, und hier vor allem das Vorderhirn, in der Entwicklung von den *Australopithecinen* zu *Homo habilis* und dem vor etwa eineinhalb Millionen Jahren entstandenen *Homo erectus* in ungeheurem Tempo. Bei unseren äffischen Vorfahren dürfte das Gehirn vierhundert Gramm gewogen haben, bei *Homo sapiens* sind es etwa 1300 bis 1500 Gramm. Gleichzeitig aber bleiben allzu große Kulturleistungen und ein differenzierter Gebrauch von speziell zugerichteten Werkzeugen, soweit wir wissen, sehr lange aus. Selbst nach weitgehendem Abschluss des Gehirnwachstums vor etwa einer Million Jahren brachten die Hominiden mit ihren Hochleistungsgehirnen über Hunderttausende von Jahren kaum mehr als einen Faustkeil hervor.

Die Größe und Beschaffenheit des menschlichen Gehirns hat

den modernen Menschen und seine unvergleichliche Kultur hervorgebracht. Doch warum machten Menschen von ihrer technischen Innovationsfähigkeit erst so erstaunlich spät Gebrauch, wenn ihr Gehirn sie ihnen doch schon längst ermöglichte? Die Antwort fällt leichter, wenn man die menschliche Entwicklung nicht vom Ende her denkt, sondern aus den Erfordernissen ihrer Umwelt. Offensichtlich hatte das Gehirn unserer frühen Vorfahren ganz andere Aufgaben zu bewältigen als technischen Fortschritt. Auch heutige Menschenaffen, insbesondere Schimpansen, können Werkzeuge zurichten und benutzen. Ihr Gebrauch ist aber ebenso primitiv wie wir ihn bei den *Australopithecinen* vermuten. Dabei sind Menschenaffen intelligenter, als sie für solch simples Hantieren mit Steinen und Ästen sein müssten. Intelligenz zu *haben* und sie gezielt *einzusetzen* sind demnach zwei verschiedene Dinge. (Ein Tatbestand, der mir immer wieder auffällt, wenn ich mit meinem Sohn für die Schule lerne). Denn zum Einsetzen von Intelligenz gehören sowohl eine starke Motivation als auch eine Kultur, in der dieser Aufwand an Intelligenz gefordert, gefördert und belohnt wird.

Es gibt ein naheliegendes Motiv dafür, dass Paläoanthropologen den Gebrauch von Werkzeug für die Menschheitsentwicklung lange überschätzt haben. Es könnte daran liegen, dass sie sich meist selbst als Menschen aus der Welt von Wissenschaft und Technik definieren. Entsprechend rühmen sie vor allem jene Fähigkeiten und Interessen an unseren Vorfahren, auf die sie persönlich besonders stolz sind. Es sieht aber so aus, als ob auch der Einsatz von Werkzeugen nicht richtig dazu taugt, den großen Graben zu markieren, der Tier und Mensch unserem Selbstverständnis nach trennt. Nach diesem Kriterium nämlich beginnt das Menschsein erst mit *Homo sapiens praesapiens* vor vielleicht 400 000 Jahren. Und es ereignete sich mehr als vier Millionen Jahre nach »Erfindung« des aufrechten Ganges durch *Ardipithecus* und seine Gesellen, die mit dem späteren *Homo sapiens* nicht viel näher verwandt sein dürften als Mensch und Schimpanse.

Die genetischen Veränderungen in Größe, Gangart und Gehirnwachstum auf der einen Seite und Kulturleistungen wie Werkzeuge herstellen auf der anderen, verliefen in der Entwicklungsgeschichte des Menschen nicht parallel. Der genetische und der kulturelle »Schöpfungsplan« (so man an einen solchen glauben möchte) sind verblüffend schlecht aufeinander abgestimmt.

In solcher Lage erlagen einige Paläoanthropologen seit Anbeginn ihres Faches der Versuchung, den Menschen über seine Eigenschaft als Jäger zu definieren. Alle heute existierenden Menschenaffen leben vegetarisch, mit Ausnahme des Schimpansen, der gelegentlich Jagden auf kleine Antilopen und auf andere Affenarten inszeniert. So war es verführerisch, den Menschen aufgrund seiner Jagdqualitäten sicher aus dem Reich der Primaten herauszuheben. Als einige frühe Vertreter der Hominiden die schrumpfenden Wälder verließen und ins Grasland auswichen, wurden aus überwiegend Vegetariern Nahrungsgeneralisten. Denn nährstoffreiche Pflanzenkost, Früchte und Nüsse waren in den Savannen selten. Größere Käfer, Frösche, Eidechsen, Schlangen, Kleinsäuger und bodenbewohnende Vögel wurden nun eine wichtige Nahrungsquelle. Diese Ernährung hielt unsere Vorfahren drei Millionen Jahre lang am Leben. Wenn Ernährungsgurus heute fordern, man solle sich an eine artgerechte Paläo- oder Steinzeitdiät halten, um gesund zu leben wie unsere Vorfahren, so gehören neben Früchten vor allem Insekten, Frösche und Schlangen auf den Speisezettel, nicht aber frisches Rindfleisch oder Lamm. Rohes Fleisch lässt sich ohne Reißzähne nicht zerteilen, zerkleinern und essen. Erst die Kunst des Feuermachens, für die wir keine Belege haben, die älter sind als 800 000 Jahre, machte seinen Verzehr überhaupt möglich.

Es gibt eine breite Übereinstimmung in der Wissenschaft, dass die proteinreiche Nahrung das Gehirnwachstum unserer Vorfahren begünstigt hat. Man sollte dabei aber eher an Insekten denken als an Mammuts. Als die Großwildjagd begann, hatte das Gehirn des *Homo sapiens* sein heutiges Gewicht längst erreicht. Erst für die letzten 100 000 Jahre gibt es Belege dafür, dass unsere Vorfahren tatsächlich größere Tiere erjagt haben. Auch sorgte die proteinreiche Nahrung in der Savanne nicht zwangsläufig dafür, dass unsere Vorfahren intelligenter wurden. Raubtiere, die sich allein fleischlich ernähren, wie Krokodile, Löwen oder Adler, gehören allesamt nicht zu den besonders schlauen Tieren. Die erhöhte Zufuhr von Protein macht nicht intelligent, weder kurzfristig noch langfristig, und jeder Bodybuilder kann dies bestätigen. Aber sie liefert das Baumaterial, das die Gehirne unserer Vorfahren brauchten, um sich intelligenzmäßig weiterzuentwickeln. Doch was immer der Grund dafür war, warum unsere Vorgänger mit der Zeit intelligenter wurden – das Protein allein dürfte es nicht gewesen sein und vermutlich ebenso wenig die Jagd.

Am Jagdmythos scheint nicht allzu viel dran zu sein. Es wäre auch zu schön gewesen: Aus dem sicheren Ort der Wälder schreitet der Mensch männlich hinaus ins feindliche Leben, um sich mit Nashörnern, Mastodonten und Säbelzahntigern zu messen und sie mit List und Mut zur Strecke zu bringen. Anders als seine faulen Vettern, die Menschenaffen, denen im Wald die saftigen Trauben weiterhin in Griffweite vor dem Mund schaukeln, beweist sich der Mensch in der rauen Savanne. »Gefangen in dieser Vorstellungswelt«, schreibt der Evolutionsbiologe *Jared Diamond* (* 1937) von der University of California in Los Angeles, »betonen männliche Anthropologen gern die Schlüsselrolle der Großwildjagd, die männliche Urmenschen dazu veranlasste, miteinander zu kooperieren, die Sprache und große Gehirne zu entwickeln, sich in Horden zusammenzuschließen und Nahrung miteinander zu teilen. Selbst die Frauen seien durch die Großwildjagd der Männer geprägt worden: Sie unterdrückten die äußeren Zeichen des bei Schimpansen so auffälligen monatlichen Eisprungs, um die Männer nicht in sexuelle Erregung zu versetzen und zu Rivalenkämpfen zu verleiten, was die gemeinsame Jagd hätte stören können.«[25] (Ein Mythos, dem lange von Fußballtrainern gefrönt wurde, wenn sie früher unter demonstrativem Ausschluss der Spielerfrauen mit ihren Mannen ins Trainingsquartier einer Weltmeisterschaft zogen.)

Es dürften wohl nicht die Jäger gewesen sein, die das Denken erfanden. Denn dass die Jagd die Triebkraft hinter der Entwicklung des menschlichen Gehirns war, ist, wie Diamond schreibt, sehr unwahrscheinlich: »Während der meisten Zeit unserer Geschichte waren wir keine kühnen Jäger, sondern geschickte Schimpansen, die sich mit Hilfe von Steinwerkzeugen pflanzliche Nahrung beschafften und Kleinwild erbeuteten und zubereiteten.«[26] Auch nachdem der *Homo sapiens* sich in Afrika ausbreitete und schließlich nach Europa und Asien kam, lebte er im größten Teil seines Verbreitungsgebiets an den Läufen von Flüssen und ernährte sich überwiegend von Fischen. Ein richtiger Jäger wurde der Mensch wohl erst vor weniger als 50 000 Jahren. In vergleichsweise kurzer Zeit rottete er in Europa die Großtierwelt aus, das Mammut, den Höhlenbären, den Höhlenlöwen und das Wollnashorn. Und möglicherweise auch den friedlichen Neandertaler, den damaligen Bewohner Europas und Südrusslands.

Wenn es nicht die Jagd war, was könnte dann ein plausibler Grund dafür sein, dass die Gehirne unserer Vorfahren in einer Geschwindigkeit wuchsen, für die es im Tierreich sonst kaum Vergleiche gibt? Eine schwierige Frage, denn der allgemeine Aufbau des menschlichen Gehirns stellt keine Besonderheit dar. Unsere Gehirne sind nicht anders strukturiert als die aller anderen Landwirbeltiere. Die Gehirne von Menschenaffen und Menschen sind sogar nahezu identisch; der einzige Unterschied liegt in der Größe. Zwar hat der Mensch weder das *absolut* größte

Gehirn (das besitzen Wale) noch das *relativ* größte Gehirn. Hier schlagen ihn einige possierliche Tiere wie die Spitzmaus oder der Elefantenrüsselfisch. Und selbst das Zentrum der sogenannten höheren Hirnfunktionen – Bewusstsein, Wahrnehmung, Denken und Vorstellen – ist bei Elefanten, Delfinen und anderen Walen größer: *absolut* und *relativ!*

Nun gut. Des Menschen Gehirn und Vorderhirn (Neocortex) sind, obgleich beachtlich, nicht die allergrößten. Aber sind sie vielleicht nicht »moderner« als andere Modelle? Auch diese weitverbreitete Ansicht trifft nicht zu. Wie Gerhard Roth schreibt, lag »der Grundbauplan des Wirbeltiergehirns bereits bei Beginn der Geschichte der Wirbeltiere vor und wurde im Wesentlichen nur hinsichtlich der relativen Größe der einzelnen Hirnteile und ihrer Differenzierung in Kerne, Laminae, Areale usw. abgeändert. Deshalb ist es falsch, von stammesgeschichtlich alten oder neuen Hirnteilen zu sprechen, auch wenn dies eine gängige Redeweise ist. So wird der Neocortex oft als ›stammesgeschichtlich neue‹ Hirnstruktur bezeichnet, die erst die Säugetiere ›erfunden‹ hätten, obwohl hinlänglich bekannt ist, dass zumindest alle Landwirbeltiere einen solchen Neocortex haben … Diese Bezeichnungen gehen auf die irrige Meinung zurück, das menschliche Gehirn sei der Endpunkt der Hirnentwicklung überhaupt, und innerhalb des menschlichen Gehirns sei wiederum der Neocortex der Gipfel der Evolution.«[27]

Noch Konrad Lorenz meinte, dass »der große Hiatus, der zwischen den höchsten Tieren und den Menschen klafft, durch die Fulguration entstanden« sei, »die *einen neuen kognitiven Apparat* geschaffen hat«.[28] Schwer zu sagen, ob Lorenz hier das Verfahren Frankensteins vor Augen hatte, seinen Menschen zum Leben zu erwecken – einen durch evolutionären Stromschlag erweckten neuen kognitiven Apparat gibt es jedenfalls nicht.

Doch wenn der Neocortex schon nicht so neu ist, wie sein Name weismachen will, so bleibt die rasante Vergrößerung des

Hirnvolumens doch eine bemerkenswerte Entwicklung. Der niederländische Arzt *Louis Bolk* (1866–1930) fand dafür bereits in den Zwanzigerjahren eine raffinierte Erklärung. Bei seinen Untersuchungen stellte er fest, dass die Unterschiede bei den Embryonen von Affen und Menschen äußerst gering sind. Im Gegensatz zum Affenfötus jedoch entwickelt sich der Menschenfötus langsamer und behält einige entscheidende Merkmale seines embryonalen Stadiums bei, etwa die Schädelproportion oder die Nacktheit. Bolk nannte seine Theorie Fetalisationshypothese. Weil sich der Menschenfötus im Vergleich zum Affen nur verzögert heranbildet, hat sein Gehirn eine verlängerte Wachstumsphase. Der Clou der menschlichen Entwicklung ist demnach ihre Langsamkeit. Hinsichtlich mancher Merkmale sei der Mensch so etwas wie ein lebenslang nicht zu Ende gereifter Affenfötus, mit allen daraus entspringenden Vorteilen. Noch der erwachsene Mensch zeige Eigenschaften, die unter Affen nur im Kindheitsstadium zu finden sind, allen voran sein starkes Spielbedürfnis und seine im Tierreich einzigartige Neugier und Lernbereitschaft.

Aus Sicht der Neurobiologie ist der *Homo sapiens* ein Affe mit – gegenüber Artgenossen – vergrößertem Neocortex, aus der Sicht eines Ontogenetikers wie Bolk ein superintelligentes Affenbaby. Allerdings wissen wir damit noch immer nicht genau, warum sich die Entwicklung des heranwachsenden Fötus beim Menschen so sehr verzögerte. Denn diese Tendenz verlief, wovon die US-amerikanische Evolutionsbiologin *Tanya M. Smith* von der Harvard University überzeugt ist, nicht bei allen frühen *Homo*-Arten gleich.

Wo liegt – nach dem, was wir inzwischen wissen – die Grenze zwischen Mensch und Tier? »Wir brauchen eine befriedigende Antwort auf diese Frage«, meint der britische Paläoanthropologe *Ian Tattersall* (* 1945), der langjährige Leiter der anthropologischen Abteilung des American Museum of Natural History in New York.[29] Doch es gibt weder eine »Stunde null« der Menschwerdung noch ein sicheres Kriterium, das »den Menschen« an einem ganz bestimmten Punkt der Entwicklung von »dem Tier« trennt. Handelt es sich dabei überhaupt um eine biologische Zäsur und nicht schlichtweg um *ein Spiel mit Worten*? Weder »Mensch« noch »Tier«, so scheint es, lassen sich klar definieren. Und jede Festlegung bleibt eine mehr oder weniger willkürliche menschliche Entscheidung im Nachhinein.

Der rein biologische Unterschied zwischen Affen- und Menschengehirn ist weniger beeindruckend als seine Folgen. Immerhin werden wir uns schnell darauf verständigen können, dass Menschen anders leben und deutlich andere Dinge tun als Schimpansen, Bonobos, Gorillas und Orang-Utans. Woran liegt das? Und was verrät uns dies über die Entwicklung des menschlichen Gehirns und über die Grenze zwischen Menschen und anderen Tieren?

• *Sinn und Sinnlichkeit. Was trennt Mensch und Affe?*

Sinn und Sinnlichkeit
Was trennt Mensch und Affe?

Mir scheint, als sei das tiefgehendste Merkmal
der menschlichen Schwäche unsere Unfähigkeit,
mit den Tieren zu kommunizieren.

Claude Lévi-Strauss

Schreiende Kinder drängeln sich vor der Glasscheibe, stiernackige Bodybuilder verharren andachtsvoll, Fotoapparate blitzen. Langsam zieht der große Affe von der einen Ecke seines Käfigs in die andere, hinweg über das Computerpapier und die Holzwolle, in dem die jüngeren Gorillas toben, sich an den Gliedmaßen ziehen, bevor sie an den Seilen schaukeln unter der großen Stahlkonstruktion des Urwaldhauses.

Von allen Zoogehegen sind Affenanlagen, zumal jene für die Großen Menschenaffen, die beliebtesten. An den Raubkatzen, die unablässig von einer Seite ihres Käfigs zur anderen tigern, bewundern wir die Eleganz; die Schönheit ihrer Kraft, die aufscheint in der Unmöglichkeit, sie zu leben. Elefanten und Nashörner beeindrucken durch ihre Größe, die doch verschwindend klein ist im Horizont der Hochhäuser hinter der Zoomauer. Seelöwen sind lustig, wenn sie nach Heringen schnappen, die ihnen der Wärter zum Spiel in die Luft wirft. Doch wie sehen wir Affen?

Durch eine Glasscheibe, hinter einem Gitter, über einen Absperrgraben hinweg, lautet die wohl ehrlichste Antwort. Glasscheibe, Gitter und Absperrgraben sind das, was Menschen und Affen alltäglich trennt, seit Europäer Affen und Menschenaffen entdeckten und näher unter die Lupe nahmen. Beobachtungen im Freiland dagegen waren lange selten. Erst in den späten Fünfziger- und den Sechzigerjahren brachen Wissenschaftler gezielt in die Heimatländer der Großen Menschenaffen auf. *George Schaller* (* 1933) und die US-Amerikanerin *Dian Fossey* (1932–1985) reisten zu den Berggorillas an den Virunga-Vulkanen im Kongo und in Ruanda. Die britische Verhaltensforscherin *Jane Goodall* (* 1934) berichtete von den Schimpansen am Gombe-Strom in Tansania, und die kanadische Zoologin *Birutė Galdikas* (* 1946) untersuchte die Orang-Utans auf Borneo.

All diese jahrzehntelangen Studien führten bislang nicht zu einer klar definierten naturgeschichtlichen Grenze von Menschen und Menschenaffen. Es gibt Verhaltensunterschiede zwischen Schimpansen und Menschen, zwischen Schimpansen und Gorillas, zwischen Gorillas und Orang-Utans. Im Sexualverhalten beispielsweise sind sich Bonobo und Mensch ähnlicher als Bonobo und Schimpanse, in anderen Verhaltensweisen gleichen sich Orang-Utan und Mensch oder Schimpanse und Gorilla. Schimpansen leben territorial, sie sind »ethnozentrisch« auf ihre eigene Gruppe eingeschworen und bekämpfen ihnen fremde Eindringlinge. Gelegentlich allerdings suchen sie sich sexuelle Abenteuer auch außerhalb ihres angestammten Territoriums.

Menschenaffen sind, wie gesagt, weitaus intelligenter, als sie es sein müssten, um sich in ihrem natürlichen Lebensraum zu orientieren und Nahrung zu finden. Erst nach langen Jahren der Observation getraute sich Birutė Galdikas die Frage zu beantworten, wozu die Menschenaffen auf Borneo ihre Intelligenz eigentlich benötigen. Sie benutzen sie in erster Linie für das Sozialverhalten: sich wechselseitig in Ruhe zu lassen, einander aus dem Wege zu gehen und möglichst wenig Zeit mit unnötigen Auseinandersetzungen zu vergeuden. Vergleichbares gilt für Schimpansen und Gorillas. Der »Sinn« ihrer Intelligenz ist eng verbunden mit dem artspezifischen sozialen Umgang. »In den zwei Monaten, die ich mit der Beobachtung von Gorillas in den Virunga-Bergen in Ruanda verbrachte«, erzählt der britische Psychologe *Nicholas Humphrey* (* 1943) von der University of Cambridge, »verblüffte mich vor allem die Tatsache, dass die Gorillas offensichtlich von allen Tieren des Waldes das einfachste Leben führten – Nahrung im Überfluss und leicht zu beschaffen (vorausgesetzt, sie *wussten,* wo sie zu finden war), wenig oder keine natürlichen Feinde (vorausgesetzt, sie *wussten,* wie man ihnen aus dem Weg geht) ... wenig zu tun (und sie taten auch wenig) außer Fressen, Schlafen und Spielen.«[30]

Gorillas nutzen ihre Hirnkapazität nicht zur Produktion von Werkzeugen oder anderen technischen Leistungen. Wir sollten uns erinnern, dass es auch in der Entwicklung des Menschen von *Australopithecus* zu *Homo sapiens* ein solches Missverhältnis gibt. Die Hirnkapazität und der Gebrauch differenzierter Werkzeuge gingen augenscheinlich nicht Hand in Hand. Und die Nöte und Notwendigkeit der Werkzeugherstellung haben die Gehirnentwicklung offensichtlich nicht beschleunigt.

Dabei galt die Frage, ob Menschenaffen Werkzeuge benutzen und herstellen, lange als die entscheidende Frage überhaupt. Schon in ihren ersten Jahren am Gombe-Strom entdeckte Jane Goodall, dass Schimpansen in der Natur mit Hilfe zusammengepresster Laubblätter Wasser aus engen Spalten heraussaugen, mit Grashalmen nach Termiten angeln und sogar die Blätter von Stängeln streifen können. Sie benutzen damit nicht nur ein Werkzeug, sondern stellen es auch her. Als die englische Forscherin dem Paläoanthropologen Louis Leakey von ihren Beobachtungen berichtete, erhielt sie das inzwischen berühmt gewordene Telegramm: »Wir müssen jetzt *Werkzeug* neu definieren oder *Mensch* neu definieren oder Schimpansen als Menschen akzeptieren.«[31]

Inzwischen ist die Sache allerdings nicht mehr so wichtig. Wenn Paläoanthropologen die Frage, wann das Tier zum Menschen wurde, nicht mehr nach dem Werkzeuggebrauch bemessen, warum sollten wir es dann bei Menschenaffen tun? Von ihren neurologischen Voraussetzungen her müssten alle heute lebenden Menschenaffenformen in der Lage sein, weit mehr als solche Werkzeuge herzustellen wie die Schimpansen vom Gombe-Fluss. Unter den drei installierten Programmen im Bonuspack des Evolutionspakets verbraucht die manuelle Geschicklichkeit, obgleich sie im Tierreich so selten vorkommt, die wenigste Speicherkapazität und die geringste Anwenderkompetenz. Doch Werkzeuge spielen in der Welt von Menschenaffen kaum eine Rolle. Den weitaus größeren Teil der Hirnfunktionen bei menschlichen und nichtmenschlichen Primaten belegt eine andere Aufgabe: unser Sozialverhalten!

Die Intelligenz aller Primatengehirne, einschließlich dem des Menschen, dürfte sich in erster Linie den Nöten und Notwendigkeiten des sozialen Handelns verdanken. Wenn Affen über Intelligenz verfügen, Erinnerungsvermögen zeigen, zielgerichtet handeln, die Arbeit nach Geschlechterrollen verteilen, wenn ihre Kinder spielen und lachen (bei Bonobos), wimmern und heulen, wenn andere Gruppenmitglieder überlistet, getröstet oder bestraft werden und sich Schimpansen, Bonobos und Orang-Utans in spiegelndem Wasser erkennen, so sind dies immense Ansprüche an ihr Gehirn.

Dabei stellen sich für alle Primaten die gleichen sozialen Grundprobleme. Da ist zum Beispiel die Frage, ob man Artgenossen töten darf. Schimpansen tun es, Bonobos und Orang-Utans tun es nicht. Da ist die Frage nach dem Umgang mit älteren Gruppenmitgliedern und deren Integration in die Gemeinschaft; die Frage nach den von Art zu Art höchst unterschiedlich geregelten sexuellen Partnerbeziehungen; die Frage nach Besitz und Eigentum sowie die Frage nach einer möglichst unfallfreien Verständigung. Nach dem deutschen Verhaltensforscher *Wolfgang Wickler* (* 1931) bestimmt die Regelung solch potenzieller Konfliktsituationen den sozialethischen Kodex.

Die Primatenforscher *Dorothy L. Cheney, Robert M. Seyfarth* (* 1948) und *Barbara B. Smuts* stellten fest, dass »sich hoch entwickelte Erkenntnisfähigkeit bei den nichtmenschlichen Primaten am deutlichsten in sozialen Wechselwirkungen zeigt«.[32] Interessanterweise kommen bei manchen Primaten vor allem jene Männchen bei den Weibchen zum sexuellen Erfolg, deren soziale Intelligenz besonders ausgebildet ist; mehr jedenfalls als andere, die sich allein auf körperliche Stärke und Imponiergehabe verlassen. (Dass ein Mann die Frauen mehr durch Kraftmeierei und äußeres Erscheinungsbild beeindrucken zu können glaubt als durch soziale Fähigkeiten, gehört zu den zeitlosen Männerfantasien – leider sind sie nicht völlig falsch.)

Nicht nur für Affen, für alle Primaten, einschließlich des Menschen, sind die anderen Hordenmitglieder nicht nur die wichtigsten, sondern zugleich die psychisch anspruchsvollsten Herausforderungen seiner Umwelt. Eine manuelle Prüfung bleibt im Prinzip stets die gleiche, sie ist, einmal erlernt, berechenbar und deshalb meist einfach zu wiederholen. Anders dagegen unsere Artgenossen: Sie sind so hochkomplex und kompliziert, dass sie schwer zu berechnen sind. Wie leicht kann man sich selbst in Menschen täuschen, die man gut zu kennen glaubt. Und wie schnell ändert sich das Verhalten einer Gruppe allein dadurch, dass jemand Neues dazustößt. Die Intelligenz, die den Menschen in die Lage versetzt hat, Symphonien, Religionen, Raketen und in weniger starken Stunden die Makramee-Eule und den Briefbeschwerer zu ersinnen – nach Ansicht von Primatenforschern wie Jane Goodall, Nicholas Humphrey, Robert M. Seyfarth, *Joan Silk* und *Frans de Waal* (* 1948) verdankt sie sich vor allem den Erfordernissen des sozialen Handelns.

Ich weiß nicht, was der andere denkt, und ich weiß nicht, was er tut. Keine geistige Tätigkeit fordert den Menschen zu solch einer Leistung heraus, wie die zukünftigen Handlungen seiner Mitmenschen vorauszuahnen. Der Umgang mit unseren undurchschaubaren Artgenossen gilt vielen Forschern heute als der wohl wichtigste Motor sozialer Intelligenz. Nicht unwahrscheinlich, dass es vor allem das »soziale Schach« in immer komplizierteren Gemeinschaften war, das intelligentere Artgenossen begünstigte. Zumindest dürfte es kein Nachteil gewesen sein, wenn man über hinreichend Einfühlungsvermögen in andere Hordenmitglieder verfügte. Wer nicht nur Erwartungen an andere hat, sondern versteht, was andere von einem selbst erwarten, ist geschmeidiger und vielleicht auch beliebter. Und je komplizierter das Sozialleben unserer Vorfahren war, umso wichtiger dürften solche einfühlenden Erwartungen an die Erwartungen anderer gewesen sein. Nicht aufrecht zu gehen oder Werkzeuge zu gebrauchen machten smart. Es dürfte vor allem die Fähigkeit gewesen sein, sich »Erwartungserwartungen« zu bilden und abzuschätzen.

Die Erwartungen, die Menschen an andere Menschen haben, sind spezifisch menschlich. Wir erwarten, gegrüßt zu werden, wir erwarten zuvorkommendes Verhalten, wir erwarten Verlässlichkeit und Pünktlichkeit, wir erwarten, dass Menschen ihren Beruf richtig ausüben usw. Kurz gesagt: Wir erwarten, dass sich andere Menschen uns gegenüber *angemessen* verhalten. Genau diese Erwartung ist allerdings der Grund, warum wir auf vergleichbare Weise mit anderen Tieren, auch mit Affen, nicht kommunizieren können. Denn Angemessenheit in der Welt von Schimpansen, Gorillas oder Orang-Utans ist etwas ganz anderes als in der Menschenwelt. Und genau darum sind viele Experimente mit Menschenaffen so unergiebig.

Der Schriftsteller *Franz Kafka* (1883–1924) wusste dies schon, lange bevor man mit Menschenaffen systematisch forschte. Im Jahr 1917 schrieb er seine Erzählung *Ein Bericht für eine Akademie*. Der arme Versuchsaffe in der Geschichte versteht überhaupt nicht, was die Menschen von ihm wollen, wenn sie ihn dazu auffordern, eine Schnapsflasche zu öffnen. »Er begriff mich nicht, er wollte das Rätsel meines Seins lösen«, lässt Kafka seinen Schimpansen denken. Und der Affe macht klar, dass er nicht der Einzige ist, der den anderen nicht versteht. Solche Versuche mit domestizierten Primaten haben in der Tat etwas Merkwürdiges an sich. Dass Tiere über kein dem Menschen irgendwie vergleichbares Bewusstsein verfügen, ist das Ergebnis all jener Primatenforscher, die dies auch bereits vorher mit Sicherheit zu wissen glaubten. Dass das Bewusstsein von Tieren, zumindest das von Affen, uns in verblüffender Weise ähnelt, ist hingegen das Resultat jener Experimentatoren, deren Ausgangsthesen verraten, dass die Ergebnisse sie nicht besonders verblüffen.

Ich werde im Folgenden kurz auf eine Auswahl aus der großen Zahl von Experimenten mit Affen eingehen: Studien in der freien Natur und Laborversuche, Untersuchungen über Sexualität, Lernvermögen, Laut- und Zeichensprache, strategisches Denken und über die »Primaten-Kultur«. Die Beobachtungen unterscheiden sich nach dem Grad der Wissenschaftlichkeit beträchtlich. Und sie unterscheiden sich durch die Skrupel, mit denen die Forscher ihre eigene Sichtweise mit reflektieren.

Was ist der Stand der Dinge? Lassen sich zumindest auf der Beobachtungsebene einige sehr allgemeine Fakten benennen? Und wenn sie sich schon nicht eindeutig interpretieren lassen – können sie uns wenigstens weiterbringen auf dem Weg zu einem

Verständnis der Tiere? Einem Verständnis nicht aufgrund, sondern *in Ermangelung unseres Wissens*?

Recht früh begannen Denker damit, Menschenaffen und Menschen in sexueller Hinsicht zu vergleichen. So gab es Philosophen, die glaubten, dass ausgerechnet der Kuss den Menschen vor allen anderen Lebewesen privilegiere. Da ist es wertvoll zu erfahren, dass Schimpansen sich ebenfalls küssen. Ob sie dabei dem Menschen vergleichbare Gefühle empfinden, können wir allerdings nur raten. Die »Missionarsstellung« ist keine Erfindung von Missionaren, sondern die Missionare in Schwarzafrika hätten sie von den Bonobos lernen können. Auch der intensive Blickkontakt ist bei den Zwergschimpansen verbreitet; nicht anders als bei Menschen dient er häufig dazu, die Paarung vorzubereiten.

Bonobos sind wie fast alle Affen polygam und bevorzugen regelmäßigen Partnertausch. Auch hier unterscheiden sich Affen nicht kategorisch von Menschen. Monogamie ist bei Menschen bekanntlich nicht naturgegeben, sondern meist selbst- und kulturverordnet und schwer einzuhalten. Die einzigen Affen, die lebenslange monogame Beziehungen führen, sind die Gibbons. Ebenso wie die Bonobos haben die Gibbons dem Menschen sogar ein kulturelles Ziel moderner Nationen voraus: Männchen und Weibchen sind bemerkenswert gleichberechtigt. Wo wir gerade bei den Weibchen sind: Nicht alle Affen zeigen ihre Fruchtbarkeit grell an, hier sind die Bonobos dem Menschen am ähnlichsten. Und dass weibliche Bonobos, Schimpansen und Bärenmakaken einen Orgasmus erleben, gilt seit umfassenden Tests mit physiologischen Sensoren als Faktum.

Eine durch Sexualität begründete kategorische Unterscheidung zwischen Mensch und Menschenaffe ist auf Sand gebaut. Für das 19. Jahrhundert und seine strikte Sexualmoral als gesellschaftliches Herrschaftsinstrument hingegen hatte der Verweis auf die »abartige« Sexualbiologie der Affen noch zu den weitverbreiteten Vorurteilen gehört. Um wie vieles leichter haben wir es, wenn wir heute die Sexualität aus jener »Kultur« ausgrenzen, die uns vom Affen unterscheiden soll.

Apropos Kultur. Haben andere Primaten tatsächlich eine »Kultur«? Den Nachweis einer Kulturleistung bei Affen glaubten in den Fünfziger- und Sechzigerjahren japanische Verhaltensforscher erbracht zu haben. Sie beobachteten eine Kolonie von Rotgesichtsmakaken im Freiland auf der kleinen Insel Koshima. Dabei lernten einige jüngere Makaken ohne jegliche menschliche Anleitung Verhaltensweisen, die man bei freilebenden Affen noch nie zuvor gesehen hatte. Ein Affenweibchen wusch erdige Kartoffeln vor dem Verzehren im Süßwasser wie im Salzwasser. Beim »Goldwaschen« trennte sie Weizen- und Sandkörner durch Schlämmen im Wasser. Zudem erschloss sie sich neue Nahrungsquellen wie Seetang und Muscheln im Meer. Ihre Fähigkeiten wurden bald von anderen Mitgliedern der Kolonie kopiert. Und sie überlieferten sich »kulturell«, indem sie an nachfolgende Generationen weitervermittelt wurden. Mit der Zeit lernten auch die Affen der Nachbarinseln die neuen Techniken, und zwar durch Tiere, die von Koshima herübergeschwommen waren.

Der niederländische Primatenforscher Frans de Waal beobachtete zwei in Menschenobhut gehaltene Gruppen von Rhesusaffen. Beide Gruppen zeigten ein völlig anderes Sozialverhalten. Die eine hatte eine strenge Hierarchie. Nur das Alphamännchen durfte die Weibchen begatten. Auch alle rangniedrigeren Männchen waren fortwährend damit beschäftigt, ihren Rang in der Hierarchie energisch zu demonstrieren und zu verteidigen. In der anderen Gruppe von Rhesusaffen suchte sich das ranghöchste Männchen ein einziges Weibchen aus, ebenso machten es die rangniedrigeren Männchen. Das Klima war toleranter und weitgehend entspannt. Zehn Jahre später herrschten in beiden Gruppen noch die gleichen unterschiedlichen Regeln, obwohl die Individuen nicht mehr dieselben waren. Offensichtlich ist das

Sozialverhalten von Rhesusaffen biologisch nicht genau festgeschrieben, sondern es gibt einen »kulturellen« Spielraum. Und die jüngeren Hordenmitglieder hatten jene Umgangskultur übernommen, in die sie hineingeboren wurden.

Einen »kulturellen« Spielraum entdeckten die Forscher in den letzten zwanzig Jahren ebenso bei Schimpansen. Die Art und Weise, wie Schimpansen Werkzeuge gebrauchen, um Nüsse zu knacken oder Ameisen aus Baumhöhlen zu angeln, variiert von Gruppe zu Gruppe und wird von Generation zu Generation auf bestimmte Weise überliefert. Natürlich kann man sich in menschlichen Begriffen lange darüber streiten, ob ein solches Sozial- und Lernverhalten nun eine »kulturelle« oder »präkulturelle« Leistung darstellt. Der Terminus »Kultur«, der ehemals »Landbau« beziehungsweise »Pflege des Körpers und des Geistes« bedeutete, ist ohnehin sehr schwammig und heißt eigentlich alles und nichts.

Kulturvergleiche zwischen Menschen und Affen sind deshalb ausgesprochen schwierig und oft unfreiwillig amüsant. »Der Mensch«, schrieb der vormalige Baseler und Züricher Zoodirektor *Heini Hediger* (1908–1992) in seinem Buch *Tiere verstehen,* »kennt zum Beispiel den Begriff der Arbeit, der Schimpanse hat keine Ahnung davon. Er hat keinerlei Einsicht in die Bedeutung des Reinemachens, der Hygiene, der Futterzubereitung usw. Wo sich Futter irgendwie zeigt, wird es gefressen, solange es zusagt. Was nicht schmeckt oder nicht benötigt wird, wird weggeworfen bzw. ›verwüstet‹, wie wir Menschen sagen würden. Der Schimpanse kennt und braucht keinen Lohn; er weiß ja nicht, was Geld ist; er muss weder Kleider kaufen noch für seine Familie sorgen, noch Steuern bezahlen.«[33]

Ein Kriterium des menschlichen Geistes ist nach Hediger die »Fähigkeit zur Reflexion, also das eigene Wissen zu wissen«. Schade nur, dass dieses Vermögen Hediger just in dem Moment verloren geht, wenn er Menschen und Affen vergleicht. »Der

Mensch« kennt nicht den Begriff der Arbeit, sondern allenfalls der *Homo sapiens* der letzten dreitausend Jahre; die »Bedeutung der Hygiene« hat, zumindest nach unseren heutigen Vorstellungen, vor weniger als zweihundert Jahren Einlass in die europäische Kultur gefunden, ebenso wie das »Reinemachen« kein menschliches Natur-, sondern ein Kulturgut späterer Zeiten ist. Auch die menschlichen Tischsitten der Gegenwart sind kein arttypisches Verhalten. Das Essbesteck als Trio von Messer, Gabel und Löffel – Standard erst im 19. Jahrhundert – war noch vor vierhundert Jahren Luxus oder gänzlich unbekannt. Bis dahin aß man, selbst bei Hofe, mit den Fingern und wischte die Soße mit Brot auf. Sogenannte »Tischzuchtbüchlein«, meist von Bürgerlichen verfasst, mussten über viele Jahrhunderte hinweg den deutschen adligen Rabauken, wie sie uns etwa im *Michael Kohlhaas* oder im *Simplicissimus* vorgeführt werden, immer wieder ins Gewissen reden, sich bei Tisch doch nicht allzu schweinisch aufzuführen. Offenbar war es schwieriger, einem gekrönten Fresssack und Saufaus Tischsitten beizubringen, als heute einem Schimpansen das manierliche Essen mit Messer und Gabel. Der Zahlungsverkehr mit Geld ist etwa 2500 Jahre alt und hielt in Germanien erst mit den Römern Einzug, ohne in den nächsten Jahrhunderten wesentliche Spuren zu hinterlassen. In den ländlichen Gefilden Deutschlands wurde der Naturalientausch erst im 19. Jahrhundert durch Geld ersetzt. Das Prinzip der Lohnarbeit, das uns heute so selbstverständlich ist, dass Hediger es für ein menschliches Artmerkmal hält, setzte sich in Europa flächendeckend ebenfalls erst im 19. Jahrhundert durch und ist etwa unter Pygmäen bis heute nicht verbreitet. Dass Steuern zu zahlen kein genuin menschliches Artverhalten ist, zeigen nicht zuletzt die Milliardenbeträge, die allein in Deutschland jedes Jahr hinterzogen werden.

Was lernen wir daraus? Tiere sind erst dann wie wir, wenn sie *Homo sapiens* auf heutiger Kulturstufe in Westeuropa sind. Da sie dies aber nicht sind, sonst wären sie keine Tiere, sind sie nicht wie wir. Es scheint, als ob Menschen erst dann geneigt sind, Tieren ein Bewusstsein zuzusprechen, wenn es genau wie das ihre zu sein scheint – so als gehörten Verhaltensweisen wie Monogamie, Hygiene, Arbeitsteilung etc. notwendig zum menschlichen Bewusstsein dazu.

Allerdings steht das gemeinhin wichtigste Unterscheidungsmerkmal zwischen Menschen und anderen Tieren noch aus: Es ist die Sprache. Schon die Antike kannte zwei Möglichkeiten, sich vom Tier zu unterscheiden. Entweder definierte sich der Mensch der abendländischen Kultur *graduell* als höchste Seinsstufe des Lebens. Oder er setzte sich in einen Gegensatz zu den Tieren. In körperlicher Hinsicht war der Mensch, wie Aristoteles meinte, das vollkommenste Tier. Im Hinblick auf seine Kultur und besonders auf seine Sprache sollte er jedoch im *Gegensatz* zu den Tieren stehen.

Doch wie sieht es tatsächlich mit dem Sprachvermögen von Tieren, insbesondere von Menschenaffen, aus? Dass Affen viele verschiedene Laute haben und differenziert miteinander kommunizieren, wird heute von niemandem ernsthaft bestritten. Doch sind die dafür erforderlichen neuronalen Sprachzentren tatsächlich mit denen des Menschen vergleichbar? Oder stehen sie auf einer prinzipiell anderen Entwicklungsstufe? Affen verfügen über das Wernicke-Areal für Wortverständnis im Schläfenlappen und das Broca-Areal für Wortartikulation und Grammatik im Stirnhirn. Aber warum vermögen sie dann nicht nach Menschenart lautsprachlich differenziert zu kommunizieren?

Die Antwort, glaubten die Anatomen lange, sei verblüffend einfach. Das Geheimnis der menschlichen Sprache, meinte der US-amerikanische Sprachforscher *Philip Lieberman* (* 1934) von der Brown University in Rhode Island in den Sechzigerjahren, läge im Kehlkopf. Der nämlich unterscheide sich in seinem Sitz von dem aller anderen Affen, einschließlich der Menschenaffen, um einige entscheidende Zentimeter. Dass Menschen seit vielleicht 50 000 Jahren differenziert miteinander sprechen, sollte darauf zurückzuführen sein. Inzwischen ist klar, dass die Sache komplizierter ist. Nicht nur der Kehlkopf, sondern auch die Stimmbänder, die freie Zunge und eine veränderte Atemtechnik dürften dazu beigetragen haben, dass Menschen sich auf so hochkomplexe Weise lautsprachlich verständigen können.

Diese evolutionäre Entwicklung blieb bei Menschenaffen aus. Ihnen fehlen die anatomischen Voraussetzungen zu gegliederten Abfolgen von Lauten. Deshalb bilden nur Menschen bedeutungsvolle Wörter aus bedeutungslosen Lauten. Für Affen dagegen haben allenfalls die Laute selbst eine Bedeutung. Doch bedeutet dies, dass sie kein Verständnis für eine differenzierte Sprache haben? Seit den frühen Sechzigern kam es vor allem an amerikanischen Universitäten in Mode, Menschenaffen für Sprachexperimente zu gebrauchen. Man machte Schimpansen und Bonobos von der menschlichen Psyche abhängig und maß deren Sprachtalent am menschlichen Maßstab. Die Versuche waren eigentlich unzumutbar, nicht nur für die Affen.

Zu Anfang erregten vor allem die Bemühungen von *Beatrix Gardner* (1933–1995) und *Robert Gardner* (* 1930) von der Nevada University Aufsehen, als sie gemeinsam mit *Roger Fouts* (* 1943) die Schimpansen Washoe und Lucy in Ameslan unterrichteten, einer amerikanischen Zeichensprache, die von hörbehinderten Menschen benutzt wird. Den Gardners zufolge lernten die beiden jungen Schimpansen einen Wortschatz von einigen hundert Wörtern. Ob sie die benutzte Zeichensprache allerdings tatsächlich »verstanden« haben, ist spekulativ.

Der Harvard-Psychologe *Herbert Terrace* (* 1936) bewertete die Eigenleistung von Schimpansen dagegen eher gering. Versuchsschimpanse Nim, an dem sich innerhalb von vier Jahren sechzig verschiedene Trainer versuchten, lernte zwar ebenfalls Grundelemente der menschlichen Sprache, zu einer entsprechenden Grammatik jedoch war Nim nur in seltenen Glücksfällen in der Lage.

Menschenaffen beherrschen keine menschliche Grammatik. Aber sie können abstrakte Symbole für Objekte, Situationen und Handlungen verwenden. Und sie verknüpfen diese Symbole mit bestimmten Leuten, Tieren oder Gegenständen. Diese Leistung ist mit der eines etwa zwei- bis dreijährigen Menschen vergleichbar. Zu diesem Ergebnis kam die Psychologin *Sue Savage-Rumbaugh* (* 1946) an der Georgia State University. Seit Anfang der Achtzigerjahre trainierte sie den Bonobo Kanzi. Das Tier beherrschte innerhalb von zwei Jahren eine Tastatur mit 256 Wortsymbolen, und es konnte damit um etwas bitten und sogar ein Gefühl ausdrücken. Überdies reagierte Kanzi auf einige hundert Wörter der gesprochenen englischen Sprache. Die Versuche von *Lyn White Miles* von der University of Tennessee in Chattanooga bestätigen im Wesentlichen diese Ergebnisse auch für den Orang-Utan Chantek. Der unbestrittene Star der Szene ist allerdings das Gorillaweibchen Koko. Ihre Trainerin *Francine Patterson* (* 1947) brachte sie dazu, über tausend Zeichen der amerikanischen Gebärdensprache zu beherrschen. Außerdem verstand sie etwa zweitausend englische Wörter.

Warum können Schimpansen, Bonobos, Orang-Utans und Gorillas Teile der menschlichen Sprachen erlernen? Manche Primatenforscher vermuten, dass sie ein eigenes, von Menschen bislang noch nicht entziffertes Kommunikationssystem beherrschen. Bei Freilandbeobachtungen an Grünen Meerkatzen erkannten Dorothy L. Cheney und Robert M. Seyfarth, dass diese kleinen Primaten über erstaunliche »semiotische« Fähigkeiten verfügen. Die Meerkatzen, schreiben Cheney und Seyfarth, verhielten sich wie die Figuren in den Romanen von Jane Austen. Ihr ganzes Trachten sei darauf ausgerichtet, sich materiell zu versorgen und einen geeigneten Partner zur Paarung zu finden. Für ihre Kommunikation benutzten sie ein ausgeklügeltes System von Zeichen. So variierten die Affen ihre Warnrufe nicht nur nach der Art des Feindes (Leopard, Adler oder Schlange), sondern auch nach den spezifischen Erfordernissen der Situation.

Noch heute verrät die menschliche Sprache ihre Herkunft aus einfachen Handlungssituationen des Primatenlebens. Begriffe wie Be*greifen,* Er*fassen,* Durch*schauen,* Ein*sehen,* sich auf einen Standpunkt *stellen,* zeigen die Ableitung des Sinns aus der Sinnlichkeit. Es ist der sinnliche Eindruck, der den abstrakten Wortsinn hervorbringt. Erst seit die elementare Phase der Wortprägung abgeschlossen ist, prägt die Sprache selbst unser sinnliches Erleben mit seinen Gefühlszuständen. Worte wie beispielsweise »Liebe« drücken nicht einfach einen Gefühlszustand aus. Sie sind umfassende Konzepte. Mit ihrer Hilfe codieren wir diffuse Kommunikationssituationen und machen sie auf diese Weise verbindlich. Sie sind in doppelter Weise symbolisch, nämlich einmal deshalb, weil das Wortzeichen an sich ein Symbol ist. Und zum anderen, weil es symbolisch verwendet wird. Das Konzept »Liebe« bündelt zum Beispiel Erwartungen an Treue, Leidenschaft, Fürsorge, Hingabe, Zuneigung und Verlässlichkeit. Solche doppelt symbolischen Zeichen haben sich erst zu einem sehr späten Zeitpunkt in der menschlichen Sprache etabliert. Und sie sind noch lange nicht allen Menschen gemeinsam, sondern werden kulturell sehr verschieden eingesetzt.

Konfrontiert man Affen mit solchen doppelt codierten Zeichen, so fällt auf, dass sie damit wenig anfangen können. Der von Menschen assoziierte Bedeutungsgehalt kommt in der Affenwelt gar nicht vor und kann von nichts Vergleichbarem abgeleitet werden.

Doch was wissen wir eigentlich, indem wir das wissen? Wir isolieren Menschenaffen aus ihrem sozialen Verband, in den sie nicht mehr zurückkönnen. Dann verfrachten wir sie aus ihrer natürlichen Umwelt und malträtieren sie mit einem ihnen völlig fremden Zeichensystem. Und was können wir damit bestenfalls beweisen? Dass sie, auf Kosten ihrer angestammten arteigenen Verhaltens- und Kommunikationsformen, des Menschen Sprache in einigen Grundzügen zu handhaben lernen. Es ist schon ein denkwürdiger Irrsinn, dass es in unseren Augen Menschenaffen in ihrer Personalität herabzusetzen scheint, dass sie in ihrer Evolution die menschliche Sprache nicht gebraucht haben.

Man kann die Sprache nicht vom Sozialverhalten trennen. Allem Anschein nach ist die menschliche Sprache wohl auch nur deshalb so komplex, weil wir sie – anders als etwa die Bonobos, die in Zentralafrika in paradiesischen Zuständen streunen, schlafen, sammeln und vögeln – für unser hochdifferenziertes Sozialverhalten heute brauchen, obwohl es vielleicht nicht wenigen von uns gefallen würde, wie die Bonobos zu leben. Menschliche Fantasiereiche, etwa das Schlaraffenland, sehen kaum anders aus, und nicht wenige Menschen sehen den Höhepunkt des Glücksgefühls in reichlich simplen, wenig Kommunikation benötigenden Tätigkeiten: Schlafen, Essen und Sex.

Nach dem, was wir heute wissen, verfeinerte sich die menschliche Sprache auf dem Weg von *Australopithecus* zu *Homo* nicht dadurch, dass es von Jahrtausend zu Jahrtausend mehr zu sagen gab. Auch bei heutigen Menschen variieren Wortschatz und Bilderreichtum der Sprache weniger nach Kommunikationserfordernissen als vielmehr im Dienste der Beschäftigung mit komplizierten Sachverhalten. Um am Kiosk Bier zu holen, in der Kneipe nach dem Klo zu fragen oder eine Fußballmannschaft anzufeuern, bedarf es keines differenzierten Vokabulars. *Homo erectus* hätte sich hier wohl verständlich machen können.

Dass die Sprache das Bewusstsein prägt, ist unbestritten. Und wir vermuten, dass dies nicht nur für die menschliche Sprache, sondern auch für die Kommunikation unter Affen gilt. Die Sprache steuert als zusätzlicher »Sinn« die Art und Weise, wie wir die Welt erfassen und unsere Realität konstruieren. Zugleich aber erzeugt sie eine fundamentale Barriere nicht nur zwischen Menschen und anderen Arten, sondern auch zwischen verschiedenen menschlichen Kulturen. Wie fremd ist einem Westeuropäer die Vorstellungswelt beispielsweise eines Pygmäen im Ituri-Urwald. Die Grenzen der Sprachen sind die Grenzen von Welten, nicht nur für Einzelne, sondern ebenso von Kulturen. Doch wenn wir schon nicht die Welt eines Pygmäen verstehen, obgleich dessen Erkenntnisvoraussetzungen mit unseren identisch sind, wie sollen wir da die Welt der Affen oder gar anderer Tiere verstehen? Bezeichnenderweise dürfte sich auch das Schimpansen-Bild von Pygmäen und Europäern gewaltig unterscheiden. So etwa glaubten die Ureinwohner Indonesiens, Orang-Utans seien »Waldmenschen«, die aus weiser Einsicht deshalb auf den Gebrauch der Sprache verzichteten, um nicht arbeiten zu müssen – ein Topos, der auch in den Affenbildern anderer Kulturen vorkommt.

Doch Menschen neigen dazu, die Kraft ihrer Sprache noch in anderer Hinsicht zu überschätzen. Oft glauben wir, dass es die Sprache ist, die unser Leben strukturiert. Lebewesen, die keine vergleichbare Sprache haben, sind für uns folglich ziemlich primitiv. Doch wäre »Sprache wirklich die einzige Quelle geordneter Vorstellungen«, schreibt die britische Philosophin *Mary Midgley* (* 1919), »dann würden alle Tiere außer dem Menschen in einer völlig ungeordneten Welt leben. Man könnte bei ihnen nicht von Intelligenzunterschieden sprechen, denn sie könnten sich nichts zunutze machen, das man vernünftigerweise überhaupt als Intelligenz bezeichnen kann ... Die Wahrheit scheint zu sein, dass – selbst bei Menschen – ein großer Teil der Ordnung der Welt präverbal festgelegt ist, als Folge von Fähigkeiten, die wir mit anderen Tieren teilen.«[34]

Zu diesen vorsprachlichen Festlegungen gehört es, dass *Homo sapiens* weitgehend vergessen hat, woher er kommt und was er von Natur aus ist. Die Erfindung des großen Grabens zwischen Mensch und Tier im Kopf von Menschen ist demnach kein Zufall. Sie dürfte zumindest kein Nachteil gewesen sein, als es darum ging, das Territorium gegen »andere« und »Fremde« zu sichern bis hin zur Eroberung des gesamten Planeten. Menschen haben einen Hang dazu, nur das als gleichwertig anzusehen, was ihnen sehr ähnlich ist. Für Männer im europäischen Kulturkreis fielen damit nicht nur andere Tiere aus der Moral heraus, sondern sehr lange auch Frauen. So war es nicht weiter schwer, diese psychologische Kluft in die Theologie, die Philosophie und die Biologie hineinzuprojizieren. Doch welche Schlüsse ziehen wir daraus? Dass es die Tier-Mensch-Grenze gar nicht gibt? Müssen wir Affen, zumindest die Großen Menschenaffen, als unsere Artgenossen ansehen, wie Jean-Jacques Rousseau es gefordert hatte?

- *Eins Komma sechs Prozent. Sind Menschenaffen Menschen?*

Eins Komma sechs Prozent

Sind Menschenaffen Menschen?

Affe: ein Tier, das auf Bäumen lebt,
besonders gern auf Stammbäumen.

Ambrose Bierce

Sie kamen nicht nach Australien, Madagaskar, Neuseeland oder Grönland. Stattdessen wanderten sie stets nur nach Westen der Abendsonne zu.[35] Wenn sie an ein Ufer kamen, machten sie Halt. Sie bauten keine Boote und setzten keine Segel. Stattdessen saßen sie einfach nur da und fanden sich ab.

Die Rede ist von unseren haarigen Verwandten. Wo *Homo erectus* und später *Homo sapiens* nach gängiger Meinung von Afrika aus die Welt eroberten, blieben Schimpansen, Bonobos und Gorillas zurück. Sie breiteten sich nur von Ost- nach Westafrika aus. Offensichtlich beherrschten sie die Kunst, sich mit Gegebenem abzufinden – und es ist jenes Geschick, das so viele Philosophen in Ost und West, die Konfuzianer und Taoisten, die Stoiker, Epikureer und die Kyniker als das größte Lebensglück des Menschen anpriesen.

Weil sie zurückblieben, betrachten Menschen die anderen Menschenaffen heute gerne als Zurückgebliebene, mal widerwärtig, mal liebenswert. Nicht anders erging es bereits dem Karthager Hanno, als er um 525 vor Christus von seinem Schiff aus, vermutlich in Kamerun, seltsame Gestalten gewahrte: »Die meisten von ihnen waren Weiber mit zottigen Körpern. Unsere Dolmetscher nannten sie Gorillas. Wir verfolgten die Männer, konnten aber keinen fangen, denn sie flohen alle, sprangen über Felsen hinweg und bewarfen uns mit Steinen. Drei von den Weibern nahmen wir gefangen; sie wollten uns aber durchaus nicht folgen und bissen und kratzten unsere Leute. Daher töteten wir sie, zogen ihnen die Haut ab und brachten ihre Felle mit nach Karthago.«[36]

Nicht viel besser erging es den ersten Menschenaffen, die im 16. und 17. Jahrhundert nach Europa kamen. Eine Orang-Utan-Dame schrieb in den Niederlanden als »Satyr« Kulturgeschichte. Einen jungen Schimpansen bezeichnete 1699 der englische Arzt *Edward Tyson* (1650 –1708) als »Pygmy«. Beide Affen starben früh. Bis weit ins 20. Jahrhundert hinein wusste niemand in Europa, wie man angemessen mit Menschenaffen umgeht. Auf Abbildungen des 17. und 18. Jahrhunderts ist zu erkennen, dass auch die Kupferstecher relativ hilflos waren und keine Ahnung hatten, ob sie nun ein Tier oder einen Menschen abbilden sollten. Mal wird ein Menschenaffen-Pärchen wie Adam und Eva mit einer Blume in der Hand kokettierend im Paradies dargestellt. Ein anderes Mal sieht man die niederländische Orang-Utan-Dame als adäquate Partnerin des biblischen Esau.[37]

Ebenso unsicher sind die Philosophen. René Descartes hatte, wie erzählt, alle Tiere zu Automaten erklärt und damit eine große Kontroverse über folgende Fragen entfacht: Was ist eine Tierseele, und was ist tierische Intelligenz? Jedenfalls ist der Affe kein Automat, erkennt der naturwissenschaftlich beschlagene *Gottfried Wilhelm Leibniz* (1646–1716). Für ihn sind Orang-Utans

Lebewesen, allerdings solche ohne Sprache und Vernunft. Dieser Ansicht schließt sich auch der große französische Naturhistoriker Georges-Louis Leclerc de Buffon an. Ihre Gegenspieler finden sie in den französischen »Materialisten« *Julien Offray de La Mettrie* (1709–1751), *Claude Adrien Helvétius* (1715–1771) und *Paul Thiry d'Holbach* (1723–1789). Alle drei ziehen sie gegen die Ansicht zu Felde, der Mensch sei ein von Gott geschaffenes Sonderwesen. Der Unterschied zwischen Mensch und Menschenaffe sei nur graduell. Am weitesten geht La Mettrie. Denn er erklärt sowohl Menschenaffen als auch Menschen zu cartesianischen Maschinen. Der Unterschied sei nur der zwischen einer Taschen- und einer Planetenuhr. Deshalb ließen sich Menschenaffen gewiss auch so kultivieren, dass sie sich wie Menschen benähmen.

Dass es zwischen Menschenaffe und Mensch nur ein kleiner Schritt sein könnte, war schon lange gedacht, noch bevor die moderne Wissenschaft sich des Themas annahm. Dazwischen liegt das biedere 19. Jahrhundert mit seiner unerbittlichen Sitten- und Sexualmoral. Charles Darwin und seine englischen und deutschen Mitstreiter hatten harte Kämpfe zu überstehen, als sie den Menschen vollständig im Tierreich verwurzelten. Dass Menschen und Menschenaffen nahe Verwandte sein sollten, störte die feine westeuropäische Gesellschaft nicht nur aus religiösen Gründen, es war ihr zugleich so, als legte man ihr unter dem Tisch unsittlich eine behaarte Hand aufs Knie.

»Was ist der Affe für den Menschen?«, fragte Darwins Zeitgenosse, der Philosoph *Friedrich Nietzsche* (1844–1900). Und er antwortete sich selbst: »Ein Gelächter oder eine schmerzliche Scham.«[38] Nietzsche hatte mit der nahen Verwandtschaft zu den Menschenaffen kein Problem. Aber er wusste, wie pikiert seine Zeitgenossen darüber waren. Noch Anfang des 20. Jahrhunderts wundert sich der anglikanische Bischof *Charles Gore* (1853–1932) darüber, »dass es ein göttliches Wesen gibt, das etwas so Widernatürliches« wie Affen »erschaffen konnte«.

Nach seinen Besuchen im Londoner Zoo, notierte Gore, kehre er »immer als Agnostiker heim. Ich kann nicht begreifen, wie Gott diese sonderbaren Tiere in seine moralische Ordnung einpassen kann.«[39] Zur selben Zeit erkennt in Deutschland »Tiervater« *Alfred Brehm* (1829–1884) in den Mandrills aus den Urwäldern Westafrikas »Zerrbilder des Teufels«, »Sinnbilder des Lasters«, »dämonische Scheusale« und »wahrhaft widerwärtige Bestien«.[40] »Unser Widerwille gegen die Affen begründet sich ebensowohl auf deren leibliche, wie geistige Begabungen. Sie ähneln dem Menschen hinsichtlich ihres Leibes nur oberflächlich, geistig aber bloß im schlechten Sinne und nicht im guten.«[41] Und noch 1960 schrieb *Hans-Wilhelm Smolik* (1906–1962) in seinem eine halbe Million Mal aufgelegten Tierlexikon: »Nett und freundlich sehen sie bestimmt nicht aus, die Wollaffen, wenn sie mit dunkelglühenden Kulleraugen durch die Blätter lugen. Der kurzgeschorene Kopf, die sehr tiefliegenden Augen unter der stark fliehenden Stirn, das kohlrabenschwarze Gesicht und die vorspringende Tierschnauze lassen unwillkürlich an eine Verbrecherphysiognomie denken.«[42]

Smoliks amüsierte und verurteilende Distanz zeigt, wie gerne sich Menschen gegenüber Affen überlegen fühlen. Deshalb fiel es dem englischen Zoologen und Verhaltensforscher *Desmond Morris* (* 1928) leicht, seine Mitmenschen in denselben Sechzigerjahren durch eine nüchterne Bestandsaufnahme zu schockieren: »Es gibt einhundertdreiundneunzig lebende Arten von Affen und Menschenaffen. Einhundertzweiundneunzig von ihnen sind mit Haar bedeckt. Die Ausnahme ist ein nackter Menschenaffe, der sich selbst *Homo sapiens* benannt hat. Diese ungewöhnliche und höchst erfolgreiche Spezies verwendet eine Menge Zeit für die Untersuchung ihrer höheren Motive und eine gleiche Menge Zeit, um beflissen ihre fundamentalen zu ignorieren. Sie ist stolz darauf, dass sie von allen Primaten das größte Gehirn hat, aber sie sucht die Tatsache zu verbergen, dass sie auch den größten Penis besitzt, und sie zieht es vor, diese Ehre fälschlich dem mächtigen Gorilla zuzuweisen. Sie stellt einen hochgradig gesprächigen, scharfsinnig prüfenden, überforderten Menschenaffen dar.«[43]

An Desmond Morris' Beschreibung der Primaten ist eigentlich nichts falsch, nur dass es statt 193 über vierhundert Arten gibt. Gleichwohl erregte sein Buch *Der nackte Affe* 1968 breiten Anstoß. Auch Zoodirektor Heini Hediger ließ sich provozieren, als er Morris' »Polemik« las. Für ihn machte es nämlich durchaus einen Unterschied, »ob der Mensch *nur* ein Affe ist, oder ob er das lediglich in Bezug auf seine körperlichen Eigenschaften ist«. Er beruhigte sich erst durch einen Ausspruch von Konrad Lorenz: »Wenn Sie sagen: der Mensch ist ein Säugetier, und zwar ein Anthropoide, ist das völlig richtig. Wenn Sie sagen: der Mensch ist eigentlich nur ein Säugetier, ist es eine Blasphemie.«[44] Wenn es um die Sonderstellung des Menschen ging, führte selbst ein Atheist wie Lorenz »Blasphemie« – also Gotteslästerung – ins Feld.

Dass Menschen biologisch betrachtet Affen sind, daran besteht heute in der Wissenschaft sowie in der Vorstellungswelt vieler Menschen kein Zweifel mehr. Doch wie sieht es umgekehrt aus? Wie menschlich sind zumindest die Großen Menschenaffen Schimpanse, Bonobo, Gorilla und Orang-Utan? Hatten die französischen Aufklärer im 18. Jahrhundert recht, als sie keinen großen Unterschied ausmachen konnten?

Heute können wir die Frage zumindest biologisch genauer beantworten. Und zwar durch die Molekulargenetik. Im Jahr 1984 veröffentlichten *Charles Sibley* (1917–1998) und *Jon Ahlquist* (* 1944), zwei Molekularbiologen an der Yale University, die Ergebnisse ihrer langjährigen Untersuchungen über die Erbinformationen von Menschen und Affen. Im direkten Vergleich mit der menschlichen DNA analysierten sie die DNA-Struktur der vier heute lebenden großen Menschenaffen – Gorilla, Orang-Utan, Schimpanse und Bonobo – sowie die von zwei Gibbon-Arten und sieben Arten von Altweltaffen.

Nach Sibley und Ahlquist haben Rhesusaffen 93 Prozent der DNA-Struktur mit Menschen und Menschenaffen gemein. Orang-Utan und Mensch unterscheiden sich in etwa 3,6 Prozent ihrer Erbanlagen, Gorilla und Mensch um 2,3 Prozent. Die Differenz zu Schimpanse und Bonobo beträgt gleich viel, nämlich jeweils 1,6 Prozent. Besonders frappierend ist, dass der Unterschied zwischen Schimpanse und Gorilla dagegen bei über zwei Prozent liegt und dass die beiden untersuchten Gibbon-Arten zu etwa 2,2 Prozent voneinander abweichen.

Inzwischen gibt es zahlreiche weitere Studien, die das Ergebnis von Sibley und Ahlquist im Wesentlichen bestätigen. So zerlegten die Forscher unter der Ägide von *Francis Collins* (* 1950) vom amerikanischen National Human Genome Research Institute (NHGRI) das Genom des Schimpansen in drei Milliarden Gensequenzen. Besonders im Gehirn fanden sie zwischen Mensch und Schimpanse kaum genetische Diskrepanzen. Die größte Differenz wies der Hoden auf, der immerhin um 32 Prozent abweicht. Das Chimpanzee Sequencing and Analysis Consortium, ein Zusammenschluss von fünfundzwanzig Forschungsinstituten, kam 2005 zu dem Ergebnis, dass die Basen des Genoms von Schimpansen und Menschen zu 1,23 Prozent voneinander divergieren. Allerdings finden sich mitunter ganze Genom-Abschnitte, die bei Schimpanse und Mensch unterschiedlich sind und nach Ansicht der Forscher entsprechend gewichtet werden müssten. Der wissenschaftlich exakte Prozentsatz, der den Menschen vom Schimpansen trennt, ist deshalb bis heute umstritten.

Sollten es die zumeist angegebenen ein, zwei Prozent sein, so sind *Homo sapiens* und *Pan troglodytes* ungefähr so nahe verwandt wie Pferde und Esel. Molekularbiologisch stehen sie enger zusammen als Mäuse und Ratten, Kamele und Lamas oder zwei vom Aussehen kaum zu unterscheidende Laubsängerarten wie Fitis und Zilpzalp. In Anbetracht dieser Ergebnisse plädierte Jared Diamond Anfang der Neunzigerjahre für ein neues

System bei der Einordnung von Menschenaffen. Künftig, meint Diamond, werden die Taxonomen die Dinge wohl »etwas anders sehen müssen, nämlich aus der Perspektive des Schimpansen: Danach besteht nur eine schwache Dichotomie zwischen den ein wenig höher stehenden Menschenaffen (den *drei* Schimpansen, einschließlich des ›Menschen-Schimpansen‹) und den ein wenig tieferstehenden (Gorillas, Orang-Utans, Gibbons). Die traditionelle Unterscheidung zwischen ›Menschenaffen‹ (definiert als Schimpansen, Gorillas usw.) und Menschen entspricht nicht der Realität.«[45]

Doch wenn dem so ist, warum gelten bei der biologischen Klassifizierung des Menschen andere Spielregeln als bei der Einordnung von Gibbons und Laubsängern? Allem Anschein nach hatte Linné recht, als er die biologischen Abweichungen zwischen Mensch und Schimpanse für nicht groß genug hielt, um beide Arten in verschiedene Gattungen zu sortieren. Die 2,2 Prozent Divergenz der DNA-Struktur sind kein Hinderungsgrund, beide untersuchten Gibbon-Arten weiterhin in die Gattung *Hylobates* einzuordnen. Wieso reichen dann 1,6 Prozent Abweichung bei Mensch und Schimpanse dazu aus, in diesem Fall eine Gattungsunterscheidung aufrechtzuerhalten? Für Diamond jedenfalls steht fest, dass es heute nicht eine, sondern drei oder vier Arten der Gattung *Homo* auf der Welt gibt: »den gewöhnlichen Schimpansen, *Homo troglodytes,* den Zwergschimpansen, *Homo paniscus,* und den dritten bzw. menschlichen Schimpansen, *Homo sapiens.* Da der Gorilla sich nur unwesentlich stärker unterscheidet, hat er eigentlich das Recht, als vierte Art der Gattung *Homo* zu gelten.«[46]

Diamonds Vorschlag von den vier Menschenaffen der Gattung *Homo* setzte sich in der Wissenschaft nicht durch. Eigentlich wurde er von den Taxonomen kaum ernsthaft diskutiert. Das ist erstaunlich. Denn die Wissenschaftler haben in den letzten zwanzig Jahren nahezu die gesamte Klassifikation der Wirbeltiere überprüft und zum Teil neu geordnet, je nachdem, was ihre Genanalysen an bislang ungeahnten Verwandtschaften zutage förderten. Doch mit der Frage, ob man die Tier-Mensch-Grenze verschieben müsse, setzten sie sich so gut wie nicht auseinander.

Der Vergleich des Erbmaterials von Menschen und Menschenaffen zeigt uns, dass jeder Versuch, den Graben zwischen Mensch und Schimpanse tiefer zu schaufeln als jenen zwischen Schimpanse und Bandwurm, von der zurückrollenden Erde wieder zugeschüttet wird. Wie wir gesehen haben, finden wir die Grenze auch nicht im aufrechten Gang, im Werkzeuggebrauch, in der Großwildjagd oder in der Fähigkeit, eine Sprache differenziert zu gebrauchen. Die Abgrenzungsversuche verlieren sich entweder in einem Wirrwarr asynchroner Entwicklungen und splitten sich in zahlreiche verschiedene Hominiden-Arten auf. Oder sie reduzieren sich auf kleine anatomische Besonderheiten.

Hat der naturgeschichtliche Graben zwischen Mensch und Tier seinen einzig realen Ort in der menschlichen Fantasie? Immerhin verursachen bereits geringe Abweichungen in den Genen erhebliche Differenzen im Verhalten. Schimpansen und Bonobos unterscheiden sich in weniger als einem Prozent ihres Erbmaterials. Und doch sind ihre sexuellen Verhaltensmerkmale nicht weniger divergierend als die zwischen Schimpanse und Mensch. So nutzen Bonobos, wie erwähnt, beim Geschlechtsverkehr nicht selten die »Missionarsstellung«, die bei gewöhnlichen Schimpansen nahezu überhaupt nicht im Repertoire auftaucht. Bonobo-Weibchen sind die überwiegende Zeit paarungsbereit und machen oft selbst Anstalten, die Männchen der Gruppe zum Sex zu animieren. Die Weibchen ihrer großen Vettern hingegen sind nur einige Tage in der Monatsmitte paarungswillig, der Anstoß zum Sex geht allein von den Männchen aus. Die kleine Zahl von Genen, durch die sich Bonobos und gewöhnliche Schimpansen unterscheiden, hat offensichtlich bedeutende Konsequenzen für die Sexualphysiologie und die Geschlechterrollen.

Der kleine molekulargenetische Unterschied, der Primaten trennt, kann also große Folgen haben. So galt es bis vor wenigen Jahrzehnten als ausgemacht, dass nur der Mensch »Moral« hat, seine haarigen Vettern hingegen nicht. Menschen kennen ethische Haltungen, Konventionen, Werte, Verantwortung und eine extrem ausgeklügelte Rechtsprechung. Sie werden von Skrupeln geplagt, kommen in moralische Konflikte und können ein schlechtes Gewissen haben. Bei Menschenaffen kannte man lediglich Hilfe auf Gegenseitigkeit: Ich lause dir das Fell, dann laust du mein Fell. »Reziproker Altruismus« nannte dies in den Siebzigern der US-amerikanische Evolutionsbiologe *Robert Trivers* (* 1943) von der Rutgers University in New Jersey. Gemeint war aber kein Altruismus, keine selbstlose Hilfe, sondern einzig und allein ein schlichtes Kalkül: ein einfacher Deal zum wechselseitigen Nutzen.

Das Blatt wendete sich erst, als Frans de Waal sich der Sache annahm. Seine Studien im Zoo von Arnheim machten ihn berühmt. Seit fast dreißig Jahren ist der Niederländer Professor für Psychologie an der Emory University in Atlanta. Er ist einer der renommiertesten Primatologen der Welt. Die These, mit der er in den Achtzigerjahren die Wissenschaft provozierte, hat ein freundliches Antlitz: Der Keim zum Guten im Menschen ist kein göttlicher Funke und keine Eingebung höherer Vernunft. Er ist eine alte Geschichte aus dem Tierreich, entstanden aus der Geselligkeit. Konfliktlösung stand am Anfang, Mitgefühl und Fairness kamen später dazu. Vom sozialen zum moralischen Tier war es ein kleiner Schritt, oder besser: eine Abfolge von kleinen Schritten. Die Großen Menschenaffen zu verstehen bedeutet, die Wurzel unserer Moral zu entdecken: in der Kooperation und dem Trösten, in Dankbarkeit und einem Gemeinschaftssinn. Wie eine russische Matroschka schichtet sich de Waals Modell der moralischen Evolution. Im Innersten versteckt ist der emotionale Reflex. Wenn andere in Not sind, wenn andere weinen oder trauern, löst das unweigerlich eine Regung in mir aus. Dieser Reflex findet sich nahezu überall bei höheren Tieren. Die mittlere Puppe der Matroschka ist die Empathie, die Fähigkeit, die Emotionen eines anderen einzuschätzen einschließlich ihrer Gründe. Menschenaffen sind dazu in der Lage, ebenso Menschen. Die äußerste Matroschka ist die Kunst, in vollem Umfang die Perspektive eines anderen einzunehmen. Nur sie ist exklusiv menschlich.

Primatenforscher haben in den letzten Jahrzehnten mehr als tausend Belege dafür gefunden, dass Affen, insbesondere Menschenaffen, dazu in der Lage sind, sich mitfühlend zu verhalten.[47] Ein besonders rührendes Beispiel ist die Geschichte der Bonobo-Dame Kuni im englischen Twycross-Zoo: »Eines Tages fing Kuni einen Star. Aus Angst, sie könnte den betäubten Vogel verletzen, drängte die Pflegerin die Bonobofrau, ihn freizulassen … (Dann) nahm Kuni den Star mit der einen Hand auf und kletterte auf die Spitze des höchsten Baumes hinauf. Dort umklammerte sie den Stamm mit ihren Beinen, sodass sie beide Hände frei hatte, um den Vogel zu halten. Dann entfaltete sie vorsichtig seine Flügel und breitete sie – einen Flügel in jeder Hand – vollständig aus, bevor sie den Vogel, so kräftig wie sie konnte, in Richtung der Gehegebarriere schleuderte. Leider war der Wurf zu kurz, und der Vogel landete am Rand des Grabens, wo Kuni ihn lange Zeit bewachte und gegen ein neugieriges Jungtier verteidigte.«[48]

Das Besondere an dieser Geschichte ist: Die Bonobo-Dame brachte gegenüber einem artfremden Tier Mitgefühl auf, das ganz andere Bedürfnisse hat als sie selbst, zum Beispiel fliegen zu wollen. Die Schimpansin selbst konnte nicht fliegen, wie sollte sie wissen können, was Fliegen ist? Ihr Mitgefühl war ein Zeichen dafür, dass sie sich offensichtlich in den Vogel hineinversetzte. Sie verspürte zärtliche Empfindungen, und sie überschritt dabei die Grenze ihrer Art.

De Waals Sichtweise von Affen als »moralisch empfindende Wesen« provozierte nicht nur Philosophen, die von einer »Moral« bei Tieren nichts wissen wollen. Sie provozierte auch seine Kollegen in der Primatologie. Denn das Affen- und Menschenbild, das de Waal zeichnete, ist ziemlich optimistisch. Forscher mit einem positiven Menschenbild gibt es in der Biologie aber nur wenige. Der Humanist Darwin war eher die Ausnahme als die Regel. Seit dem Siegeszug des »Darwinismus« im letzten Drittel des 19. Jahrhunderts ist es ein beliebter Sport unter den Psychologen der Evolution, alles Sympathische an Tieren und Menschen schlechtzureden und zu eliminieren. Bis in die Mitte des 20. Jahrhunderts war alles heißer »Kampf«, blutiges »Gemetzel« oder kalte »Auslese«. Die Folgen dieses biologisch verbrämten Antihumanismus sind Geschichte, vom Ersten Weltkrieg bis zum Rassenwahn und zur nationalsozialistischen Ideologie.

Kein Wunder, dass die Wissenschaft nach dem Zweiten Weltkrieg nichts mehr davon wissen wollte, menschliches Sozial- und Asozialverhalten biologisch zu rechtfertigen. Doch in den Siebzigerjahren kam die »Soziobiologie« oder »evolutionäre Psychologie« zurück, mit einigem Erfolg vor allem in den angelsächsischen Ländern. Diesmal allerdings kleidete sie sich in das zeitgenössische Gewand des Global-Kapitalismus. Seitdem geht es in den Lehrbüchern der evolutionären Psychologen zu wie an der Wall Street. Vom Kosten-Nutzen-Kalkül im Miteinander ist die Rede, von Investitionen in den Nachwuchs, von Risikostrategien bei der Partnerwahl. Wir halten 50 Prozent des »genetischen Aktienbesitzes« an unseren Kindern, formulierte mit dem Briten *Richard Dawkins* (* 1941) einer der lautesten Vertreter der Zunft.[49] Und es gibt kaum einen modernen Evolutionspsychologen, der nicht glaubt, was wir alle glauben sollen: dass ausgerechnet die Wirtschaft der Biologie die Spielregeln vorgibt!

De Waal dagegen ist ein Kapitalismuskritiker. Als ein Humanist unter Raubtierwärtern kennt der Niederländer keine »egoistischen Gene« und kein »Prinzip Eigennutz« als vermeintliche Motoren der menschlichen Evolution. »Kratz einen Altruisten, und du siehst einen Heuchler bluten!«, lautete das sagenhafte Credo von *Michael Ghiselin* (* 1939), dem Erfinder des Begriffs »evolutionäre Psychologie«. De Waals lange Erfahrung mit Menschenaffen, seine Sensibilität und Umsicht hingegen machen ihn zu einem besseren Philosophen. Sie bewahren ihn davor, uns als schlecht getarnte Bestien zu beschreiben und den Psychopathen als Normalfall. Die Moral ist keine freundliche Tünche auf unserer bösen Natur. Denn was sollte uns dieser widernatürlich alberne Anstrich? Dem miesen Menschenbild seiner Zunft setzt de Waal Mitleid, Einfühlung, Interesse und Selbstlosigkeit bei Menschen und Menschenaffen entgegen.

Worte wie diese provozieren die Biologen der Psyche. Seit hundert Jahren passen sie nicht mehr in den Zoo ihrer Begriffe. Man kann auch sagen: zu viel Seele, zu wenig Reflexe, zu viel netter Darwin, zu wenig unfreundlicher Darwinismus. Doch de Waal konnte zeigen, dass ohne »moralische Empfindungen«, die wir mit Menschenaffen teilen, die menschliche Moral schlichtweg unerklärlich ist. Ohne Gefühle weiß auch unsere Vernunft nicht, wie sie das Gute vom Bösen unterscheiden soll. Was die Hirnforschung behauptet, hatte de Waal schon immer vermutet: dass die Gefühle und nicht der Verstand uns motivieren, auch in unserem moralischen Handeln.

Den Weg der Moral können wir an unseren nächsten Verwandten, den Menschenaffen, zurückverfolgen. Wenn Schimpansen, Bonobos, Gorillas und Orang-Utans so handeln, als wären sie gut, warum sollen sie es dann nicht auch sein? Die Fähigkeit zum Guten ist nichts spezifisch Menschliches. Und Moral wäre nicht der von Immanuel Kant formulierte exklusive Verfassungsauftrag des Menschseins. Vielleicht sind wir tatsächlich nicht die Einzigen, die ein »Sollen« in sich spüren und nicht nur ein »Wollen«?

Seit der Behaviorismus des frühen 20. Jahrhunderts den Tieren die Seele genommen hat, meinen auch zeitgenössische Philosophen zu wissen, dass Tiere eines bestimmt nicht haben: Intentionen. Der philosophische Maßstab für die Moral, hundertfach wiederholt, lautet: Können Menschenaffen etwas *mit Absicht* tun? Und können sie diese Absicht hinterfragen? Das Unzeitgemäße an dieser Messlatte ist, dass wir inzwischen wissen, dass sie zu hoch hängt. Nicht einmal beim Menschen können wir Intentionen wasserdicht beweisen. Nicht ohne Witz ist auch, dass Hirnforscher, die unsere menschliche Willensfreiheit untersuchen, heute das Gleiche fragen: Können Menschen etwas mit Absicht tun? Mit einer Absicht auf der Grundlage freier Auswahl, versteht sich. Kann ich wollen, was ich will?

Die Situation ist bizarr. Während viele Hirnforscher die menschliche Vernunft in Affekte zerlegen wie ehedem die Behavioristen die Tierseele, legen Philosophen noch immer den kantischen Maßstab für die menschliche Wertegemeinschaft an: Intentionalität, Selbstbewusstsein, Selbstbestimmung, Vernunft, Selbstreflexion. Doch man muss die zerbrochenen Einzelteile dieses moralischen Zollstocks schon mit Gewalt aneinanderkleben, um jene Moralagentur des Selbst zu erhalten, die uns zu etwas ganz anderem machen soll als die Tiere. Tatsächlich messen wir Menschenaffen nämlich gar nicht am alltäglichen Verhalten von Menschen, sondern an einem philosophischen Über-Ich. So fragen wir uns, ob Schimpansen die Fähigkeit besitzen, Normen zu formulieren – eine Fähigkeit, von der nur die wenigsten menschlichen Zeitgenossen kreativ Gebrauch machen. Nicht Menschen sind der Maßstab für die Vernunft der Tiere, sondern Moralphilosophen!

Selbst wenn es unbestritten stimmt, dass die moralischen Fähigkeiten des Menschen einzigartig sind, so sind sie gleichwohl nicht einzig. Schimpansen »gut« sein zu lassen, bedeutet nicht, die menschliche Sonderbegabung zu abstrakten moralischen

Werten zu verleugnen. Aber es bedeutet, die gute Vernunftnatur des Menschen nicht weiterhin sauber von allem Animalischen in der Natur und in uns zu trennen. Der brutale Widerstreit zwischen unserer bösen animalischen Natur und dem zarten Anstrich der Zivilisation, der noch Sigmund Freuds Irrtümer beflügelt, ist eine Chimäre, eine Illusion abendländischen Denkens.

Von Menschenaffen zu lernen bedeutet zu sehen, dass wir einen erheblichen Teil unserer emotionalen Natur mit ihnen teilen, bis hinein in kleinste Verästelungen. Als beeindruckendes Sondermerkmal bleibt nur der Sprung auf die Ebene der Abstraktion. Denn selbst wenn moralische Reflexionen im normalen Leben von Menschen nicht viel häufiger vorkommen als in jenem von Schimpansen und Gorillas – niemand kann gleichwohl bestreiten, dass es Menschen gibt, die dazu in der Lage sind. Diese Fähigkeit – wie selten auch immer sie im Alltag gebraucht wird – unterscheidet Menschen durchaus von anderen Tieren. So etwa können wir nicht nur mitfühlen, sondern ebenso »Verantwortung« für Tiere einer anderen Art empfinden. Und wir können sie schützen und ins Recht setzen. Uns dieser Fähigkeit zu rühmen ist allerdings wenig sinnvoll, wenn wir sie nicht gebrauchen …

Doch bevor wir einen Blick darauf werfen, wie Menschen in der Kulturgeschichte mit Tieren umgegangen sind und was sie sich dabei dachten, sollten wir kurz innehalten. Es ist Zeit für eine kleine Bilanz dessen, was das Menschentier überhaupt über andere Tiere wissen kann. Es ist ein sehr philosophisches Kapitel, ein Abschnitt über das menschliche Erkennen. Dem Leser, der meint, dass er dies nicht ganz so genau zu wissen braucht, empfehle ich, es zu überblättern. Wir sehen uns dann wieder zu Beginn des zweiten Teils. Alle anderen sind natürlich herzlich eingeladen zu bleiben.

• *Die Tücke des Subjekts. Über die Schwierigkeit, Tiere zu denken.*

Die Tücke des Subjekts

Über die Schwierigkeit, Tiere zu denken

Haben Tiere eine Seele und Gefühle
kann nur fragen, wer über keine der beiden
Eigenschaften verfügt.

Eugen Drewermann

Meister Tschuang-Tse wandert mit seinem Freund Hui-Tse über eine Brücke, die über den Fluss Hao führt. Tschuang-Tse blickt ins Wasser und sagt zu seinem Freund: »Sieh, wie die schlanken Fische umher schnellen, so leicht und frei. Das ist die Freude der Fische.« – »Du bist kein Fisch«, entgegnet Hui-Tse, »wie kannst du wissen, dass sich die Fische freuen?« – »Du bist nicht ich«, antwortet wiederum Tschuang-Tse, »wie kannst du wissen, dass ich nicht weiß, dass sich die Fische freuen?«[50]

Die Geschichte von Tschuang-Tse ist eine alte chinesische Anekdote. Sie stammt aus dem 4. vorchristlichen Jahrhundert, und Tschuang-Tse (Zhuangzi) ist ein früher Denker des Taoismus. Die Geschichte möchte uns erzählen, wie unmöglich es ist, wirklich zu wissen, was Tiere empfinden. Und sie verrät zugleich, worin die einzige Chance besteht, sich dem Innenleben von Tieren zu nähern: indem wir eine Analogie herstellen zwischen dem Verhalten der Tiere und des Menschen. Nicht anders tun wir es auch bei Menschen. Wir wissen nicht, was sich an Gefühlen und Gedanken in anderen abspielt. Und doch glauben wir, dass wir meist richtig damit liegen, wenn wir andere Menschen einschätzen und ihre Gefühlsausdrücke interpretieren.

Lediglich bei körperlichen Schmerzen und Wohlergehen können wir verhältnismäßig sicher sein, was viele Tiere empfinden: Ihr Nervensystem belehrt unmissverständlich darüber. Doch ihr Bewusstsein und ihre Glücksgefühle sind nur durch Analogieschlüsse zugänglich. So albern uns die vielen Versuche der Vergangenheit heute erscheinen, ganzen Tiergattungen einen bösen, lustigen oder trägen Charakter zu unterstellen – es bleibt uns doch kein anderer Weg, als die komplexen Gefühle der Tiere nach Maßgabe unserer eigenen Empfindungen einzuschätzen.

Bereits der junge Charles Darwin ahnte, wie kompliziert die Sache sein würde. So schrieb er 1838 nach der Rückkehr aus Südamerika in eines seiner Londoner Notizbücher: »Abstammung des Menschen bewiesen. Lasst die Metaphysik aufblühen. Wer die Paviane versteht, leistet mehr zur Metaphysik als Locke.« Unter »Metaphysik« verstanden Darwin und seine Zeitgenossen die Rätsel des Seins, die Prinzipien, die allem in der Welt zugrunde liegen und die alles strukturieren. Und mit »Locke« meinte Darwin John Locke, den hochgeschätzten englischen Philosophen des 17. Jahrhunderts.

Darwin wollte sagen, dass die Prinzipien des Seins in Zukunft wohl nicht mehr von religiös inspirierten Philosophen, sondern von Naturwissenschaftlern ergründet werden sollten. Denn wenn der Mensch von Affen abstammt und nicht eine Sonderanfertigung Gottes ist, liegt das Rätsel des Menschseins in den anderen Primaten verborgen und nicht in philosophischen Spekulationen. Aber Darwin hatte auch noch auf eine ganz andere Weise recht, an die er selbst wahrscheinlich gar nicht dachte. »Die Paviane zu verstehen« stellt den Menschen nämlich bis heute vor eine Herausforderung, der er kaum gewachsen ist.

Wer immer über das Verhältnis von Mensch und Tier in der Gesellschaft nachdenkt, ist ein Gefangener. Er hat eine Position, von der aus er urteilt: eine Weltanschauung, eine Religion oder nicht, ein Kulturverständnis und vielleicht eine Ethik, zumindest einige Werte. Über allem aber steht das »prinzipiellste« Prinzip, die unverrückbarste aller Positionen: Er ist ein Mensch! Wie soll er da andere Tierarten verstehen können?

»Wenn ein Löwe sprechen könnte«, meinte der österreichische Philosoph *Ludwig Wittgenstein* (1889–1951), »würden wir ihn nicht verstehen.« Nicht anders argumentierte der tschechisch-amerikanische Philosoph *Thomas Nagel* (* 1937). Im Jahr 1974 schrieb er einen berühmt gewordenen Aufsatz mit dem Titel »Wie ist es, eine Fledermaus zu sein?«. Er behauptete darin, dass kein Mensch in der Lage sei, sich in eine Fledermaus zu versetzen. Vielleicht können wir uns vorstellen, wie es sich *für uns* anfühlt, mit geschlossenen Augen und mit Ultraschallortung durch eine Höhle zu fliegen, was schwer genug sein dürfte. Aber damit wissen wir noch lange nicht, wie es sich *für eine Fledermaus* anfühlt, das Gleiche zu tun.

Unsere Erkenntnisse über das Bewusstsein von Tieren sind also immer eine »Vermenschlichung«. In unserem täglichen Verhalten fühlen wir uns mehr oder weniger sensibel in unsere Mitmenschen ein. Anders kämen wir kaum miteinander klar. Kein Wunder also, dass wir auch dazu neigen, Tiere nach unseren Maßstäben zu beurteilen. Wir sprechen ihnen Empfindungen und Charaktereigenschaften – und zwar *menschliche* Charaktereigenschaften – zu. Denn andere als menschliche Charaktereigenschaften kennen wir überhaupt nicht. So schmückte »Tiervater« Brehm seine Beobachtungen mit Urteilen aus, die schlichtweg abenteuerlich waren. Wer Tieren auf diese Weise menschliche Handlungsmuster unterstellte, war geneigt, sie intellektuell zu überfordern und moralisch zu diskreditieren: »böse« Wölfe, »verschlagene« Luchse, »diebische« Elstern, »neckische« Ziegen und »unkluge« Kängurus.

Jenseits solcher moralischen Wertungen gaukeln uns ästhetische und psychologische Einfühlungen in das Tier Seelenzustände vor, die wir uns sehnsüchtig wünschen: frei zu schweben, unabhängig zu sein wie ein Vogel; uns auf Menschen verlassen zu können wie auf unseren Hund, der in jeder Lebenslage zu uns hält; ursprünglich zu leben wie ein Orang-Utan im Regenwald. Die »Wirklichkeit« hinter unseren Projektionen ist dabei eine dünne Spekulation. Hat der Hund tatsächlich die freie Wahl, »treu« zu sein? Fühlt sich der Vogel frei und unabhängig? Genießt der Orang-Utan die »Ursprünglichkeit« seines Lebens im Regenwald?

Wenn wir behutsam vorgehen wollen, müssen wir also nicht nur Tiere beobachten. Sondern wir müssen ebenfalls beobachten, *wie* wir Tiere beobachten und erfassen. Denn wenn jedwede Aussage über die Wirklichkeit des Tieres eine menschliche Projektion ist, so interessieren auch die Farbe und der Pinsel, mit denen wir das Bild ausmalen, das wir von ihnen entwerfen. Zu diesen Utensilien zählen zum Beispiel Fähigkeiten wie »Vernunft«, »zweckgerichtetes Denken«, »Sinn«, »Einsicht« und »Verstand«. So glauben wir gerne, dass Zootiere sich langweilen, wenn sie *nicht zweckgerichtet* zu denken brauchen, weil ihnen der Wärter das Futter gibt, das sie sich in der Natur suchen oder erjagen müssen. Dem gelehrigen Hund unterstellen wir *Einsicht,* wenn er nach mehrfacher Bestrafung lernt, sich dem Befehl seines Herrn zu beugen. In Versuchen mit Affen überprüfen wir die Gültigkeit unserer *Bewusstseinskriterien* auch für andere Primaten und wundern uns darüber, dass wir zu widersprüchlichen Ergebnissen kommen.

Dass Zootiere sich langweilen oder Hunde aus Einsicht handeln, lässt sich weder sicher beweisen noch bestreiten. Tiere, so wie wir sie wahrnehmen, sind unsere »Erfindung«. Wie die Liebe zum Tier mehr über den Liebenden verrät als über das geliebte Wesen, so erzählen auch die Projektionen, die wir mit dem Innenleben von Tieren verbinden, mehr über unsere eigenen Sehnsüchte. Die »Wirklichkeit« des Tieres bleibt dabei aber unbeleuchtet wie die erdabgewandte Seite des Mondes. Des Pudels Kern, was immer wir uns darunter vorstellen mögen, eine gute oder schlechte Seele, einen Geist, der bejaht oder verneint, ist unergründbar.

Seit der Mensch im Zuge der Evolution die Nabelschnur kappte, die ihn mit seinen nächsten Verwandten, den Schimpansen und Bonobos, verbindet, gibt es kein freiwilliges Zurück. Das ist nicht ungewöhnlich: Auch Schimpansen und Orang-Utans »verstehen« sich nicht, kein Löwe dürfte »wissen«, was im Gehirn der gejagten Gazelle vor sich geht, zwei verwandte Adlerarten wissen nahezu nichts miteinander anzufangen, als sich in Brutzeiten zu vertreiben. Und so können auch wir die anderen Tiere nicht verstehen, sondern nur Hypothesen aufstellen.

Das Erfassungsvermögen des Menschen ist also begrenzt; eine Einsicht, an der wohl fast jeder Philosoph im Laufe seines Lebens mindestens einmal verzweifelt ist. Denker wie Descartes zogen daraus im 17. Jahrhundert eine folgenschwere Konsequenz. Sie stellten das »Ich« ins Zentrum der Philosophie und nicht mehr »die Welt«. Gleichwohl glaubte Descartes, dass der Mensch »die Welt« klar und deutlich erkennen könnte. Er müsste sich dabei nur an die Spielregeln der logischen Vernunft halten. Diese Sicherheit ging in den folgenden beiden Jahrhunderten allerdings nach und nach verloren. Je genauer man die Bedingungen erforschte, nach denen der Mensch sich seine »Realität« zusammenbaut, umso weniger Sinn machte es überhaupt noch, von einer »Welt an sich« zu reden. An der Wende zum 20. Jahrhundert schließlich kamen einige Philosophen zu dem Schluss, dass alle Aussagen über die Welt sprachliche Aussagen sind. Und solche sprachlichen Aussagen sind nicht nur menschlich und subjektiv, sie sind auch begrenzt durch den Wortschatz, die Logik und die Grammatik.

Inzwischen sind sich die Philosophen zumindest in einer Sache weitgehend einig: Sosehr wir uns um objektive Erkenntnisse bemühen mögen, wir können unsere Wahrnehmungen stets nur mit anderen Wahrnehmungen vergleichen, nie aber mit der »Realität« selbst. Es ist die Tücke der anderen Subjekte, die unsere Intelligenz schulte; die Tücke des Subjekts, das wir selbst sind, ist die Begrenztheit unseres Erkenntnisvermögens. Das Gehirn konstruiert ein »mentales Modell«. Rohmaterial für das Modell sind Sinnesreize, die durch Sinnesorgane erzeugt werden, deren Zuschnitt sich von Art zu Art erheblich unterscheidet. Haie beispielsweise orientieren sich über elektromagnetische Sensoren, Schlangen reagieren auf Erschütterungen, ähnlich wie Fische, und der Mensch verlässt sich bevorzugt auf Augen, Ohren und Tastsinn. Alles, was wir über die Welt »da draußen« zu wissen glauben, verdanken wir einem Modell des Bewusstseins. »Gewiss wird man sich wundern«, schrieb der österreichische Physiker und Philosoph *Ernst Mach* (1838–1916) gegen Ende des 19. Jahrhunderts, »wie uns die Farben und Töne, die uns doch am nächsten liegen, in unserer physikalischen Welt von Atomen abhanden kommen konnten, wie wir auf einmal erstaunt sein konnten, dass das, was da draußen so trocken klappert und pocht, drinnen im Kopfe leuchtet und singt.«[51]

Die eine und einzige Welt, die tatsächlich für uns zählt, ist das »hier drinnen«. Und dieses »drinnen« charakterisiert sich im Wesentlichen nach der Anzahl der einströmenden Sinnesreize und der Qualität ihrer Verarbeitung. In diesem Sinne beschreibt der Philosoph *Helmuth Plessner* (1892–1985) den Menschen als ein zweifaches Mängelwesen. Die Grenzen des sinnlichen Wahrnehmungsapparates und die Grenzen der Sprache sind die Grenzen seiner Welt. Man darf sich nicht darüber täuschen, wie begrenzt auch die sprachliche Erkenntnis ist. Denn es ist sozusagen der ungeschriebene Verfassungsauftrag der Sprache, dass sie uns über den Realitätscharakter ihrer Aussagen »täuscht«. Sie wurde dazu »erfunden«, Wirklichkeit und Welt nach dem Bedürfnis der Spezies Mensch zu konstruieren. Das heißt aber ebenso, dass sie gefangen bleibt, begrenzt ist in dem Bedürfnis der Konstruktion *und* Interpretation einer »Welt«, zu dessen Erfüllung es sie gibt. Die Sprache interpretiert ihre Konstruktionen, das ist es, was tatsächlich passiert.

Biologisch ist der graduelle Unterschied zwischen dem Bewusstsein verschiedener Lebewesen eine Folge unterschiedlicher Nervensysteme: Sie prägen unser Realitätsverständnis ebenso wie dasjenige von Affen, Falken oder Fischen. Darum ist es auch so schwer möglich, etwas über das Bewusstsein von Tieren auszusagen. Im Grunde wissen wir bis heute nicht einmal mit Sicherheit zu bestimmen, was unser eigenes Bewusstsein ist. Um die göttliche »Welt an sich« in Sprache abzubilden, sie »zurückzuwerfen«, bedürfte es mindestens des ganzen Spektrums des Wahrnehmungsvermögens der Tiere: des Seitenliniensystems der Fische, der seismografischen Fähigkeiten einer Schlange usw. Benötigte die Schlange zu ihrer Orientierung eine Sprache – was sie nicht tut, weil ihre Verknüpfung der Sinneswahrnehmungen ohne Sprache auskommt –, so wäre es eine »Schlangensprache«, die für den Menschen überhaupt nichts taugte, wie umgekehrt die »Menschensprache« nichts für die Schlange. Immerhin, verglichen mit vielen Tieren, dem Regenwurm, der Amöbe oder dem Maulwurf, ist der Mensch ein reiches »Mängelwesen«. Doch sollte uns diese Erkenntnis nicht dazu verführen, über Dinge zu urteilen, von denen wir nichts verstehen (können). »Die Welt, mein Sohn«, erklärt im Aquarium der Vaterfisch seinem Filius, »ist ein großer Kasten voller Wasser!«

Das Erkenntnisvermögen des menschlichen Geistes ist nicht unabhängig davon, dass unsere Vorfahren in der Savanne sich in ihrer Umwelt orientierten. »Unsere Gehirne«, schreibt der Neurophysiologe *Wolf Singer* (* 1943), »sind deshalb so, wie sie sind, weil sie sich offensichtlich im evolutionären Wettbewerb bewährt haben. Vermutlich gab es jedoch während der Evolution keinen Selektionsdruck dafür, kognitive Fähigkeiten herauszubilden, die eine möglichst objektive Beschreibung der Welt liefern. Daher ist es sehr unwahrscheinlich, dass unsere Gehirne für gerade diese Aufgabe optimiert wurden.«[52]

Wenn das menschliche Bewusstsein nicht nach dem Kriterium einer absoluten Objektivität ausgebildet wurde, so gilt das Gleiche natürlich auch für die biologische Erkenntnis. Auch hier vermag der Mensch nur das zu erkennen, was der in der Evolution entstandene kognitive Apparat ihm an Erkenntnisfähigkeit gestattet. Die Einsichten der Naturwissenschaften unterliegen typisch menschlichen Erkenntnisbedingungen. Wären sie davon unberührt, so gäbe es in den Naturwissenschaften keinen Fortschritt, keinen Widerspruch und keine Korrektur. »Konsistenz« (Widerspruchsfreiheit) und »Validität« (Gültigkeit) sind keine autonomen Kriterien, sondern entsprechen dem menschlichen Erkenntnisvermögen zu einer bestimmten Zeit in einer bestimmten Wissenssituation. Was Menschen noch vor dreihundert Jahren für völlig unbezweifelbar gehalten haben, darüber schütteln wir heute den Kopf.

Bezeichnenderweise finden sich solche Überlegungen allerdings kaum in der Biologie. Die meisten Naturforscher blenden systematisch aus, dass ihr Standpunkt typisch menschlich und sowohl sprachlich als auch persönlich begrenzt ist. Natürlich wissen Verhaltensforscher, dass sie ihre Wahrnehmungen von Tieren stets nur mit anderen Wahrnehmungen von Tieren vergleichen können, niemals aber mit dem Wesen des Tieres »an sich«. Aber das hält viele von ihnen nicht davon ab, ihre Forschungen für wissenschaftlich objektiv zu halten.

In der ersten Hälfte des 20. Jahrhunderts glaubten Verhaltensforscher, nur dadurch objektiv sein zu können, dass sie Tiere wie Automaten betrachteten. Wie einst bei Descartes galten sie den Behavioristen als Reiz-Reflex-Maschinen. Was früheren Beobachtungen an Objektivität ermangelte, sollte nun durch wissenschaftliche Methodik, minutiöse Beobachtungen, Messungen und Daten ersetzt werden. Doch indem man die naive Einfühlung durch eine genaue wissenschaftliche Beobachtung ersetzte, verschob man zunächst einmal nur den Blickwinkel. An die Stelle der erkenntnistheoretischen Naivität, Tiere nach menschlichen Empfindungen zu bewerten, trat die erkenntnistheoretische Naivität, Tiere nach Maßgabe menschlicher Wissenschaftsmethodik zu bewerten. Dass man damit am komplexen Innenleben der Tiere vorbeiging, fiel eigentlich nur auf, wenn man vergleichbare Versuche mit Menschen machte. Die wissenschaftliche Verhaltensforschung beim Menschen brauchte einen komplexeren Begriff von Psyche und wandelte sich zur Kognitionspsychologie. Für die Erforschung des Innenlebens der Tiere blieb eine andere Disziplin reserviert, die Ethologie. Wo beim Menschen Selbstbewusstsein und Geist walteten, sollte bei Tieren der *Instinkt,* also ein Naturtrieb, am Werk sein.

Die Ethologie bedeutete einen beachtlichen Fortschritt gegenüber dem Behaviorismus. Doch auch sie wurde spekulativer, als sie es wahrhaben wollte, wenn sie ihre Ergebnisse interpretierte und zu großen Thesen ansetzte. Statt die Begrenztheit der wissenschaftlichen Vorgehensweise zu reflektieren, betrachteten Forscher wie Konrad Lorenz ihre Ergebnisse als unbestreitbar »objektiv«, als wissenschaftliche Übereinstimmungen mit *der* Realität. Entsprechend wenig Skrupel hatte Lorenz dabei, aus seinen Beobachtungen moralische Konsequenzen zu ziehen: Sie entsprachen ja eins zu eins einer vorgegebenen Wirklichkeit. Dass Lorenz für sozialdarwinistisches Gedankengut ebenso anfällig war wie für die nationalsozialistische Rassentheorie, dürfte deshalb nicht weiter verwundern. Noch im hohen Alter glaubte der Nobelpreisträger, der Gesellschaft dadurch die Leviten lesen zu müssen, dass er aus biologischen Daten Rückschlüsse auf die Moral zog. Das ethische Problem der Kriminalität durch hohe Bevölkerungsdichte war danach dem Leben ebenso »objektiv« abgelauscht wie der sittliche Verfall der westlichen Zivilisation durch den Minirock.

Inzwischen gibt es keine Ethologie mehr. An ihre Stelle sind die Populationsbiologie und die Verhaltensökologie getreten. Dabei haben sich beide Disziplinen vom Begriff des »Instinkts« weitgehend verabschiedet. Das Wort, das uns das tierische Innenleben aufschlüsseln sollte, ist selbst zu einem Rätselbegriff geworden. Weder lässt er sich klar definieren, noch erklärt sich Instinktverhalten durch genau lokalisierbare neuronale Verschaltungen im Gehirn. Allenfalls lässt sich pauschal von einem »angeborenen Verhalten« sprechen. Die Verhaltensökologie untersucht dieses Verhalten in seinem Bezug zur Umwelt. Und sie sucht nach Erklärungen dafür, warum es sich in der Evolution entwickeln konnte.

Die neuen Disziplinen haben die Sicht auf Tiere und ihr Zusammenleben verfeinert und in vielen Details geschärft. Allerdings leiden sie immer noch unter ziemlich menschlichen Verengungen. So scheinen Verhaltensökologen davon auszugehen, dass alles, was Tiere den ganzen Tag über tun, eine *Funktion* hat: eine Funktion, die zwingend etwas mit der Erhaltung der Art zu tun haben soll. So sollen Affen nur deshalb nett miteinander umgehen, weil es die Überlebenschancen der Horde erhöht. Und innerhalb dieser Horde sollen die Tiere jene bevorzugen, mit denen sie näher verwandt sind – getreu einem exakten *mathematischen* Schema. Je näher die Verwandtschaft ist, umso intensiver der Einsatz für den anderen. Dass es mitunter tödliche Kämpfe unter nahe verwandten Schimpansen gibt, muss dann mit einer abenteuerlichen Theorie wegerklärt werden. Ebenso, dass männliche Paviane für das Überleben der gesamten Horde ihr Leben im Kampf mit Leoparden aufopfern – und zwar sogar dann, wenn sie selbst gar keinen Nachwuchs in dieser Horde haben und sich mit ihrem heldenhaften Einsatz um den eigenen zukünftigen Reproduktionserfolg bringen. Am schlechtesten ins Bild passen neuere Beobachtungen von achtzehn männlichen Schimpansen im westafrikanischen Taï-Nationalpark, die sich liebevoll um verwaiste Jungtiere nicht näher verwandter Artgenossen kümmerten und diese regelrecht »adoptierten«.[53]

Was den Behavioristen Reiz und Reflex und den Ethologen der Instinkt war, ist den Verhaltensökologen der genetische Eigennutz. Und wieder einmal verdeckt ein allzu dogmatisches Interpretationsmodell das, was man eigentlich erkennen möchte. Sicher tun wir gut daran, unsere Gefühle und Absichten nicht naiv in das Innenleben von Tieren hineinzuprojizieren. Doch erkenntnistheoretisch gesehen ist es ebenso naiv, vom krassen Gegenteil auszugehen und Tiere im Sinne Descartes' als funktionale Maschinen zu betrachten – im heutigen Fall als ausgeklügelte Gen-Optimierer. Woher wissen wir, dass hinter jedem Sozialverhalten von Tieren eine evolutionäre Vorteilsstrategie steckt? Und ist der tierische Spieltrieb tatsächlich nicht mehr als ein ausschließlich funktionaler Mechanismus? Die Sex-, Dominanz- oder Gesellschaftsspiele der Affen mit ihren vielen unvorhersehbaren Facetten lassen sich funktional mal schlecht und mal besser erklären. Aber lassen sie sich deshalb *nur* funktional erklären?

Funktionalität ist eine Vorstellung aus der Menschenwelt. Und dass selbst die Biologie nach mathematisch exakten Spielregeln funktionieren soll, ist eine menschliche Annahme. Bezeichnenderweise gelangt *Homo sapiens* weder bei der Auswahl der Kriterien noch bei der Auswertung der Beobachtungen aus dem engen Kasten seines eigenen Wahrnehmungs- und Erkenntnisapparats heraus. Und so ist es immer ein etwas heikles Unterfangen, wenn wir, in einer Formulierung Gerhard Roths, »als Gehirnzustände (Ich, Wahrnehmung, Bewusstsein, Denken) mit

Hilfe von Gehirnzuständen (Wahrnehmung, Bewusstsein, Denken, Handlungsplanung, wie sie bei der wissenschaftlichen Arbeit nötig sind) etwas über Gehirnzustände (Ich, Wahrnehmung, Bewusstsein, Denken, Handlungsplanung usw.) herausbekommen wollen«.[54]

Wir legen nicht nur menschliche Begriffe und Denkmuster an andere Tiere an, sondern wir messen noch immer Leistungen von Tieren nach unserem arteigenen Maßstab. So bewerten wir die Sprachfähigkeit von Menschenaffen als minderwertig, weil es ihnen maximal gelingt, tausend Ausdrücke unserer Sprache zu lernen. Doch wie viel verstehen wir nach fünfzig Jahren intensiver Studien bislang von der Schimpansen- oder Orang-Utan-Sprache? Wir messen Tiere nach dem Grad ihrer Vernunft, dem, nach Hans Wollschläger, »Fetisch unseres abgehobenen Selbstverständnisses«. Doch wie vernünftig erscheinen wir, die Plünderer des Planeten, die Zerstörer unserer Lebensgrundlage, die Herren ungezählter Massaker und Kriege, eigentlich einem außerirdischen Beobachter?

All dies bedeutet nicht, dass wir bei Tierbeobachtungen bislang nicht weiter sind als zu den Zeiten von Descartes. Nach Gerhard Roth scheint es uns heute plausibel, »anzunehmen, dass nicht nur wir Menschen, sondern auch Affen, Hunde, Katzen usw. denken können, dass sie Geist und Bewusstsein besitzen. Diese Tiere zeigen nicht nur bestimmte Verhaltensweisen, die wir bei Menschen als intelligent oder geistig ansehen, sondern bei diesen Verhaltensweisen sind entsprechende Gehirngebiete in etwa derselben Weise aktiv wie beim Menschen.«[55] Auf neurobiologischer und verhaltensökologischer Grundlage können wir bei hoch entwickelten Tieren, wie zum Beispiel Menschenaffen, annehmen, dass manches von dem, was sie empfinden und denken, dem Menschen sehr ähnlich sein könnte. So haben wir Anlass dazu, Frans de Waal zu folgen und »moralisches« Verhalten bei Menschenaffen zu vermuten – auch dann, wenn es nicht dem entspricht, was abendländische Philosophen als Moral bei Menschen definieren.

Zwei große naturwissenschaftliche Erkenntnisse nehmen wir mit ins dritte Jahrtausend unserer Zeitrechnung. Einmal ist es die Erkenntnis, dass wir nach wie vor Tiere sind mit animalischen Gehirnen, wenn auch sehr spezielle Tiere. Zum anderen müssen wir verstehen, dass diese Gehirne nur über eine begrenzte Leistungsfähigkeit verfügen, die ihnen niemals erlaubt, die Welt so zu erkennen, wie sie »an sich« ist. Im 16. Jahrhundert erklärte der Astronom *Nikolaus Kopernikus* (1473–1543) die Sonne zum Mittelpunkt statt der Erde und entmachtete die geheiligte Scheibe zum runden Planeten. Die Erde war kleiner geworden in diesem Tausch, doch die Größe der menschlichen Erkenntnis leuchtete strahlender denn je. Im 18. Jahrhundert bezweifelte Kant, obwohl er an der Vorstellung festhielt, die Möglichkeit einer Erkenntnis der Welt »an sich«. Der Mensch blieb einzigartig für Kant, doch sein Erkenntnisvermögen erhielt einen Dämpfer.

Heute tun wir gut daran, unser Selbstverständnis noch bescheidener zu formulieren. Weder unser Sozialleben noch unsere Fähigkeit zur Kommunikation zeichnen den Menschen als etwas völlig Neues aus. Und die bislang gesuchte Grenze zwischen Mensch und Tier verschwimmt auf allen Feldern. Die Paläoanthropologie kennt keinen Zeitpunkt, an dem der »Mensch« entstand. Und die Erforschung von Menschenaffen rückt uns näher zusammen, als wir den größten Teil unserer Kulturgeschichte lang glaubten und wahrhaben wollten. Am Ende, so scheint es, ist die Tier-Mensch-Grenze ein ziemlich willkürliches Spiel mit Worten, je nachdem, an welche wackelige Definition man sich gerade klammert. Nüchtern betrachtet, lassen sich aber sowohl »Tier« als auch »Mensch« nicht eindeutig definieren.

Je mehr wir einsehen, wie relativ jene Begriffe sind, mit denen wir uns selbst definieren, umso mehr könnte dabei für die anderen Tiere herausspringen. So viel wir heute über die einzelnen Aspekte des Lebens wissen, so unfasslich bleibt doch das Geheimnis des Lebens im Ganzen. Diese Unzulänglichkeit ist ein Teil unserer biologischen Ausstattung. Kein Wunder, dass der Mensch sich schon seit Jahrtausenden Bilder von einem Jenseits seiner Erfahrung zeichnet. Denn wovon man nicht sprechen kann, darüber muss man schweigen – oder man malt sich ein Bild und betet es an …

Das Tier
im Auge des Menschen

Die Tundra des Gewissens
Wie die Religion unsere Nabelschnur kappte

Je jünger, einfacher und frommer die Völker,
desto mehr Tierliebe.

Jean Paul

In der Nacht hat es geregnet. Nun lagert die Horde unter einer gewaltigen Felsplatte, und unablässig sickert das Wasser über den Stein ins feuchte Laub. Aber hier, im Dunkel der Höhle, ist es trocken. Ein Teil der Schar ist damit beschäftigt, den Toten in die Felle zu wickeln. Die anderen hocken im Kreis, den Kopf gesenkt. Von fern hören sie das Trompeten der Mammuts, auch sie scheinen zu trauern. Die Kämpfe des vergangenen Tages haben sie zwei Opfer gekostet, und noch immer sucht der versprengte Trupp nach den verlorenen Tieren. In der Höhle wird es still, ein lange andauerndes Schweigen. Blicke werden gewechselt, von einem zum anderen. Und aus der Tiefe der Wirbeltiergehirne erhebt sich undeutlich ein Gedanke, ächzt empor und erschallt dumpf aus der Kehle: warum?

Es war einer der furchtbarsten Momente der heraufdämmernden Menschheit, auch wenn es in Wahrheit nicht *ein* Moment gewesen ist. Irgendwann in der Evolution, vielleicht vor Millionen, vielleicht vor Hunderttausenden oder möglicherweise auch erst vor einigen zehntausend Jahren, hielt der Tod Einzug in den menschlichen Geist. Man erkannte die eigene Sterblichkeit, ahnte sie zu Lebzeiten und lernte, sich vor dem Ende zu fürchten. Ungezählte Religionen nahmen ihren Ursprung in der Beklemmung des menschlichen Geistes, der Angst vor dem Tod, dem Zufall der Existenz und der Sinnlosigkeit des Daseins. Und Millionen von Opfern pflastern seitdem den Weg magischer Kulte: der Streit um Jagd- und Fruchtbarkeitszauber, der richtigen und der falschen Religionen, der vielen Götter oder des einen Gottes, dessen Antlitz, Wohnstatt und Gebote.

Für fast alle Kulturwissenschaftler scheint festzustehen: Diese Angst vor dem Tod einschließlich des Glaubens an höhere Mächte ist etwas exklusiv Menschliches. Aber ist das richtig? Als ich vor einigen Jahren ein langes Gespräch mit Jane Goodall führte, hatte ich an sie vor allem zwei Fragen: Gibt es bei Schimpansen eine romantische Liebe? Und existiert bei ihnen so etwas wie religiöse Gefühle, ein Glauben? Die beeindruckende alte Dame, hellwach und mit sprühendem Geist, antwortete sofort und resolut. Romantische Liebe – nein! Spiritualität – ja! Monogame Zweisamkeit über einen längeren Zeitraum kennen Schimpansen nicht. Doch was das Religiöse anbelangt, erklärte mir Jane Goodall, so gäbe es im Gombe-Nationalpark einen malerischen Wasserfall. An diesem verwunschenen Ort kämen die Männchen in unregelmäßigen Abständen zusammen. Ohne einen erkennbaren Zweck versammeln sie sich, um über Stunden rhythmisch im Wasser zu treten. Anschließend beobachtete sie die Affen, wie sie ermattet, still und regungslos auf den Felsen lagen, die Augen verdreht, das Gesicht entrückt.

Nach Jane Goodall gibt es für dieses Verhalten nur eine einzige plausible Erklärung: Die Affen-Männer versammeln sich zu einer kultischen Handlung. Und obwohl niemand wissen kann, was in ihren Gehirnen vor sich geht, so läge doch der Schluss nahe, dass sie in irgendeiner Weise spirituell ergriffen seien. Selbst religiöse Empfindungen müssen also nicht exklusiv auf die Menschen beschränkt sein – auch wenn sie nur bei ihnen merkliche Spuren hinterlassen haben, etwa in Kunstwerken, Gebäuden und Schriften.

Wie exklusiv auch immer – die Frage nach dem Sinn von Leben und Sterben ist nicht wegzudenken aus der Geschichte der Menschheit. Und sie hat ihre Berechtigung schon einfach dadurch, dass es sie gibt. Allem Anschein nach hatte der russische Schriftsteller *Fjodor Dostojewski* (1821–1881) recht, als er sagte: »Der Mensch braucht das Unergründliche und Unendliche ebenso wie den kleinen Planeten, den er bewohnt.« Seit jener erschrockenen Stunde zwischen Tierfellen und Mammutknochen mühen sich Menschen mit allen Mitteln ihres Geistes, die große Kluft zwischen Sein und Nichtsein zu überwinden. Und sie erfinden ungezählte Wege in eine selbst ausgemalte Ewigkeit.

In unseren Breiten verhindern heute Wissenschaft und medizinische Kunst die Wahrscheinlichkeit, einen frühen Tod zu sterben. Große Werke – Bücher, Gemälde, Gebäude, Stiftungen, Konzerne, Kinder, Preise oder Museen – hinterlassen Spuren für das Nachleben in der Gesellschaft. Mit heroischen Taten, Kriegen, Verträgen, Verfassungen und Vereinigungen erobern sich Sterbliche einen Platz im Geschichtsbuch. Doch alle irdischen Verewigungen schmecken oft schal angesichts der süßen Verlockungen fast aller Kulturen und Zeiten von einem Leben nach dem Tod.

Seit Beginn jenes Abschnitts, den man die menschliche Kulturgeschichte nennt, tritt das konkret ausgemalte Jenseits in Konkurrenz zum Diesseits. Verglichen mit der Vielfalt der Epochen und Kulturen, ist der Fundus an Schöpfungs- und Welterklärungsmythen erstaunlich gering. Tausende von Religionen bildeten sich auf diesem Planeten und verschwanden, erdgeschichtlich betrachtet, ebenso rasch, wie sie gekommen sind. Sie alle hatten das Ziel, das Unerklärliche meteorologischer und kosmologischer Vorgänge nach Maßgabe jener Erfahrungen zu erklären, die der Alltagswelt des sozialen Umgangs abgelauscht werden konnten. Naturerscheinungen wie der Rhythmus der Jahreszeiten – Blühen und Vergehen, Geburt und Tod, Klimawechsel und Katastrophen – standen in einer direkten Beziehung zum menschlichen Verhalten. Und Gewitter mit Donner und Blitz erschienen nicht wie heute elektrisch, sondern moralisch aufgeladen.

In nahezu allen religiösen Erzählungen ist auch von Tieren die Rede, als guten und schlechten Geistern, als Beschützer und Dämonen. In ihrer Fremdheit und Unberechenbarkeit glichen die Tiere den anderen Kräften der Natur. Zyklisch wanderten die Büffel- und Antilopenherden ihren immer gleichen Weg durch die Savanne. Keiner der frühen Jäger, der ihnen folgte, wusste, warum. In einer Zeit, in der sich Ehrfurcht und Respekt vor dem Tier auf die Dollar-Moral von Werbetrailern beschränken, in denen sich ein leibhaftiger Tiger für die Faszination eines umweltschädlichen Treibstoffs starkmacht, malt man sich kaum aus, wie frühe Menschentiere ihre Umwelt, die Nahrung und das Jagdrevier mit anderen Arten teilten. Eine Schicksalsgemeinschaft von Mensch und Tier, wie die Bibel sie im Bild von der Arche Noah bewahrt, eine gemeinsame Bedrohung durch Stürme, Überschwemmungen, Dürre oder Kälte, gehört nicht zur Alltagserfahrung eines Menschen der westlichen Zivilisation und ist heute allenfalls im Leben einiger weniger »Naturvölker« zu finden. Und doch liegen in solchen Erlebnissen die Wurzeln auch des späteren Judentums und der griechischen Mythologie. Der Raub des Feuers oder des Lichts, die Überschwemmungskatastrophe der Sintflut, die Scheidung von Himmel und Hölle, die Sehnsucht nach Wiederauferstehung, ja, selbst die jungfräuliche Geburt sind Bestandteile eines allen Kulturen gemeinsamen Repertoires religiöser Mythen.

Wir stellen uns heute vor, dass die Menschen der vorchristlichen Jahrtausende den Tieren mit Respekt begegneten und den Kreislauf heiligten, von dem ihre Zukunft abhing. Und sie achteten das erlegte Wild selbst nach dessen Tod – nicht anders als fast alle indigenen Völker es noch heute tun. Vermutlich wurde in der Vorzeit die Jagdbeute geschmückt und betrauert, angebetet und verehrt. So wie wir es von Wildbeutergesellschaften der Tropen kennen oder von Jägerstämmen der Arktis und Ostsibiriens. Über Inuit gibt es Erzählungen, wonach sie die erlegten Tiere um Verzeihung dafür bitten, dass sie sie töten mussten. Oder sie dachten sich Märchen aus, um die Verantwortung für den Tod auf andere Stämme abzuwälzen.

In jungsteinzeitlichen Gräbern Ostdeutschlands fanden Archäologen Mutter, Kinder und Rinder gemeinsam bestattet. Seit Beginn der Tierzucht im 6. Jahrtausend vor Christus mehrt sich die Zahl feierlich bestatteter Tiere: in erster Linie Hunde, aber ebenso Schweine, Rinder und Pferde. Nicht nur für Jäger- und Sammlergemeinschaften, auch für die frühen Tierzüchter ist der Tod des Tieres keineswegs eine sachliche Angelegenheit. Noch obsiegt das Gemeinsame des Todes, das Leiden oder die Verwundung, das Schreien, Blöken und Heulen des todgeweihten Säugetierlebens über die spätere Differenz zwischen beseeltem Geist und unbeseelter Existenz.

Die heute so selbstverständlich gezogene Grenze zwischen Tier und Mensch ist nicht nur biologisch, sondern auch kulturell eine junge Entwicklung innerhalb der Gedankenwelt des *Homo sapiens*. In der Höhlenmalerei der Zeit bis 10 000 vor Christus begegnen uns Fabelgestalten, halb Mensch und halb Tier, etwa in Le Gabillou und Les Trois Frères. Bei den San-Buschleuten der Kalahari entdecken wir gehörnte Kreaturen mit Menschenleibern oder Menschen mit Fuchsköpfen. Die magische Welt der steinzeitlichen Kultur verbindet alles Animalische zu einer Zauberwelt der Kräfte und Energien, des Unbekannten, des Fürchterlichen und des Guten: Die Tiere scheinen vermenschlicht zu sein, und Menschen treten als animalische Dämonen auf. Mal dienen Tiere als Opfergaben, um sich der Gunst höherer Mächte zu vergewissern, mal erscheinen Tiere selbst als Götter, denen der Mensch huldigt.

Die Fachwelt streitet darüber, inwieweit die magischen Tierkulte, die Fruchtbarkeitsriten und der Jagdzauber als Versuche gewertet werden können, selbst in den Naturkreislauf eingreifen zu wollen. Heute lässt sich nicht mehr abstreiten, dass die schonungslose Ausbeutung der Naturressourcen der Spezies Mensch über kurz oder lang den Garaus machen wird. Deshalb ist es verführerisch, ihr ein Gegenmodell zu bieten, das sich aus der Menschheitsgeschichte selbst hervorkramen lässt. Nicht ohne List beschreiben Ethnologen und Kulturhistoriker wie *Hans Peter Duerr* (* 1943) die Beschwörungsriten der Wildbeuterkulturen nicht als Eingriffe, sondern als Bestätigungen des natürlichen Kreislaufs: Australische Aborigines berühren die Felsbilder von Kängurus nur zur Paarungszeit dieser Tiere und die Darstellungen der Kragenechsen im Mount-Agnes-Gebiet nur dann, wenn die Reptilien ihre Eier gelegt haben. Die Regenmacher auf der Insel Bukerebe im afrikanischen Victoriasee achteten vorsorglich darauf, ob gewisse Wolkenfelder oder Insektenschwärme erscheinen, ob die Möwen über Land fliegen, der Ruf des Mutuku-Vogels ertönt oder ob sich um die Sonne und den Mond ein roter Kreis bildet.

Nach Duerr geht es bei alledem nicht um willkürliche Interventionen zum menschlichen Vorteil, sondern um »Regenerationsrituale«. Hinter den Zauberhandlungen der Wildbeutergesellschaften stehe die Akzeptanz des Lebens, wie es ist. Das Streben nach Manipulationen, der Veränderung des Lebens nach Maßgabe dessen, wie es sein sollte, sei ihnen fremd: »Wenn man glaubt, diese Völker hätten es in ihren Ritualen unternommen, auf ähnliche Weise in die Natur einzugreifen wie wir Heutigen – nur eben auf Grund falscher Anschauungen über die Zusammenhänge und wegen mangelhafter technischer Ausstattung ›imaginär‹ und nicht ›real‹ –, missversteht man das Lebensgefühl dieser Menschen grundlegend.«[56]

Allein, auch wenn so manches, was Duerr vorbringt, bedenkenswert ist – es bleibt zu schön, um tatsächlich wahr zu sein. Nicht die Erfahrung des Lebens, sondern der philosophische Leitspruch nach Ende des Staatsmarxismus gibt die Kategorien vor, nach denen sich Rousseaus »edle Wilde« bei Duerr postmodern zu verhalten haben: Die Macher haben die Welt nur auf verschiedene Weise verändert, es kommt aber darauf an, sie zu verschonen!

Schon möglich, dass steinzeitliche Jäger- und Sammlergemeinschaften ein »natürlicheres« Verhältnis zur Natur hatten als die agrarischen und industrialisierten Kulturen der späteren Zeit. Sie kannten die Tiere, die in ihrem Lebensraum vorkamen, sehr gut, in vielem besser als heute ausgewiesene Zoologen. Wie lese ich eine Fährte? Wie unterscheide ich eine gefährliche Schlange von einer ungefährlichen? Wie riechen welche Tiere? Und welche Flucht- und Angriffsdistanz haben sie? Wie umfassend und genau unsere Vorfahren die anderen Tiere gekannt haben müssen, ersieht man aus Forschungen auf Neuguinea aus den Sechzigerjahren. Die dort lebenden Wildbeuter unterschieden 136 Tiere in ihrer Umgebung; die westliche Wissenschaft kam auf 137. Auf ähnliche Weise dürften die Menschen der Steinzeit ihre animalische Mitwelt studiert und gekannt haben.

Doch der sentimentale Rückblick in die gute alte Zeit sollte nicht darüber hinwegtäuschen, dass auch die Menschen der Vorzeit die Welt, in der sie lebten, nach ihren Möglichkeiten verändert haben. So ist es denkbar, dass bereits *Homo erectus* in Südostasien mehrere Primatenarten ausgerottet hat, darunter den friedlichen Riesenmenschenaffen *Gigantopithecus*. Bereits in der Steinzeit verdrängten frühere Menschenkulturen den Orang-Utan vom südostasiatischen Festland. Nicht wenige der im Pleistozän in Nordamerika und Europa ausgestorbenen großen Säugetiere (Wollhaarnashorn, Mammut und Riesenfaultier) könnten der menschlichen Jagd zum Opfer gefallen sein. Häufig verschuldete das Eindringen des Menschen in entlegene Inselwelten den Tod zahlreicher Arten. Auf Madagaskar verschwanden Riesenstrauße und Riesenlemuren, die Besiedlung Neuseelands durch die Polynesier setzte dem über Jahrmillionen währenden Treiben der Moas, flugunfähigen Laufvögeln, ein schnelles Ende.

Neben den Artentod durch die Jagd trat schon in vergangenen Jahrtausenden die Zerstörung von Lebensräumen. Brandrodung und Abholzung sind so alt wie die Anfänge der menschlichen Zivilisation. In rasantem Tempo breitete sich die Ackerbaukultur vor ungefähr zehntausend Jahren von den Küsten des Mittelmeers nach Osten aus und hinterließ schwerwiegende Eingriffe in die ökologischen Gegebenheiten der Regionen. Die Abholzung vergrößerte die Wüstengebiete, viele Inseln des Mittelmeerraums verkamen zu Ödland; in römischer Zeit schließlich verschwanden bis auf spärliche Reste die letzten europäischen Küstenregenwälder Frankreichs, Spaniens und Portugals.

Je mehr sich Menschen in die unwirtlichen Regionen der Subtropen und die kalten Gefilde Eurasiens und Nordamerikas ausbreiteten, umso weniger konnten sie sich auf die pflanzlichen Ressourcen ihrer natürlichen Umwelt verlassen. Anders als in den tropischen Regionen Südasiens mit ihrer üppigen Vegetation entwickelte sich in den neuen Lebensräumen eine Gesellschaft, die sich mit Fleischverzehr grundversorgte: Hirtenvölker, Ackerbauern und Viehzüchter. Die frühe vedische Religion Indiens konnte ihren Gläubigen ohne größere Schwierigkeiten den Vegetarismus predigen. Im Mittelmeerraum dagegen war die fleischliche Ernährung mit Schafen, Ziegen und Rindern normal, Vegetarier waren selten. Gleichzeitig veränderte sich das, was Menschen über sich und die Natur glaubten. Das magische Verhältnis zur unberechenbaren Natur trat zurück. In Religion und Philosophie entstand ein auf Beherrschung gerichtetes Glaubenssystem, und der Mensch hob sich zweifelsfrei aus der Welt der Nutz- und Wildtiere heraus. Die paläolithische Tundra des Gewissens erstarb auf den neolithischen Feldern des berechnenden Verstands.

Dass Menschen vor etwa zehntausend Jahren erlernten, systematisch in die Natur einzugreifen, Felder zu bestellen und Tiere zu züchten, ist ein gewaltiger Schritt in der Geschichte des Planeten mit erheblichen Konsequenzen. Gleichwohl verbietet es sich, aus heutiger Sicht über die ökologische Unmoral dieser Entwicklung den Hirtenstab zu brechen. Größere Tiere zu töten ist für die menschliche Kultur im Mittelmeerraum und in Europa heute kaum noch notwendig. Und doch wurden diese Lebensräume ehemals nur dadurch erschlossen, dass Menschen Tiere aßen. Vermutlich hätten sie sich sonst niemals über fast den gesamten Planeten ausbreiten können. Nicht diese neolithische Revolution erscheint aus heutiger Sicht problematisch. Unheilvoll für die Tiere waren nur ihre dramatischen geistigen Folgen. In zahlreichen mediterranen Kulturen bildeten sich neue Mythen und theologische und philosophische Systeme. Sie griffen die Kluft zwischen neuem und altem Denken auf und erklärten die neue Herrschaft über die Natur als moralisch gerechtfertigt. Menschliche Helden ringen dort mit gewaltigen Mächten der animistischen Natur, mit Nilpferden, Krokodilen, Drachen, Schlangen, Kentauren und Titanen. Die Autoren der damaligen Zeit legten viel Wert darauf, die Herrschaft des Menschen über die belebte Natur durch einen hart erarbeiteten Sieg im Kampf zu rechtfertigen. Offensichtlich erschien sie ihnen keineswegs selbstverständlich.

Eine andere Form des »Sieges« war die Zähmung. Wir wissen nicht, ob die ersten Tiere, die gezähmt wurden, tatsächlich Nutztiere waren. Möglicherweise stand am Anfang die Suche nach Tieren als Gefährten. Bis heute lässt sich trefflich darüber streiten, ob die ersten gezähmten Tiere Ziegen, Schafe und Rentiere waren oder Wölfe. Das Nützliche auf der einen, Spieltrieb und Herrschsucht auf der anderen Seite mögen in etwa gleich alt sein. Wir denken hier an die Zeit vor etwa 15 000 Jahren in Europa und Asien. Wenige tausend Jahre später könnte das Pferd gefolgt sein, Nutztier und Gefährte in einem. Als vor etwa zehntausend Jahren das Eis der letzten Eiszeit zurückging, begann die Landwirtschaft. Vom heutigen Vietnam breitete sich die Hühnerhaltung bis nach Europa aus. Um die gleiche Zeit treten erste Hinweise auf, dass Menschen Truthähne und Schweine hatten. Die Sumerer in Mesopotamien hielten bereits vor siebentausend Jahren Tauben. Weitere zweitausend Jahre später finden sich erste Zeugnisse für Katzen als ägyptische Haustiere. Als Nächstes folgten Kamele und die Haltung von Wasserbüffeln in Indien. Vor etwa fünftausend Jahren begann die Seidenraupenzucht in China sowie die Zucht von Karpfen. In Indien und Mesopotamien kultivierte man das Zebu oder Buckelrind. Alsbald züchteten die Araber Dromedare. Deren Verwandte, die Guanakos, wurden in Südamerika zum Zuchttier für Lamas und Alpakas. Vor ungefähr dreitausend Jahren zähmte man im heutigen Libyen Wildesel. Und vor etwa zweitausend Jahren wurde der Yak Haustier in Tibet.

Menschen, die Nutztiere halten, haben ein anderes Verhältnis zu Tieren als Menschen, die es nicht tun. So ist für den Jäger das Töten eine rituelle Tat. Bei Wildbeutergesellschaften ist die Jagd mit Mühen verbunden, sie kann glücken oder nicht. Ein Hirte oder Bauer dagegen, der Hühner, Schafe oder Rinder hält, tötet diese Tiere nach Plan. Das Töten liegt ebenso in seiner Hand wie Leben zu ermöglichen durch die gezielte Zucht. Der Kreislauf des Tierlebens liegt vollständig in menschlicher Macht. Nutztiere kommen durch menschliche Absicht auf die Welt, sie werden eingehegt, eingepfercht und angebunden, und sie sterben am Ende einen programmierten Tod.

Dabei gibt es einen wenig erforschten Zusammenhang. Je gründlicher der Mensch das Leben der anderen Tiere kontrollieren konnte, umso uneigentlicher scheint es zu werden. Die von ihm beherrschte Natur verliert nach und nach an Wert. Anders als die Wildbeutergesellschaften der Vorzeit und heute noch in den abgeschiedenen Wäldern der tropischen Regionen, bezahlen fortschrittliche Kulturen die technische Ausbeutung und Sicherung ihres Lebensraums mit der Distanz vom Leben. Je angstfreier und komfortabler sie es gestalten, umso entfremdeter ist es. Diese Entfremdung geht Hand in Hand mit religiösen Daseinsbestimmungen und Erklärungsmodellen. Je gewaltiger Menschen über die Natur zu herrschen vermögen, desto seelenloser erscheint ihnen das Beherrschte.

In den großen Weltreligionen wird die Welt jenseits der Erfahrung zum neuen »eigentlichen« Leben, zum wahren Sein. Die Welt des Materiellen und des Geschlechtlichen, die der Mensch mehr und mehr beherrscht, schwindet zur Vorstufe. Die Natur zu beherrschen heißt, ihr genau jenen Zauber zu nehmen, der im animistischen Glauben der Wildbeutergesellschaften äußerst lebendig war: dass sich der göttliche Funke in der Natur selbst findet und nicht über dem Kronendach des Regenwaldes. Eine besondere und spannende Zwischenstufe ist das Alte Ägypten – ein Wüstenland, abhängig vom Fruchtbarkeitszyklus des Nils. Für die Erforschung des Verhältnisses von Mensch und Tier ist es eine wahre Fundgrube.

• *»Ich habe kein Tier misshandelt«. Das Tier im Alten Ägypten.*

»Ich habe kein Tier misshandelt«

Das Tier im Alten Ägypten

Die Tiere fliehen den Menschen, weil sie Gottes
Bildnis im Menschen nicht mehr erkennen können.

Manfred Kyber

Von einer Ägyptischen Kobra gebissen zu werden ist kein Vergnügen. Kobras verfügen über ein fürchterliches Gift! Zuerst lähmt es die Nerven der Muskeln, es kommt zu Schwellungen. Dann zerstört es nach und nach die roten Blutkörperchen. Das Opfer erbricht sich und erleidet Panikattacken. Nach zwei bis sechs Stunden ist das Atemzentrum vollständig gelähmt, und der Gebissene erstickt.

Kein schöner Freitod also, den Kleopatra VII., die Ptolemäerprinzessin auf dem ägyptischen Pharaonenthron, sich bereitet haben soll. Und doch fand man sie, nachdem die Kobra sie in die Brust gebissen hatte, »schön und mit entspanntem Gesicht tot auf ihrem Bett liegen«. So jedenfalls berichtet es mehr als hundert Jahre später der griechische Historiker *Plutarch* (ca. 45–125). Denn der Biss der Kobra lasse die »Gebissenen …

nach und nach hinsterben … wie Leute, die in tiefem Schlaf liegen.«[57]

Von einem solch friedlichen Tod kann allerdings überhaupt nicht die Rede sein. Experten bezweifeln deshalb, dass Kleopatra den grausamen Tod durch eine Kobra wählte.[58] Ein kleiner Cocktail aus Schierlingsgift, gemischt mit Opium und Eisenhut, ist wesentlich angenehmer und den Ägyptern bestens vertraut. Und doch dürfen wir annehmen, dass Plutarch wiedergab, was man ihm berichtet hatte. Allem Anschein nach hatte Kleopatra ihren Tod durch einen Schlangenbiss für alle sichtbar inszeniert. Ein theatralischer Abschied auf Basis einer Lüge.

Die Ägyptische Kobra, auch bekannt als Uräusschlange, hat eine lange Geschichte in der ägyptischen Mythologie. Als feuerspeiendes Auge schützt sie die Herrscher auf Ägyptens Thron vor ihren Feinden. Schlangen lebten als Schutzgeister auch in vielen niederen Häusern. Wer dem tödlichen Biss einer Giftschlange erlag, durfte sich glücklich preisen, den auserwählten Tod durch ein heiliges Tier zu sterben. Durch das Gift der Schlange strömten göttliche Kräfte ins Blut des Todgeweihten und heiligten ihn für die Ewigkeit. Kein Wunder, dass Kleopatra, die Griechin auf Ägyptens Thron, die Nachwelt glauben machen wollte, sie hätte sich eine Uräusschlange an die Brust gesetzt, um so aus dem Leben zu scheiden. Im Tod inszenierte sie sich als echte Ägypterin und sandte eine letzte pathetische Botschaft an die Volksfrömmigkeit des Nillands.

Die Uräusschlange ist nur eines von ungezählten Tiersymbolen des Alten Ägypten. Überall begegnen uns Tiere in Inschriften, auf Reliefs, als Statuen und als Mumien. Sie sind Götter, Vermittler zwischen den Sphären, oder Götterboten wie in jener alten Inschrift, gefunden in einem oberägyptischen Steinbruch: »Ein Wunder, das seiner Majestät geschah: Es stieg zu ihm das Wild der Wüstenberge herab, und es kam eine trächtige Gazelle. Sie richtete ihr Gesicht auf die Leute ihr gegenüber. Ihre

Augen sahen nach allen Seiten, aber sie wandte sich nicht um, bis sie zu dem erhabenen Berge kam und zu einem Steinblock. Dort auf dem Block gebar sie, während die Truppe des Königs zusah. Dann wurde ihr Hals durchschnitten, und sie wurde auf dem Steinblock geopfert als Brandopfer. Und aus ebendiesem Block fertigte man den Deckel für den Sarkophag des Königs. Fürwahr, es war die Majestät des erhabenen Gottes, des Herrn der Wüstenberge, die das Opfer spendete für ihren Sohn Mentuhotep III., der ewig lebte …«[59]

Die Inschrift erzählt vom sechsten König der 11. Dynastie. Pharao Mentuhotep III. regierte von 2013 bis 2001 vor Christus in Oberägypten, zweitausend Jahre vor Kleopatra. Wir befinden uns in der frühen Zeit des ägyptischen Reiches. Doch was bedeutet die anrührende Geschichte, wonach eine Gazelle durch die Geburt ihrer Jungen dem König jene Steinplatte weist, die ihm auf seiner Reise in die Totenwelt Unsterblichkeit zusichert? Es ist einer der wenigen Berichte aus dem Alten Ägypten, in denen Tiere als Brandopfer dargebracht werden. Normalerweise scheint diese Praxis den Ägyptern eher fern gewesen zu sein. Aber die Erzählung zeigt zugleich, dass die Gazelle nicht nur ein Tier ist. Sie ist eine göttlich Gesandte, in der eine große spirituelle Kraft dem König ihren Willen verkündet und ihm den richtigen Weg weist.

Wer der »erhabene Gott«, der König der Wüstenberge ist, wissen wir nicht. In der Zeit Mentuhoteps III. ist Horus, der Falkengott, der oberste Himmelsgott der Ägypter. Erst allmählich wird er in den nächsten zweitausend Jahren an Bedeutung verlieren und durch andere oberste Götter ersetzt. Doch Horus ist kein eindeutiger Gott wie später der jüdische Jahwe oder der arabische Allah. Die Bilder, Hieroglyphen und Statuen zeigen mal einen Falken, mal einen Menschen mit Falkenkopf. An vielen Orten gibt es einen eigenen Horus-Kult mit je eigenen Geschichten und Ritualen. Nur wenige Attribute sind Allgemeingut. So verfügt Horus fast immer über ein Sonnen- und ein Mondauge, und die Spitzen seiner Flügel berühren die Grenzen der Erde. Doch in der Frage, von wem Horus abstammt, ob er dem Sonnengott Re Gestalt gibt oder ein Sohn des Osiris ist, gehen Staatsreligion und Volksfrömmigkeit offenbar auseinander.

In jedem Fall ist Horus der Gott des Königs. Er verkörpert sich im jeweils regierenden Pharao. Es ist der spirituelle Geist eines Tierwesens, der dem menschlichen Herrscher Würde, Weisheit, Ansehen und Macht gibt. Anmut, Grazie und Scharfsichtigkeit sind keine menschlichen, sondern ursprünglich tierische Eigenschaften, die von außen in den Menschen einströmen. Noch steht kein Mensch oder ein Menschengott über allem, sondern der Mensch ist nur ein Teil des kosmischen Naturgeschehens. Im Alten Reich beherrscht er die Natur nicht, sie beherrscht ihn. Ähnlich wie die frühen Wildbeutergesellschaften empfindet die altägyptische Religion die Rhythmen und Erscheinungen der Natur nicht als berechenbare Gesetze. Die Natur ist eine zerbrechliche Balance, und sie steht fortwährend auf dem Spiel. Alles, was der Mensch tun kann, ist, ihr zu huldigen. Man zelebriert Rituale der Regeneration und dichtet Hymnen an den Sonnengott. Nur wenn alle sich gemeinsam anstrengen, Menschen wie Götter, kann der Kreislauf erhalten werden.

Der Zyklus der Welt ist spirituell, aber er ist zugleich von dieser Welt. Die Fülle der Lebewesen – Menschen, Tiere und Pflanzen – entströmt der identischen Kraftquelle, dem göttlichen Wirken in der Natur. So kennt die ägyptische Religion auch keinen Gegensatz zwischen Monotheismus und Polytheismus, keinen Kampf zwischen dem einen und den vielen, wie ihn der Leser der Thora in eigens dafür inszenierten Showdowns vorgeführt bekommt.

In späteren Religionen wird man sich alle Mühe geben, die Sphären des Göttlichen, des Menschlichen und des Animalischen als drei gesonderte Etagen sorgfältig voneinander zu scheiden. Doch in Ägypten muss sich alles einem universalen Gesetz unterordnen: dem Zyklus von Geburt und Tod, Werden und Vergehen. Das Gemeinsame, das Götter, Menschen und Tiere verbindet, ist stärker als das, was sie unterscheidet. Es gibt lange nicht einmal ein Wort für »Mensch«. Ebenso kennen die Ägypter keine »Tiere«, sondern stattdessen Vieh, Vögel, Fische und Gewürm. Das Tier ist dem Menschen ungleich und doch auch gleich. Dunkel verweist es auf den gemeinsamen Ursprung. Vier Jahrtausende vor Darwin erahnten die Ägypter die Schatzkammer von der gemeinsamen Ursprungseinheit allen Lebens, die den gelehrten Sehern der abendländischen Metaphysik so lange verschlossen bleiben wird. Was bis in die heutige Zeit Tieren als Manko anhaftet, was ihnen zum Fluch wurde und als Lizenz zum Töten herhalten sollte: ihre Fremdheit und Unzugänglichkeit – gerade sie waren den Ägyptern ein Zeichen göttlichen Wirkens. Laute und Balzrituale, körperliche Extremitäten und sonderbare Verhaltensweisen erscheinen als geheime Kräfte, denen man sich freiwillig unterordnet, weil man sie nicht verstehen kann.

Es existieren im Alten Ägypten auch keine Tierschimpfwörter, mit Ausnahme des Esels. Was sie auf diese Weise respektieren, setzen die Ägypter ins Recht. Vor der Waage der Maat, Ägyptens Göttin der Gerechtigkeit, finden die Tiere ihr Gehör und befinden als Zeugen über den Lebenswandel der Menschen. Pyramideninschriften bezeugen, dass sich der Tote vom Verdacht freisprechen musste, Tieren Leid zugefügt zu haben: »Ich habe weder Futter noch Kraut aus dem Maule des Viehs weggenommen.« Oder: »Ich habe kein Tier misshandelt.«[60] Die Ethik der altägyptischen Gesellschaft kennt keine menschlichen Sonderkonditionen. Sie geht von einer gemeinsamen irdischen Klientel aus. Auch Gans und Rind können demnach als Kläger vor dem Jenseitsgericht erscheinen, denn »jeder Verstoß gegen die Achtung des Tieres galt als Sünde«.[61]

Man muss sich das Ägypten vor viertausend Jahren als ein Tierparadies vorstellen, ähnlich wie heute die Serengeti. Es gab

Elefanten, Giraffen und Nashörner, zahlreiche Affenarten, Hyänenhunde, Schuppentiere, Erdferkel und Erdwölfe, Pferdeantilopen und Giraffengazellen. Manches davon verschwand zur Zeit der altägyptischen Hochkultur. Andere exotische Tiere wie Löwen und Leoparden, Wildesel, Flusspferde und Krokodile wurden im Nilland erst in den letzten drei Jahrhunderten ausgerottet.

Das Tier begegnet dem Ägypter in nahezu allen alltäglichen Lebenssituationen. Ein Viertel aller Hieroglyphen zeigt Tiere oder Tierteile. Tierbilder prägen die ägyptischen Namen nach dem Muster: »Der der Schlange«, »Der des Ibis« oder »Der des Frosches«. Fast alle Tiere sind den Ägyptern heilig: der Stier und der Schafbock, Ibis und Falke, Schlange und Krokodil, Schakale, Frösche, Fledermäuse und viele andere mehr. Aber nicht jedes Tier wird zu jeder Zeit in jeder Region verehrt. An den Krokodilen scheiden sich nach dem griechischen Historiker *Herodot* (490/80 v. Chr. – 424 v. Chr.) durchaus die Geister. Die einen huldigen ihnen, die anderen jagen und töten sie. Das Gleiche gilt für Schafe, die ebenfalls nicht überall heilig und unantastbar sind. Erstaunlich, dass ein so faszinierendes Tier wie der Elefant den Ägyptern nicht heilig gewesen ist. Wie die Assyrer jagten die Ägypter Elefanten wegen ihres Elfenbeins. Im 9. Jahrhundert vor Christus waren die Rüsseltiere sowohl in Mesopotamien als auch in Ägypten ausgerottet.

Nicht jedes »heilige Tier« ist zugleich zwangsläufig ein Gott. Vielmehr verkörpert es bestimmte Lebensenergien, die den Ägyptern im jeweiligen Tier begegnen: Schönheit und Kraft, Vitalität und Intelligenz, Umtriebigkeit und Weitsichtigkeit. Die Kultstatuen der Tiere sind den Statuen anderer Götter gleichrangig. Als Mittler zwischen transzendenten Kräften und natürlichem Leben avanciert das heilige Tier zum Orakel, zum Dolmetscher und Herold göttlicher Energien. Symbolisch transportiert es das Wissen von der Evolution, die naturwissenschaftlich zwar nicht bekannt, aber religiös geahnt ist: als Erinnerung an den gemeinsamen transzendenten, das heißt: der menschlichen Erfahrung entzogenen Ursprung aus der Natur.

Im Kosmos der ägyptischen Religion gibt es keine isolierten Götter. Jeder steht mit anderen Mächten in raum-zeitlichen, mystischen oder sozialen Beziehungen. Die heiligen Herdentiere – der Stier Apis und die Apiskuh, die Rinder der Hathor, der Ibis des Thot und der Bock von Mendes – stehen für Fruchtbarkeit und Geburt. Bei religiösen Festen dienen sie dazu, den Herrschaftszyklus der Pharaonen mit dem Zyklus der Sonne zu vergleichen. Sie unterstehen dem ewigen Kreislauf von Auf- und Untergang, von Sterben, neuem Leben und neuem Tod. Die Ägypter haben eine Religion der Zeit, keine des Raumes. Sie trennt keine Sphären und schichtet das Diesseits und das Jenseits auch nicht sorgfältig übereinander. So walten im Jahresablauf des Tierlebens die identischen Gesetze wie in der kosmischen Natur.

Selbstverständlich ist die Religion im Alten Ägypten nicht immer gleich. Von der »frühdynastischen« bis zur griechisch-römischen Zeit vergehen mehr als drei Jahrtausende – fast so viel wie von *Ramses dem Großen* (1303 v.Chr.–1213 v.Chr.) bis heute! Und jede Phase wandelt elementare Vorstellungen um und bringt Veränderungen und neue Einflüsse mit sich. *Die* ägyptische Religion gibt es nicht, allenfalls existieren einige grundsätzliche Züge und Elemente. Kein Wunder, dass das Verhältnis zwischen Tier und Gottheit überaus kompliziert ist und in vielen Facetten auftritt. In der Geschichte Ägyptens finden sich ungezählte Varianten und regionale Eigenheiten. Bis auf wenige Auserwählte wie Ibis und Falke, die Tiere des Thot und des Horus, galten also durchaus nicht überall die gleichen Tiere als heilig. Und der Status der »Heiligkeit« eines Tieres konnte ebenfalls sehr unterschiedlich eingeschätzt werden. Mal fielen sämtliche Angehörigen einer Art unter die Heiligsprechung, mal nur wenige Stellvertreter. Tiere, die lediglich als Artgenossen eines Gottestiers verehrt wurden, empfingen keinen Kult und erhielten gemeinhin nur Prädikate wie »ehrwürdig«. Lebende heilige Tiere teilten sich demnach in drei Gruppen: einzelne heilige Tempeltiere, Artgenossen des heiligen Tieres und sogenannte Fetischtiere, ausgewählte Exemplare der heiligen Art. Sie lebten in den Haushalten und finden sich häufig als Grabbeigaben von Privatpersonen.

Doch was genau ist überhaupt ein »heiliges« Tier? Ein Gott oder nur ein Symbol? Zumeist dienen die Tiere im oben genannten Sinne als Medien. Manchmal aber sind sie zwischenzeitlicher Sitz eines göttlichen Prinzips. Es kann seine Energien von dem ausgewählten Tier wieder abziehen, um sich einen anderen Sprecher zu suchen. In beiden Fällen verkörpert das Tier übersinnliche Kräfte. Sie fallen nicht mit ihm zusammen, sondern finden im Tier ihre Wohnstatt wie der Einsiedlerkrebs im Schneckenhaus.

Allerdings kennen wir zahlreiche Fälle, in denen Tiere selbst vergottet wurden. Nicht nur Kultstatuen, auch lebende Tiere besaßen demnach oft den Status von Göttern, versehen mit höchsten Prädikaten, wie etwa dem eines »großen Gottes«. Dass solche Göttertiere alt und schwach wurden und schließlich sogar starben, ist für den zeitlich-zyklischen Glauben Altägyptens kein Problem. Die Religion verlegt das Prinzip der Unsterblichkeit ja nicht in den Himmel und billigt es dort einigen auserwählten Personen zu. Stattdessen verbindet es Transzendenz und Natur im ewigen Kreislauf des Lebens miteinander. So geht es den Ägyptern ein wenig wie Charles Bronson als »Mundharmonika« in dem Film *Spiel mir das Lied vom Tod:* Sie »leben mit dem Tod«.[62] Auch der Sonnengott Re altert, wird siech und schwach; Osiris, der Herrscher des Totenreichs, wird vom Wüstengott Seth ermordet.

Irdisches Dasein und Transzendenz sind so verflochten, dass selbst die Götterwelt davon betroffen ist. Durch ihre Sterblichkeit bleiben Götter dem Kreislauf allen Entstehens und Vergehens unterworfen. Umgekehrt besitzt jedes Leben auf Erden etwas Göttliches. Die griechischen Historiker Herodot und *Diodor* (er lebte in der ersten Hälfte des 1. Jahrhunderts v. Chr.) berichten, dass die Hausbewohner Zeichen der Trauer anlegten, wenn ihnen ein Hund oder eine Katze starb. Bei Feuersbrünsten waren sie ängstlich auf die Bergung ihrer Katzen bedacht. Freilebenden Tieren begegnete man mit Ehrfurcht, und gelegentlich sorgte man für sie, indem man sie fütterte.

Nach wie vor aber stellen sich uns heute viele Rätsel. Die Beziehung der ägyptischen Religion zum Tier bleibt nebulös. Trauten die Ägypter den Tieren religiöse Empfindungen zu? Zumindest eine Inschrift scheint dies nahezulegen. Bleibt der Regen aus und die Gazellen hungern und dürsten, beten sie zum höchsten Gott. »Es tanzen die Paviane bei der Geburt des Sonnengottes; bei seinem Aufgang erheben sie preisend die Pfoten … und in den Tälern tanzen die Strauße, wenn Atum sich im Osten des Himmels befindet.«[63] Tiere erlangen ebenso ein ewiges Leben wie Menschen, wenn es im *Pfortenbuch* aus dem Neuen Reich heißt: Der Sonnengott Re »hat ihnen den verborgenen Platz zugewiesen, zu dem entrückt sind die Menschen und die Götter, alles Vieh und alles Gewürm, das dieser große Gott erschaffen hat«.[64] Herodot berichtet sogar von einem dreitausendjährigen Zyklus der Seelenwanderung. Danach wandert die menschliche Seele »durch alle Tiere des Landes und des Meeres und durch alle Vögel«.[65]

Tiere haben unsterbliche Seelen. Aber wie göttlich erschienen sie den Ägyptern, und welche magischen Kräfte traute man ihnen allgemein zu? Die Bedeutung des Tierkults im Rahmen des allgemeinen Gottesdienstes kennen wir nicht. Und auch die speziellen Praktiken des Kults liegen im Dunkeln. In den Tempeln lebten sowohl einzelne Tiere als auch ganze Gesellschaften, je nachdem welcher Lebensweise das jeweilige Tier in der Natur nachging. Doch auch in den Herden und Vogelschwärmen war gemeinhin ein einziges Tier auserwählt, das gesondert verehrt wurde. Private Stifter sorgten sich um das Wohl der Tempeltiere, spendeten, »was die lebenden Seelen brauchten, damit sie Salben und Kleider hätten, wenn ihre Seelen zum Himmel stiegen«, wie es auf einem Denkstein aus ptolemäischer Zeit heißt.

Viel Quellenmaterial gibt es zu den Ritualen des Tiertodes, wenn »die Majestät« dieses Gottes zum Himmel aufstieg und die Priesterschaft eine siebzigtägige Trauer verordnete. Die gesamte Staatsspitze, bestehend aus dem Kronprinzen, den Generälen und Priestern, wohnte der Trauerprozession bei – nicht anders, als ob ein Mitglied des Hochadels verstorben wäre. Wie beim menschlichen Tod verwandelt sich am Ende jedes Rituals das verstorbene Tier zu einem Osiris, um als Osiris-Apis oder Osiris-Mnevis fortzuleben.

Die meisten Schöpfungsmythen der Ägypter reihen den Menschen umstandslos unter die anderen Tiere ein. Und doch finden sich bereits im Alten Reich Ausnahmen. In einer »Lehre« für den Pharao Merikare aus der 10. Dynastie heißt es um das Jahr 2100 vor Christus: »Wohlversorgt sind die Menschen, das Vieh Gottes. Um ihretwillen hat er Himmel und Erde geschaffen ... Er hat die Luft geschaffen, damit ihre Nasen leben können. Seine Abbilder sind sie, aus seinem Leibe gekommen. Er geht um ihretwillen am Himmel auf, für sie hat er die Pflanzen geschaffen, Vieh, Vögel und Fische, um sie zu ernähren.«[66] Bereits zu einem solch frühen Zeitpunkt begegnet uns ein Anthropozentrismus, wie wir ihn später vor allem aus der Bibel und dem Koran kennen. Offensichtlich kannten die Ägypter neben ihrem »konvivialen« – auf Gemeinsamkeit mit dem Tier beruhenden – Glauben auch alternative Glaubenslehren.

So muss man wohl beim Tierkult sorgfältig unterscheiden: Was glaubten die Herrschenden? Was verordnete die mächtige Priesterschaft den Gläubigen zu welchem Zweck? Und welche Praktiken finden wir in der volkstümlichen Verehrung von Tieren? Wenn die Menschen Tierleichen sammelten, sie einbalsamierten und auf speziellen Tierfriedhöfen bestatteten – jeweils eigene für Rinder, Ibisse, Falken oder Fische –, dürfte dies oft weniger ein Gebot der offiziellen Religion als vielmehr ein Beleg der Volksfrömmigkeit gewesen sein. Das Gleiche gilt für die Bestattung von persönlichen Lieblingstieren, etwa Hunden, Meerkatzen, Gazellen und Katzen. Auch sie balsamierte man ein. Und man setzte sie sowohl einzeln als auch gemeinsam mit Artgenossen in Töpfen, Kalkstein-, Bronze- oder Holzsärgen bei.

Die Geschichte der Volksfrömmigkeit im Alten Ägypten ist eine offene Frage der Archäologen und Ägyptologen. Die Pharaonenkultur hinterließ vor allem Schriftmaterial über das Leben des Hochadels und der Priesterschaft. Wahrscheinlich gab es in der Geschichte der Tierkulte und Tierverehrungen viele Schwankungen. Manche Ägyptologen gehen davon aus, dass der Tierkult zunächst eine frühe Form der ägyptischen Religion war. Sie soll sich zu Beginn des 2. Jahrtausends vor Christus nach und nach spiritualisiert haben. Am Ende sei das reale Tier schließlich hinter den in seiner Gestalt verkörperten Ideen des Transzendenten mehr und mehr zurückgetreten. Denn zu den hunds-, falken- und ibisköpfigen Göttern gesellen sich mehr und mehr Menschengestalten.

Vermutlich ist das nicht falsch. Doch gab es, wie am Beispiel der »Lehre für Merikare« gezeigt, schon in früher Zeit einen ganz auf den Menschen zugeschnittenen Glauben, der von Tieren nicht viel wissen wollte. Im Neuen Reich, zwischen 1550 und 1070 vor Christus, war der Tierkult jedoch plötzlich wieder allgegenwärtig. Aus dieser Zeit mehren sich die Funde kunstvoll umwickelter Tierleichen, und das Tier rückt erneut ins Zentrum religiöser Schriften. In der Ramessidenzeit, 1292–1070 vor Christus, der letzten Blüte der altägyptischen Kultur, kommt es zur Anlage der großen Apis-Grüfte. Im Palast von Qantir entsteht ein ganzer Zoo, und der Tierkult erreicht offensichtlich seinen Höhepunkt.

Eine klare Entwicklungslinie weg vom Tierkult und hin zu einer anthropozentrischen Religion lässt sich nicht zeichnen. Eher haben wir es mit Wellenlinien zu tun, mit Strömungen und Gegenströmungen. Vieles von dem, was wir über den Tierkult zu wissen glauben, stammt dabei von seinen Verächtern. Als erst die Griechen unter *Alexander dem Großen* (356 v.Chr.–323 v.Chr.) und später die Römer Ägypten erobern, wissen sie mit der Tierverehrung nichts anzufangen. Zwar werden die Kulte bis in die Römerzeit mit deutlich reduziertem Aufwand vonseiten des Staates weitergeführt. Doch das Wesen der ägyptischen Religion bleibt den Kolonialherren fremd. Ihre Historiker, Herodot, Diodor, Strabon, Plutarch und Aelianus, stellen deshalb viele eigene Theorien auf, was es mit der Tierreligion auf sich haben könnte. So sollen sich die Götter, nach Plutarch, aus Furcht vor Menschen, die sich gegen sie empörten, in Tiere verwandelt haben. Diodor vermutet, die Ägypter glaubten, dass sich die Schwachen zum Schutz gegen die Starken unter dem Zeichen von Tieren zusammengeschlossen hätten. Als dieser Zusammenschluss zu Ordnung und Frieden führte, verehrten sie jene Tiere aus Dankbarkeit. Für die Geschichtsschreiber der Griechen und Römer musste es für den Tierkult eine nüchterne Ursache geben. Ihrem Selbstverständnis nach konnten die Tiere keineswegs als Tiere gemeint sein. Ein solcher Gedanke lag den Römern so fern, dass sie ihn auch den Ägyptern nicht zutrauen mochten.

Herodot, der den Griechen in Süditalien und in Athen die Kultur der Ägypter nahebrachte, beschreibt den Tierkult in seinen *Historien:* Tötet jemand ein Tier »absichtlich, so trifft ihn die Todesstrafe, wenn unabsichtlich, so zahlt er die ihm von den Priestern zugemessene Strafe. Wer aber einen Ibis oder Habicht tötet, muss in jedem Fall sterben ... Wenn in einem Haus eine Katze stirbt, scheren sich alle Hausbewohner die Augenbrauen ab; und wenn ein Hund stirbt, so scheren sie sämtliche Körper- und Kopfhaare.«[67] Doch nicht alle Chronisten urteilten so nüchtern wie Herodot und später Plutarch. Der Priester des Apollontempels in Delphi war ein sensibler Mensch und großer Tierfreund. In seinem Bericht über den Besuch in Alexandria enthält er sich vorsichtig des Urteils. Ganz anders der römische Dichter *Juvenal* (um 60–130/40), der die Nase rümpft: »Wer weiß nicht … was für Ungeheuer Ägypten in seinem Irrsinn verehrt? Manche beten das Krokodil an, andere fürchten sich vor dem Ibis, der sich an Schlangen gesättigt hat … Jeder Tisch enthält sich der wolletragenden Tiere: Sünde ist es dort, Böckchen zu schlachten.«[68]

Vollends verächtlich lässt sich sein Kollege *Lukian von Samosata* (um 120–180) über den ägyptischen Götter-Zoo aus: »Du aber, hundsgesichtiger und in Leinen gekleideter Ägypter, wer bist du eigentlich, mein Bester? Wie kommst du WauWau dazu, ein Gott sein zu wollen? Und was denkt sich erst dieser gescheckte Stier aus Memphis, der sich göttlich verehren lässt, Orakel erteilt und Propheten hat? Ich schäme mich ja, von Ibissen, Affen, Ziegenböcken und anderem noch viel Lächerlicherem zu sprechen, das – ich weiß nicht wie – aus Ägypten in den Himmel hineingeschleust wurde.«[69] Ein »Stückwerk aus Tierköpfen und Menschen-Torsos« befand 1600 Jahre später der Dichter *Jean Paul* (1763–1825). Und *Johann Wolfgang von Goethe* (1749–1832) sollte ihm in den »Zahmen Xenien« beipflichten: »Nun soll am Nil es mir gefallen / Hundsköpfige Götter heißen groß: / O wär' ich doch aus meinen Hallen / Auch Isis und Osiris los.«[70]

Absolut suspekt war die ägyptische Tierverehrung schließlich den Christen. *Athanasius* (um 295–373), der schwerenötige Patriarch von Alexandria, bekämpft die Überreste des für ihn völlig unverständlichen Kultes. Die Christen beseitigen gewaltsam die letzten Tempeltiere und verbieten den Tierkult. Von nun an dient die Verehrung von Tieren den christlichen Kirchenschriftstellern allenfalls dazu, die absurden Irrwege und die erschreckende Primitivität der Heiden vorzuführen. Lediglich der Philosoph *Kelsos* verteidigte in seinem *Sermo verus* das Geheimnis der ägyptischen Tierverehrung gegen ihre christlichen Verächter. Natürlich, so schrieb er im 2. Jahrhundert, gehe es den Ägyptern nicht einfach darum, Tiere anzubeten, sondern um »ewige Begriffe«, die sich im Tier verkörpern. Nicht dem Volk am Nil, wohl aber dem Christentum bescheinigt Kelsos ein naives Denken, einen kurzsichtigen Anthropomorphismus. Wer nüchtern überlege, der glaube doch wohl nicht im Ernst, dass Gott sich im Körper eines Menschen wie Jesus verkörpere. Wie vermessen zu glauben, dass einzig der Mensch auserwählt sei und unter den Menschen nur die Juden und Christen. All dies erscheint Kelsos arrogant und einfältig zugleich. Für ihn gibt es keinen Sonderweg einer menschlichen Erlösung. Die Welt ist nicht von einem Gott geschaffen worden, der sich am siebenten Schöpfungstag ausgeruht habe wie ein Handwerker. Und sie ist auch nicht um des Menschen willen geschaffen worden – wie sei sonst erklärlich, dass Gott zulässt, dass Raubtiere den Menschen töten könnten. Im Hinblick auf ihre natürliche Bewaffnung mit scharfen Zähnen und Krallen habe Gott, wenn überhaupt, die Raubtiere bevorzugt …

Kelsos' Worte verhallten weitgehend ungehört. Die anthropozentrischen Religionen setzten ihren Siegeszug weiter fort und regieren einen Großteil der Welt bis heute. Noch zu Beginn des 20. Jahrhunderts versucht der berühmte deutsche Ägyptologe *Adolf Erman* (1854–1937) den Tierkult dadurch hinwegzudeuten, dass er die tiergestaltige Gottesvorstellung als ein Erzeugnis »naiver Poesie« deutet. Und auch im *Lexikon der Ägyptologie* wird noch in den Sechzigerjahren über den Tierkult als »Entartung« gesprochen. Der Kult, heißt es hier, sei natürlich »Widersinn« und wurde »darum einst von einem gesunden Empfinden aufgefangen«. Nicht nur entspreche die Tierverehrung der »Psyche des primitiven Menschen«, sie führe zugleich zum Untergang. Den Ägypter, der »dem Tierkult so lange verhaftet blieb«, strafte das Leben, sodass er »schließlich tief in den Verirrungen, zu denen er (der Tierkult) lockte, versank«.[71]

Wer das schreibt, scheint zu wissen, wie ein Leben jenseits der Verirrung, Tiere spirituell zu betrachten, aussieht. Er steht auf dem Fundament einer Religion, die das Tier versachlicht; ein Fundament, das wir die jüdisch-christliche abendländische Kultur nennen …

• *Hirten und Herrscher. Das Tier im alten Judentum.*

Hirten und Herrscher
Das Tier im alten Judentum

Der alte Gott, ganz »Geist«, ganz Hoherpriester, ganz Vollkommenheit, lustwandelt in seinen Gärten: nur daß er sich langweilt. Gegen die Langeweile kämpfen Götter selbst vergebens. Was thut er? Er erfindet den Menschen, – der Mensch ist unterhaltend … Aber siehe da, auch der Mensch langweilt sich. Das Erbarmen Gottes mit der einzigen Noth, die alle Paradiese an sich haben, kennt keine Grenzen: er schuf alsbald noch andre Thiere. Erster Fehlgriff Gottes: der Mensch fand die Thiere nicht unterhaltend, – er herrschte über sie, er wollte nicht einmal »Thier« sein.

Friedrich Nietzsche

Am Anfang steht ein Plattenbau, eilig hochgezogen in sechs Tagen für einen einzigen Bewohner – den Menschen. Im ersten Schritt wird das Terrain geschaffen und erschlossen. Himmel und Erde sind geschieden, und das Licht von der Finsternis. Am zweiten Tag werden Himmel und Wasser getrennt, am dritten Wasser und Land. An Land sprießen alle Arten von

Pflanzen, die Samen tragen, und alle Arten von Bäumen, die Früchte tragen. Am dritten Tag erschafft der Bauherr Sonne, Mond und Sterne – einzig zu dem Zweck, dem künftigen Bewohner zu helfen, sich zu orientieren und die Festzeiten zu bestimmen. Als Lampions sollen die Gestirne ihm den Weg durch Zeit und Raum weisen. Am vierten Tag werden das Wasser mit großen Seetieren und die Luft mit gefiederten Vögeln gefüllt. Mit höchstem Segen bedacht, sollen sie fruchtbar sein und sich vermehren. Am fünften Tag wird das Land mit Vieh, Kriechtieren und Tieren des Feldes bevölkert. Am sechsten Tag ziehen schließlich die Hausherren ein, Mann und Frau, beide ein Abbild des Bauherrn und ihm ähnlich. Sie »sollen herrschen über die Fische des Meeres, über die Vögel des Himmels, über das Vieh, über die ganze Erde und über alle Kriechtiere auf dem Land« (Gen 1,26). Um dies noch einmal unmissverständlich klarzumachen, formuliert der Bauherr seine Absicht als Auftrag: »Seid fruchtbar und vermehrt euch, bevölkert die Erde, unterwerft sie euch und herrscht über die Fische des Meeres, über die Vögel des Himmels und über alle Tiere, die sich auf dem Land regen.« (Gen 1,28) Am Ende wird noch die Ernährung der Menschen und Tiere von den Pflanzen geregelt. Der Bauherr ist mit sich zufrieden. Er ruht sich aus am siebenten Tag und erklärt den Ruhetag für heilig.

Denkt man an den großen Zusammenhang allen Werdens und Vergehens bei den alten Ägyptern, so ist diese jüdische Schöpfungsgeschichte aus dem 6. vorchristlichen Jahrhundert reichlich schlicht. Statt mit einem Zyklus der Natur haben wir es mit einem Fertighaus babylonischer Bauart zu tun. Nur der siebente Tag mit seinem Sabbatgebot ist originell und neu. Nichts am Entwurf des Weltgebäudes verrät, dass sich der Architekt viel Mühe damit gemacht hat. Was den Ägyptern die unvorstellbare Zeit des Naturgeschehens war, schnurrt zusammen auf eine fünftägige Bautätigkeit: die Vorarbeiten auf der Baustelle vor dem Einzug des einzigen Mieters, für den sich der Bauherr tatsächlich interessiert – des Menschen.

Mit dem Niedergang der Nil-Kultur tritt die Bedeutung des Tieres für den Mittelmeerraum stark zurück. In den Weltbildern Südeuropas und der Levante herrscht ein anderer Glaube, eine anthropozentrische Religion: Der Mensch ist geschaffen, um über die Natur zu herrschen. Das Judentum und später das Christentum und der Islam wissen wenig vom großen Kreislauf des Lebens und der Gestirne und nichts von den Energien der Natur, die sich in der Fülle der Lebewesen verkörpern.

Etwa um 440 vor Christus stellen jüdische Gelehrte die fünf Bücher Mose zusammen und bringen sie zu Pergament. Das Judentum erhält eine verbindliche Textgrundlage, und die weitgehend mündlich überlieferte Religion des Hirtenvolks nimmt eine konkrete Gestalt an. Es ist die gleiche Zeit, in der in Athen ein Mann namens *Sokrates* (469 v. Chr. – 399 v. Chr.) lebt. In den Büchern Mose gibt es mit Jahwe nur einen richtigen und wahren Gott. Die Idee dazu könnte aus Ägypten stammen, aus der Herrschaftszeit des Pharaos *Echnaton* im 14. vorchristlichen Jahrhundert. Auch unter Echnaton traten die anderen Götter, darunter die vielen tierköpfigen Götter, hinter dem einen Gott – der Sonne – zurück. Doch Echnatons Kult des »einen Gottes« ist eine große Ausnahme, ein gescheiterter Versuch, und völlig untypisch für das Nilland. Gleichwohl könnte hier die Wurzel jenes Monotheismus zu finden sein, der sich zwei bis drei Jahrhunderte später in den abrahamitischen Religionen der Levante Bahn bricht. So versetzt die jüdische Religion den Menschen in den Mittelpunkt ihres Glaubenskosmos und konfrontiert ihn mit einem einzigen Gott. Dieser »Gott der Väter« ist ein äußerst parteiischer Weltregent. Nur die Juden sind sein »auserwähltes Volk«, und es ist ihr ureigenster Gott.

Die Weltentstehungslehre der Genesis, wie wir sie heute kennen, besteht aus zwei völlig verschiedenen Teilen. Neben dem hier beschriebenen Text der Priesterschrift gibt es einen zweiten Schöpfungsbericht. Er dürfte viel älter sein, möglicherweise aus der Zeit 950 vor Christus. Früher nannte man diese Quelle den »Jahwisten«, eine Bezeichnung, die inzwischen nicht mehr ganz aktuell ist. Weder lässt sich eine Person hinter der Quelle benennen, noch sind die »jahwistischen« Einschübe besonders weitreichend. In beiden Schöpfungsmythen geht es um die Beantwortung der gleichen Fragen. Sie kreisen um das Schicksal des Menschen. Warum ist das Leben so, wie es ist: hart und ungerecht, enttäuschungsanfällig, entbehrungsreich, mit Leiden verbunden und ohne einen in der menschlichen Alltagspraxis erfahrbaren Sinn?

Die Welt der zweiten Quelle ist die Welt eines Gärtners. Als Wüstenbewohner träumt er von der fruchtbaren Kulturlandschaft einer Oase. Im Anfang war die Wüste, von Jahwe durch eine Wasserflut getränkt. Als erstes Geschöpf bildet Jahwe den Menschen aus dem Staub der Ackererde und bläst ihm den Lebensodem in die Nase. So wird der Mensch zu einem lebenden Wesen. Anschließend pflanzt Jahwe einen Garten, in den er den Menschen setzt, damit er ihn bestellt und behütet. »Hierauf sagte (sich) Jahwe: ›es ist nicht gut für den Menschen, dass er allein ist; ich will ihm eine Hilfe schaffen, die zu ihm passt.‹ Da bildete Jahwe aus der Ackererde alle Tiere des Feldes und alle Vögel des Himmels und brachte sie zu dem Menschen, um zu sehen, wie er sie benennen würde … So legte denn der Mensch allen zahmen Tieren, allen Vögeln des Himmels und allen wilden Tieren Namen bei; aber für den Menschen fand er keine Hilfe (Gefährtin) darunter, die zu ihm gepasst hätte.« (Gen 2,18-20)

Vierhundert Jahre vor der Priesterschrift zeigt sich der jüdische Glaube, wie er uns in der zweiten Quelle begegnet, gegenüber Tieren erstaunlich jovial. Zwar berichten weder Gen 1 noch Gen 2-3 von einem Wort Gottes an die Tiere. Doch der Mensch ist hier keine Sonderschöpfung Jahwes, sondern ein Kamerad der Tiere, geschaffen, um mit ihnen in einer Beziehung zu leben. Die ganze Geschichte ist zwar reichlich frauenfeindlich – nachdem die Verständigung Adams mit den Tieren nicht klappen will, bringt Gott im zweiten Versuch schließlich die Frau zustande, um dem Menschen endlich eine passende Spielgefährtin zu schenken –, aber evolutionsbiologisch zumindest in einem anderen Punkt stimmig: Mensch und Tiere werden von Gott aus demselben »Lehm« gebildet. Durch den Lebensodem, den Gott *ihnen* in die Nase bläst, beseelt er beide gleichermaßen zu lebenden Wesen.

Auch die Schöpfungsgeschichte der zweiten Quelle ist nicht ganz originell. Sie entspricht dem Denken vieler anderer mythischer Erzählungen des Nahen Ostens. Eigentümlich ist nur die Reihenfolge der Schöpfung: zuerst der Mann, dann die Tiere und zu guter Letzt die Frau. Die Chronologie ist unter den Erzählungen der frühen Hochkulturen einzigartig. Noch stehen Mensch, Tier, Pflanzen und Wüste in einem ökologischen Zusammenhang, einem gewaltfreien Biotop ohne Herrschaftsauftrag, Unrecht und Versklavung.

Die Pointe, dass der Mensch die Tiere mit Namen versieht, bietet viel Anlass zu allerlei theologischer Spekulation. Für den katholischen Theologen *Eugen Drewermann* (* 1940) etwa ist die Namensgebung eine große Sache, einer der wenigen Lichtblicke im Dunkel eines tierfeindlichen Glaubens: »Dieser Zug der biblischen Schöpfungsgeschichte ist so deutlich unhebräisch, er spiegelt so deutlich Urzeiterinnerungen der Menschheit, dass es einem den Atem verschlägt: So ist also selbst in der Bibel die Kunde von einem Menschsein nicht gänzlich verschollen, für das die Tiere Partner eines Dialogs waren, von einer Zeit, als Mensch und Tier miteinander redeten!«[72] Ehrlicherweise kann von einem »Dialog« allerdings nicht die Rede sein, eher von einem Monolog. Und so hatte der englische Lordkanzler *Francis Bacon* (1561–1626) im für die Tiere so finsteren 17. Jahrhundert wenig

Mühe, Gen 2,19-20 geradezu umgekehrt als Weisungsbefugnis zu interpretieren. Wer im Besitz der passenden Begriffe ist, verfüge über den Schlüssel zur Beherrschung der Natur.

Immerhin ist die zweite Quelle die tierfreundlichere Version der Schöpfungsgeschichte. Die Priesterschrift dagegen rechtfertigt über mehr als zwei Jahrtausende über die Kirchenväter und durchs Mittelalter bis in die Gegenwart die menschliche Sonderstellung,. So werden christliche Theologen eine Linie zeichnen von der Ebenbildlichkeit des Menschen mit Gott hin zur Menschengestalt Jesu. Exklusiv für die Menschheit sei der Erlöser in Menschengestalt aufgetreten und deshalb auch allein für die Menschen gestorben.

Ebenso wirkungsmächtig ist der in Gen 1,28 formulierte göttliche Auftrag: »... bevölkert die Erde, unterwerft sie euch und herrscht über die Fische des Meeres, über die Vögel des Himmels und über alle Tiere, die sich auf dem Land regen.« Besonders tierfreundlich ist das nicht. Doch mehren sich in jüngerer Zeit Stimmen von Theologen, die den Begriff des »Herrschens« anders verstanden wissen wollen als ihre Vorgänger. »Herrschet über sie«, interpretiert der evangelische Theologe *Rudolf Bösinger* (1912–2001) stellvertretend für ein »modernes« Christentum, »das meint eigentlich: ›Hütet das alles!‹ Dieses Bibelwort ist niedergeschrieben worden, da Herrscher noch Hirten waren, Hirtenkönige.«[73]

Das hebräische Wort für »herrschen« (*radah*) lässt mehrere Deutungen zu. Aber das Bild vom Hirten als Hüter der Schöpfung ist dennoch nicht plausibel. Denn der Hirte hegt lediglich seine Herde, von der er lebt, nicht aber die Wölfe, Leoparden und Schlangen, die sie bedrohen, nicht die Insekten in der Luft. Welches Interesse hat er an Vögeln, was kümmern ihn die Frösche im Tümpel? Verantwortung für eine Herde zu tragen und sich um das Wohl der Schöpfung zu sorgen sind zwei völlig verschiedene Angelegenheiten. Selbst wenn das Wort »herrschen«

der Hirtensprache entlehnt sein sollte, so ändert dies doch wenig am großen Herrschaftsauftrag des jüdischen Gottes.

Eine besondere Caprice zum Thema lieferte im Jahr 1996 die CDU-Arbeitsgruppe »Zukunft der Bio- und Gentechnik«. In der Kurzfassung ihres Positionspapiers hieß es nämlich: »Ihre ethische Rechtfertigung erlangen die Bio- und Gentechnik durch den biblischen *Schöpfungsauftrag* (Gen 1,28 und 2,15), durch den der Mensch ermächtigt wird, gestaltend in die Natur einzugreifen, sie für seine Lebensbedürfnisse heranzuziehen und umzugestalten. Diese technisch-kreative Gestaltungsbefugnis bezieht sich auf die Diagnose und Bekämpfung von Krankheiten beim Menschen.« (Hervorhebung R.D.P.) Statt die Bibelstellen als Pflicht zur Bewahrung zu lesen, begreifen die Hobbytheologen der Christenunion die vermeintliche Sorge um die Schöpfung selbst als einen »Schöpfungsauftrag«. Nicht hüten soll der Mensch, sondern verändern! So kann man mit der Genesis offensichtlich alles machen, sie sogar kapitalistisch deuten; eine Vorstellungswelt, für die herrschen und (Kapital) schöpfen das Gleiche sind.

Ob wir es wahrhaben wollen oder nicht: Der Gott des Judentums verwendet nicht viel Liebe auf die Schöpfung, die er auf die Schnelle ins Leben rief. Eine Ausnahme macht nur der Mensch, genauer: der israelitische Mensch. Die scharfe Trennung zwischen Schöpfung und Schöpfer, die für das Bauherrenmodell der Priesterschrift so charakteristisch ist, lässt wenig Platz für den spirituellen Eigenwert des Geschaffenen. Wie sensibel hatten die Ägypter die Leben spendenden Kräfte und die Materie miteinander verbunden. Und sie hatten überall Zusammenhänge und Wechselbeziehungen gesehen. Die Juden aber kappen diese Nabelschnur zwischen göttlicher Energie und irdischer Frucht, indem sie sie räumlich trennen: die himmlisch-spirituelle Sphäre hier, das materiell-irdische Leben dort. Aus der spiritualisierten Mitwelt wird eine materielle Umwelt. Nicht anders formuliert es

Psalm 8,5-9: »Mit Ehre und Hoheit hast du ihn (den Menschen) gekrönt. Du lässt ihn herrschen über das Werk deiner Hände, alles hast du unter seine Füße gelegt, Kleinvieh und Großvieh und das Getier des Feldes, die Vögel am Himmel und die Fische im Meer.«

Anders als bei den alten Ägyptern gibt es bei den Juden nur einen einzigen Gott, und der duldet keinerlei Konkurrenz. Selbst Echnaton hatte seinen Kult der Sonne zwar über alle anderen Kulte gestellt, nicht aber andere Götter bekämpft. Der Gott der Juden dagegen ist ein eifersüchtiger Streiter. So heißt es im Bilderverbot der Zehn Gebote: »Der Herr redete zu euch mitten aus dem Feuer heraus; der Worte Schall vernahmt ihr, eine Gestalt saht ihr jedoch nicht ... Ihr sollt euch daher nicht in frevelhafter Weise ein Götzenbild in Gestalt irgendeiner Figur verfertigen, sei es männlich oder weiblich, die Figur irgendeines Vierfüßlers auf Erden oder die Figur irgendeines geflügelten Wesens, das am Himmel fliegt, die Figur irgendeines Kriechtieres, das sich am Boden schlängelt, oder die Figur irgendeines Fischwesens, das im Wasser unter der Erde lebt.« Was hier juristisch festgelegt wird, ist eine Kriegserklärung gegen jede Art animistischer Religion auch bei Nachbarkulturen: »Für ihre unvernünftigen Gedanken voll Gottlosigkeit, durch die sie irregeleitet vernunftloses Gewürm und niedrigstes Getier verehrten, sandtest Du ihnen eine Menge vernunftloser Tiere zur Strafe, damit sie erkennen sollten, dass man gestraft wird, womit man sündigt.« (Weish 11,15).

Mit Feuer und Schwert ziehen Juden und Christen gegen die Naturreligionen anderer Kulturen ins Feld. Dabei pflegt ein Hirtenvolk wie das jüdische nicht deshalb einen profanen Umgang mit dem Tier, weil ihm seine Religion dies vorgibt. Sondern umgekehrt prägt sich gerade hier eine Religion aus, die einen profanen Umgang mit Tieren praktiziert. Es ist müßig, darüber zu streiten, ob die Entwicklung von einer animistischen Kultur in eine zunehmend schöpfungsfeindliche Religion notwendig war oder nicht. Die Temperatur bestimmt das Temperament, die materiellen Lebensbedingungen die philosophische Sensibilität, die geografische Umwelt das zugehörige Glaubenssystem. Und doch fällt es nicht leicht zu akzeptieren, dass die jüdische Hirtenreligion gar nicht anders konnte, als den Wert der Kreatur stetig zu verringern.

Mit Hilfe des einen und einzigen Gottes hat der Mensch die Wildnis urbar gemacht und ist nun legitimer Herrscher über ein selbst geschaffenes Kulturland. Dabei kennen die fünf Bücher Mose Tiere in unterschiedlichen Funktionen. Häufig ist von Nutztieren die Rede, und gelegentlich sind Tiere auch Träger religiöser Symbole. Schafe, Ziegen, Rinder, Esel und Kamele liefern dem Hirtenvolk Milch, Wolle und Leder. Sie werden als Zugtiere eingesetzt oder dienen zum Reiten und zum Transport von Lasten. Schafe, Ziegen und Tauben taugen als Brandopfer. Heuschrecken und Frösche erscheinen als Instrumente Gottes, Schrecken über Ägypten zu bringen. Hinter Gifttieren wie Schlangen und Skorpionen lauern dämonische Mächte. Löwe und Adler sind oft gebrauchte Bilder, um die Größe des Gottes Jahwe zu veranschaulichen. Doch die Kluft ist groß zwischen ägyptischen und jüdischen Tieren. In Ägypten haben sie einen Eigenwert; sie sind Repräsentanten göttlicher Energie und echte Mittler. Im Judentum dagegen veranschaulichen sie nur die Macht eines anderen, des einen und einzigen Gottes.

So wundert es nicht, dass sich das Judentum über den spirituellen und moralischen Status der Tiere wenig Gedanken macht. Das gilt auch für das Verbot, das Fleisch von Schweinen zu essen. Zwar spricht die Thora davon, dass Schweinefleisch »unrein« sei. Doch damit ist weder ein hygienisches noch ein moralisches Urteil gefällt. Ein Schwein wälzt sich nur dann im eigenen Kot, wenn es keinen Auslauf hat. Und medizinisch besteht bei gekochtem Schweinefleisch kein höheres Gesundheitsrisiko als bei Ziegen, Schafen oder Rindern. Der Grund für die »Unreinheit« ist ein anderer. Schweine, da sie keine Schweißdrüsen haben, müssen sich häufig im Wasser wälzen. Dazu benötigen sie den Schatten der Bäume. Im fruchtbaren Jordantal hielten die Kanaaniter deshalb seit mehr als tausend Jahren problemlos Schweine und aßen sie auch. Den nomadisch geprägten Israeliten dagegen war Wasser eine äußerst kostbare Reserve. Als Schafhirten waren sie gewohnt, Tiere zu halten, die Milch und Wolle gaben und die nicht erst durch ihren Tod zu etwas taugten. So bekämpften sie die Schweinehaltung aus wirtschaftlichen Gründen aufs Äußerste und erklärten die Tiere für »unrein«. Nicht anders werden später die Muslime verfahren, wenn sie das alte Verbot, Schweinefleisch zu essen, übernehmen. Umso fruchtbarer und waldreicher die Landschaften waren, in die sich der Islam ausbreiten wollte, desto weniger Begeisterung brachten die dort lebenden Menschen für die Wüstenreligion des Korans auf. So wurden die Schweinehalter-Kulturen zum erklärten Feindbild des Islam, und so wurde Schweinefleisch zu essen für Muslime ein immer größeres Verbrechen.

Was die Juden über Tiere dachten, war meistens profan und hatte mit tiefer Religiosität wenig zu tun. Doch kannten sie immerhin einige Regeln, wonach man Tiere gut behandeln soll, wenn auch nur die Nutztiere. So wird in Ex 23,12 die Sabbatruhe auf die Arbeitstiere ausgedehnt: »Sechs Tage sollst du deine Arbeit tun; aber des siebenten Tages sollst du feiern, auf dass dein Ochs und Esel ruhen.« Theologen zitieren diese Passage gerne, wenn sie den Umgang mit dem Tier im Judentum positiv darstellen möchten. Sie entdecken darin eine »ethische Grundhaltung im Sinne von Mitgeschöpflichkeit«.[74] Aber ist es wirklich plausibel? Sicher ist es eine nette Geste des jüdischen Gottes, hier an Ochs und Esel zu denken. Doch was ist die verordnete Ruhe der Tiere anderes als die logische Folge aus der menschlichen Ruhebedürftigkeit? Der Ochse kann das Feld ja schlecht allein pflügen. Außerdem wussten die jüdischen Ackerbauern, dass Tiere, die einen Tag in der Woche ruhen, in der nächsten Woche umso gestärkter ihren Frondienst verrichten können. Vergleichbares gilt für Dtn 22,4: »Wenn du deines Bruders Esel oder Ochsen siehst fallen auf dem Wege, so sollst du dich nicht von ihm entziehen, sondern sollst ihm aufhelfen.« Auch hierfür ist »Mitgeschöpflichkeit« ein großes Wort. Die Hirten des alten Judentums wussten sehr gut, dass der fünfte und der sechste Schöpfungstag sie sorgfältig voneinander trennte. Aber gute Arbeitstiere sind knapp, und die Sorge um den Bestand ist ein wichtiger Teil des ökonomischen Umgangs mit dem Arbeitsmittel Tier.

Halbwüstenbewohner leisten sich weit weniger Sentimentalität und Respekt im Umgang mit Tieren als Oasenbewohner, Nilbauern oder Menschen aus waldreichen Regionen. Nur selten scheint ein wenig Erinnerung daran aufzuflackern, dass Tier und Mensch gleichen Ursprungs sind, und dem Nutztier kommt ein bisschen Pietät zu. Doch sollte man diese vereinzelten Stellen der Bibel nicht überbewerten. Einzig der bestirnte Himmel vermag die Hirten mit tiefer Ehrfurcht zu erfüllen. Und sollte sich doch manch Freundliches über Tiere in den biblischen Schriften finden, so verdankt es sich zumeist der gestutzten Überlieferung ägyptischer und persischer Hymnen. Oder es entstammt den jahreszeitlichen Riten des sesshaften Bauernvolks der Kanaaniter. So übernahmen Jahwes Hirten nicht nur Erntedank- und Fruchtbarkeitsfeste, sondern bedienten sich ebenso aus dem Mythenschatz anderer Völker, um ihren Textkanon damit zu illustrieren.

Der Leser der Bibel stößt plötzlich – völlig isoliert – auf eigenartige Weltentstehungsmythen. Sie erzählen das krasse Gegenteil dessen, was in der Genesis steht. In Psalm 139,15 erschafft kein Gott, kein Kaiser noch ein Tribun den Menschen, sondern er entspringt der Erde. Das ist nicht der Geist Jahwes, sondern vielmehr jener Ägyptens, Mesopotamiens oder Kanaans. So überliefert das Judentum kulturfremde Mythen, die von einem Respekt vor dem Tier künden. Ein berühmtes Beispiel für das Fortleben dieser alten Frömmigkeit ist das »goldene Kalb«, das Aaron den Israeliten schmiedet, als Moses auf dem Berg Sinai weilt. Zwar wird der – möglicherweise ägyptische – Kult ums Kalb von Jahwe streng verurteilt und bestraft. Doch verrät er, dass es dafür im Judentum noch recht lange fruchtbaren Boden gab.

In einem Abschnitt des Buches Ijob, einem Text aus der Zeit zwischen dem 5. und 3. vorchristlichen Jahrhundert, wird seitenlang die Schönheit und Kraft der Tiere beschrieben: jene der Löwen, der Raben, der Steinböcke und des Wildesels: »Er lacht des Gewühls der Stadt, den lauten Zuruf des Treibers hört er nicht, was er auf den Bergen erspäht, ist seine Weide, und jedem grünen Halme spürt er nach.« (Hi 39,7-8) Ob nun der unzähmbare Charakter des Büffels, die Schnelligkeit der Straußenhenne (»Sobald sie hoch auffährt zum Laufen, verlacht sie das Ross und den Reiter«), das Feuer und der wunderbare Mut des Pferdes oder die Majestät der Greifvögel: Immer geht es um ihre Autonomie gegenüber der menschlichen Herrschaftsgewalt. Richtig ins Schwärmen gerät der Verfasser jedoch beim Flusspferd (Behemoth). Andächtig lobt er die Kraft seiner Lenden, die Stärke der Muskeln seines Leibes. Seine Knochen sind Röhren von Erz, seine Gebeine gleichen geschmiedeten Eisenstangen. Faszinierend, wie es ist, wird das Flusspferd als »Erstling« unter den Schöpfertaten Gottes bezeichnet.

Als Erstes geschaffen zu sein ist hier ein Privileg. Ganz im Gegenteil zur Priesterschrift der Genesis, wo die Linie von Akt zu Akt zum Menschen hin aufsteigt. Auch beim Krokodil (Leviathan) ist nichts vom heute verbreiteten Ekel spürbar, der Smartphones und Sportwagen für schöner erachtet als Krokodile: Die »Schönheit seines Baues« wird gerühmt, ebenso die »prachtvollen Reihen seiner Schilder«. Am Ende gipfelt die Liebeserklärung in einer Metapher: »Sein Niesen lässt einen Lichtschein erglänzen, und seine Augen gleichen den Wimpern des Morgenrots.« (Bevor Sie sich jetzt allzu sehr erheitern: Tun Sie sich doch mal den Gefallen und gehen Sie an einem stillen Wochentag in den nächstgelegenen Zoo und betrachten Sie einmal einige Minuten lang das Auge eines Krokodils: Vielleicht ereilt auch Sie ein Flackern jenes mystischen Funkens, der den Verfasser dieses Abschnitts aus dem Buch Ijob beseelt hat.)

Mit der tagtäglich praktizierten Ethik des alten Judentums hat diese ästhetische Faszination vor dem Tier allerdings wenig zu tun. Das Gleiche gilt für einen zweiten »fremden« Text des Alten Testaments, das Buch Kohelet, bekannt als der »Prediger Salomo«. Die Ursprünge dieses Textes sind dunkel. Vermutlich stammt er aus dem 3. vorchristlichen Jahrhundert. Vieles an den tief fatalistischen Weisheiten scheint auf die griechische Philosophie, insbesondere jene der Stoiker, zurückzugehen. Und so heißt es ziemlich untypisch für den jüdischen Glauben: »Der Mensch hat vor dem Vieh keinen Vorzug. Denn alle gehen an einen Ort; alle sind sie aus Staub geworden, und alle werden sie wieder zu Staub. Wer weiß, ob der Lebensgeist des Menschen emporsteigt, der Lebensgeist des Viehs aber hinabfährt zur Erde?« (Koh 3,19-21). Sind diese Sätze ein Beleg für die Mitgeschöpflichkeit der Tiere? Wohl kaum. Denn die jüdischen Hirten und Bauern dürften fast sämtlich davon ausgegangen sein, dass sie nach ihrem Tod in den Himmel aufsteigen, ihr Vieh dagegen nicht. Was im Buch Kohelet angezweifelt wird, ist ein elementarer Glaubenssatz der jüdischen Religion. Und der Zweifel ist völlig unvereinbar mit der gesamten anthropozentrischen Konzeption.

Immerhin zeigt sich im Alltag der Hirten ein Rest des paläolithischen Schuldgefühls gegenüber der getöteten Kreatur – und zwar in der Praxis ihres Opferkults. So kann man das Tieropfer als eine Geste der Dankbarkeit sehen. Aber man kann es auch zugleich als eine gewalttätige Ablenkungsaktion interpretieren. Dadurch, dass der Hirte oder Bauer das Schlachttier als Opfer darbietet, heiligt er das Töten des Tieres als gottgewollt. »Siehe her, mein Gott, ich töte für Dich ein Tier, wie Du es mich gelehrt hast.« Der Mensch nimmt nicht willentlich Leben, sondern er erfüllt dabei nur Gottes Gebot.

Nüchtern betrachtet, fügt das Abwälzungsritual den Tieren noch einmal zusätzlich großes Leid zu. Es ist der blinde Fleck des Opfers. Kein Wunder, dass wohl keine Religion die Perversion thematisiert, dass Menschen Tiere deshalb töten, weil man ein schlechtes Gewissen hat, dass man es macht. Als die Christen sich später vom Tieropfer verabschieden, tun sie es allerdings nicht aus Tierliebe. Paulus stellt den Schuldkonflikt des Menschen nämlich in einen ganz neuen Zusammenhang, jenen der Erbsünde. Aus dem Lamm wird Jesus, das Lamm Gottes, das sich für die Menschheit aufopfert. Der ursprüngliche Zwiespalt zwischen der Notwendigkeit, Tiere zu töten, und dem schlechten Gewissen ist hier vergessen. Nur die Symbolik als solche ist noch da und wird auf zweckfremde Weise erneuert.

Im Übrigen waren nicht alle Juden von der Opferpraxis angetan. Vor allem die Propheten erheben immer wieder dagegen ihre Stimme: »Samuel aber sprach: Meinst du, dass der Herr Lust habe am Opfer und Brandopfer gleich wie am Gehorsam gegen die Stimme des Herrn? Siehe, Gehorsam ist besser denn Opfer, und Aufmerken besser denn das Fett von Widdern.« (1. Sam 15,22) Bei Jesaja heißt es: »Was soll mir die Menge eurer Opfer? spricht der Herr. Ich bin satt der Brandopfer von Widdern und des Fetten von den Gemästeten und habe keine Lust zum Blut der Farren, der Lämmer und Böcke.« (Jes 1,11). Und noch deutlicher stellt Hosea klar: »Denn ich habe Lust an der Liebe, und nicht am Opfer, und an der Erkenntnis Gottes, und nicht am Brandopfer.« (Hos 6,6)

In den Worten seiner Propheten offenbart Jahwe Überdruss und Ekel, aber kein Mitleid. Der jüdische Gott bedauert auch nicht die Kreaturen, die in Gen 5-10 Opfer seines maßlosen Zorns auf die missratene Schöpfung werden. Weil die Menschen schlecht sind, erklärt Gott »alles Fleisch« für verderbt – und beschließt kurzerhand dessen Ende. Seit wann tragen Tiere in der Bibel sittliche Verantwortung? Wie können sie schlecht und verderbt sein? Doch mit gefangen, mit gehangen. Gerettet wird ein einziges Paar einer jeden Art. Den Rest spült die Sintflut ein für alle Mal weg. In Jer 14,4-6 werden die Tiere Opfer einer Dürrekatastrophe: »Selbst die Hirschkuh im Feld lässt ihr Junges im Stich, weil kein Grün da ist. Und die Wildesel stehen auf den Höhen, wie Schakale schnappen sie nach Luft, erloschenen Auges, denn es gibt kein Futter.« In Joel 1,18 »seufzt das Vieh! Die Rinder sehen kläglich aus, denn sie haben keine Weide, und die Schafe verschmachten.« Dass Tiere unter seinen Kollektivstrafen zu leiden haben, scheint Jahwe nicht zu kümmern. Sein Bund nach der Sintflut schließt zwar zunächst scheinheilig die Tiere mit ein, aber dann kommt die böse Pointe in Gen 9,2: »Furcht und Schrecken vor euch (den Menschen) soll über alle Tiere der Erde kommen und über alle Vögel des Himmels und über alles, was auf dem Erdboden kriecht, und über alle Fische des Meeres.« Na, und so ist es dann ja auch geschehen …

• *Das verlorene Paradies. Das Tier in der Antike.*

Das verlorene Paradies

Das Tier in der Antike

Jene vergangene Zeit, die wir doch die »Goldene«
nennen, ist mit den Früchten der Bäume und dem,
was der Boden hervorbringt, glücklich gewesen
und hat ihren Mut nicht mit Blute besudelt.
Sicher schwangen da durch die Luft ihre Flügel die Vögel,
frei von Ängsten streifte da mitten im Kraute der Hase,
und sein arglos Gemüt brachte nicht
den Fisch an den Haken.

Ovid

Am Anfang war das Paradies. Es »gab noch keinen Gott des Krieges oder des Schlachtengetümmels, keinen König Zeus oder Kronos oder Poseidon, sondern *Königin war die Liebe.* Sie suchten (die Menschen) mit frommen Gaben huldvoll zu stimmen, mit gemalten (Opfer)tieren und wundersam duftenden Salben, durch Opfer von lauterer Myrrhe und duftendem Weihrauch, und auf den Boden gossen sie Spenden von gelbem Honig. Da wurde kein Altar mit greulichem Stierblut besudelt, sondern das galt damals bei den Menschen als der größte Frevel, einem anderen Wesen das Leben zu rauben und seine edlen Glieder herunterzuschlingen … Damals waren alle Geschöpfe zahm und zutraulich gegen die Menschen, die wilden Tiere und die Vögel, und Liebe war unter ihnen entglommen.«[75]

Der Mann, der diese Geschichte erzählt, ist der griechische Philosoph *Empedokles* (ca. 495–ca. 435 v. Chr.). Er lebte auf Sizilien in der damals bedeutenden Stadt Akragas (Agrigent). Als Philosoph und Politiker machte er sich einen Namen, und möglicherweise praktizierte er auch als Arzt. Seine Schriften entstehen in der gleichen Zeit, in der die Juden die fünf Bücher Mose zusammenstellen. Und Empedokles kennt – wie die Thora – ein Paradies. Dieses Paradies liegt allerdings lange zurück in einer »goldenen Zeit«, von der einst der griechische Dichter *Hesiod* (vor 700 v. Chr.) berichtete. Und wie die Juden vom Sündenfall erzählen, so müssen die Griechen ebenso eine Erklärung dafür finden, warum das Paradies – eine Welt ohne Leid und Streit – zerstört wurde. Hesiod verwies in seiner Schrift *Werke und Tage* auf den Weltenlauf, der dem goldenen ein silbernes und ein eisernes Zeitalter folgen ließ. Empedokles dagegen hält das Ende des Paradieses für Menschenwerk. Wie die Genesis kennt er einen menschlichen Sündenfall. Und diese Freveltat war das Schlachten von Tieren! Irgendwann waren die Menschen dazu übergegangen, statt gemalter Tiere echte Tiere zu opfern. Und damit zerstörten sie das Paradies, in dem Mensch und Tier so einträchtig miteinander gelebt hatten.

Empedokles' Worte gegen das Schlachten, Opfern und Essen von Tieren sind zornig und drastisch: Man schöpft nicht mit »dem Eisen die Seele« ab! »Dies war unter den Menschen größte Befleckung, Leben zu entreißen und edle Glieder hineinzuschlingen.«[76] Es ist das erste leidenschaftliche Plädoyer für den Vegetarismus in der abendländischen Kultur. Dabei untermauert der Philosoph seine Haltung religiös. Wie so viele Griechen in Sizilien und Süditalien glaubt er an die Seelenwanderung. Anzunehmen, dass Lebewesen wie Tiere, Menschen und mitunter auch Pflanzen wiedergeboren werden, ist alte griechische Religiosität. Nicht nur Hindus und Buddhisten gehen – etwa zeitgleich – davon aus, dass es eine Reinkarnation in anderen Lebewesen gibt. Auch die Orphiker in Griechenland und Süditalien sind in dieser Erwartung; insbesondere die Schüler des sagenumwobenen *Pythagoras* (ca. 570 v. Chr. – 510 v. Chr.).

Für die Pythagoreer war der Mensch nicht abgehoben und vom Tierreich getrennt. Sie wandten sich gegen jede Form der Gewalt gegenüber Tieren, mit Ausnahme von Notwehr. Allerdings dachten auch die Pythagoreer ihr Konzept der »Geschwisterlichkeit« mit den Tieren in Form einer Stufenleiter. Von der unbelebten Materie über die Pflanzen und niederen Tiere bis hin zu den Säugetieren und dem Menschen staffelte sich die Natur zu immer größerer Vollkommenheit. Je höher ein Lebewesen entwickelt ist, umso größer wird die Freiheit seiner Handlungen. Erst der Mensch als Vernunftwesen besitzt diese Freiheit in größtmöglicher Fülle.

Für Gelehrte, die die Wiedergeburt aller Lebewesen konsequent durchdenken, ist Tiere zu töten und zu essen ein Verbrechen. Für Empedokles, inspiriert von den Pythagoreern, ist es sogar Mord: »Wollt ihr nicht endlich Halt gebieten dem scheußlichen Morden? Fühlt ihr nicht, dass ihr einander zerfleischt im finsteren Wahne?[77] Der Meister aus Akragas ist eine schillernde Figur. Als »Naturwissenschaftler« sucht er nach den mechanischen Gründen für Weltall, Erde und Mensch. Er studiert die Atmung und die Wahrnehmung und teilt als Erster die Elemente in Wasser, Feuer, Luft und Erde. Und schließlich entwirft er eine Großtheorie, die alles Werden und Vergehen in der Welt zyklisch erklärt wie zuvor die Ägypter. Danach mischen sich die Grundstoffe immer neu und trennen sich wieder. Zwei Magnetpole, die Liebe und der Streit, führen sie zur Verschmelzung und zum Auseinanderdriften. Das ganze Weltenschauspiel ist von dieser

Dynamik bestimmt. Mal drängt alles über Jahrtausende dem Kältetod des Streites entgegen, mal bewegt es sich zurück zur heißen Verschmelzung.

Empedokles glaubt, dass sich die Welt zu seinen Lebzeiten in Richtung Streit bewegt. Man erkennt es daran, dass die paradiesischen Zeiten des goldenen Zeitalters vorbei sind. Am Ende der Entwicklung zum Streit wird alles Leben sterben, bevor es dann nach unendlich langer Zeit wiederentsteht. Wie Leben überhaupt aufkeimt, hat der Meister ausführlich beschrieben, und zwar von primitiven Formen hin zu höheren. Diese einfachen Formen sind allerdings keine Einzeller, sondern nach seiner Vorstellung »entsprossen (der Erde) viele Köpfe ohne Hälse, Arme irrten für sich allein umher, ohne Schultern, und Augen schweiften allein herum, der Stirnen entbehrend«.[78] Nur das Zweckmäßige in diesem Wirrwarr überlebte, und die Körper wurden mit der Zeit immer komplexer und kompletter. Am Ende stehen Lebewesen mit zwei Geschlechtern. Für ihren Fortbestand kommt es vor allem auf zwei Faktoren an: dass »reichlich Nahrung« vorhanden war und »dass sie die schöne Gestalt der Frauen zur Vermählung reizte«.[79]

Mit etwas gutem Willen erkennt der geschulte Biologe hier die zwei Prinzipien des evolutionären Erfolgs, die wir Charles Darwin verdanken: einmal die »natürliche Zuchtwahl« und zum anderen die »geschlechtliche Zuchtwahl«. Allerdings gehen die Arten bei Empedokles noch nicht *auseinander* hervor. Dafür können ihre Seelen in ungezählten Lebewesen wiedergeboren werden. Denn Mensch, Tier und Pflanze sind nicht grundsätzlich verschieden, sondern alle aus dem gleichen natürlichen Material. So weiß der Meister von sich selbst zu berichten: »Ich war ja einst schon Knabe, Mädchen, Strauch, Vogel und aus dem Meer emportauchender stummer Fisch.«[80] Welche Gestalt man in seinem nächsten Leben erhält, ist weitgehend eine moralische Frage. Im Hades wird die Seele beurteilt, wie es bei den Ägyptern

Maat mit ihrer Waage getan hat. War ich gut zu Menschen, zu Tieren und (vielleicht sogar) zu Pflanzen?

Im Rückblick erscheint uns Empedokles wie ein Denker der Übergangszeit. Kaum etwas ist noch zu spüren von der alten Volksfrömmigkeit der Griechen mit ihrem olympischen Göttergewusel. Auch begegnen uns keine Hydra mehr, kein Minotaurus, Kerberos, Pegasos oder Hippokamp, keine Harpyien, keine Sphinx und keine Chimären, von denen es in der griechischen Mythologie wimmelt. Empedokles' Welt ist »naturwissenschaftlicher« und philosophischer zugleich. Und doch kennt er keine Sonderstellung des Menschen und weist den Tieren einen ausgezeichneten Platz zu.

Die griechische Philosophie aber sollte andere Wege gehen als den des Gelehrten und Politikers aus Akragas. Zwar bleibt die Seelenwanderung ein großes Thema, aber die Nähe zu den Tieren weicht einer neuen philosophischen Religion. Sie entsteht zeitgleich im kleinasiatischen Ephesos, der Heimatstadt des Philosophen *Heraklit* (ca. 520 v. Chr.–ca. 460 v. Chr.). Für ihn ist der Mensch zweifelsfrei ein ganz besonderes Wesen. Anders als die Tiere hat der Mensch Zugang zum göttlichen *logos*, zur universalen Vernunft. Nur die wenigsten sind zwar mit dieser Einsicht gesegnet, dennoch macht sie den Menschen zu etwas Besonderem: zu einem zumindest potenziellen Vernunftwesen.

Ob Heraklit tatsächlich der Erste war, der an einen göttlichen Logos glaubte, wissen wir nicht. Aber der Begriff macht eine rasante Karriere. Ob in der Politik, in der Rechtsprechung, in der Mathematik und im Handel – in ziemlich kurzer Zeit ist vielerorts von einer alles durchwaltenden Vernunft die Rede. Die Welt, die ich mit den Sinnen erfasse, verliert schnell an Boden. Nur das Abstrakte scheint zu zählen – das, was die göttliche Vernunft von oben herab erleuchtet.

Der Siegeszug des Logos meint natürlich nicht, dass sämtliche Griechen fortan die Vernunft ehrten und verehrten. Die alte olympische Religion blieb davon unberührt erhalten und prägt nach wie vor die Frömmigkeit der Bauern und die Kulte in den Städten. Noch fehlt der Meister, der die Herkunft des Logos lokalisiert, seine Eigenschaften erklärt, seinen Gebrauch vorführt und seinen Stellenwert für das tägliche Leben definiert. Aber er sollte sich bald finden, und zwar in Gestalt des größten aller abendländischen Philosophen: *Platon* (428/27 v.Chr.–348/47 v.Chr.).

Manches in seinem Denken steht in der Tradition der Pythagoreer und des Empedokles. Platon glaubt an die Wiedergeburt, selbst wenn er einräumt, dass sie schwer zu beweisen ist. Als Tier wiedergeboren zu werden ist allerdings kein Vergnügen, sondern eine Strafe und Abwertung. Schwatzhafte Menschen werden im nächsten Leben Affen, dumme, aber fleißige finden sich als Ameisen wieder. Der Städter Platon interessiert sich weder für Tiere noch sonst für die Natur. Gleichwohl entwirft er in seinem Alterswerk *Timaios* eine Weltschöpfungsgeschichte. Sie erinnert stark an die Schule des Pythagoras und wird auch vorsichtshalber einem Pythagoreer in den Mund gelegt. Danach wird die Welt nicht *geschaffen* – wie im Judentum –, sondern von einem Schöpfer (Demiurgen) aus zeitloser Urmaterie *gestaltet*. Das Ergebnis ist eine Weltkugel, in der alle Materie beseelt ist, von den Pflanzen über die Tiere und Menschen bis zu den Gestirnen am Himmel. Diese »Weltseele« ist es, der alle ihre Unsterblichkeit verdanken, die Steine, Pflanzen, Tiere, Menschen und Sterne. In Platons Welt gibt es nur Leben und keinen Tod – der Kosmos lebt! Alles ist beseelt und von Geist erfüllt, jedes Gestirn am Himmel, jeder Olivenbaum und jede Grille auf dem Feld. Es fragt sich nur, in welchem Ausmaß.

Platons Philosophie ist äußerst fruchtbar und entfaltet eine mehr als zweitausendjährige Wirkung. Doch die Weltseelen-Theorie ist kein allzu großer Erfolg. Sein einflussreicher Kontrahent *Demokrit* (ca. 460 v.Chr.–371 v.Chr.) will davon nichts wissen und vertritt einen konsequenten Materialismus. Und auch

Platons Schüler glauben kaum an eine Weltseele oder an die Seelenwanderung. Der wichtigste Einspruch kommt von dem vierzig Jahre jüngeren Aristoteles. Er erdet die Philosophie Platons und überprüft sie anhand von beobachtbaren Tatsachen. Auf diese Weise entwickelt er ein neues System, eines, das von Beobachtungen ausgeht und nicht von Spekulationen. Für eine Weltseele ist in diesem System kein Platz mehr. Am Anfang steht für Aristoteles keine geistige Energie, sondern ein physikalisches Prinzip: ein unbewegter Beweger. Er sorgt für Dynamik, dafür, dass sich die Dinge bewegen und verändern.

Anders als Platon interessiert sich Aristoteles sehr für Tiere. Mit ihm beginnt die wissenschaftliche Zoologie. Das Tierreich wird unterschieden in Haus- und Wildtiere, Raubtiere und Pflanzenfresser, Tiere mit Blut und Tiere ohne Blut, Tiere mit kurzer und langer Schwangerschaft, Tiere mit Fell, Federn, Schuppen und Panzer, Tiere mit Winterschlaf und ohne, Tiere mit kurzen und langen Fruchtbarkeitszyklen, Tiere des Meeres, des Landes und der Luft, Tiere der Nacht und des Tages, Tiere mit hoch entwickelten und weniger entwickelten Neugeborenen, Einzelgänger und Herdentiere, Tiere, die in den Süden ziehen, und solche, die bleiben. Am Ende steht das erste zoologische System des Abendlands. Aristoteles trennt die blutführenden Wirbeltiere von den blutlosen Wirbellosen. Bei den Wirbeltieren unterscheidet er die eierlegenden Vögel, Reptilien, Amphibien und Fische von den lebendgebärenden Säugetieren.

Doch wie steht es dabei mit dem Menschen? Ist er ein Tier unter Tieren? Bereits Platon hatte für die menschliche Spezies eine Art zoologische Definition gesucht. In seinem Dialog *Kratylos* definiert er den Menschen als »federlosen Zweibeiner«. Einer sicherlich erfundenen Anekdote zufolge belehrte der Provokateur *Diogenes von Sinope* (ca. 410 v. Chr. – ca. 323 v. Chr.) über die Mängel dieser Definition. Ein gerupftes Huhn unter dem Arm, machte er sich auf in die geweihten Hallen der Akademie und forderte die umstehenden Denker auf, »Platons Menschen« zur Kenntnis zu nehmen. Die Philosophen erkannten die Schwachstelle ihrer Definition und ergänzten sie um ein weiteres Merkmal: Der Mensch ist ein federloser Zweibeiner mit breiten flachen Nägeln.

Aristoteles' Definition ist vollständiger und systematischer. Er ordnet den Menschen den Bluttieren zu und rückt ihn, wie erwähnt, in die Nähe der Affen. Gleichwohl sieht er ihn wie Platon nicht als ein Tier unter Tieren. Denn beide Philosophen sind sich sehr sicher, worin sich der Mensch von allen anderen Lebewesen unterscheidet, und zwar völlig ungeachtet seiner körperlichen Merkmale. Es ist die Vernunft, die die Seele des Menschen über die unvernünftigen Seelen der Tiere stellt. Stärker noch als für Platon ist für Aristoteles allein der vernünftige Mensch ein wertvolles Geschöpf. Tiere hingegen bleiben moralisch uninteressant und sind entsprechend rechtlos. Der nüchterne Zoologe entwirft eine völlig anthropozentrische Ethik, bei der »die Pflanzen und Tiere um der Menschen willen da sind, die zahmen sowohl zum Gebrauch als auch zur Nahrung und von den wilden, wo nicht alle, so doch die meisten zur Nahrung und zum sonstigen Lebensbedarf, um Kleidung und Gerätschaften aus ihnen zu gewinnen«.[81]

Nicht nur menschliches Maß, sondern zugleich hartes Kalkül bestimmte Aristoteles' Gedankenwelt. Von der Welt als Vorratskammer zur Rechtfertigung jeglicher Grausamkeit gegen die Tiere und ebenso gegen rechtlose Menschen ist es nur ein kleiner Schritt: »Denn wenn die Natur nichts zwecklos und vergebens tut, so ist hiernach notwendig anzunehmen, dass sie selber dies alles der Menschen wegen macht. Hiernach gehört denn auch die Kriegskunst von Natur in gewisser Weise mit zur Erwerbskunst, wie denn von ersterer die Jagdkunst nur ein Teil ist. Man muss nämlich die Kriegskunst anwenden sowohl gegen die wilden Tiere als auch gegen diejenigen Menschen, welche durch die

Natur zum Regiertwerden bestimmt sind und dies doch nicht wollen, sodass diese Art von Krieg von Natur aus gerecht ist.«[82]

Für Aristoteles machen Jagd und Krieg keinen großen Unterschied. Mit unbegründeter Selbstverständlichkeit herrscht das Recht der Mächtigen über die ohnmächtigen Tiere und Sklaven. Das Beispiel ist deshalb frappierend, weil Aristoteles den Sklaven keineswegs ihre Fähigkeit zum vernünftigen Handeln abspricht. Wenn es jedoch um Tiere geht, führt Aristoteles deren Mangel an Vernunft als Grund an, ihnen jegliche Rechte abzusprechen. Wozu, so kann man fragen, betreibt er solchen Aufwand? Wie aus dem Sklavenbeispiel ersichtlich, ist Vernunftlosigkeit gar nicht das Kriterium, weshalb man andere Lebewesen knechten darf! Das entscheidende Argument ist der Selbstbehauptungswille der Herrschenden. Und der bedarf, nach Aristoteles, keiner weiteren Begründung. Es ist schon eine aberwitzige Erkenntnis in der philosophischen Diskussion um die Seele und die Vernunft der Tiere, dass es im Grunde gar nicht darauf ankommt. Wen soll da das mehr als zweitausend Jahre alte Gerede über die Tierseele und die animalische Vernunft fesseln? Schließlich hat nichts Menschen davon abgehalten, ihre unbezweifelt beseelten und vernünftigen Mitmenschen in Krieg und Völkermord millionenfach zu foltern, zu versklaven und zu töten.

Zwischen Empedokles' heiligem Umgang mit dem Tier und Aristoteles' »gerechtem Krieg« gegen die Tiere liegen rund hundert Jahre. Ein kleiner Schritt in der menschlichen Kulturgeschichte, aber ein einschneidender für die Tierwelt. Und es ist ausgerechnet ein »naturwissenschaftlich« denkender Kopf, der das moralische Band zu den Tieren folgenschwer zerteilt. Dass in der Welt eines Biologen naturwissenschaftliches Wissen und praktizierte Moral selten zusammenfallen, gilt im Übrigen bis in die Gegenwart. Aristoteles' Rollenbild macht Karriere: Ein wahrer Naturforscher ist nüchtern und rational, frei von moralischen Sentimentalitäten. Wie sonst könnten Hirnforscher lebendigen

Affen seelenruhig den Schädel aufsägen, um zu der Erkenntnis zu gelangen, wie ähnlich sie uns sind? Ein wahrer Wissenschaftler, so scheint es, besitzt das Talent, zwei einander widersprechende Gedanken so im Bewusstsein zu speichern, dass sie dort nie zusammentreffen. Und um dies zu erkennen, muss man einem Hirnforscher noch nicht einmal den Schädel aufsägen …

Im Nachhinein betrachtet, erscheint Aristoteles' »gerechter Krieg« wie ein Vorspiel für die wirkungsmächtige Philosophie der Stoiker. Sie entsteht in Athen im Anschluss an die Wirkungszeit des Aristoteles. Die Stoiker haben ein äußerst fatalistisches Bild von der Natur. Wie Empedokles sehen sie einen zyklischen Weltenlauf, bei dem alles Leben immer wieder einem großen Weltenbrand zum Opfer fällt. Doch anders als beim Meister aus Akragas bleibt bei den Stoikern für die Liebe nicht viel Platz. Der stoische Weise sucht sich von allen weltlichen Verstrickungen innerlich zu lösen. Er besiegt seine Leidenschaften, um eine möglichst große Gemütsruhe zu erreichen. Wie meist bei Platon und erst recht bei Aristoteles, ist nur dem freien Mann ein solch gutes Leben in Gelassenheit möglich. Frauen, Sklaven und Tiere sind dafür nicht geschaffen. Sie werden von ihren Affekten und Leidenschaften beherrscht und nicht von der allein seligmachenden Vernunft. Auch die Stoa predigt eine Logos-Religion, zugeschnitten nur auf den Menschen beziehungsweise auf den Mann.

Ein wahrer Stoiker kennt nicht nur keine bösen Gelüste, er befreit sich ebenfalls von so störenden Regungen wie Liebe, Mitleid, Trauer, Kummer und Sorge. Die Stoiker, schrieb der Franzose *Blaise Pascal* (1623–1662) im 17. Jahrhundert, kannten die Größe des Menschen, aber nicht sein Elend. Und auch für das Elend der Tiere sind sie taub. Der Mensch soll sie nutzen und verwerten, ohne dass ein Gott ihm dafür einen Auftrag geben muss. Das stoische Weltbild ist anthropozentrisch bis zur Karikatur. Die gesamte Natur ist einzig und allein um des Menschen willen vorhanden! Nach dem Stoiker *Chrysipp* (ca. 280 v. Chr.–ca. 205 v. Chr.)

ist selbst die Seele der Schweine ein Geschenk an den Menschen. Sie ist gleichsam das Salz, das dabei hilft, das Fleisch zu konservieren und zu würzen, damit wir es besser verspeisen können.[83]

Nicht alle Griechen im 3. Jahrhundert vor Christus stimmten dem zu. *Epikur* (ca. 341 v.Chr.–ca. 271 v.Chr.), der große Gegenspieler der Stoiker, soll weitgehend vegetarisch gelebt haben. Auch Aristoteles' Schüler Theophrast lehnte es ab, Fleisch zu essen. Dafür seien Mensch und Tiere biologisch zu nahe verwandt, und Tiere empfänden gewiss Furcht und Leiden. Nicht anders argumentiert später Plutarch, den wir bereits als Zeitzeugen des späten ägyptischen Tierkults kennen. »Ich frage mich«, klagt er an, »in welcher Lage und in welcher Gemüts- und Verstandesverfassung ein Mensch zum ersten Mal mit dem Mund das Mordblut berührte, mit seinen Lippen das Fleisch eines toten Wesens anfasste, tote und abgestandene Körper auftischte und die Teile als Zukost und Nahrung bezeichnete, die kurz zuvor noch brüllten, Geräusche von sich gaben, sich bewegten und in die Welt schauten. Wie konnte sein Gesichtssinn den blutigen Anblick geschlachteter, gehäuteter und zerstückelter Wesen ertragen, wie konnte sein Geruchssinn den Gestank aushalten, wie war es möglich, dass die Besudelung seinen Geschmackssinn nicht davon abhielt, fremde Wunden zu berühren und Säfte und Flüssigkeiten aus todbringenden Verletzungen zu ziehen?«[84]

Doch nicht Epikur, Theophrast oder Plutarch setzten sich durch, sondern die Stoiker. Ihre Lehre machte in den kommenden Jahrhunderten eine große Karriere im aufstrebenden römischen Imperium. Für *Cicero* (106 v.Chr.–43 v.Chr.) ist die Welt »in erster Linie der Götter und Menschen wegen erschaffen worden, aber all ihre Einrichtungen sind nur zum Nutzen der Menschen ersonnen und ausgeführt«.[85]

Philosophische Überlegungen zum Tier wie »mangelhafte Vernunft« oder »minderwertige Seelen« rechtfertigten die alltägliche Praxis der Römer im Umgang mit Tieren. Das römische

Recht stellt Arbeitstiere rücksichtslos mit Sachen gleich. Tierquälerei und Tierkämpfe erfreuen in grausamen Schaukämpfen die Herzen blutgieriger Zuschauer. In der Zeit der römischen Imperatoren sterben Hunderttausende von Tieren in der Arena des Circus Maximus, abgeschlachtet von schwerbewaffneten Berufsschlächtern, zerfleischt von den Klauen und Zähnen anderer Tiere, dem Hungertod nahe oder mit Rauschmitteln vollgepumpt bis zur Raserei. Allein Kaiser *Trajan* (53–117) verheizt in wenigen Wochen 11000 Großtiere, blutiger Tribut (der daran gänzlich unbeteiligten Tiere) zum Ruhme seines militärischen Sieges in Dakien.

Massaker wie diese wären kaum möglich gewesen, wären die Kaiser dabei nicht auf positive Resonanz beim Publikum gestoßen. Der Durchschnittsmensch der Römerzeit dürfte ebenso wenig Sensibilität für das Leiden der Tiere aufgebracht haben wie die philosophischen Wortführer. Was nicht bedeutet, dass die Römer in ihren privaten Haushalten nicht »tierlieb« waren. Man hielt sich Windhunde, Jagdhunde und sogar Blindenhunde. Sogenannte Botenhunde transportierten verschluckte Röhrchen mit Nachrichten und wurden – weniger tierlieb – vom Empfänger dafür getötet. Beliebte Haustiere waren Katzen, Schildkröten, Schlangen und Kaninchen. Vögel aller Art wurden gern zur Zierde gehalten und verspeist. Wie zuvor bei den Griechen standen Tiere als Wappentiere und Wahrzeichen hoch im Kurs: die Eule als Symbol der Weisheit, die Schlange als geheimnisvolle Macht, die heilsam wirkt, wie jene des Asklepios, des Gottes der Heilkunst, aber auch gefährlich ist und furchterregend. Und auch der Adler schwebte unbehelligt von Zeus zu Jupiter herüber und wurde Orakel- und Wappentier des Imperiums.

Die römische Kultur hat kein Problem, all diese Widersprüche zu integrieren – nicht anders als die unsere heute! Lieben, Hassen und Essen bilden ihre unheilige Allianz schon seit über zweitausend Jahren. Weder Griechen noch Römern waren die

Tiere wirklich heilig, selbst wenn sie allerhand religiösen Firlefanz mit ihnen veranstalteten. Sorgsam eingepfercht in das System der Zoologie, verlieren sie ihren Status als moralisch wichtige Wesen. Dafür interessieren sich die Römer offensichtlich sehr für spannende Geschichten über wilde Tiere. Als *Plinius der Ältere* (23/24–79) seine *Naturgeschichte* (*Naturalis historia*) veröffentlicht, kann er sich einer interessierten Öffentlichkeit sicher sein. Das Werk versammelt alles Wissen über Landtiere, Wassertiere, Vögel, Insekten und allgemeine Zoologie, dessen man habhaft werden kann.

Naturgeschichte auf der einen, Philosophie auf der anderen Seite waren damit sorgfältig geschieden und bleiben es bis in die Gegenwart. In der ersten Abteilung befindet sich das Kuriose, das Erschreckende, das Anrührende und kulinarisch Nützliche. In der anderen Abteilung befindet sich der Mensch. Er wird nicht von seinen Gliedern und Affekten beherrscht wie die Tiere, sondern er entscheidet frei über die Summe seiner Anlagen. Nur er, der Mensch, besitzt die exklusive Fähigkeit, sich seiner selbst bewusst zu sein. Und diese Fähigkeit veredelt den graduellen Unterschied der verschiedenen biologischen Abstufungen zu einer kategorischen Kluft.

Die Griechen und Römer verstehen mehr von der biologischen Verwandtschaft allen Lebens als die naiven Maler der biblischen Priesterschrift. Doch zugleich betonen viele den tiefen Graben, der zwischen Mensch und Tier gleichwohl bestehen soll. Schier unüberbrückbar trennt der Styx der Vernunft das Tier von Unsterblichkeit und Ethik. Doch ebenso deutlich erscheint auch das Motiv, warum diese Trennung gemacht wird. Die bestehende Praxis im Umgang mit dem Tier soll gerechtfertigt werden, ebenso wie jene im Umgang mit Sklaven und Frauen. In seinen Dialogen über die »Findigkeit der Tiere« hat Plutarch diesen wahren Grund aller philosophischen Begründungen klar benannt. »Es gäbe doch gar keine Gerechtigkeit, wenn alle

Tiere an der Vernunft teilhätten«, lässt er den Stoiker Chrysipp sagen. »Denn entweder wären wir dann notwendigerweise ungerecht, da wir ja die Tiere nicht ungeschoren lassen, oder aber, falls wir auf ihre Nutzung verzichteten, dann könnten wir selbst nicht überleben.«[86]

Die Kälte der stoischen Ethik, die Plutarch hier anhand von Chrysipp vorführt, setzt sich durch – zumindest im Hinblick auf den Umgang mit Tieren. Und sie vermischt sich in den ersten nachchristlichen Jahrhunderten mit dem Christentum. Das konnte ohnehin nie viel mit Tieren anfangen …

• *»Kümmert sich Gott etwa um die Ochsen?«. Das Tier in Christentum und Islam.*

»Kümmert sich Gott etwa um die Ochsen?«

Das Tier in Christentum und Islam

Man verzehrte Artgenossen,
selbst das liebenswerte Schwein.
Doch die aufrecht gehen konnten,
fraß man nicht, man grub sie ein.

Franz-Josef Degenhardt

Einmal, ein einziges Mal spricht der Wanderprediger aus Galiläa über das Leben der Tiere. Nachdem er auf einen Berg gestiegen war, wie einst Moses auf den Sinai, verkündete er seinen Jüngern seine eigene neue Interpretation von Gottes Geboten. Es ist ein Loblied auf seine Anhängerschaft: Ihr seid das Salz der Erde! Ihr seid das Licht der Welt! Und es ist eine Ode an die Demut, die Aufrichtigkeit, an die Barmherzigkeit und die Feindesliebe. Und dann redet der Prediger plötzlich von Tieren: »Seht euch die Vögel des Himmels an: Sie säen nicht, sie ernten nicht und sammeln keine Vorräte in Scheunen; euer himmlischer Vater ernährt sie.« (Mt 6,26). Doch wer gedacht haben sollte, der Mann auf dem Berg predige jetzt, dass auch die Vögel Mitgeschöpfe seien, der sieht sich getäuscht. Denn der rasch folgende Nachsatz lautet: »Seid ihr nicht viel mehr wert als sie?«

Die Rede ist von Jesus, einem Mann, von dem wir nicht mehr wissen als das, was seine Anhänger über ihn berichten. Keine historische Quelle der Zeit erwähnt ihn auch nur am Rande. Aber der Prediger aus dem ärmlichen Galiläa am See Genezareth inspirierte nach seinem Tod einen griechisch gebildeten Juden mit römischem Bürgerrecht zu einer neuen Religion. Und so erfand *Paulus von Tarsus* (ca. 10–ca. 60) mit einer unbekannten Zahl von Gefährten das Christentum.

Die neue Religion stellt Jesus ins Zentrum. Er ist der Messias, der Gesandte Gottes und dessen ureigenster Sohn. Durch seinen Tod am Kreuz, so erfindet Paulus, habe er die von ihm so genannte Erbsünde Adams im Paradies gebüßt. Jeder Christ kann fortan gerettet werden, sofern er sich zur neuen Religion bekehrt und es Gott gefällt. Das Judentum hatte die Erlösung durch den Messias auf Erden erwartet. Und auch Jesus hatte von nichts anderem gesprochen, als dass die Gottesherrschaft auf Erden unmittelbar bevorstehe. Doch Paulus glaubt nicht mehr an ein lebenswerteres irdisches Dasein in der Zukunft. Statt einen späteren Schöpfungsfrieden auf Erden zu erträumen, verlegt er das Paradies der Hirten hinter den Horizont der diesseitigen Welt.

Der Schritt ist gewaltig, und er trennt das Christentum streng vom Judentum. Aus einer Erlösungshoffnung in der Zeit wird eine Erlösung in einem anderen Raum – dem Himmel. Im Diesseits aber gibt es für den Christen keine Hoffnung auf Erlösung. Die Gebete richten sich in den blauen oder fahlen Himmel. Die Ackerbauern und Viehzüchter, die die Natur als Produkt ihres Gestaltungswillens erfuhren, hatten den Glauben an eine mächtigere Kraft verloren, die die Verhältnisse auf Erden in andere Bahnen lenken konnte. Wenn tatsächlich ohne Zutun des Menschen etwas neu gestaltet werden kann, dann nicht diesseits, sondern nur jenseits der Erfahrung. Das erhoffte Jenseits ist das »wahre«, das »wirkliche« Dasein, auf das es ankommt; der Rest eine Vorstufe, allenfalls die Probe für Kommendes oder ein Auswahlverfahren fürs Paradies. Eine Religion, die das Reich ihres Gottes von dieser in eine andere Welt verlagert, verändert auch die Bedeutung des Todes. Statt ihn ins irdische Leben mit einzubeziehen, als akzeptierten Kreislauf der Lebensenergien, erscheint das Leben nun stets im Horizont des Todes. Die Menschen, so predigt Paulus den Korinthern, sollten ihr Leben »haben, als ob sie es nicht hätten«. Das Christentum formt den alten semitischen Glaubensschatz zu einer »Transzendenzideologie« um. Und es rät den Gläubigen, ihr Herz an keine Sache dieser Welt zu hängen, sondern sich vorzubereiten auf das wesentlichere Dasein nach dem Tod. Seit dem 5. Jahrhundert nach Christus wählt es sogar das Kreuz, ein Todessymbol, zu seinem Hauptsinnzeichen.

Gegen Ende des 19. Jahrhunderts wird Friedrich Nietzsche diese Weltflucht ins Transzendente als das »bisher größte Attentat auf das Leben« bezeichnen. Was ist hier geschehen? Sicher hatte Paulus politische Motive. Er versicherte der römischen Besatzungsmacht im Vorderen Orient, dass seine Erlösungsfantasien ihre Herrschaft nicht gefährdeten. Kulturgeschichtlich aber kann man die Erlösungssehnsucht des Christentums und später des Islams allerdings auch als eine »Entfremdung« deuten. Wer das Beseelte in seiner Erfahrungswelt nicht mehr sieht, verlegt folgerichtig seine Hoffnung in den Himmel. Und diese Hoffnung wiederum radikalisiert die Entfremdung des Menschen von seinen biologischen Wurzeln. Was ein wahrhaft wertvolles Leben ist, soll sich nun allein daran erkennen lassen, ob die Seele ins Jenseits aufsteigt. Die behauptete exklusiv menschliche Unsterblichkeit wird damit zum Schlüsselkriterium des Lebenswerten. Und das religiöse Attentat auf das Leben wird jetzt auch zum Attentat auf das Tierleben: Tiere, weil sie nicht erlösungsfähig sind, verlieren ihr Existenzrecht.

Im Christentum ist Erlösung eine sehr persönliche Frage. Anders als im Judentum ist sie kein natürlicher Vorgang. Sie geschieht nicht von allein, sofern ich nur den richtigen Gott anbete. Unsterblichkeit erlangt ein Mensch nur, wenn er sich zum Christentum bekennt und *zugleich* von Gott auserwählt ist, das ewige Leben zu erlangen. Nicht einmal jeder Christ gelangt sicher in den Himmel, und schon gar nicht jeder rechtschaffene Mensch. Seit Paulus und erst recht seit *Augustinus* (354–430) ist die Erlösung des Menschen Gottes unerforschlichem Ratschluss anheimgestellt.

Gegenüber dem jüdischen Glauben verändert sich damit viel. Was den Juden eine nahe oder ferne Zeit war, ist den Christen ein ferner Raum. Und der Zugang ins himmlische Paradies wird eine eminent persönliche Angelegenheit. Aus der Schicksalsgemeinschaft von Mensch und Tier, wie sie das Alte Testament schildert, entwickelt sich ein menschlicher Sonderweg. In der Welt des Neuen Testaments ist wenig Platz für Tiere. Was einst im warmen Bauch der Arche vereint den Fluten der Vernichtung trotzte, wird nun endgültig zum Gegensatzpaar.

Die konkrete Vorstellung einer »Erlösung«, wie sie den Christen vorschwebt, ist in den ersten Jahrhunderten arg umstritten und stark von der griechischen Philosophie geprägt. Statt von einer leiblichen Auferstehung, wie im Judentum, ist überwiegend von einer *geistigen* »Auferstehung der Seele« die Rede. Ewig und unsterblich ist, wie bei Platon und den Neuplatonikern, einzig die Seele – aber anders als bei Platon nur noch die menschliche Vernunftseele. Die Seelen der Tiere hingegen sind sterblich. An dieser Vorstellung wird sich in der christlichen Kirche fortan nichts mehr ändern. Bis in die Gegenwart hinein definiert sie die Tierseele gegenüber der Menschenseele als minderwertig und vergänglich. Gerade in diesem Kontrast, dem strikten Vorrang des überlegenen Geisteswesens vor dem bloßen Sinneswesen, gewinnt der Christenmensch seine religiöse Identität. Sein Anrecht auf Unsterblichkeit definiert er über die Abwertung der Tiere.

Die griechische Kultur hatte ihre Mythen nach und nach zurückgedrängt. Sie waren hinter die Logos-Philosophien Heraklits, Platons, Aristoteles' und der Stoa verschwunden. Auf ähnliche Weise tilgt nun das Christentum die letzten Spuren des Animismus aus dem semitischen Glaubensschatz. Doch welcher Unterschied besteht zwischen der achselzuckenden Akzeptanz, die Griechen und Römer den Tierkulten und Fruchtbarkeitsritualen anderer Kulturen entgegenbringen, und ihrer radikalen Bekämpfung im Namen Christi! In Ägypten werden der Tierkult verboten und die Kultstätten verwüstet, kaum dass das Christentum die Macht dazu hat. In der gleichen Zeit wettert der Kirchenvater Augustinus im heutigen Algerien gegen feine Skrupel und falsche Sentimentalitäten, wenn es darum geht, Tiere zu töten: »Zunächst zeigte Christus freilich den größten Aberglauben darin auf, dass ihr euch der Tötung von Lebewesen und des Ausreißens von Pflanzen enthaltet: Er bestimmte, dass für uns eine Gemeinschaft mit Tieren und Pflanzen nicht rechtens sei, und schickte die Dämonen in die Schweineherde.«[87] (Mt 8,32)

Die zunehmend sesshafteren Hirtennomaden hatten sich von den zyklischen Kreisläufen des Lebens entfremdet. Und ihre Intellektuellen, wie Paulus, interessieren sich keinen Deut für Tiere. Den Blick gerichtet ins Jenseits, verlieren die Christen ihre animalische Mitwelt aus den Augen. Tiere existieren nur noch als Nutztiere für den Menschen. Eine Tierethik findet keinen nennenswerten Einlass ins Neue Testament. Jesus bezieht seine Ethik allein auf den Menschen. Liebevolle Worte über Ochs und Schaf, wie im Judentum, bleiben Fehlanzeige. Und während Jesus auf diese Weise den Tieren nimmt, was er den Menschen an gesteigerter Fürsorge zukommen lässt, verlieren sich auch die letzten Spurenelemente der jüdischen Fürsorge für das Nutztier. Paulus schließlich bleibt es vorbehalten, dieser Entwicklung die Dornenkrone aufzusetzen. Was hatte Gott dem Menschen in Dtn 25,4 geraten: »Du sollst dem Ochsen, der da drischt, das Maul nicht verbinden«? Die Textpassage, belehrt der Apostel die Korinther, habe mit dem Tier gar nichts zu tun. Ihr Charakter sei rein allegorisch: »Kümmert sich Gott etwa um die Ochsen? Redet er nicht überall von uns?« (1. Kor 9, 9-10)

Im Mittelpunkt des Christentums steht allein der Mensch. Daran ändert auch der allegorische Zierrat nichts, der Jesus zum »Lamm Gottes« erklärt, den frühen Christen den Fisch als Symbol mitgibt und den Evangelisten Tiere zuordnet. Und auch berühmte Ausnahmen wie der sagenumwobene Kirchenvater und Bibelübersetzer *Hieronymus* (347–420) ändern nicht viel daran. Der Mann aus Dalmatien lebte als Eremit in Syrien und soll selbst seine beiden Löwen vegetarisch ernährt haben. Durch Jesus, so Hieronymus, seien Anfang und Ende wieder miteinander versöhnt und der Schöpfungsfrieden wiederhergestellt. Damit habe es auch mit dem Fleischverzehr des Menschen ein Ende.

Eine hübsche Geschichte, so erbaulich wie untypisch für die tatsächliche Entwicklung des Christentums. Denn hier regiert die Erbsünde und nicht der »Schöpfungsfrieden«. Alle monotheistischen Religionen des Nahen Ostens werten das Tier gegenüber dem Menschen ab bis zur Bedeutungslosigkeit. Das christliche Unverständnis gegenüber der Natur steht damit nicht allein auf weiter Flur. Ein ähnliches Denken herrscht auch vor, als im 7. Jahrhundert nach Christus der Islam entsteht. Zwar hat Mohammed – anders als Jesus – immer wieder ein tröstliches Wort für die Kreatur übrig, zudem redet er gar nicht selten über Tiere. Aber der Islam tut sich ebenso schwer damit, Tiere als Mitgeschöpfe wirklich ernst zu nehmen. Zumeist sind sie Speiselieferanten oder Transportmittel: »Und das Vieh hat er geschaffen. Es bietet auch die Möglichkeit, euch warm zu halten, und ist euch auch sonst von Nutzen. Und ihr könnt davon essen ... Und es trägt eure Lasten zu einem Ort, den ihr ansonsten nur mit großer Mühe erreichen könnt ... Und die Pferde hat er geschaffen und die Maultiere und Esel, damit ihr sie besteigt, sowie als Schmuck.«[88]

Der Koran teilt die Tiere in »erlaubte«, »verbotene« und »verpönte« Tiere – immer im Hinblick auf ihren Nutzen für den Menschen. Dabei sind die Tiere in der arabischen Lebenswelt viel präsenter als bei Juden und Christen. Die Araber züchten neben den üblichen Haus- und Nutztieren Kamele und Pferde, halten den Saluki als Windhund, zähmen Geparde, nutzen Elefanten zu Zeremonien und gehen mit Habichten, Falken und Adlern auf die Jagd. Bereits um 750 gibt es im Irak Tiergärten hinter Mauern mit Löwen, Leoparden, Bären und Antilopen. Kein Wunder, dass zoologische Werke sich großer Beliebtheit erfreuen, angefüllt mit Abenteuergeschichten über exotische Kreaturen. Und was die Natur nicht hergibt, wird ausgeschmückt und hinzuerfunden wie der elefantenfressende Riesenvogel Roch oder »der jüdische Alte«, ein Wesen mit menschlichem Gesicht und einem weißen Bart. Nur samstagnachts begibt sich das kalbsgroße Getüm aus dem Meer ans Land – eine Beschreibung, die an die seltene Mönchsrobbe im Mittelmeer denken lässt.

All dieses Interesse an Tieren ist anthropozentrisch. Tiere sind nützlich oder auf exotische Weise spannend. Doch was ist mit ihren Seelen? Die Antwort ist kompliziert, denn die arabische Welt des Mittelalters kennt viele Worte für die Seele. Aber keine entspricht jener des Christentums. Für die Christen ist die Seele ein Gesamtpaket aus biologischer Lebensenergie (Aristoteles), unsterblicher Spiritualität (Platon) und persönlicher Individualität. Doch die drei Funktionen, dem Körper Leben einzuhauchen, den Geist unsterblich zu machen und dem Menschen einen unverwechselbaren Charakter zu geben, bleiben bei den Arabern ähnlich getrennt wie bei den alten Griechen. So streiten sich die arabischen Gelehrten über die Tierseele, je nachdem, welche Kriterien sie anlegen. Für den gläubigen Muslim ist der Himmel der Ort, wo er für alles Unrecht und alle Leiden entschädigt wird. Soll dies auch für Tiere gelten? Die Frage ist verzwickt, denn der Koran erlaubt das Schlachten von Tieren durch den Menschen ausdrücklich. Gleichzeitig aber sind Tiere zweifelsohne leidensfähig. Der arabische Literat ʿAmr ibn Bahr *al-Dschahiz* (776–869), Verfasser vom *Buch der Tiere,* meint deshalb: »Wascht den Schafen den Rotz ab und reinigt ihre Hürden von Dornen und Steinen, denn sie werden im Paradiese sein.«[89]

Aber kommen alle Tiere in den Himmel? Mal ist vor allem von den Tieren die Rede, die mit den Propheten oder Mohammed selbst in Verbindung stehen. Ein anderes Mal sollen vorrangig die guten oder gar die schönen Tiere ins Paradies gelangen, jedenfalls keine Skorpione oder Mücken. Der bedeutende persische Denker *al-Ghazali* (1058–1111) stellt sich die große Abrechnung am Jüngsten Tag so vor: »Die wilden Tiere werden sich nähern aus den Wüstengegenden und den Bergen, mit geneigten Köpfen, und – trotz ihrer vorhergehenden Wildheit – sich mit den Menschen mischen, so voll Demut sind sie durch den Tag der Auferstehung. Obwohl sie keine Sünden haben, durch die sie verunreinigt werden, sind sie versammelt durch die Gewalt des Inohnmachtfallens und die Furchtbarkeit des Blasens der Trompete.«[90]

Fundstellen wie diese sollten allerdings nicht den Blick dafür trüben, dass auch der Islam eine Religion für den Menschen ist und nicht für Tiere. Warum das so ist, erklärt nicht ohne Witz die *Ihwan as-safa',* eine philosophische Enzyklopädie aus der zweiten Hälfte des 10. Jahrhunderts. In einer Fabel wird von Tieren erzählt, die gegen die Menschen prozessieren. Richter ist der König der »Geister«. Die Menschen beanspruchen die Herrschaft über die Tiere, aber ihre Argumente sind nicht gut. Trotzdem entscheidet der Geisterkönig gegen die überzeugendere Beweisführung der Tiere. Auch in Zukunft müssen sie den Geboten und Verboten des Menschen untertan sein. Die Begründung ist ebenso schlicht wie praktisch. Der Mensch ist ihnen eben überlegen. Und zwar aus dem einen und einzigen Grund, weil Gott nun mal gerade ihm das Paradies und die Auferstehung verheißen habe und niemandem sonst. Die Verfasser der Enzyklopädie geben sich also keine Mühe, die Unsterblichkeit der menschlichen Seele aus ihrer besonderen Beschaffenheit zu erklären. Unsterblichkeit und Herrschaftsgewalt sind weder logisch noch moralisch zu rechtfertigen. Sie verdanken sich einer willkürlichen Entscheidung Gottes und damit basta.

Die meisten Denker der arabischen Welt gingen davon aus, dass sich der Mensch durch Sprache, Intellekt und Moral deutlich von den Tieren unterscheidet. Er ist etwas ganz Besonderes, das Tier nicht. Im Islam ist das Verhältnis des Gläubigen zu seinem Gott hochgradig individuell. Seine persönliche Lebensführung ist der Schlüssel, um Gottes Wohlgefallen und seine Belohnung, die Unsterblichkeit, zu erlangen. Die Sehnsucht nach Erlösung überlagert das Gefühl für die Mitkreatur mit wenigen Ausnahmen. Und die Natur avanciert zur Kulisse für das egoistische Schauspiel nicht nur eines allgemein menschlichen, sondern eines ganz persönlichen Sonderweges.

All das schließt nicht aus, dass es Menschen gibt, die Tiere gut behandeln. Die Volksfrömmigkeit kennt sogar Reste einer magischen Verbundenheit. Sowohl im Islam als auch im Christentum existiert ein Aberglauben gegenüber schwarzen Tieren. Und die Araber deuten den Vogelflug wie einst die Römer. Noch im christlichen Kathedralenbau finden sich allerorts Zeichen heidnischer Naturverehrung. Die gotische Baukunst orientiert sich an Gestalt und Ornamentik der vegetativen Natur und bewahrt so die Überlieferung von den heiligen Hainen heidnischer Kulturen. Die jüdische Tradition des Tempels, christliche Symbolik, griechische Philosophie und heidnischer Aberglaube mischen sich zu einer eigentümlichen Verbindung voller unausgesprochener Widersprüche. An der Fassade des Doms von Siena lauern Geister und Dämonen in Form von Schlangenadlern, Löwen, Katzen und Fabeltieren; Drachenköpfe blecken ihre Zähne, die großen Heiligen geben sich ein Stelldichein, flankiert von Engeln, aber auch von Moses, Homer, Platon und Aristoteles. Und über allem thront die Jungfrau Maria.

Nicht jedem Ideologen der Kirche war die denkwürdige Legierung aus heidnischen Formen und christlichem Glauben geheuer. Was stellte sich hier in wessen Dienst? Benutzte die christliche Religion tatsächlich nur die Formen heidnischer Götzenverehrung, oder unterwanderte alter Aberglaube die christliche Religion, um in ihr frei zu wuchern? Mit der Glut des Apostels wettert *Bernhard von Clairvaux* (ca. 1090–1153), der große christliche Agitator des 12. Jahrhunderts, gegen die fantastische Bausymbolik der Kathedrale von Cluny. Sie lenke den Gläubigen vom Gesetz Gottes ab: »Was tun die unflätigen Affen, die wilden Löwen, natürlichen Kentauren, Halbmenschen, gefleckten Tiger, die Widder ...? Man sieht an einem Vierfüßler den Schwanz einer Schlange, dort an einem Fisch den Kopf eines Säugetiers. Hier ein Vieh, vorn Pferd und hinten eine halbe Ziege nachziehend.«[91]

Doch Bernhard mochte sich noch so sehr erzürnen. In ihrer Bausymbolik bezahlt die christliche Religion den Preis für die gewaltsame Bekämpfung der animistischen Volkskultur. Je weiter die Natur- und Triebverdrängung in der christlichen Religion fortschritt, umso empfänglicher waren die Menschen für den abstrusesten Aberglauben, bei dem Tiere nicht selten die Leidtragenden waren. Selbst sorgfältige Observatoren des reinen Glaubens wie der große Theologe *Thomas von Aquin* (ca. 1225–1274) empfahlen, gegen Verderben bringende Tiere mit Teufelsaustreibungen und Anklagen vorzugehen. Dabei störte es Thomas offensichtlich nicht, dass er den Aberglauben, den er so sehr verdammte, damit zusätzlich unterstützte.

In »Tierprozessen« bekämpft das christliche Mittelalter die bösen Geister von Verstorbenen oder finstere Dämonen, die in die Gestalt des Tieres »hineingefahren« sind. Andere Tiere wurden grausam verstümmelt, um Schaden und Krankheiten vom Menschen fernzuhalten oder zu bekämpfen. Unter den bevorzugten Opfern waren Katzen und Wölfe, als Hexentiere und Werwölfe gebrandmarkt, gequält, gefoltert und hingerichtet. Hunderttausende von Katzen, Hunden, Schweinen, Füchsen und Schlangen verbrannten lebendigen Leibes in den Flammen der Johannisfeuer.

Immerhin, dem christlichen Mittelalter galten Tiere als beseelte Wesen – mit allen negativen Konsequenzen, die dies im Falle des Aberglaubens mit sich brachte. Auch die strengen Verfechter der christlichen Anthropozentrik zweifelten nicht an der Existenz einer Tierseele. Schon der Begriff »animalisch« war von *anima* abgeleitet, dem lateinischen Wort für »Seele«. In der Tradition von Aristoteles und Augustinus disputierten *Johannes Scotus Eriugena* im 9. Jahrhundert und Thomas von Aquin im 13. Jahrhundert über das Verhältnis der auserwählten Menschenseele zur minderwertigen Tierseele. Beide sind sie sorgsam darauf bedacht, den Graben tief genug zu schaufeln. Dem Menschen werden alle Exklusivrechte zugesprochen, das Tier hingegen geht metaphysisch leer aus.

Schon bei Aristoteles und Augustinus wird die animalische oder sensible Seele von einer überdies rationalen oder intellektuellen Seele getrennt. Der Mensch verfügt nicht nur über Sinne und Motorik, er hat ebenso einen freien Willen und ein ausgezeichnetes Denkvermögen. So zweifelte Thomas von Aquin keineswegs an der animalischen Sinnlichkeit des Menschen, ergänzte sie aber nach alter Tradition um die Zusatzqualifikation des Verstandes. Doch Thomas ist zu intelligent, um nicht zu bemerken, dass auch Tiere Gedächtnis- und Merkfähigkeiten besitzen, die ihr Handeln beeinflussen. Seine Abhandlungen sind deshalb Drahtseilakte zwischen Skrupeln und Nicht-wahrhaben-Wollen: »Denkvermögen und Gedächtnis des Menschen haben ihre herausragende Stellung nicht durch das, was daran dem sensitiven Teil zugehört, sondern durch eine gewisse Affinität und Nachbarschaft mit der universellen Vernunft, weil diese gleichsam überfließt. Deshalb sind diese beiden beim Menschen auch nicht andere Kräfte, sondern durchaus dieselben, nur *vollkommener*.«[92]

Doch mit welchem Recht lässt sich aus dem kleinen Unterschied eines intellektuellen Bonus die strenge Schlussfolgerung ziehen, dass nur der Mensch unsterblich sei? Für Thomas steht außer Zweifel, »dass die Seelen der anderen Tiere, anders als die menschliche Seele, nicht selbstständig sind. Daher vergehen die Seelen der anderen Tiere mit dem Vergehen ihrer Körper.«[93] Das Schlüsselkriterium für die Unsterblichkeit ist also die »Selbstständigkeit« der Seele. Dieses Kartenhaus, bestehend aus der Unterscheidung von sensitiver und vernünftiger Seele und von Unselbstständigkeit und Selbstständigkeit fällt allerdings sofort zusammen, wenn das Fundament einstürzt: Die menschliche Vernunftseele ist nämlich definitiv *nicht* selbstständig. Jedenfalls nicht im thomistischen Sinne. Kein Hirnforscher verfiele heute der Idee, der menschliche Geist sei selbstständig gegenüber der sensitiven Sphäre der Sinneswahrnehmung.

Doch man muss nicht bis zur modernen Neurobiologie warten. Keine hundert Jahre nach Thomas legte der Franzose *Johannes Buridan* (ca. 1300–ca. 1360) die immaterielle Vernunftseele des Menschen zu den Akten. In seiner Schrift *Über die Seele* erklärt er seinen andersgläubigen Zeitgenossen, dass auch die Vernunftseele materiell und somit natürlich sein muss. Ein reiner Geist spukt nirgendwo in unserem Schädel herum. Und wenn Tiere intelligentes Verhalten zeigen, dann ist ihre Intelligenz prinzipiell von der gleichen Sorte wie die unsere. Für Buridan gibt es intelligente Tiere wie Menschen und Affen und viele weniger intelligente. Die Grenze verlaufe nicht zwischen Menschen und Tieren, sondern zwischen intelligenten Tieren (einschließlich des Menschen) und den anderen Tieren.

Als Buridan das schreibt, befinden wir uns nicht in der Zeit Darwins, sondern im 14. Jahrhundert! Und der Urheber dieser

Gedanken ist kein Niemand, sondern Professor und Rektor an der renommierten Pariser Universität. Doch die Kirche weigerte sich, ihr Bild von der Menschen- und Tierseele zu revidieren. Bis in die Gegenwart wehren sich ihre führenden Vertreter gegen die Vorstellung eines gemeinsamen biologischen Status von Tier und Mensch. Die Fantasie vom menschlichen Sonderweg in Diesseits und Jenseits behagt ihnen mehr Und selbst wenn man es längst besser weiß – man muss das, was man weiß, noch lange nicht glauben.

Aber selbst in der christlichen Kirche gibt es Menschen, die ein Herz für Tiere haben. Einen beliebten Anknüpfungspunkt bietet ihnen *Franz von Assisi* (ca. 1181–1226). Wir wissen nicht viel über ihn und kennen nur die schwärmerischen Erzählungen des *Thomas von Celano* (1190–1260). Sein Lebensbericht des heiligen Franz hatte gewiss nicht das Ziel, authentisch zu informieren; stattdessen entrückte der Verfasser den einstigen Wanderprediger derart in die Legende, dass dessen radikale Lehre der Kirche nicht mehr allzu viel Schaden zufügen konnte. Die Form, in der uns von Franz von Assisi berichtet wird, erinnert an die Erzählungen früher Kulturen, bei denen Realität und Fiktion nicht geschieden sind, sondern sich ohne Widerspruch vermischen.

Franz von Assisi, so wie Thomas von Celano ihn beschreibt, war kein Religionsstifter vom Format eines Paulus, kein Staatsanwalt vom Schlage eines Thomas von Aquin und kein Machtpolitiker im Sinne eines Bernhard von Clairvaux. Kein Brief und keine theologische Abhandlung tragen seinen Namen. Allein ein Orden, der sehr schnell Teil des etablierten Kirchensystems wurde, beruft sich auf den heiligen Franz. Von Celano wissen wir, dass der Mann aus Assisi alle Tiere in die Schöpfung mit einbezog. Und er versuchte, sein Leben dementsprechend auszurichten. Der alte Gedanke von der Einheit aller Schöpfung regiert vor jeder Unterscheidung von Mensch und Tier. Ob Wurm oder Spinne, kein Tier erschien ihm so wertlos, dass es willkürlich gestört oder getötet werden durfte. Franz soll Hasen und Kaninchen aus Schlingen befreit haben. Er setzt gefangene Fische ins Wasser zurück und kauft Lämmer frei, die auf dem Wege zum Markt feilgeboten wurden. Gegen den schon damals in Italien verbreiteten Singvogelmord ersehnt er den Beistand des Kaisers, um die grausame Jagd zu verbieten. Und die Vogelpredigt des heiligen Franz wurde im Nachhinein ebenso legendär wie seine Anrede »Bruder Esel«.

Die Kirche konnte mit dem Querulanten aus Assisi, der Armut predigte und den Schöpfungsfrieden lebte, nicht viel anfangen. Männer wie Franz waren gefährlich. Sie erinnerten zu sehr an Jesus und untergruben damit das Machtsystem der Kirche. Als Franz' Popularität stieg, entschloss man sich dazu, die Weisheiten des Anarchisten unschädlich zu machen, indem man sie verkitschte. Am Ostersonntag 1980 erfuhr der aus der Realität hinaus und in die Heiligkeit hinein beförderte Franziskus die Ehrung, von Papst Johannes Paul II. zum Patron der Natur- und Umweltschützer erhoben zu werden. Und die Kirche wiederholte an ihm, was Paulus einst mit Jesus von Nazareth gemacht hatte. So wie Franziskus' Armuts- und Tierethik folgenlos blieb, so war einst die Soziallehre Jesu fast sang- und klanglos hinter der Figur des am Kreuz gestorbenen Erlösers verschwunden. Nur ein toter Jesus war ein guter Jesus, und nur ein toter Franziskus ein guter Franziskus.

Wenn es um »Mitgeschöpfe« geht, lässt sich der heilige Franz heute leicht und unverbindlich aus der Mottenkiste ziehen. Doch es bleibt eine Posse, solange die Kirche nicht bereit dazu ist, aus der Lehre ihres Heiligen irgendeine Konsequenz zu ziehen. Noch in der Mitte des 19. Jahrhunderts verbot Papst Pius IX. engagierten Tierschützern, ein Büro in Rom zu eröffnen. Wozu Tierschutz, wenn die Schöpfung doch für den Menschen gemacht ist? Ebenso begreift der neue Katechismus der Kirche die Tiere als Diener des Menschen. In England verwaltet die Kirche als Firma einen gewaltigen Grundbesitz, den sie skrupellos an Rinderbarone und Massentierhalter verpachtet. Kein römisch-katholischer Würdenträger macht sich in Spanien gegen den Stierkampf stark. Im Jahr 1988 segnete Johannes Paul II. einen Stierkämpfer. Kanadische Robbenschlächter können sich der Unterstützung ihrer anglikanischen und katholischen Bischöfe sicher sein. Und noch immer ermöglicht die Zentralsynode der Kirche von England organisierte Jagden auf kircheneigenem Land.

Das Christentum hatte sich vom alten jüdischen Glauben und seiner gelegentlich aufflackernden Schicksalsgemeinschaft mit dem Tier gereinigt. Den allerletzten Schritt dieser Entzauberung leistete die protestantische Reformation. *Martin Luther* (1483–1546) wird oft als Tierfreund betrachtet, weil er eine launige *Bittschrift der Zugvögel* verfasst hat, doch steht diese in seinem Werk ziemlich isoliert in der Flur. An anderer Stelle, so scheint es zumindest, war ihm die Frage nach der Tierseele nur Spott wert. Als er von einem Mann gefragt wurde, ob Hunde und andere Tiere in den Himmel kämen, antwortete er: »Ja freilich, denn Gott wird einen neuen Himmel und ein neues Erdreich schaffen, auch neue Belferlein und Hündlein mit goldener Haut.«[94] Erstaunlicherweise ist dieser überaus spöttisch klingende Ausspruch von evangelischen Theologen später ernst genommen worden. Sie deuteten ihn als eine neue Hoffnung für Mensch und Tier, so wie sie alles, was Luther gesagt hatte, verklärten und beschönigten. Dabei ist dessen Theologie allein auf den Menschen zugeschnitten, und von unsterblichen Tieren ist nirgendwo sonst die Rede. Auch in den Grundsätzen *Johannes Calvins* (1509–1564) verschwindet jede Form der Spiritualität aus dem Tier. Die Seele – einschließlich der vegetativen Seele – avanciert zum Exklusivbesitz des Menschen. Gottes Herrlichkeit zeigt sich allein im Menschen, nicht in seiner Schöpfung.

Der Protestantismus Calvins kennt keine Naturtheologie mehr. Und er trennt die Theologie sorgfältig von der Naturwissenschaft. Das Universum erscheint gänzlich unspirituell als eine riesenhafte Maschine. Sie funktioniert nach mechanischen Prinzipien. Die Natur wird entzaubert und auf materiellen Stoff reduziert. Was uns auf Erden umgibt, ist nur die wertlose Vorstufe zum Jenseits. Wo wir sie tüchtig ausbeuten und Wohlstand anhäufen, zeigt Gott an uns sein Gefallen. Alles ist da, damit der Mensch es nimmt und für sich verwertet. Aus der alten Erfahrungsreligion der Juden wird nun die Glaubensreligion eines entsetzlichen Auftrags: den Planeten zu plündern für einen privilegierten Platz im Himmelreich.

Dass dieser Weg heute strittig geworden ist, liegt wesentlich an zwei Gründen. Führt man den Entzauberungsprozess konsequent zu Ende – und wir sind im westlichen Kulturkreis fortschreitend dabei –, so richtet sich die Entheiligung irgendwann auch auf den Menschen selbst. Denn um die Natur auszubeuten, seinen persönlichen Wohlstand zu mehren und sich daran zu erfreuen, braucht man keinen Gott. Religion wird nebensächlich und am Ende verzichtbar und überflüssig. Und während die Tribute wachsen, die die Natur der verselbstständigten Gier nach weltlichem Besitz entrichten muss, suchen wir in der Hemisphäre, in der man einst an den christlichen Gott glaubte, nach Auswegen. Bei sensiblen und unzufriedenen Protestanten entstanden im 17. und 18. Jahrhundert alternative Konzeptionen. Davon wird im übernächsten Kapitel die Rede sein. Ein anderer Ausweg scheint heute für viele Tierfreunde in der Philosophie und Religion der Hindus und Buddhisten zu liegen. Darauf wollen wir zuvor einen Blick werfen.

• *Scheinheilige Kühe. Das Tier bei Hindus und Buddhisten.*

Scheinheilige Kühe

Das Tier bei Hindus und Buddhisten

Der Edle ist freundlich zu Tieren,
aber er liebt sie nicht. Er liebt die Menschen,
aber er ist nicht anhänglich an sie.

Mengzi

Wissen Sie, was ein Avatar ist? Vermutlich denken Sie an den gleichnamigen Science-Fiction-Film von James Cameron aus dem Jahr 2009. Oder Sie erinnern sich an Second Life, jene rasch versunkene virtuelle Welt im Netz, in der Ihr geschönter Stellvertreter als »Avatar« herumgeisterte. Doch der ursprüngliche Avatar war keine künstliche aufgehübschte Person. Er war ein Abkömmling aus dem Himmel in Person des vedischen Weltengottes Vishnu. Und nichts anderes meint das Sanskrit-Wort *Avatara* – »Abstieg zur Erde«!

Doch was für eine schwere Geburt! Bei seinem ersten Versuch kommt Vishnu als Fisch. Und er zieht ein gewaltiges Schiff, eine Art indische Arche Noah mit frommen Menschen, durch die Fluten. Beim zweiten Mal ist er eine Schildkröte. Sie trägt den Berg Mandara auf ihrem Panzer. Wieder einmal rettet Vishnu die Welt vor dem Untergang, als Götter und Dämonen sie beim »Quirlen des Milchozeans« durcheinanderbringen. Beim dritten Mal ist Vishnu nicht mehr Fisch oder Reptil, sondern schon Säugetier in Form eines Riesenebers. Er rettet die Erdgöttin Bhudevi nach ihrem Sturz in die Tiefen des Urozeans. Beim vierten Mal erscheint Vishnu löwenköpfig und tötet den Dämonenkönig Hiranyakashipu. Beim fünften Versuch ist der Weltengott erstmals menschengestaltig. Als Zwerg Vamana misst er mit nur drei riesenhaften Schritten die Welt aus. Schlagkräftiger geht es beim sechsten Abstieg zu. Als »Rama mit der Axt« rächt der starke Mann Vishnu den Mord an einem Brahmanen. Als ein ganz anderer Rama kehrt der Weltengott zum siebenten Mal zurück. Beim achten Mal ist er Krishna, »der Schwarze«, ein martialischer Wagenlenker in der Schlacht. Bei neunten Mal taucht Vishnu als Buddha, Krishnas Bruder, auf. Doch erst beim zehnten Abstieg gelingt es Vishnu, als Kalki, der Reiter, das Weltgleichgewicht endgültig wiederherzustellen.

Die Erzählung von Vishnus Avataren ist eine von vielen mythischen Schöpfungserzählungen des alten Indien. Sie ist Teil der *Bhagavad Gita,* einem alten Epos. Seine Ursprünge reichen möglicherweise bis ins 3. Jahrtausend vor Christus zurück. Später wurde es Teil des *Mahabharata,* der großen indischen Epensammlung der antiken Zeit. Unter den Mythen hat es eine Sonderstellung, denn heutige Leser erkennen darin eine Entwicklung, die sie verblüffend an den Verlauf der Evolution erinnert. Erst ist Vishnu Fisch im Meer, dann Reptil, dann Säugetier, dann von menschlicher Gestalt und zuletzt göttlicher Mensch.

Dass Götter und Menschen Tiere werden können und Tiere Menschen und Götter ist nicht ungewöhnlich in indischen Erzählungen. Sie finden sich in den alten Indus-Kulturen und auch in den Mythen der Arier, die um 1500 vor Christus aus den Grassteppen Persiens in den indischen Norden eindringen. Die Religion, die sie mitbringen, legt die Wurzeln für das, was wir heute Hinduismus nennen. Man bezeichnet sie als vedische Religion, nach dem *Veda* (»Wissen«, »heiliges Gesetz«), einer Sammlung von Glaubenslehren, Geboten und Gesetzen. Es gibt ungezählte Götter, die sich fortwährend bekriegen. Die ganze Welt ist ein Schlachtfeld von Göttern und Dämonen, dem Guten und dem Bösen, dem Männlichen und dem Weiblichen, nicht anders als wir es aus dem alten Persien kennen. Die Götter selbst sind den Elementen zugeordnet, der Luft, dem Wasser, dem Feuer und der Erde. Nicht nur Vishnu, sondern ebenso zahlreiche andere vedische Gottheiten leben bis heute bei den Hindus fort.

Doch die vedische Religion unterscheidet sich in vielem von dem, was heute von Hindus geglaubt und praktiziert wird. Wie im Judentum gibt es eine Welt aus Diesseits und Jenseits, und die Seelen der Sterblichen fahren nach ihrem Tod in den Himmel. Diese Weltordnung ist den Ariern nichts Selbstverständliches; nur durch fortwährende Rituale kann der Mensch sich und sein Tun im Einklang mit dem kosmischen Weltgeschehen halten. Er muss den Göttern huldigen, um sich ihrer Gunst zu versichern. Die höchste Form einer solchen Huldigung ist das Selbstopfer vor allem für blutrünstige Göttinnen. Gewöhnlich aber bringen die Menschen den launischen Göttern stellvertretend andere Opfer, bevorzugt Tiere. Das beliebteste Opfertier ist der schöne schwarze Bock der Hirschziegenantilope. Erst später kommen Ochsen, Pferde, Ziegen und Hammel dazu. Das Tieropfer steht im Zentrum der vedischen Religion. Dadurch, dass sie rituell Tiere verbrennen, kommunizieren die Menschen mit den Göttern und zwingen die Himmlischen dazu, die Weltordnung aufrechtzuerhalten. Das Opfer huldigt also nicht nur den Göttern, sondern es domestiziert sie zugleich, wie wilde Tiere, die lernen, sich zu fügen. Und damit sich der Opfernde nicht schlecht fühlen muss, weist sein Glaube den geopferten Tieren einen Platz im Himmel zu. Für den Menschen und die Weltordnung zu sterben macht sie unsterblich.

Je bedeutender der Opferkult wurde, umso wichtiger wurden die Priester, die Brahmanen. Und je weiter sich die Arier zu Anfang des 1. vorchristlichen Jahrtausends nach Süden ausbreiten und dort Dörfer und schließlich Städte gründen, umso mächtiger wird ihre Stellung. Die Brahmanen bilden die oberste Klasse einer starren hierarchischen Gesellschaftsordnung, dem Kastensystem. Als die Priesterschaft allumfassende Macht erlangt, geschieht das, was wir auch aus dem Christentum und dem Islam kennen. Die Strenggläubigen wenden sich ab und suchen ihre Seligkeit fernab der Städte in einem asketischen Leben. Es entstehen neue Schriften, die *Upanishaden.* Obgleich sie zum Veda gezählt werden, atmen sie einen ganz anderen Geist. Die offiziellen Gesetze der Herrschenden werden unwichtiger, und es entsteht eine persönliche Ethik der Enthaltsamkeit. Tieropfer werden abgelehnt, zur spirituellen Versenkung dient die Meditation. Das Körperliche tritt vollständig hinter das Geistige zurück. Und statt einer gerechten Weltordnung zu huldigen, reden die Asketen von einem Weg der Erlösung aus der Welt.

Die Lage ist ernst, denn die Herrschaft der Brahmanen steht auf dem Spiel. Im Gegenzug ergänzen sie den Veda um die *Brahmanas,* die offiziellen Texte der Priesterschaft. In ihrem Mittelpunkt steht das Opfer. Es ist die einzige Möglichkeit, durch die sich Menschen aus dem irdischen Elend erlösen können. Dieses Elend erhält nun einen neuen Zuschnitt, und zwar sowohl in den *Upanishaden* als auch in den *Brahmanas:* Es ist die Lehre von der Wiedergeburt. Ungefähr zeitgleich mit den Seelenwanderungsfantasien im Mittelmeerraum gewinnt in Indien die Reinkarnation ebenfalls an Bedeutung. Das Schicksal der Welt wird dabei zu einem eminent persönlichen Schicksal. Ist mein Leben trostlos und stumpf, so liegt es an meiner Lebensführung. Jeder ist seines Schicksals Herr. Der Mensch soll danach streben, im nächsten Leben ein besseres Los zu bekommen. Während es in den *Brahmanas* nach wie vor auf das regelmäßige Opfer ankommt, beschwören die Asketen keine Götter, sondern ein ethisch vorbildliches Leben.

Wie kommt es zur Reinkarnationslehre? Die fernöstlichen Religionen entstammen dem Denken einer alten Bauernkultur, geboren auf Acker und Feld. Die Arbeit des Bauern bedeutet Mühsal und Plackerei. Und wie die Bauern und Hirten im Mittelmeerraum, so lieben die indischen und chinesischen Bauern das Leben nicht: nicht die ständige Wiederkehr, das mühselige Säen und beschwerliche Ernten, nicht die Ungewissheit der drohenden Katastrophen wie Sturm und Regen, Dürre und Frost. Ihre Religion formuliert die Hoffnung auf ein Entkommen aus dem Kreislauf des immer Gleichen. Doch die Flucht aus den ehernen Gesetzen des Lebens ist mühseliger als im Christentum oder dem Islam. Unablässig dreht sich die Schraube des Lebens weiter, von Existenzform zu Existenzform. Statt rascher Erlösung aus den Fesseln des kreatürlichen Daseins droht die fortwährende Wiedergeburt auf Erden. Gleich einem Fluch sieht sich der Gläubige den Zyklen des *samsára* unterworfen, dem ewigen Kreislauf des Lebens.

Im 6. Jahrhundert vor Christus entstehen schließlich der Jainismus und der Buddhismus. Sie kommen im östlichen Tal des Ganges auf und entspringen der asketischen Bewegung. Ihre Ethik besteht aus Selbstverpflichtungen im Sinne eines guten Lebens. Oberstes Gebot ist es, Leben zu achten und zu bewahren. Ähnlich wie der Christ und der hinduistische *samnyäsin* sehnt sich auch der buddhistische *arahat* nach der Überwindung dessen, was sein Leben bestimmt, von Trieb und Hunger, fleischlicher Lust, von Wille und Stoffwechsel. Doch der Erlösungsweg ist lang, die Qualifikation erfolgt nicht über eine einzige, sondern über mehrere Runden. Ungezählte Male fällt der Kandidat durch, nur um neu anzufangen, getrieben allein von dem Wunsch, alles hinter sich zu lassen und in eine wirklichere Wirklichkeit zu gelangen. Und jedes neue Leben bedeutet neue Qualen, die Mühsal der leiblichen Sorge, die Trennung von anderen und der Schmerz des Todeskampfes. Am Ende schließlich ersehnt er sich nur noch das Nichts, das Erlöschen und Vergehen: die Windstille des *nirvàna.*

Jainas und Buddhisten stellen die Lehre von der Wiedergeburt ins Zentrum ihrer ethischen Lehren. Aus diesem Grund lehnen sie das Opfern von Tieren strikt ab. Wie Pythagoras und Empedokles zeitgleich in Süditalien und auf Sizilien, sehen sie im Töten von Tieren einen Mord an unschuldigen Seelen. Einige Kenner der indischen Kulturgeschichte meinen, dass der Aufstieg des Buddhismus eng verknüpft ist mit einer Agrarkrise. Die Arier- und Brahmanenkultur war eine von Rinderhaltern. Das Rind war sowohl Statussymbol als auch das edelste Opfertier. Doch im Laufe des 1. vorchristlichen Jahrtausends kommt es zwischen der Rinderwirtschaft und den Ackerbauern zum Konflikt. Um die rasant steigende Bevölkerung zu ernähren, brauchen die Bauern die Weiden für Getreide und Gemüse. Die Rinderhaltung wird zu einem ökonomischen Problem. Doch die herrschenden Brahmanen definieren sich so sehr über ihre Rinder, dass sie niemals darauf verzichten können.

Der Besitz von Tieren kann Angehörigen verschiedener Kasten erlaubt sein oder verboten. Im Recht, Tiere zu halten, symbolisiert sich wie bei vielen anderen Hirtenvölkern die soziale Ordnung. Und das vornehmste, den Brahmanen vorbehaltene Tier war die Kuh. »Einer, der tausend Kühe gespendet hat, sieht nach seinem Dahinscheiden die Hölle nicht. Vielmehr erringt er überall den Sieg«, heißt es im *Mahabharata.*[95] Doch genau hiergegen rebellieren die religiösen und politischen Reformbewegungen wie die von den Jainas und den Buddhisten. Sie greifen die Rinderhaltung an, indem sie, in einer von Hungersnöten geplagten Zeit, alle Tiere zu Mitgeschöpfen erklären. Ihre Ethik der »Freundschaft« und des »Wohlwollens« im Umgang mit Tieren hat neben dem spirituellen einen handfesten ökonomischen

Grund. Man will eine umfassende Agrarreform, weg von der Viehwirtschaft und hin zum Ackerbau.

In die Defensive gedrängt, machen sich die Brahmanen die Argumente ihrer Gegner zunutze und erklären ausgerechnet die Kuh zum »heiligen Tier«. Privilegien für Rinder und drakonische Strafen bei Fehlverhalten gegenüber der Kuh werfen bis heute ein bezeichnendes Licht auf die scheinheilige Anthropozentrik des Rinderkults. Als Tiere der Brahmanen genießen Kühe Vorfahrt auf allen indischen Straßen, und wer sich an ihnen vergeht, erfährt Bestrafungen von zweifelhafter Humanität. Den halben Monatslohn eines Durchschnittsverdieners kostet die unabsichtliche Tötung eines Rindes im Straßenverkehr. Bei Kuhdiebstahl drohte in früheren Zeiten das Abschlagen von Händen und Füßen. Hunde und Großkatzen gehören nach religiöser Vorschrift getötet, wenn sie sich an Kühen vergreifen. Doch dass verurteilt wird, wer »im Angesicht einer Kuh oder im Kuhstall uriniert«,[96] dürfte kaum im Interesse der Kuh argumentiert sein. Was auf dem Spiel steht, ist die Ehre der Brahmanen.

Obgleich sie heilig sind, dürfen Kühe auf den Feldern zum Bestellen des Ackers genutzt werden. Die zähen Zebus erweisen sich so bis heute als wirtschaftlicher Segen. Heiligkeit, Mitgeschöpflichkeit und ökonomischer Nutzen gehen damit Hand in Hand. Das Verhältnis zu Tieren ist durch die Religion weitaus sensibler geregelt als in den Religionen des Nahen Ostens. Die Mönche der Jainas versuchen nicht einmal dem kleinsten Tier im Trinkwasser etwas zuleide zu tun. Die erfolgreicheren Buddhisten, die sich rasch über den Himalaya bis nach China und Südostasien ausbreiten, sehen sich dagegen zu Kompromissen gezwungen. In Tibet beispielsweise ist eine rein vegetarische Ernährung zumindest in den Wintermonaten kaum möglich. Man erlaubt es deshalb, Yaks zu schlachten.

Die Buddhisten kennen auffallend viele gelehrte Diskussionen darüber, welche Ausnahmen vom Tötungsverbot für Tiere statthaft sein sollen und welche nicht. So rechtfertigten sich die Tibeter damit, dass es besser sei, selten ein großes Tier zu schlachten als häufig kleine. Der ältere Theravada-Buddhismus auf Sri Lanka und in Südostasien dagegen zog es vor, im Zweifelsfall kleine Tiere zu töten statt große. Allgemein gilt nicht das Töten von Tieren als größter Frevel. Schlimmer ist es, wenn man anderen Lebewesen willkürlich Leiden und Schmerzen zufügt. Es gibt ungezählte Geschichten darüber, wie buddhistische Mönche gefangenen Wildtieren aus Fallen und Schlingen helfen oder zur Schlachtung bestimmte Tiere freilassen. Ein Teil der Mahlzeit im Kloster wird oft wilden Tieren zur Verfügung gestellt. Und von Buddha heißt es, dass er sich in einem früheren Leben einer Tigerin zum Fraß vorwarf, damit sie ihre Jungen ernähren konnte.

Die buddhistischen Mönche leben meist vom Betteln und essen, was die Bauern ihnen bringen. Ein Tier zu verspeisen, das nicht für den eigenen Hunger, sondern aus anderen Gründen getötet worden ist, scheint den Mönchen annehmbar. Denn nicht das Fleischessen an sich ist das Problem, sondern das Schlachten. Selbstverständlich kann sich nicht jeder Buddhist ein solches Leben wie die Mönche leisten. Ohne gelegentlich Tiere zu metzeln, können die meisten Bauern nicht überleben – und ohne Bauern auch nicht die Mönche. Ähnlich schwierig verhält es sich mit der Kaste der Krieger. Das Kriegshandwerk ist kein Beruf, sondern die Verpflichtung einer bestimmten Kaste, in die man hineingeboren wird. Die Aufgabe des Kriegers ist es, für seinen Herrn zu kämpfen und zu töten. Gleichwohl darf er kein menschliches oder tierisches Leben nehmen – es sei denn, der Mensch oder das Tier hätten seinen Herrn attackiert. Die vier Millionen Jainas, die es heute gibt, kennen die Kluft zwischen Theorie und Praxis. Gemäß ihrer Ethik dürfen sie selbst Pflanzen nicht mutwillig etwas zuleide tun. Doch ein solch konsequentes Leben ist nicht mal ihnen möglich.

Deutlich weniger rigide sind die meisten Hindus. Ihr Glaube ist bis heute zerrissen zwischen der alten Religion, der es um den Erhalt der Weltordnung geht, und den Enthaltsamkeitslehren der Asketen. Wie in der christlichen Kirche passen weltliche Herrschaft und das spirituelle Ideal der Demut und Enthaltsamkeit schlecht zusammen. Entsprechend vielfältig und widersprüchlich sind die Praktiken und die literarischen und religiösen Überlieferungen der Hindus. Der Vegetarismus ist weit verbreitet, aber oft nicht zwingend. Die religiösen Vorschriften können von Zeit zu Zeit, von Strömung zu Strömung und von Region zu Region höchst unterschiedlich sein. Wer von der Tiertötung oder der Verarbeitung von Leder, Federn, Horn und Ähnlichem lebt, wird jedenfalls nicht überall wie bei den meisten Buddhisten religiös geächtet. Und auch die Notwehr gegenüber einem Tier ist selbstverständlich gestattet.

Bezeichnenderweise gerät das Verbot der Tiertötung schnell an seine Grenze, wenn sich der Fürst auf Jagd begibt. Hinduistische Maharadschas demonstrierten ihre Überlegenheit in der Weltordnung auf ihre Weise. Sie zogen hinaus in den Dschungel, um vom sicheren Elefantenrücken das Wild abzuschießen. Besonders kühne Fürsten legten sich etwas übersichtlichere Wildparks zu, ließen Tigern und Leoparden die Zähne abbrechen und schliffen ihnen die Krallen, um Jagdunfälle zu vermeiden. Anfang der Siebzigerjahre schlichen nur noch einige hundert Tiger durch Indiens Wälder, Zigtausende hatten bei fürstlichen Jagdausflügen (und später auch bei denen von Kolonialherren) ihren Tod gefunden. Man kann nicht behaupten, dass die königlichen Mordgesellen, die dies zu verantworten hatten, gute Hindus gewesen seien. Fest steht aber, dass solch abscheuliches Betragen der Stellung des Königs keinen Abbruch tat und ohne größeres Murren toleriert wurde. Kein Maharadscha wurde wegen der Jagd als Verräter seiner Religion gebrandmarkt, obgleich die Jagd außerhalb des aristokratischen Kontextes allgemein verboten war (allem Anschein nach weniger wegen des Tötens von Tieren, sondern vielmehr deshalb, weil man sich an einem königlichen Privileg verging).

Der hinduistische Realglaube ist mitunter von der gleichen Schizophrenie beseelt wie das real existierende Christentum. Die religiösen Vorschriften sind ein Sammelbecken widersprüchlicher Regelungen, und die Praxis ist ohnehin eine andere Sache als die Theorie. Im *Bhagavatapurana,* einer heiligen Schrift aus dem 1. Jahrtausend nach Christus, steht, man solle »Wildtiere, Kamele, Esel, Affen, Ratten, Schlangen, Vögel und Fliegen wie seine eigenen Söhne ansehen – wie gering ist der Unterschied zwischen ihnen«.[97] Der vedische Weise Yajnavalkya droht wilde Flüche an. Wer »Tiere gegen die Vorschrift tötet«, wird »so viele Tage in fürchterlicher Hölle wohnen, als das Tier Haare zählt«.[98] Doch wenn es um Zeremonien wie die Ahnenspeisung geht, wird der Fleischverzehr zur heiligen Pflicht. Einer, »der zur Ahnenspeisung oder zu einem Opfer an die Götter eingeladen wurde und Fleisch abweisen sollte, soll solange in die Höllenwelten gehen, so viele Haare das (geschlachtete) Tier hat«, heißt es im *Kurmapurana.*[99]

So verbreitet der Vegetarismus in Indien ist, er ist keineswegs eine strenge religiöse Vorschrift. Nicht ungern greift man auch hier auf die Weltordnung zurück, nach der sich der Schöpfergott schon etwas dabei gedacht habe, Tiere als schmackhafte Nahrungslieferanten des Menschen auftreten zu lassen. Die Wiedergeburt ist dagegen, anders als im Buddhismus, ein erstaunlich unwichtiges Argument, um auf Tiertötung zu verzichten. Der Hauptgrund ist die Askese. Ein wahrer Hindu hat sich von den Begierden des fleischlichen Wohles nach Möglichkeit zu befreien. Wer Lust erlebt und Freude empfindet, ist geneigt, das Leben dieser Gefühle wegen zu lieben. Doch je mehr er sich am irdischen Dasein erfreut, umso schwerer fällt der Abschied, und das Leiden angesichts des Todes wächst. Deshalb verzichtet der strenggläubige Hindu auf den Genuss von Fleisch: »Von allem, was verzehrt und als Speise zubereitet werden kann«, heißt es im *Brahmapurana,* »gibt es nichts Schmackhafteres als Fleisch. Aus diesem Grund soll man Fleisch nicht essen. Nicht entsteht durch (den Verzehr von) Leckerbissen Glück.«[100]

Wenn es nicht wirklich um Mitleid mit den Tieren geht, welcher Glaube steckt dann hinter dem Vegetarismus? Sowohl Hindus als auch Buddhisten betrachten die Welt vom Standpunkt der Erlösung, das Leben selbst hat keinen allzu hohen Wert. Die Erlösung jedoch lässt sich nicht denken, ohne die Weltordnung zu akzeptieren, deren Teil sie ist. So engagiert sich der Gläubige nicht nur für die eigene Vervollkommnung, er ist gleichfalls darum bemüht, die gesamte Ordnung der Lebensenergien zu erhalten. Er will das System unterstützen, dessen Erlösungsweg er beschreitet. Was immer sich die göttliche Macht bei der Einrichtung ihrer Lebensspirale gedacht haben mag, die Aufgabe des Gläubigen ist es, die vorgegebene Weltordnung zu unterstützen. Das Leben in den Fesseln des Kreatürlichen ist zwar beschwerlich, aber aus göttlicher Sicht weder sündhaft noch verderbt, sondern in der bestehenden Form gewollt. Und so hat jedes Lebewesen getreulich seine Pflicht zu erfüllen.

Die Welt ist ein großes Ökosystem, in dem jedes Lebewesen seine ihm zugewiesene Funktion erfüllt. Weniger ökologisch ist aber die Bewertung: Nach hinduistischen Lehren etwa leisten vor allem die komplizierteren Lebensformen einen höheren Beitrag zum Erhalt der Weltordnung – also genau umgekehrt zu ihrer tatsächlichen ökologischen Bedeutung. Den wichtigsten Teil liefert, wenig überraschend, mal wieder der Mensch. Er verfügt (und hier zu allem Überfluss auch noch exklusiv der *männliche* Mensch) über den perfektesten Sinnesapparat und damit zugleich über den größten körperlichen wie geistigen Handlungsspielraum. Verglichen mit dem Menschen, erweisen sich sämtliche anderen Lebensformen als mangelhaft. Ihr Sinnesapparat ist unvollständig, und ihre körperlichen Bewegungsmöglichkeiten sind eingeschränkt.

Auch der Hinduismus veranstaltet sein Hase-und-Igel-Rennen, mit dem bekannten Ergebnis. Der Mensch ist das Maß aller Dinge und die Tierwelt defizitär. Doch insgesamt bleibt die Argumentation vorsichtiger, sie ist nicht so definitiv wie die strenge Kategorisierung der abendländischen Denktradition. Die Tier-Mensch-Grenze ist nur die letzte unter vielen Grenzen. Vierbeinige Tiere stehen auf einer anderen Stufe als beinlose Schlangen und Würmer, Fische unterscheiden sich von Schwämmen. Die Linien sind ein für alle Mal als unveränderlich festgelegt; und jegliche Existenzformen auf Erden waren von Anfang an da.

Zwar bleibt die biologische Evolution fremd, dafür jedoch kennen sowohl Hindus als auch Buddhisten die spirituelle Evolution. Auch hier bildet der Mensch die Endstufe, und zwar nur der vollkommene Mensch. In ihrer Spiritualität sind Menschen von Natur aus nicht komplett, sondern Vollkommenheit bleibt ein Ziel, das nur wenige erreichen. Sinnlich mangelhaft, wie sie im Vergleich zum Menschen sind, bleibt die Erlösungsmöglichkeit der Tiere hingegen gering. Aufgrund ihrer defizitären Sinnlichkeit fehlt es ihnen an erleuchteter Einsicht. Sie bleiben, wie es im *Bhagavatapurana* heißt, »in Bezug auf ihre Herzen unwissend«. Und so stellt es schon einen bösen Fluch dar, als Mensch in einem Tierkörper wiedergeboren zu werden, eine fürchterliche Strafe, die bei den Hindus meist Verbrecher nach ihrem Tode erwartet.

Im Buddhismus ist es ebenfalls kein gutes Los, als Tier wiedergeboren zu werden. Wer »schiefe« Handlungen begeht und sich durchs Leben windet und schleicht, wird zur Strafe als Schlange, Skorpion oder Tausendfüßler wiedergeboren. Wen der Hass regiert und wer zu Lebzeiten »giftig« gegenüber seinen Mitmenschen ist, kommt als Giftschlange zurück. Zerstrittene Zeitgenossen finden sich als Mungo und Kobra oder Krähe und Eule im nächsten Leben wieder. Und wer andere als Hund beschimpft, wird im nächsten Leben selbst ein Hund. Nicht anders hatte im antiken Griechenland Platon von der Wiedergeburt als Tier gesprochen.

Hindus und Buddhisten sortieren das Leben ebenfalls nach seiner Erlösungsfähigkeit. Doch anders als im Christentum kennen sie keine kategorische Grenze zwischen Tier- und Menschenseele: Der Unterschied ist graduell, und die Kluft lässt sich im spirituellen Kreislauf überwinden. Zwar bestimmt auch hier die erleuchtete Einsicht des Geistes über den Einzug in die göttliche Sphäre, doch kann man sich als Tier immerhin hocharbeiten auf die exklusiv menschliche Stufe. Eine vollkommene Welt wäre dann erreicht, wenn es gar keine Tiere mehr gäbe, sondern jede Seele über den Weg eines idealen Menschenlebens ins Nirwana einziehen würde.

Was den Erlösungsgedanken anbelangt, so sind die hinduistischen und buddhistischen Glaubenslehren alles andere als tierfreundlich. Aber immerhin sind ihre Artgrenzen durchlässig. Wenig progressiv ist allerdings die Definition des Lebens-Wertes nach dem Kriterium der menschlichen Ausstattung. Schon in den frühen vedischen Schöpfungsmythen entspringt die Welt aus den Körperteilen eines perfekt geformten, also menschgestaltigen Gottes. Im *Bhagavatapurana* bilden »die Berge sein Skelett, die Flüsse seine Venen und die Bäume seine Haare ... Pferde und Maultiere, Kamele und Elefanten sind seine Nägel. Die Wildtiere und alle anderen Tiere soll man sich als in seinen Hüften und Lenden anwesend denken.«[101]

Obgleich der Hindu-Glaube von zum Teil sehr alten Erzählungen durchzogen wird – Mythen, die Gläubige mitunter dazu veranlassen, Affen oder Ratten als heilig zu verehren –, dominiert dennoch eine anthropozentrische Ordnung. Im Mittelpunkt des Hinduismus steht die Erlösung des Menschen und sonst nichts. Wie im Christentum regiert er kraft seiner körperlichen und geistigen Überlegenheit über das Tier. Die Freiheit seines Geistes erlaubt es ihm, parallel zu den Vorstellungen der Antike und des Christentums seine körperlichen Bedürfnisse zu beherrschen; eine Leistung, die ihn über das Tier erhebt.

Lebenspragmatisch gesehen, wird der »Wert« der Tiere dreifach abgestuft. Einige herausragende Tiere, etwa die Kühe, tragen dazu bei, gesellschaftliche Macht zu symbolisieren. An zweiter Stelle steht der wirtschaftliche Umgang mit dem Tier einschließlich der entsprechenden Vorschriften zur guten Behandlung der Arbeitsmittel. Man darf das Tier nicht quälen. Das Argument dafür ist überraschenderweise nicht der Kreislauf fortwährender Wiedergeburt, sondern die Sinnlosigkeit der Quälerei in Bezug auf den Erhalt der Weltordnung und die ersehnte Erlösung. Ein guter Hindu sorgt sich um seine Nutztiere: Er erhält seine Arbeitsmittel und bestätigt damit implizit den *dharma,* nach welchem es die Aufgabe der Nutztiere ist, dem Menschen dienstbar zu sein. Erst an dritter Stelle spielt das Konzept der Mitgeschöpflichkeit und die Seelenwanderung überhaupt eine Rolle.

Man darf die verschiedenen Glaubensrichtungen des Hinduismus jedoch nicht allzu sehr generalisieren. Keine Regel ohne eine Ausnahme bei fast einer Milliarde Hindus allein auf dem indischen Subkontinent. Das gilt ebenso für den Vergleich mit den drei großen Schulen des Buddhismus, die insgesamt tierfreundlicher sind. Doch auch in den buddhistisch geprägten Ländern klafft zwischen religiöser Selbstverpflichtung und alltäglicher Lebenspraxis eine gewaltige Kluft. Seit moderne Landwirtschaftsmaschinen die Äcker umgraben, hat es mit dem sorgfältigen Schutz der Lebewesen auf den Feldern ein Ende. Die chinesischen Hühnerfarmen gehören zu den größten und grausamsten der Welt. Nicht besser ergeht es den vielen Kragenbären, die in mörderisch engen Gitterkäfigen hausen, um sich den Saft ihrer Galle als Heilmittel abzapfen zu lassen. Und die Zustände auf chinesischen Pelztierfarmen sind unvorstellbar barbarisch.

Buddhas Grundsatz: »Ich habe es niemandem erlaubt, Fleisch zu essen. Ich erlaube es nicht. Ich werde es nicht erlauben« verhallt millionenfach ungehört. Im Hinblick auf das Diktat der Ökonomie über die traditionelle Ethik, sind Länder wie China, Thailand oder Vietnam geradezu Musterbeispiele. Keine Erkenntnisreligion, keine Selbstverpflichtung und kein Glaube an die Wiedergeburt haben das verhindert. Vielleicht war der Buddhismus tatsächlich immer nur eine Ethik, die für Mönche gemacht ist und nicht für Bauern. Zu diesen Heiligen gesellen sich derzeit an vielen Orten in der Welt Menschen, die in materiell komfortablen Verhältnissen leben, weit entfernt von den Nöten und Notwendigkeiten, ihre Lebensmittel selbst zu erzeugen. Sie sind heute die reichen Wahlverwandten der armen Mönche, wenn sie den Buddhismus als ihren bevorzugten Glaubenspfad auswählen.

Doch wie konnte es dazu kommen, dass ausgerechnet der Kapitalismus die Welt überzeugte und nicht die Weisheit fernöstlicher Glaubenslehren? Und welchen Beitrag leisteten dazu die Denker des Abendlands, wenn sie seit dem Mittelalter über die Natur und die Tiere nachsannen? Gab es nichts Unrechtes, worüber die Aufklärer ihre Zeitgenossen hätten aufklären können?

• *Die Denker und das liebe Vieh. Das Tier im Barock und in der Aufklärung.*

Die Denker und das liebe Vieh

Das Tier im Barock und in der Aufklärung

Wir lieben es nicht, Tiere, die wir
zu unseren Sklaven gemacht haben,
als ebenbürtig zu betrachten.

Charles Darwin

»In irgendeinem abgelegenen Winkel des in zahllosen Sonnensystemen flimmernd ausgegossenen Weltalls gab es einmal ein Gestirn, auf dem kluge Tiere das Erkennen erfanden. Es war die hochmütigste und verlogenste Minute der Weltgeschichte: aber doch nur eine Minute. Nach wenigen Atemzügen der Natur erstarrte das Gestirn, und die klugen Tiere mussten sterben. – So könnte jemand eine Fabel erfinden und würde doch nicht genügend illustriert haben, wie kläglich, wie schattenhaft und flüchtig, wie zwecklos und beliebig sich der menschliche Intellekt innerhalb der Natur ausnimmt; es gab Ewigkeiten, in denen er nicht war; wenn es wieder mit ihm vorbei ist, wird sich nichts begeben haben. Denn es gibt für jenen Intellekt keine weitere Mission, die über das Menschenleben hinausführte.

Sondern menschlich ist er, und nur sein Besitzer und Erzeuger nimmt ihn so pathetisch, als ob die Angeln der Welt sich in ihm drehten. Könnten wir uns aber mit der Mücke verständigen, so würden wir vernehmen, dass auch sie mit diesem Pathos durch die Luft schwimmt und in sich das fliegende Zentrum dieser Welt fühlt. Es ist nichts so verwerflich und gering in der Natur, was nicht durch einen kleinen Anhauch jener Kraft des Erkennens sofort wie ein Schlauch aufgeschwellt würde; und wie jeder Lastträger seinen Bewunderer haben will, so meint gar der stolzeste Mensch, der Philosoph, von allen Seiten die Augen des Weltalls teleskopisch auf sein Handeln und Denken gerichtet zu sehen.«[102]

Kaum ein anderer hat die Stellung des Menschen in der Welt so poetisch erzählt wie Friedrich Nietzsche. Weit mehr als ein Jahrhundert ist es her, dass Nietzsches Fabel von den klugen Tieren uns die Grenzen der Erkenntnis schonungslos nahebrachte: den Zufall unserer Existenz und die begrenzte Auswahl der Begriffsgewänder des Denkens aus dem übersichtlichen Kleiderschrank der menschlichen Spezies.

Seitdem der Mensch erlernte, den Prozess der Evolution selbst mitzugestalten, um ihn nach eigenen Zielen zu beeinflussen, wuchs die Hybris der »klugen Tiere«. Sie glaubten, exklusiv sein zu können – ausschließend gegenüber all den anderen Tieren. Nur wenige Philosophen des Menschengeschlechts zweifelten an dieser Exklusivität. Systematisch spielten sie das animalische Erbe herunter, das ihnen bei der morgendlichen Rasur vor dem Spiegel ebenso unmissverständlich entgegengrinste wie später, nach Feierabend, das Gemächt in den Daunen. Platon, Aristoteles, Cicero, Augustinus, Thomas von Aquin, Descartes, Spinoza, Pascal, Locke, Leibniz, Kant und Hegel – allesamt schaufelten sie an dem großen Graben zwischen Mensch und Tier. Des Menschen Vernunft und Verstand, seine Denk- und Urteilsfähigkeit bildeten den Maßstab. Und da sich all diese Fähigkeiten beim

Menschen nicht empirisch nachweisen ließen, verurteilten sie die Welt der Empirie, das »bloß« Körperliche, zum schwachen Abklatsch menschlicher Vollkommenheit. Wo nicht Vernunft und freier Wille den Ton einer Sprache angaben, herrschte Zwang, mithin die seelenlose Automatik einer Uhr. Noch Goethe trennt in schlechter Tradition die himmlische Freiheit der Seele von der irdischen Unfreiheit des Körpers. Die Tiere, schrieb der Dichter in seinen *Maximen und Reflexionen,* werden »von ihren Gliedern tyrannisiert«.

Tiere zu Sklaven ihrer Glieder zu erklären hat philosophische Tradition. Solange der Mensch sich selbst als das »andere« gegenüber den Tieren definierte, so lange gab es nur wenige Denker, die den kategorialen Unterschied von Mensch und Tier anzweifelten. Bezeichnenderweise finden sie sich in jeder Epoche, von der Antike über die Aufklärung bis zur Gegenwart. Und doch blieben sie in den Hallen der Philosophie stets Außenseiter. Während die Naturwissenschaften nach und nach die Falten des göttlichen Zaubermantels lüften, Planeten ihre Umlaufbahnen ändern, die Erde aus dem Zentrum der Welt verschwindet, der menschliche Körper, seine Anatomie, sein Blutkreislauf erforscht wird, während in Mitteleuropa und Nordamerika das Gottesgnadentum der Fürsten der aufgeklärten Rationalität weicht (»alle Menschen sind gleich und frei«) und man dem Gedanken verfällt, auch Sklaven und Frauen könnten solche Menschen sein – in ebendieser Zeit vollendet sich Stück für Stück die Tötungsmaschinerie der Tierversuche und Fleischproduktion bis hin zum perfekten Horror der industriellen Tiernutzung. Die gefeierte Vernunft vollendet sich als Mikrophysik der Macht: in Schlachthäusern, auf Zuchtfarmen und in Versuchslabors.

Die Natur ist ein Selbstbedienungsladen für den Menschen. Der alte Gedanke der Stoiker wird die Kulturgeschichte des Abendlands prägen wie wenige andere. Im 9. Jahrhundert bestätigt der irische Theologe und Philosoph Johannes Scotus

Eriugena die Ordnung der Natur nach menschlichem Nutzen und Frommen: »Welcher richtig Philosophierende wüsste nicht, dass diese sichtbare Welt mit allen ihren Teilen vom Höchsten abwärts um des Menschen willen geschaffen ist, damit er ihr vorstehen und über alle sichtbaren Dinge herrschen solle?«[103]

John Locke, einer der philosophischen Wegbereiter des Kapitalismus, bringt im 17. Jahrhundert auf altbewährte Weise die »Vernunft« in die Schöpfung: Die Erde und alles, was in ihr ist, sei den Menschen zum Unterhalt und zum Genuss ihres Daseins gegeben. Jegliche Früchte, die sie auf natürliche Weise hervorbringt, und sämtliche Tiere, die sie ernährt. Dem christlichen Barockdichter *Barthold Heinrich Brockes* (1680–1747) schließlich bleibt es vorbehalten, einfühlsam darüber nachzusinnen, welch kluge Voraussicht Gott darauf gebracht hatte, die Steinböcke mit krummen Hörnern auszustatten. Die Antwort ist ganz einfach: Sie eignen sich so hervorragend dazu, den Menschen als Griffe für ihre Spazierstöcke zu dienen! Und es bedurfte erst des scharfsichtigen Spotts eines *Voltaire* (1694–1778) das Gefasel von der besten der Welten zu karikieren. Die menschliche Nase, erklärt der französische Philosoph in seinem Roman *Candide,* sei von Gott vortrefflich dazu gemacht, als Sitz der Brille zu dienen.

Bis weit in den Barock bestimmen die fraglose Nutzung der Tiere und die säuberlich abgetreppte *Scala naturae* die philosophische Diskussion um den Status von Tieren. Auch die neuen Erkenntnisse der Medizin und der Naturgeschichte ändern nichts an der strengen Teilung der Natur in wertvolles Menschenleben und wertloses Tierleben.

Dabei hatte es zu allen Zeiten Ausnahmen gegeben. Denker, die ihrer Sensibilität mehr trauten als starren philosophischen Modellen. In der Renaissance flucht der italienische Universalgelehrte *Leonardo da Vinci* (1452–1519) über die Hartherzigkeit, mit der Menschen Tiere behandeln. Nicht König der Tiere solle sich der Mensch nennen, sondern »König der Bestien«, weil er selbst »die größte« sei. In der gleichen Zeit verurteilt der weise niederländische Humanist *Erasmus von Rotterdam* (ca. 1466–1536) die Jagd. Beschwingt vom »widerwärtigen Schall der Hörner«, entarte der Mensch selbst zum Tier. Sein englischer Freund *Thomas Morus* (1478–1535) möchte in seinem Idealstaat »Utopia« ebenfalls keine Lust-Jagden mehr sehen: »Die Utopier haben deshalb die gesamte Ausübung der Jagd als ein freier Menschen unwürdiges Geschäft den Metzgern zugewiesen.« Der findige französische Moralphilosoph *Michel de Montaigne* (1533–1592) wagt es sogar, die starre Grenze zwischen tierischem Instinkt und vernünftigem Handeln anzuzweifeln. Für ihn ist der »Mensch das elendste und gebrechlichste unter allen Geschöpfen«, verblendet vom Fehler des Hochmuts. Bei seinen Beobachtungen der Natur entdeckte er »gleiche Verrichtungen und gleiche Fähigkeiten« bei Mensch und Tier, »wir müssen nur auf die Gleichheit, die zwischen uns und ihnen ist, Achtung geben«.[104] Warum also sollte man nicht daraus schließen, dass Tiere analog zum Menschen handeln, aus vergleichbaren Motiven und auf durchaus ähnliche Weise?

Montaignes skeptische Vermutungen haben etwas Ketzerisches: Sie rütteln an den Fundamenten des christlichen Weltbilds. Kein Wunder, dass sich im Barock Gegenstimmen äußern. So räumt der Niederländer *Baruch de Spinoza* (1632–1677) in seiner *Ethik* zwar ein, dass Tiere empfindende Wesen seien. Doch das bedeute noch lange nicht, dass sie »der Natur nach mit uns übereinstimmen«. Statt Einfühlung fordert er eine kühle, sachliche Einstellung: »Das Gebot der Vernunft, unseren Nutzen zu suchen, lehrt ... dass wir uns mit den Menschen verbinden müssen, nicht aber mit den Tieren oder mit Dingen, deren Natur von der menschlichen Natur verschieden ist.«[105] Für Spinoza ist es das natürliche Recht der Tiere, den Menschen zu fressen. Umgekehrt sei es aber auch das natürliche Recht des Menschen, sich an Tieren zu vergreifen. Die menschliche Moral sei nur auf den Menschen anzuwenden, und nur wer sein Mitleid mit dem Tier unterdrückt, beweist »Vernunft«. Alles andere hingegen ist schwach: »eitler Aberglaube und weibische Barmherzigkeit«.[106]

Noch vernünftiger ist die Vernunft des René Descartes, der das Problem gleich bei der Wurzel, genauer: bei den Nerven packt und Tieren ein höheres Empfindungsleben abspricht. Die entsprechende Passage findet sich in der *Abhandlung über die Methode des richtigen Vernunftgebrauchs*, einer der fruchtbarsten und zugleich furchtbarsten Texte der Philosophiegeschichte. Descartes versucht, die christliche Sicht von der Sonderstellung des Menschen neu zu begründen. Er will sie mit den damaligen Leitwissenschaften, der Mathematik und der Mechanik, vereinen. Mit kalter Lust führt der Mechaniker des Geistes seinen Lesern vor, dass Tiere Maschinen sind, Automaten und Uhrwerke. Als unvernünftige Simulanten des Lebens äffen sie ein höherwertiges Empfindungsleben nur technisch nach. In seiner Suche nach den verborgenen Mechanismen dieser Tier-Automaten sezierte der französische Philosoph Tierköpfe und Herzen und schnitt einem lebendigen Hund die Spitze des Herzens ab, um den Druck in der Herzkammer zu ertasten.

Wie schon für Thomas von Aquin, so ist der Geist für Descartes im Exklusivbesitz des Menschen. Damit wirft er die Philosophie der Seele wieder weit hinter Buridan zurück. Tieren eine Seele zuzusprechen ist für den kühlen Rationalisten sentimentale Spinnerei, die »schwache Gemüter ... vom rechten Wege der Tugend entfernt«, weil »sie sich einbilden, die Seele der Tiere sei mit der unsrigen wesensgleich, und wir hätten daher nach diesem Leben nichts zu fürchten noch zu hoffen, nicht mehr als die Fliegen und die Ameisen«.[107]

Doch wenn es der rationale Geist ist, der den Menschen vom Tier unterscheidet, wo hat er seinen Sitz im Körper? Als Mann der Mechanik muss Descartes diese Frage beantworten, und er entscheidet sich für die Zirbeldrüse. Von hier aus wird die komplizierte Maschine des Körpers gesteuert. Die körperlichen Organe funktionieren wie die Automaten in den Wassergärten des 17. Jahrhunderts mit ihren Fontänen und Kaskaden. Sie sind Wasserleitungen, Vorratsbehälter, mechanische Federn oder gleichen dem Räderwerk einer Uhr.

Was, wie die Tiere, nur auf Reize reagiert und eine minderwertige Seele besitzt, hat in der Ethik nichts zu suchen. Ein Narr, wer den Tier-Automaten mehr zutraute, sie gar in die Theologie aufnahm. Irrtum, Einbildung, Gefahr für die Tugend – schwere Geschütze führt Descartes ins Feld, um den exklusiven Platz im Himmel gegen jede andere Kreatur zu verteidigen. Wo, so fragt sich Descartes, kämen wir hin, wenn Tiere tatsächlich dem Menschen vergleichbar wären? Seine Antwort (und seine Befürchtung) ist verblüffend offen: nicht in den Himmel! Wer die Hoffnung auf Auferstehung an den Sonderstatus des Menschen knüpft, *muss* den Tieren absprechen, mit dem Menschen prinzipiell vergleichbar zu sein.

Descartes' abfällige Meinung entspricht dem Zeitgeist. Auch der englische Philosoph *Thomas Hobbes* (1588–1679) kennt kein Mitleid mit den »vernunftlosen Tieren«: »Man kann ... nach Belieben die Tiere, welche sich zähmen und zu Diensten gebrauchen lassen, in das Joch spannen und die übrigen in stetem Kriege als schädlich verfolgen und vernichten.«[108] Doch nicht jeder folgt dessen Spuren. In Frankreich tobt eine wilde Debatte über die »Vernunft der Tiere«. Philosophen und Theologen beziehen Stellung und schlagen sich mal auf die eine, mal auf die andere Seite. Für die Kritiker schießt die Automaten-Theorie weit über das verständliche Ziel hinaus, den Verzehr von Tieren zu rechtfertigen. *Pierre Bayle* (1647–1706), ein kluger Skeptiker der Cartesianischen Theorie, erkennt genau, dass hiermit jede erdenkliche Grausamkeit gegenüber Tieren legitimiert wird. Descartes' Sicht der Tiere ist also keineswegs allein repräsentativ für das 17. Jahrhundert, sondern nur eine Ansicht unter vielen – jedoch eine sehr verhängnisvolle Ansicht.

Das Verhältnis der Menschen zum Tier hat im Barock viele verschiedene Gesichter. Die Gesellschaft an den Fürstenhöfen kennt Tiere als Prestigeobjekte. Je unnützer ein exotisches Tier seinem Besitzer in praktischer Hinsicht erscheint, umso mehr erfreut sich die höfische Gesellschaft an grazilen Windspielen, kapriziösen Rennpferden und kunstvoll verkrüppelten Tauben. Persönliche Lieblingstiere erhalten monumentale Gräber und Gedenksteine, exotische Tiere stehen für wilde Fremdheit und simulieren Horrorwelten in den Augen der Menagerie-Besucher.

Doch auch entsetzliche Grausamkeiten und Quälereien gehören zur Barockwelt. Sie stützen sich gerade nicht auf eine Cartesianische Sicht. Der Spaß an Tierkämpfen ist deutlich größer, wenn der mordlüsterne Betrachter nicht davon ausgehen muss, es handele sich lediglich um das Zertrümmern von Automaten. Descartes' Ansicht dürfte jenseits der philosophischen Debatten nicht sehr verbreitet gewesen sein. Wo bleibt sonst der Spaß, Doggen gegen Bären und Stiere kämpfen zu sehen oder einem leibhaftigen »Prell-Spektakel« beizuwohnen? Immer wieder schleudert das Netz Füchse, Dachse, Hasen oder Wildkatzen in die Luft und lässt sie ein ums andere Mal auf dem Boden aufprallen. Und sollte der Tod durch Brüche und innere Blutungen allzu schnell eintreten, so schüttet man geschwind ein wenig Sand auf den Boden, um den Prozess des Zermatschens ein wenig hinauszuzögern; ein zu kurzer Spaß ist kein richtiger Spaß. Befreiend öffnet die sadistische Quälerei dem umstehenden Publikum das Herz, sodass diese »Fürst-Adeliche Lust jedermann so sehr begnüget, und solch frey sonderbar Gelächter zuwege bringet«, dass »Adel- und Fürstliche Personen, bevorab Dero Frauenzimmer, durch eben das Gelächter, die Brust hauptsächlich räumen und erleichtern«.[109]

Männlicher als das Prellen ist die Jagd. Doch die barocken

Höfe haben nur noch wenig Freude an simplen Jagdvergnügen. Statt waidmännischer Sportlichkeit herrscht Tonnage-Ideologie. Wechselseitig überbieten sich die Fürsten in der Zahl der zu massakrierenden Opfer. Hunderttausende von Tieren werden auf Schaujagden zur Strecke gebracht. Ein einziges Hofjagdfest wie das des Herzogs Karl Eugen von Württemberg am 20. Februar 1763 kostet mehr als 5200 herbeigeschafften Wildtieren das Leben. Der Mensch als »Besitzer und Herrscher der Natur«, wie Descartes ihn sich wünscht, zeigt seine Fratze: so viel Macht über die Kreatur zu haben wie irgend möglich, um den unsinnigsten Gebrauch davon zu machen.

Doch Descartes' Philosophie zeitigte noch ganz andere Folgen, als jede erdenkliche Grausamkeit im Umgang mit Tieren zu rechtfertigen. Eine ganz neue Farbe kommt ins Spiel, wenn man den Cartesianismus so ernst nimmt, dass man ihn konsequent auf den Menschen anwendet. Diesen Weg geht, nicht ohne Schalk, der französische Arzt und Philosoph Julien Offray de La Mettrie. Er kürzt kurzerhand die unsterbliche Vernunftseele aus dem Menschen heraus, indem er auch sie rein mechanisch erklärt. Nun sind nicht nur Tiere Automaten, sondern ebenso Menschen.

Weniger provokativ, dafür äußerst klar, schließt sich David Hume an. Der schottische Empirist ist ein zu guter Beobachter, um den Tieren ihre Empfindungen abzusprechen. Doch Descartes' Versuch, Wahrnehmungen und Handeln nach mechanischen Grundsätzen zu erklären, gefällt ihm. Einmal dabei, das Innenleben beseelter Wesen nach Ursache und Wirkung zu deuten, macht auch Hume vor dem Menschen und seiner Vernunft nicht Halt. Selbst die Vernunfttätigkeit, vermutet er, könnte sich letztlich als nichts anderes herausstellen als »eine Art von Instinkt oder mechanischer Kraft ... die, uns selbst unbekannt, in uns wirkt ... Die Instinkte mögen verschieden sein, aber es ist doch ein Instinkt, der den Menschen lehrt, Feuer zu meiden –

gerade so wie der, welcher den Vogel mit solcher Genauigkeit in der Brutpflege unterweist und in der ganzen Einrichtung und Ordnung bei der Aufzucht der Jungen.«[110]

Humes Einsicht in das Zusammenspiel von Erfahren und Denken legte den philosophischen Grundstein jener Geistesrichtung, die im 20. Jahrhundert als Behaviorismus Karriere machen wird: die Erklärung des tierischen wie des menschlichen Geistes nach Maßgabe seines festgelegten sinnlichen Lernverhaltens. Und es ist schon ein eigentümlicher Lauf der Geschichte: Ebenjene Darlegung, die Descartes dazu benutzt, Tiere abzuqualifizieren und Menschen aufzuwerten, lässt sich später gut gebrauchen, um zu zeigen, wie sehr sich Tiere und Menschen ähneln.

Die Einführung der Mechanik in die Seelendiskussion bringt für die Tiere keinen Vorteil. Viel fataler aber als die Erfindung der Tier-Automaten wirkt sich Descartes' scharfe Trennung von Körper und Geist auf die nachfolgende Philosophie aus. Dass der Geist wesentlicher sei als der Leib, hatten im Prinzip auch die Griechen behauptet. Doch Descartes lässt kein einziges gutes Haar am Körper und reduziert ihn zum bloßen Anhängsel. So entsteht ein bizarr überanstrengter Begriff des menschlichen Geistes. Folgenschwer wirkt er quer durch die Aufklärungsphilosophie bis ins leibfeindliche 19. Jahrhundert. Solange Geist und Körper nicht in ihrem untrennbaren Zusammenspiel erkannt werden, so lange haben die Tiere keine echte Chance, dass man sie als Lebewesen ernst nimmt.

Doch das anthropozentrische Weltbild des Barock mit seiner mathematischen Kühle und Strenge wirkt nicht lange überzeugend. Mit erstaunlicher Gedankenakrobatik unternimmt Gottfried Wilhelm Leibniz einen letzten großen Versuch, die traditionelle christliche Sicht mit dem neuen Naturverständnis der zeitgenössischen Physik zu vereinbaren. Aber warum ist die große Weltenmaschine so schlecht konzipiert? Warum gibt es das Böse, den Hunger, die Kriege, das Elend? Leibniz will die christliche Sicht einer von Gott vortrefflich eingerichteten Welt derart ummodeln, dass sie nicht weiterhin ungezählte Enttäuschungen enthält. Die Lösung des Problems ist eine folgenschwere Verschiebung. Sicher ist die Welt auch nach wie vor das perfekte Kunstwerk Gottes und »die beste aller erdenklichen Welten«. Aber anders als die Stoiker dachten und viele Christen meinen, ist sie nicht allein auf den Menschen zugeschnitten. Der Mensch ist nur ein wichtiger Teil des göttlichen Plans und nicht das alleinige Zentrum.

In einer solchen Lage kann Leibniz den Tieren eigene »Ideen« und im weitesten Sinne »vernünftige Folgerungen« zuerkennen. Sie bleiben gleichwohl geistig geringer als der Mensch. Der Gedanke scheint in der Luft zu liegen, denn auch der Jurist *Christian Thomasius* (1655–1728) macht sich für eine Vernunft der Tiere stark. Allerdings erwähnt er sie in einem Atemzug mit Pflanzen und Mineralien. Nur weil all diese keine »Syllogismen errichten« wie die Menschen, seien sie deshalb noch lange nicht frei von Weisheit. Ihre Lebenskunst sei sogar so weise, dass sie wenig Intelligenz brauchen; ein geübter Künstler weiß ja auch immer, was zu tun ist.

Ähnliches steht in den vier Sammelbänden, die der Leipziger Altphilologe *Johann Heinrich Winckler* (1703–1770) in den Jahren 1742 bis 1745 herausgegeben hat. Als Ergebnis mehrerer interdisziplinärer Tagungen verkünden die Verfasser der Sammelbandbeiträge einige durchaus beachtenswerte Ansichten. Danach verfügen Tiere durchaus über Verstand und einige sogar über Anzeichen von Vernunft: »Diese Vortrefflichkeit im Denken beweisen einige Gattungen von Thieren durch ihre geometrische Kunst im Bauen, durch ihre Vorsorge für das Zukünftige, durch ihre sittlichen Handlungen, und durch die besonderen Töne, welche eine ihnen eigene Sprache ausmachen.«[III] Einmal dabei, die Seelen der Tiere einer ernsthaften Prüfung zu unterziehen, sprechen Winckler und seine Kollegen ihnen zugleich ein Anrecht auf Unsterblichkeit zu.

Ebenso ausführlich betrachtet der Hamburger Professor für orientalische Sprachen *Hermann Samuel Reimarus* (1694–1768) die tierische Intelligenz und Empfindungsfähigkeit. Es ist die Zeit, in der Linné und Buffon die Tierwelt systematisch aufräumen (*Die Ordnung der Schöpfung*). Man schreibt »Naturgeschichte« und bemüht sich darum, Tiere an ihren ordnungsgemäßen Platz zu stellen. Reimarus kann also bereits auf die neue zoologische Literatur zurückgreifen, als er 1760 seine *Allgemeinen Betrachtungen über die Triebe der Thiere* veröffentlicht. Das Buch hat eine bemerkenswerte Wirkung. Noch 1837 wird der junge Karl Marx es mit »Wollust durchdenken«. Wie Buffon in seiner *Naturgeschichte* lehnt Reimarus den Begriff »Vernunft« für Tiere ab. Dafür aber spricht er mit dem Franzosen »vierfüßigen Tieren« eine produktive Einbildungskraft zu. So könnten sie sich erinnern und sich einen Willen bilden. Auch Tiere verfügten über »eingeborene Ideen«. Sie wüssten von vielen Dingen und müssen dies nicht erst erlernen. Am Ende integriert der bibelkritische Theologe die Tiere in Leibniz' Theorie von »der besten aller möglichen Welten«. Auch die empfindsamen Tierseelen sind Teil des göttlichen Plans einer vollkommenen Welt.

Doch die beste der Welten und der göttliche Plan, der die Tiere mit einschließt, sind nur schöne Worte. Was ist mit den praktischen Folgen? Hat der Mensch Tieren gegenüber Pflichten, oder hat er sie nicht? Bei Winckler und seinen Kollegen schützt nicht einmal ihre gemutmaßte Unsterblichkeit die Tiere davor, geschlachtet, gesiedet, gekocht und gebraten zu werden. Einzig bei Tierversuchen zieht man aus den unsterblichen Seelen die Konsequenz, dass damit in Zukunft Schluss sein müsse. Ansonsten aber darf man die Tiere weiterhin töten. Doch warum lässt Gott sie in der besten der Welten dabei so entsetzlich leiden?

Mit Descartes argumentiert, war die Lösung des Problems

einfach. Gott war vom Verdacht frei, willkürlich Leid zu erzeugen – denn Automaten leiden nicht. Doch wer der Überzeugung war, Tiere hätten sehr wohl Empfindungen (und das waren im 18. Jahrhundert die meisten), konnte tiefe Zweifel hegen, dass Gottes Welt, die die Tiere so entsetzlich leiden lässt, tatsächlich die beste aller erdenklichen Welten war. In dieser Lage wägt der Philosoph *Christian Wolff* (1679–1754) die Tiere als Kunstwerke Gottes gegen ihren Platz in der Schöpfungsordnung ab: »Die Einwürffe, welche einige daher machen, daß die Thiere Gottes Werck wären, einem anderen aber nicht frey stehe eines Künstlers Werck zu verwüsten, reimet sich nicht hierher. Denn wenn der Mensch sich von den Thieren nähret, so verwüstet er nicht das Werck Gottes, sondern er gebraucht es dazu, wozu es von Gott gemacht worden.«[112]

Aber ist damit das Leiden der Tiere erklärt und entschuldigt? Den Theologen fällt in dieser Lage nichts anderes ein, als die Erbsünde zu bemühen. Auch die Tierseele, erfährt der verunsicherte Fleischesser, sei durch Adams Sündenfall verderbt. Warum also soll man eine solch korrumpierte Seele nicht essen dürfen? Je mehr Tiere der Mensch isst, umso mehr von ihnen gelangen auf schnellstem Wege ins Paradies. Diese Ansicht wurde im Ernst vertreten. Dabei liefert sie fraglos ein ebenso gutes Argument für jede Art Krieg und Völkermord. Für den, der sich mit diesem kulinarischen Himmelfahrtsexpress für Tiere nicht recht anfreunden wollte, gab es noch eine zweite Variante. Ist es nicht so, dass die Tiere sich durch ihren Tod für den Menschen gewissermaßen aufopfern? Sie werden dadurch zu höheren Wesen, und ihre unsterblichen Seelen nehmen an Verstand und Vernunft zu. »Den Thieren«, verstieg sich der Philosoph *Georg Friedrich Meier* (1718–1777), »kann keine größere Wohltat wiederfahren, als wenn sie getötet werden.«[113]

Was hatte der Streit um die Seele den Tieren gebracht? Erst sprachen Philosophen vom Schlage Descartes' ihnen die Unsterblichkeit ab und reduzierten sie zu essbaren Automaten. Doch der Traum vom Menschen als dem einzigen Zweck der Schöpfung ließ sich nicht aufrechterhalten. Zu wenig bestätigte der tatsächliche Lauf der Dinge – Kriege, Krankheiten und Naturkatastrophen – diese überkommene Sicht. Als Leibniz schließlich erklärte, jedes Lebewesen erfülle seinen klug ausgedachten Beitrag in der besten der Welten, änderte sich zwangsläufig die Sicht auf die Tiere. Auf einmal drehte man den Bratspieß um. Man verkündete die Unsterblichkeit der Tierseele, allein nur, um sie wie bisher genüsslich verspeisen zu können. Als Leibniz' Philosophie später an Einfluss verlor, wurde die Unsterblichkeit leichter Hand wieder getilgt.

Viel Papier wurde beschrieben, um den Status der Tierseele zu definieren. Übrig blieben windige Rechtfertigungen, warum die Menschen die weniger klugen Tiere, entgegen allen Skrupeln und Ahnungen, dennoch essen dürfen. Völlig unverblümt schreibt *Johann Gottlieb Fichte* (1762–1814) die wahre *Grundlage des Naturrechts* schonungslos nieder. Tiere, so verfügt der Philosoph, sind das Eigentum des Menschen, ebenso wie ein Hut oder ein Haus. Jeder Mensch darf mit Tieren tun, was er will, solange er sich nicht am Eigentum anderer vergreift. Was öffentliche Tiere anbelangt, also Wildtiere im Gegensatz zu Nutztieren, so fällt Fichte nichts anderes ein, als die »Schädlinge« abknallen zu lassen: »Es ist … jedem vernunftmäßigen Staat anzumuten, dass er das Wild zunächst gar nicht ansehe, als etwas Nutzbares, sondern als etwas Schädliches … als einen Feind.«[114] Und sollten sich nicht genug offensichtliche Schädlinge mehr finden lassen, so kümmere sich der Jäger um die weniger offensichtlichen. Von Natur aus jedenfalls sind alle Wildtiere überflüssig und schädlich. Es ist deshalb sinnvoll, »dem Jäger noch andere Verbindlichkeit aufzulegen«, etwa »die Ausrottung der Raubtiere, aus denen er selbst keinen Nutzen ziehen kann, deren Leben ihm aber auch nicht unmittelbar schadet, (die welche seinem Widerstande schaden, Füchse, Wölfe u. dgl. rottet er schon aus) z.B. Hühnergeier, u. dgl. Raubvögel, Sperlinge, selbst Raupen und andere schädliche Insekten«.[115]

Die höfische Gesellschaft mochte sich noch so sehr an Tierquälereien erfreuen und ihre Philosophen die kalte Rationalität predigen – spätestens seit der Aufklärung mussten sämtliche Ideologen der menschlichen Willkürherrschaft über das Tier einen Faktor einkalkulieren, der sich zunehmend ins allgemeine Bewusstsein drängte: das Empfinden von Mitleid mit der geschundenen Kreatur. Schon in den Zeiten des Barocks gibt es Zeugnisse, dass die Jagden und Schaukämpfe des Adels durchaus nicht von allen Teilen der Bevölkerung umstandslos gutgeheißen wurden. Laut Volksglauben erkrankten Kinder, die Tiere quälten, später genau an dem Körperteil, an dem sie dem Tier Schaden zugefügt hatten. Zur gleichen Zeit erkannten protestantische Sekten in England, in den USA und in Deutschland das Tier als ein empfindendes Wesen und Gefährten – als ein »Mitgeschöpf«.

• *»Können sie leiden«? Die Rückkehr des Mitleids.*

»Können sie leiden?«
Die Rückkehr des Mitleids

Dass der Mensch das edelste aller Geschöpfe sei,
lässt sich schon daraus ersehen, dass ihm noch kein
anderes Geschöpf widersprochen hat.

Georg Christoph Lichtenberg

Kaum ein Mensch in unserer Kultur wird heute noch unterschreiben, was Descartes im 17. Jahrhundert den Tieren unterstellte: Automaten zu sein, empfindungslos und ohne Bewusstsein. Ginge er heute mit solcher Ansicht auf Wählerfang, er würde an der Fünf-Prozent-Hürde scheitern. Und doch leben wir derzeit nahezu allesamt cartesianisch: Die Praxis der industriellen Tierverwertung ist taub für das Leiden der Tiere, blind für die Angst in den Augen des seelenlosen »Nutzviehs«. Es mag sein, dass, wie *Albert Schweitzer* (1875–1965) vermutete, Descartes mit seinem Ausspruch, dass die Tiere bloße Maschinen sind, die ganze europäische Philosophie behext hat. Doch es ist vermutlich ebenso wahr, dass sich die ökonomische Verwertung der Tiere seit alters her um philosophische Legitimationen kaum mehr schert als um ein ungesalzenes Radieschen.

Doch schon im 17. und 18. Jahrhundert regte sich innerhalb der protestantischen Kirche Widerspruch, vor allem in England und in den USA. Puritaner, Quäker und Pietisten forderten die Kirche auf, ihren Umgang mit dem Tier gründlich zu überdenken. Auch sie glaubten, dass das Leben dazu da sei, sich für das Paradies zu qualifizieren. Aber sie sahen darin keine exklusiv menschliche Sonderaufgabe. Die ganze Welt war für sie ein »Gefäß der Sünde«. Sie waren davon überzeugt, dass Adams Sündenfall nicht nur ihn selbst und die zukünftige Menschheit mit der Erbsünde belastet hätte. Nicht minder würden die Tiere unter der Vertreibung aus dem Paradies leiden, denn sie litten seitdem ebenfalls unter Krankheiten, Seuchen und Schmerzen. Der Fluch, den Adam einseitig verschuldet hat, aber alle Kreaturen auszubaden haben, verbindet Menschen und Tiere in einer Schicksalsgemeinschaft.

Der Sündenfall hat die ganze Welt aus den Fugen gebracht, und Tiere sind die unschuldigen Leidtragenden der menschlichen Verfehlung. Aus diesem Grund sorgen sich die protestantischen Sekten um die Kreatur und sprechen sich gegen alle damals verbreiteten Formen willkürlicher Tierquälerei aus. Sie verteufeln Jagden und Schaukämpfe ebenso wie Aberglaube und Tierverstümmelungen.

Wer sich am Leid der Tiere ergötzt, wiederholt nach Ansicht der Puritaner Adams Sündenfall und lässt die Tiere ein weiteres Mal unschuldig leiden. Und er verstößt gegen das göttliche Gebot, in Askese zu leben und seine Freude allein aus der Erwartung des Jenseits zu ziehen. Tierquälerei ist somit in doppelter Weise verachtenswert. Sie ist die symbolische Wiederholung der Erbsünde. Und sie ist die nutzlose Vergeudung der Zeit, in der sich der Mensch vor Gott zu bewähren hat. Ein guter Puritaner verbringt sein Leben mit Arbeit, dafür belohnt ihn Gott mit weltlichem Reichtum. Als »Steward« der Schöpfung fühlt er sich dazu verpflichtet, sein Land wirtschaftlich zu nutzen. Er darf Tiere als Arbeitsmittel einsetzen, aber er muss sie gut versorgen und behandeln. Alles andere widerspricht Gottes Geboten und einer vorausschauenden Ökonomie.

Der Glaube der protestantischen Sekten ist hart und freudlos. Wie bei Hindus und Buddhisten steht das ganze Leben bei ihnen im Fokus des Jenseits. Eigentlich interessiert sich der Puritaner oder Quäker auch gar nicht für die Tiere, die in der verdammten Sphäre des Kreatürlichen mit ihm leben müssen. Seine ganze Hoffnung gilt der Erlösung aus dem nichtigen Jammertal des Diesseits. Es gibt keinen Schmuck, keine Feste, nicht mal Weihnachten, und alle Vergnügungen sind Laster. Und doch entwickelt sich in diesem Umfeld die Basis einer Ethik, die heute wieder in der Kirche ihren Platz sucht: das Konzept der Mitgeschöpflichkeit.

Das geteilte Leidensschicksal von Menschen und Tieren wirft aber eine prekäre Frage auf: Wenn Adams Missetat die Tiere in das christliche Heilsgeschehen mit einschließt, gibt es dann auch für sie eine Erlösung aus dem Jammertal? Wer dies bejaht, der hütet sich nicht nur vor Tierquälerei. Er sieht sich gezwungen, seine Bewertung von Tieren fundamental zu verändern. Aus der Ethik des maßvollen Umgangs entwickelt sich eine Ethik des Mitleids. Wie kann der cleverere der ungleichen Brüder, Mensch und Tier, den anderen einfach verspeisen? In England schreibt *Thomas Tryon* (1634–1703) ein leidenschaftliches Plädoyer für den Vegetarismus. Tryon hat sich mit den Pythagoreern beschäftigt und mit dem Hinduismus. Er glaubt nicht an die Seelenwanderung, aber er sieht die Welt als einen großen Gesamtorganismus an; alle Lebewesen sind für ihn beseelt. Und wer das *»inward light«* im Tier spürt, wird es nicht mehr genüsslich verspeisen können, sondern legt Wert auf einen »brüderlichen« Umgang mit ihm.

Tryon steht nicht allein auf protestantischer Flur. In Deutschland verfasst der schwäbische Pietist *Adam Gottlieb Weigen* (1677–1727) seine *Schrifftmässige Erörterung deß Rechts des Menschen über die Creaturen.* Auch für ihn ist die gesamte Schöpfung durch Adams Sündenfall betroffen. Deshalb sollen wir gut zu den unschuldig leidenden Tieren sein und keinen »mannigfaltigen Mißbrauch« betreiben.[116] Der Tierschutzgedanke bleibt im Pietismus ebenso fest verankert wie bei Puritanern und Quäkern. Im Jahr 1776 beschreibt der englische Vikar *Humphrey Primatt* (ca. 1735–ca. 1778) Tiere als »lebendige Seelen« aus dem Odem des Schöpfers. Mensch und Tier erscheinen als Brüder in der Schicksalsgemeinschaft. Beide sind sie Geschöpfe Gottes, und beide empfinden sie auf vergleichbare Weise Schmerzen: »Schmerz ist Schmerz, ob er Menschen oder Tieren zugefügt wird; und das Wesen, das Schmerzen erleidet, ob Mensch oder Tier, erleidet Böses, solange es diesen Schmerzen gegenüber empfindlich ist.«[117]

Im Anschluss daran bringt Primatt ein Argument, das noch heute viele Menschen davon überzeugt, Vegetarier zu werden: »Wenn wir, schreckliche Fügung, dieselbe Fähigkeit zu Verstand und Reflektion hätten, wie die Tiere sie haben; und andere Wesen, in Menschengestalt, würden uns barbarisch misshandeln und unterwerfen, weil wir nicht dieselben Fähigkeiten hätten wie sie; die Ungerechtigkeit und Grausamkeit in ihrem Verhalten wäre uns offensichtlich, und wir würden natürlich daraus schließen – ob wir auf 2 oder 4 Füssen gehen, ob unsere Köpfe nach oben oder unten weisen, ob wir nackt oder behaart sind, ob wir Schwänze haben oder nicht, Hörner oder keine, kurze oder lange Ohren haben; ob wir wiehern wie ein Esel, sprechen wie ein Mensch, singen wie ein Vogel oder stumm sind wie ein Fisch – dass diese Unterschiede von Natur aus nicht als Rechtfertigung für das Recht auf Tyrannei und Unterdrückung vorgesehen sind.«[118]

Die Artgrenze zwischen Mensch und Tier erscheint Primatt geringfügig gegenüber der Gemeinschaft der Gottesgeschöpfe. Da beide eines Tages von ihrem kreatürlichen Leiden erlöst werden, bemühen sich die protestantischen Sekten darum, schon auf Erden Zeichen zu setzen, dass sie das Tier als »Bruder« akzeptieren. Man kann sogar so weit gehen wie einige Quäkergruppen: Weil es der Mensch war, der das Tierleid verschuldete, idealisierten sie die vom Menschen unkultiviert belassene Natur als *»refuge from worldly corruption«*. In der *»wilderness«* begegnete ihnen ein Teil vom ursprünglichen Zustand der Schöpfung.

Jahrhundertelang hat sich die christliche Kirche darum bemüht, den Animismus auszutreiben, der im Volksglauben immer lebendig geblieben war. So ist es für die Papstkirche nicht leicht hinzunehmen, dass protestantische Sekten auf einmal wieder das Tier für sich entdecken. Deren Glaube betont das gemeinsame Schicksal von Mensch und Tier vor jeder Artunterscheidung. Gleichwohl bleiben die protestantischen Sektierer eine Minderheit. Ihr Glaube macht kaum Schule und fällt in der Geschichte des Christentums wenig ins Gewicht.

Ganz anders jedoch wirken sie in die Philosophie hinein. Denn das idealisierte Naturverständnis der Quäker inspiriert den protestantischen Uhrmachersohn Jean-Jacques Rousseau in Genf. Er macht daraus einen »Naturzustand«, ein Bild vom Paradies vor den verhängnisvollen Folgen der Zivilisation. Nach Rousseau hat erst die Kultur den Menschen korrumpiert. Von Natur aus sei er ein edler Wilder und (anders als bei den Quäkern) frei von jeglicher Erbsünde. Im Tier erkennt der Philosoph, ähnlich wie im Menschen, »eine kunstvolle Maschine«, die sich selbst erhält.[119] Aber diese Maschine ist, anders als bei Descartes, leidensfähig. Menschen und Tiere unterscheiden sich weniger körperlich oder durch ihre Vernunft, sondern dadurch, dass Menschen ihr Leben frei gestalten können. Was bei den Quäkern Mitgefühl mit der unter der Last der Erbsünde leidenden Kreatur ist, begründet Rousseau ganz ohne Religion. Nicht Gott, sondern Mitleid und Tugend verpflichten den Menschen zur Sorge um das Tier. Ein anderer Aufklärer, Voltaire, sollte ihm hierin zustimmen. Erbärmlich und armselig sei die Behauptung, Tiere seien Maschinen ohne Verstand und Gefühl. Auch Tiere, erklärte der Philosoph, seien empfindsam und lernfähig. Entsprechend gut müsse man sie behandeln.

In England entwickelt derweil *Jeremy Bentham* (1748–1832) eine neue Ethik. Sie soll ganz ohne das Privileg der Vernunft auskommen. Was, fragt Bentham, ist eigentlich der Sinn der Moral, wenn nicht das Glück aller leidensfähigen Lebewesen zu mehren und ihr Leiden möglichst gering zu halten? Als streitbarer Kämpfer engagiert er sich für die Rechte aller Unterdrückten seiner Zeit, insbesondere der Sklaven und der Frauen. Die Französische Revolution macht ihm Hoffnung auf eine völlig neue gerechtere Gesellschaft. »Der Tag mag kommen«, prophezeit Bentham im Jahr 1789, »an dem der Rest der belebten Schöpfung jene Rechte erwerben wird, die ihm nur von der Hand der Tyrannei vorenthalten werden konnten. Die Franzosen haben bereits entdeckt, dass die Schwärze der Haut kein Grund ist, ein menschliches Wesen hilflos der Laune eines Peinigers auszuliefern. Vielleicht wird eines Tages erkannt werden, dass die Anzahl der Beine, die Behaarung der Haut oder die Endung des Kreuzbeins ebenso wenig Gründe dafür sind, ein empfindendes Wesen diesem Schicksal zu überlassen. Was sonst sollte die unüberschreitbare Linie ausmachen? Ist es die Fähigkeit des Verstandes oder vielleicht die Fähigkeit der Rede? Ein voll ausgewachsenes Pferd aber oder ein Hund ist ungleich verständiger und mitteilsamer als ein einen Tag oder eine Woche alter Säugling oder sogar als ein Säugling von einem Monat. Doch selbst wenn es anders wäre, was würde das ausmachen? Die Frage ist nicht: Können sie *denken*? Können sie *sprechen*? Sondern: Können sie *leiden*?«[120]

Benthams flammende Sätze werden später zu einem Schlüsseltext der Tierrechtsbewegung. Dabei hatte sich der Vater des philosophischen Utilitarismus ansonsten kaum mit Tieren beschäftigt. Er sprach ihnen sogar generell ab, ein Ich-Bewusstsein zu haben und ihr Leben auch nur ansatzweise zu überschauen. Deshalb besitzen Tiere für Bentham keine ernstzunehmenden Lebensinteressen, die darüber hinausgehen, Leiden zu vermeiden. Tiere zu essen sei deshalb völlig gerechtfertigt, denn »uns nützt es, und ihnen schadet es nicht«.[121] Da sie keine Ängste hätten, »schadet ihnen der Tod nicht« – ein Argument, mit dem man im Übrigen auch Menschen jederzeit überraschend und schmerzlos im Schlaf töten dürfte …

Viel ausführlicher und tiefer überdenkt zur gleichen Zeit der wenig bekannte Mainzer Philosoph *Wilhelm Dietler* (gest. 1797) die Frage, ob man Tieren nicht Rechte zusprechen müsse. 1787, zwei Jahre vor Bentham, fordert er »Gerechtigkeit gegen Thiere«. Dabei entkräftet er jene Einwände, die Gegner von Tierrechten bis heute ins Feld führen: »Man muss sich etwas sehr sonderbares unter Thierrechten denken oder eine sehr hoelzerne Philosophie haben, wenn man aus Wortstreitsucht den Thieren keine Rechte zugestehen will aus dem wunderlichen Grunde, weil sie keine Vernunft haben. Freilich, wenn man niemand Rechte lassen will, als wer im Stande ist uns belangen zu koennen, so hat man Grund sie den Thieren abzusprechen, denn sie werden wohl schwerlich je mit uns wegen zugefügter Beleidigungen vor Gericht erscheinen. Aber dieses kann ja auch das unmündige Kind nicht, und doch laeugnet man nicht, es sei widerrechtlich, ungerecht, das Kind zu toeden, zu verletzen oder dergleichen, das Kind habe also gewisse Rechte. Folglich koennen ja die Thiere eben so wohl gewisse Rechte haben, das heißt, manche Handlungen gegen dieselben koennen ungerecht, unerlaubt sein. Und weiter will man ja nichts behaupten, wenn man sagt: die Thiere haben Rechte, als daß der Mensch Pflichten gegen dieselben habe.«[122]

Tieren Rechte zuzusprechen bedeutet nicht, sie wie Menschen zu behandeln. Vielmehr denkt Dietler an Anspruchsrechte. Tiere haben ein Recht darauf, nicht getötet, gegessen oder gequält zu werden. Und vor allem haben sie ein Anrecht auf Glück. Seine Vorstellung von Glück müsste man nach heutigem Verständnis »ökologisch« nennen. Es geht nämlich nicht nur um das Interesse des einzelnen Lebewesens, sondern auch um das Gleichgewicht des Naturganzen. Quelle der Glückseligkeit ist die ungestörte Natur, in der jedes Lebewesen seinen Platz hat und seine Rolle ausfüllt. Wird dieses Gleichgewicht zerstört, gerät der göttliche Friede der Schöpfung durcheinander, und das Unglück mehrt sich. Bewusste Eingriffe in die Schöpfung wie das willkürliche Quälen und Töten von Tieren widersprechen, nach Dietler, der rechtmäßigen Ordnung.

Auf ähnliche Weise argumentiert der dänische Philosoph *Lauritz Smith* (1754–1794), ein Mann, den ebenso wie Dietler heute fast niemand mehr kennt. Wie dieser weist Smith auf den Unsinn hin, vorgeblich nur denjenigen Rechte zuzuerkennen, die um diese Rechte wüssten. Kinder und fantasierende Kranke hätten Rechte, ohne darum zu wissen. Und wie Primatt erkennt Smith, dass das Billett der Vernunft jedem dem Menschen überlegenen Wesen das Recht einräumen würde, ihn zu verspeisen: »Du zergliederst das lebendige Thier, weil es in deiner Gewalt ist … und ein jeder, der stärker ist als du, wird das Recht haben, dich eben so zu behandeln.«[123]

Es ist schon ein finsterer Scherz der Philosophiegeschichte, Denker vom Schlage eines Lauritz Smith aus ihrem Gedächtnis zu streichen. Lange vor den ersten verhaltenspsychologischen Untersuchungen Ende des 19. Jahrhunderts konnten Menschen in Smiths *Versuch eines vollständigen Lehrgebäudes der Natur und Bestimmung der Thiere und der Pflichten des Menschen gegen die Thiere* lernen, dass ein Tier durchaus »Geist« besitzt: Vorstellungskraft, Geschmack, Gehör, Geruch, Gesicht,

Kenntnisse, Einbildungskraft, »die Fähigkeit zu urtheilen und zu schließen«, »ein Gefühl von seiner persönlichen Identität«, Selbstbewusstsein, ein Gedächtnis und einen Willen. Das Glück der Tiere besteht darin, diese Fähigkeiten auszuleben. Denn »die Natur machte es dem Thiere zur Pflicht, Freude und Glück und Zufriedenheit mit seinem Zustande zu suchen, eben sowohl als dies, der Natur zu folge, die Pflicht des Menschen ist. Es ist uns also eben so unmittelbar Pflicht, dem Thiere Recht wiederfahren zu lassen, als es uns Pflicht ist, gegen den Menschen gerecht zu seyn.«[124]

Als einer der Ersten wendet Smith den Begriff der »Würde« auf die Tiere an. Das Wort hat eine lange Geschichte. Es reicht bis zu den Stoikern zurück und erhält seinen modernen Zuschnitt als »Menschenwürde« in der Renaissance. Gegen Ende des 18. Jahrhunderts ist der Terminus gleichwohl noch nicht in aller Munde. Wem kommt eine Würde zu und wem nicht? Für Smith sind es die vielen sinnlichen und geistigen Fähigkeiten, die Tieren eine Würde verleihen. Doch seine Konzeption der Würde setzt sich nicht durch. Ein wesentlich berühmterer Philosoph wird wirkungsmächtig festlegen, dass die Würde allein dem Menschen zukommt.

Die Rede ist von Immanuel Kant. Er reduziert das Mitleid mit der Kreatur und die Wertschätzung der Tiere – beides Gedanken, die sich in der Philosophie mehr und mehr ausbreiten – wieder auf ein Minimum. Die Franzosen Rousseau und Voltaire hatten das Tier als entfernten Schicksalsgenossen des Menschen entdeckt und damit als moralphilosophisch interessantes Wesen. Der Deutsche Dietler hatte als Erster von »Tierrechten« gesprochen und der Däne Smith von der »Würde der Tiere«. Kant dagegen stellt knöchern fest: Der Mensch hat gegenüber Tieren keine unmittelbaren Pflichten, wir schulden ihnen nichts. Ein Unrecht, das man Tieren antun könnte, gibt es nicht! Denn Tiere besitzen nach Kant kein Selbstbewusstsein und sind deshalb auch keine »Personen«, sondern »durch Rang und Würde ganz unterschiedene Wesen«. Sie sind Sachen, »mit denen man nach Belieben schalten und walten kann«.[125]

Immerhin, auch ein so konsequenter Denker der exklusiv menschlichen Vernunft wie Kant kommt nicht völlig ohne Mitleid aus. Obwohl der Königsberger Gelehrte kein Herz für das Leiden der Tiere hat, stimmt er doch gegen die Tierquälerei. Allerdings nicht, weil sie den Tieren schadet, sondern weil sie die Menschen verroht. Wer schlecht zu Tieren sei, sei auch schlecht zu Menschen. Das Argument ist nicht neu, man kennt es seit der Antike in vielen Wiederholungen. Aber Kant begründet diese pädagogische Rücksichtnahme »in Ansehung der Tiere« auf neue Weise. Bislang war Tierquälerei ein zu roher Umgang mit Gottes Schöpfung. Kant hingegen nennt eine andere Instanz, gegen die sich der Tierquäler versündigt – die eigene innere Vernunft. Ging es früher darum, die Schöpfung zu achten, so begründet er das Verbot, Tiere zu quälen, mit der *Selbstachtung*.

Obwohl Kant die Tiere gleichgültig sind, ist diese Wende folgenschwer. Statt Gott tritt eine neue Instanz im Umgang mit dem Tier auf den Plan: Man soll sie nicht quälen, und zwar *um seiner selbst willen*. Ein großer Schritt, aber im Hinblick auf Tiere nur so etwas wie ein Abfallprodukt der Kant'schen Vernunftethik. Für einen Tierfreund wie *Arthur Schopenhauer* (1788–1860) ist das viel zu dünn und zu wenig. Mit Ingrimm wettert er vier Jahrzehnte später gegen Kants Begründung: »Also bloß zur Uebung soll man mit Thieren Mitleid haben, und sie sind gleichsam das pathologische Phantom zur Uebung des Mitleids mit Menschen.« Auf diese Weise bleiben die Tiere »in der philosophischen Moral vogelfrei … bloße ›Sachen‹, bloße *Mittel* zu beliebigen Zwecken, also etwan zu Vivisektionen, Parforcejagden, Stiergefechten, Wettrennen, zu Tode peitschen vor dem unbeweglichen Steinkarren u. dgl. – Pfui!«[126]

Anders als Kant kann Schopenhauer mit der Vernunft des Menschen nicht viel anfangen: Er traut ihr nicht. Inspiriert durch die für einen abendländischen Denker des 19. Jahrhunderts äußerst ungewöhnliche Lektüre fernöstlicher Weisheiten, erkennt er die Wurzel allen Tierübels im christlich-jüdischen Fundament des abendländischen Moralempfindens: »Die vermeinte Rechtlosigkeit der Thiere, der Wahn, dass unser Handeln gegen sie ohne moralische Bedeutung sei, oder, wie es in der Sprache jener Moral heißt, dass es gegen Thiere keine Pflichten gebe, ist geradezu eine empörende Rohheit und Barbarei des Occidents, deren Quelle im Judenthum liegt.«[127]

Schopenhauers Schuldzuweisung an das Judentum ist einseitig. Die Trennung von Leib und Seele bei den Griechen und die Ethik der Stoiker haben auf ihre Weise dazu beigetragen, dass wir Tiere hartherzig versachlichen. Doch der argwöhnische Gelehrte hat völlig recht damit, auf das Leiden der Tiere aufmerksam zu machen. Er will nicht, dass die Philosophie sie einfach aus der Ethik herauskürzt. Habt ein Auge für die Tatsachen und verabschiedet euch von philosophischen Stubenbegriffen – damit bekämpft er den Mainstream der abendländischen Philosophie. Die Erde existiere nun mal nicht um der Menschen willen. Seltsam und weltfremd erscheint ihm die Vorstellung, die Tiere seien bloß zum Nutzen und Ergötzen des Menschen da. Philosophen und »Pfaffenschaft« mögen noch so viele »Sophistikationen« anstellen. Es mache überhaupt keinen Sinn, Mensch und Tier mit künstlichen Wortgrenzen in getrennte Gehege zu sortieren. Denn das »Wesentliche und Hauptsächliche im Thiere« sei »das Selbe« wie bei uns.[128]

Dass wir achtlos und grausam mit Tieren umgehen, ist nach Schopenhauer vor allem ein religiöses Erbe von Judentum und Christentum, und beides würde er am liebsten abgeschafft sehen. Er traut dem Christentum nicht zu, sich in der Tierfrage aus sich selbst heraus zu erneuern: »Daß die Moral des Christentums die Thiere nicht berücksichtigt, ist ein Mangel derselben, den es besser ist einzugestehen, als zu perpetuiren.«[129] Doch zwei Jahre bevor Schopenhauer dies schreibt, ist in Deutschland der erste Tierschutzverein gegründet worden – von pietistischen Christen! Geistiger Vater ist der Tübinger Pfarrer *Christian Adam Dann* (1758–1837). Im Jahr 1822 veröffentlicht er seine *Bitte der armen Thiere, der unvernünftigen Geschöpfe, an ihre vernünftigen Mitgeschöpfe und Herrn, die Menschen.* Darin wähnt er sich im Einklang mit der Bibel, wenn er die Tierquälerei als Sünde anprangert. Doch seine Ethik der Mitgeschöpflichkeit hat enge Grenzen. Obwohl er an die Rolle der Tiere als Gefährten des Menschen erinnert, verurteilt er nur die »vielen unnöthigen Plagen«, denen wir Tiere aussetzen. Das »unvermeidliche Leiden« zum »Wohle des Menschen« dagegen sei von Gott gerechtfertigt. Insofern dürfen Menschen auch weiterhin Fleisch essen und medizinische Tierversuche durchführen.

Von Anfang an ist die Tierschutzbewegung viel gemäßigter und vorsichtiger, als Denker wie Tryon oder Primatt es waren. Es geht nicht darum, das Verhältnis zum Tier völlig zu verändern – es geht nur darum, die schlimmsten Auswüchse zu verhüten. Seit Gründung des ersten deutschen Tierschutzvereins durch Danns Freund, den Kirchenlieddichter *Albert Knapp* (1798–1864), im Jahr 1838, ist der organisierte Tierschutz ein gesellschaftlich angesehenes Spartenprogramm.

In England gibt es den organisierten Tierschutz schon länger. Hier wird bereits 1822 ein erstes Gesetz verabschiedet, das übertriebene Grausamkeit gegen Tiere unter Strafe stellt. Drei Jahre später wird die Society for the Prevention of Cruelty to Animals (SPCA) initiiert. Gründer ist der anglikanische Priester *Arthur Broome* (1780–1837). Bislang hat die anglikanische Kirche die Frage nach dem Tierschutz mit äußerstem Misstrauen beargwöhnt. Aber der SPCA gelingt es schnell, einflussreiche Politiker und Damen und Herren der feinen Gesellschaft für ihre Sache zu gewinnen. Im Jahr 1835 übernimmt Prinzessin Victoria die Schirmherrschaft, die spätere langjährige Königin.

Das Themenspektrum der frühen Jahre ist allerdings äußerst begrenzt. Es geht hauptsächlich darum, anständig mit Zugtieren wie Pferd, Rind und Esel umzugehen. Um die Jagd wird fein säuberlich ein Bogen gemacht. Vom Vegetarismus, den die Quäker so lange forderten, ist nicht die Rede. Auch das Erbe von Männern wie *William Cowherd* (1763–1816) soll nicht angetreten werden. Der sozial vielfach engagierte Pastor predigte den Arbeitern im früh industrialisierten Manchester. Als Anhänger des schwedischen Mystikers *Emanuel Swedenborg* (1688–1771) mahnte er sie, auf Fleisch zu verzichten; der Genuss trübe die spirituellen Fähigkeiten ein. Für Cowherd war die vegetarische Lebensweise ein kleiner Schritt zu einer besseren Welt, flankiert von Forderungen nach der Gleichheit und Freiheit aller Menschen ohne Ausnahme. Aus diesem Geist entsteht 1847 die ethisch kompromisslose Vegetarian Society.

Von einer »universalen Bruderschaft« aller Menschen unter Einbezug der Tiere, wie sie die Vegetarian Society fordert, kann beim organisierten Tierschutz nicht die Rede sein. Hier geht es wesentlich gemächlicher zu. Mitleid ja – größere Konsequenzen nein! Dies ist die Lage, als Charles Darwin im Jahr 1859 seine Evolutionstheorie vorlegt. Obwohl er es seinem Mitstreiter *Thomas Henry Huxley* (1825–1895) überlässt, den Menschen neben anderen Menschenaffen ins Tierreich einzusortieren, ist die Botschaft klar. Von nun an braucht niemand mehr darüber zu spekulieren, ob Tiere Mitgeschöpfe sind und welche Rolle Gott ihnen zugedacht hat. Diese Frage ist nun ganz ohne Gott und seinen vieldeutigen Ratschluss beantwortet. Menschen und Tiere entspringen aus der gleichen Wurzel. Biologisch sind sie alle »Mitgeschöpfe« – falls das Wort »Schöpfung« überhaupt noch sinnvoll ist.

In seinem freundlichen Alterswerk über *Die Abstammung des*

Menschen gibt sich Darwin 1871 viel Mühe, all die wunderbaren Eigenschaften aufzuzählen, die die Natur im Menschen hervorgebracht hat: Sensibilität und Fürsorge, einen Sinn für Schönheit und die Fähigkeit zu Mitgefühl und zur Moral. Und all dies ist nicht vom Himmel gefallen, sondern hat sich evolutionär entwickelt. Sämtliche Anlagen des Menschen, selbst sein Intellekt, wurzeln in der Natur: »So groß nun auch nichtsdestoweniger die Verschiedenheit an Geist zwischen dem Menschen und den höheren Tieren sein mag, so ist sie doch sicher nur eine Verschiedenheit des Grads und nicht der Art.«[130]

Doch wenn all die wunderbaren geistigen Eigenschaften des Menschen aus dem Tierreich stammen und manches davon auch bei anderen Tieren vorkommt – muss man daraus nicht weitreichende moralische Konsequenzen ziehen? »Die Liebe zu allen lebenden Kreaturen ist die nobelste Eigenschaft des Menschen«, schreibt Darwin im vierten Kapitel der *Abstammung*. Eine späte Einsicht! Denn für ihn selbst hatte dieser Satz lange nicht gegolten. Als Student aß er einen Waldkauz, auf seiner Südamerikareise verspeiste er Leguane, Schildkröten, Gürteltiere und sogar einen Puma. Erst bei einem seltenen Laufvogel (dem späteren Darwin-Nandu) verging ihm der Appetit. Gleichwohl lebte er nie fleischlos, auch wenn er sich im Alter mit fleischlicher Kost zurücknahm.

Man stelle sich vor, welche Strahlkraft bis heute auf die vielen Darwin-Verehrer in den Naturwissenschaften ausgegangen wäre, hätte sich der große Biologe dazu bekannt, vegetarisch zu leben! Stattdessen gibt es wohl bis heute mehr Pfarrerstöchter, die kein Fleisch mehr essen mögen, als hartgesottene Biologen. Gerade unter ihnen hat es der Vegetarismus bis heute äußerst schwer. Und so blieb das Mitleid mit den Tieren weiterhin vor allem eine Sache von Theologen und feinfühligen Städtern.

Besonders in den Städten setzt eine folgenschwere Gabelung ein. Tiere werden nicht nur zum Nutzen, sondern mehr und mehr zum Vergnügen als »Haustiere« gehalten. Auf der einen Seite entfremden sich die Stadtbewohner im Laufe des 19. und 20. Jahrhunderts davon, Tiere zu schlachten. Auf der anderen Seite aber essen sie verstärkt Fleisch. Für die Bauern war Fleisch eine seltene und kostbare Mahlzeit. Doch im 20. Jahrhundert wird Fleisch immer billiger. Grund dafür ist die industrielle Tierhaltung und Tiertötung. Die Massaker des Schlachtens verschwinden aus der Lebenswelt in die Hinterhöfe der Vorstädte. Und während erste Tierschutzgesetze das Quälen verbieten, entstehen Tierfabriken zur industriellen Tötung von Nutztieren. Die Tierversuchspraxis erlangt bisher ungekanntes Ausmaß. Und erste Pelztierfarmen beliefern die Textilfabrikation mit industriell gezüchteten Nerzen.

Es ist schon eine makabre Pointe in der Kriminalgeschichte des Bürgertums: In dem Moment, als das durch Vernunft privilegierte Vorrecht des Menschen gegenüber dem Tier philosophisch in sich zusammenfällt, empfindsame Bürger sich mitleidig um den Tierschutz sorgen – just in dieser Zeit nimmt die maßlose Qual der Tierfabrikation ihren Anfang: die völlige Entwertung tierischen Lebens, grausamer, lebensverachtender und kälter als je zuvor in der Geschichte der Menschheit!

Darwins Nachweis, wie eng Tiere und Menschen miteinander verwandt sind, hatte dem Schicksal der Tiere nicht weitergeholfen. Stattdessen diente er ungezählten Sozialdarwinisten dazu, den *struggle for life* und das *survival of the fittest* auch auf die Menschenwelt zu übertragen. Statt die Tiere aufzuwerten, wurden nun Menschen abgewertet, seien es soziale Gruppen, geistig und körperlich Behinderte, Ethnien oder ganze Völker – eine Entwicklung, die Darwins Absichten völlig widersprach.

Immerhin hatte sich Darwin im Anschluss an die *Abstammung* noch einmal mit dem *Ausdruck der Gemütsbewegungen bei dem Menschen und den Thieren* beschäftigt. Er verglich die Mimik und die Gefühle der Tiere unter anderem mit jenen seiner

Kinder. Und er identifizierte dabei animalische Gefühle und Gemütsregungen wie Unbehagen, Trauer, Niedergeschlagenheit, Verzweiflung, Freude, Liebe, Hingabe, Ekel, Schuld, Verachtung, Übellaunigkeit, Schmollen, Scham, Grauen, Ärger, Geringschätzung, Erstaunen, Überraschung, Furcht, Schüchternheit und Bescheidenheit.

Für den englischen Sozialreformer *Henry Stephens Salt* (1851–1939) waren Darwins Untersuchungen über die kognitiven und emotionalen Leistungen der Tiere Grund genug, nun endlich Konsequenzen zu fordern. Wenn Tiere ebenso wie Menschen sensibel und intelligent sind – wenn auch auf etwas geringerer Stufe –, so müssten für sie ebenso Rechte gelten – wenn auch auf etwas geringerer Stufe. Zehn Jahre nach Darwins Tod veröffentlichte Salt sein Buch *Die Rechte der Tiere.*

Schon Dietler und Bentham hatten vom »Recht« der Tiere gesprochen. Doch Salt geht die Sache systematisch an. Er legt der britischen Öffentlichkeit die erste Philosophie der »Tierrechte« vor. Bislang ist der Begriff der »Rechte« noch immer für Menschen reserviert. Doch Salt orientiert sich an Herbert Spencer, dem einflussreichsten Philosophen des Viktorianischen Zeitalters. Spencer ist eine schillernde Figur. Als Sozialdarwinist überträgt er die Evolutionstheorie auf die Spielregeln der Gesellschaft. Als Liberaler kämpft er gegen religiöse Bevormundung. Und als Rechtsphilosoph formuliert er den Grundsatz, dass alle Freiheiten des Menschen als seine »Rechte« definiert werden können. So hat der Mensch das Recht, alles tun zu dürfen, was er tun kann, sofern es die Freiheiten anderer Menschen nicht beeinträchtigt. Nach Spencer besitzen Menschen Rechte, weil sie Freiheiten haben. Warum, so fragt Salt, gilt dies nur für Menschen? Auch Tiere haben die Freiheit, vieles zu tun oder zu lassen. Sind ihre Freiheiten dann nicht ebenfalls Rechte? Für Salt ist die Sache klar: »Wenn ›Rechte‹ überhaupt bestehen – und Gefühl sowohl wie Erfahrung beweisen unzweifelhaft, *dass* sie bestehen –, so können sie nicht folgerichtig den Menschen zu- und den Tieren abgesprochen werden.«[131]

Salt ist ein engagierter Kämpfer für den sozialen Fortschritt und die Gleichberechtigung. Mit einigen Mitstreitern gründet er die Humanitarian League. Obwohl der Verein kaum mehr als fünfhundert Mitglieder zählt, ist er überaus aktiv. Salt gibt zwei Zeitschriften heraus und gewinnt Unterstützer und Gastredner wie den Schriftsteller George Bernard Shaw und den russischen Anarchisten Pjotr Kropotkin. Anders als die Tierschützer der SPCA versucht Salt, die Sache der Tiere aus ihrem bourgeoisen Umfeld zu lösen. Ohne Angst vor mächtigen Feinden bekämpft er die Jagd als »Schlachterei von Amateuren«. Die Anhänger des Tierschutzes und die Kämpfer für Tierrechte passen nicht mehr zusammen und werden von nun an zu ziemlich erbitterten Gegnern. Während die Tierschützer bürgerlich bleiben, verstehen sich die Tierrechtler als eine gesellschaftliche Befreiungsbewegung.

Rechtsphilosophisch fällt der Kampf für die Rechte der Tiere allerdings in eine schwierige Zeit. Wenn Salt argumentiert, dass Tieren »von Natur aus« Rechte zukommen, so hält er sich damit an die philosophische Konzeption des »Naturrechts«: Recht ist das, was im Einklang mit einer natürlichen Weltordnung steht, sei sie nun von einem Schöpfer festgelegt oder von der Natur. Doch genau diese Definition des Rechts wird im Laufe des 19. Jahrhunderts immer fragwürdiger. Mit dem allmählichen Niedergang der Kirche zerbricht der Glaube an ein natürliches Recht. Die Juristen des späten 19. Jahrhunderts gehen nicht mehr von einer universellen Gerechtigkeit aus. Für sie ist Recht etwas, was Menschen anderen Menschen »zusprechen«, weil es »zweckmäßig« ist. Bezugspunkt ist also nicht die natürliche Ordnung, sondern die Zweckmäßigkeit für Staat und Gemeinwohl. Ein solches Recht wird vom Staat »positiv gesetzt« – man nennt es Rechtspositivismus.

Für die Juristen in Salts Zeit sind Gerechtigkeit und Recht also beileibe nicht das Gleiche. Und sie sehen nicht ein, weswegen es für den Staat zweckdienlich im Sinne des Gemeinwohls sein soll, Tieren Rechte zuzusprechen. Salts Forderung: »Es gibt keine Menschenrechte, wo es Sklaverei gibt, und ebenso wenig gibt es Tierrechte, wo Fleisch gegessen wird« zielte damit politisch ins Leere. Der moderne Rechtsstaat sieht keine Veranlassung, sich um Gerechtigkeit für Tiere zu kümmern; sie liegt außerhalb seines Selbstverständnisses und seiner Aufgaben.

Vor ähnlichen Problemen steht auch der kämpferische deutsche Philosoph *Leonard Nelson* (1882–1927). Nelson ist Kantianer, aber dass Menschen gegenüber Tieren keine direkten, sondern nur indirekte Pflichten haben sollen, missfällt ihm sehr. Was ist das für eine fragwürdige Begründung, die Tierquälerei zu verurteilen, nur weil sie Menschen gegenüber anderen Menschen verrohen lässt? Was wäre denn, wenn ein Tierquäler nicht verrohte? Wäre das Peinigen von Tieren dann nicht, Kants Logik zufolge, völlig zulässig? Eine solch fragwürdige Konsequenz will Nelson nicht akzeptieren: »Ich behaupte, dass es ein Recht der Tiere gibt, nicht von den Menschen zu beliebigen Zwecken missbraucht zu werden. Dies ist etwas sehr anderes als ein Recht des Menschen, nicht durch das Ärgernis der Tierquälerei verletzt zu werden.« Im Anschluss daran bringt er das alte Bild Primatts von den möglichen Rechten einer dem Menschen überlegenen Spezies: »Wem dies nicht einleuchtet, oder wem die damit erhobene Feststellung zu weitgehend erscheint, der braucht sich nur die Frage vorzulegen, ob er für sich selbst damit einverstanden sein würde, von einem ihm überlegenen Wesen nach dessen Belieben missbraucht zu werden.«[132]

Nelson findet es seltsam, dass Kant nur jenen Lebewesen Rechte zuspricht, die Pflichten haben. Gehören Rechte und Pflichten so untrennbar zusammen, wie Kant behauptet? Wie Dietler (den er nicht kennt) argumentiert Nelson, dass wir nicht allen Menschen Pflichten abverlangen. Kleinkinder und geistig Behinderte haben Rechte, aber keine Pflichten. Das Schlüsselkriterium für Rechte ist also nicht, Pflichten erfüllen zu können. Das entscheidende Kriterium ist, ob jemand »Träger von Interessen« ist! Denn nicht Sprache oder Vernunft machen ein leidensfähiges Lebewesen zur Person, sondern seine Interessen. Und so fordert Nelson Rechte für alles Leben, das potenziell zu Interessen fähig ist.

Denker wie Salt oder Nelson setzten sich nicht durch. In Philosophiegeschichten sind sie, wenn überhaupt, nur eine Randnotiz wert. Und doch liegen zu Anfang des 20. Jahrhunderts die wichtigsten Argumente für eine neue Tierethik auf dem Tisch. Es ist das Konzept der *Würde* auch für Tiere. Es ist die Ethik von *Glück versus Leiden* für alle empfindsamen Wesen. Und es ist die Forderung, jedem Lebewesen *Rechte* zuzusprechen, das *Träger von Interessen* ist. Alle drei Begründungen spielen heute eine wichtige Rolle in aktuellen Diskussionen und Debatten. Wir sollten sie uns nun mit ihren Stärken und Schwächen genauer anschauen.

Eine neue Tierethik

Das eiserne Tor

Wege zu einer modernen Tierethik

Wir schließen schnell und einfach: Da alle unter gleichen Verhältnissen geschaffen werden, so sind alle gleich, die Unterschiede abgerechnet, welche die Natur selbst gemacht hat. Es darf daher jeder Vorzüge und darf daher keiner Vorrechte haben, weder ein einzelner noch eine geringere oder größere Klasse von Individuen.

St. Just in Georg Büchners Dantons Tod

Im September 1915 schippert der dreifach promovierte und habilitierte Philosoph, Theologe und Arzt auf dem Ogowe-Dampfer durch Äquatorialafrika. Die Fahrt nach N'Gomo im flachen Wasser und zwischen Sandbänken hindurch ist mühsam und beschwerlich. Schwer sind auch die Gedanken, die der Gelehrte in stetiger innerer Aufregung wälzt: »Geistesabwesend saß ich auf dem Deck des Schleppkahnes, um den elementaren und universellen Begriff des Ethischen ringend, den ich in keiner Philosophie gefunden hatte. Blatt um Blatt beschrieb ich mit unzusammenhängenden Sätzen, nur um auf das Problem konzentriert zu bleiben. Am Abend des dritten Tages, als wir bei Sonnenuntergang gerade durch eine Horde Nilpferde hindurchfuhren«, öffnete sich ihm urplötzlich das »eiserne Tor«. Das Schauspiel der Nilpferde, die sich in den Seggen und Binsen tummeln, hilft ihm dabei, jene Binsenweisheit zu formulieren, die seine ganze ethische Praxis bestimmen sollte: »Ich bin Leben, das leben will, inmitten von Leben, das leben will.«[133]

Die Rede ist von Albert Schweitzer, und der Schlüsselbegriff, den er auf dem Ogowe findet, heißt »Ehrfurcht vor dem Leben«. Lange hatte der Pfarrerssohn aus Kaysersberg im Oberelsass mit den Geisteswissenschaften seiner Zeit gehadert. Schon früh predigte er, dass sich die Kultur seiner Zeit umfassend erneuern müsse. Nach Ausbruch des Ersten Weltkriegs radikalisiert sich sein Zweifel an den Grundlagen der vorherrschenden Moral: »Die bisherige Ethik ist unvollkommen, weil sie es nur mit dem Verhalten des Menschen zum Menschen zu tun zu haben glaubte. In Wirklichkeit aber handelt es sich darum, wie der Mensch sich zu allem Leben, in seinem Bereich befindlichen Leben, verhält. Ethisch ist er nur, wenn ihm das Leben als solches heilig ist, das der Menschen und das aller Kreatur.«[134]

Schweitzer sucht eine neue Philosophie, eine, die die gesamte Schöpfung angemessen respektiert. Er möchte eine Ethik entwickeln, die nicht zwischen Denken und Handeln trennt und einem einzigen Leitgedanken folgt: jedem Leben den gleichen Wert zuzuerkennen. So spricht er von einer »ins Grenzenlose erweiterten Verantwortung gegen alles, was lebt«.

Der sonderbare Querulant wird Tropenarzt und später zum Idealbild eines Idealisten: zum Helfer der Menschheit und der Tiere. Die Ethik auf alles Lebendige auszuweiten stellt Schweitzer in die Tradition des Quäkertums. Doch nicht das Himmelreich, sondern das irdische Leben erscheint ihm als ein großes Faszinosum, und ihm bringt er seine ganze Ehrfurcht entgegen.

Doch wie lässt sich diese Ehrfurcht begründen? Schweitzer

mochte noch so verzückt von den Flusspferden im Ogowe gewesen sein: In der Natur selbst findet sich, wie er weiß, für seine Ethik kein Fundament: »*Die Natur kennt keine Ehrfurcht vor dem Leben.* Sie bringt tausendfältig Leben hervor in der sinnvollsten Weise und zerstört es tausendfältig in der sinnlosesten Weise ... Der große Wille zum Leben, der die Natur erhält, ist *in rätselhafter Selbstentzweiung* mit sich selbst. Die Wesen leben auf Kosten des Lebens anderer Wesen.«[135] Wenn Schweitzer alles respektiert sehen möchte, das lebt, so begründet er seine Ethik nicht im Einklang mit den Spielregeln der Natur, sondern er begründet sie gegen sie. Nicht anders hatten dies schon Philosophen wie David Hume und Immanuel Kant getan.

Von Hume stammt das berühmte Gesetz der Ethik, dass wir aus der Natur grundsätzlich keine Handlungsanweisungen erhalten. Die Tatsache, dass etwas auf eine bestimmte Art und Weise *ist,* verrät nichts darüber, wie etwas sein *soll.* Ich kann sagen: Von Natur aus ist der Mensch ein auf Bäumen lebender Primat, der sich gern an sonnenbeschienenen Lichtungen aufhält. Doch daraus folgt nicht, dass der Mensch auf Bäumen und am Rand sonnenbeschienener Lichtungen leben *soll.* Und aus der Tatsache, dass nur jeder Zweite in Deutschland regelmäßig eine Zahnbürste benutzt, folgt nicht unweigerlich, dass mehr Deutsche sich regelmäßig die Zähne putzen *sollen.* Vom Sein zum Sollen führt kein logischer Schritt.

Die Natur der Dinge hilft uns in der Ethik nicht weiter. Und Albert Schweitzer hat mahnend vor Augen geführt, wohin es uns bringt, wenn Menschen ihre Moral aus der Biologie begründen und ihr Recht des Stärkeren im Kampf ums Dasein für »natürlich« halten. Während der Tropenarzt in Lambaréné seine Ethik zu Papier bringt, tobt in Europa der Erste Weltkrieg mit all seinen sozialdarwinistischen Rechtfertigungen. Schweitzers Ethik ist ein komplizierter Spagat zwischen der Prosa der Verhältnisse in der Natur und der Poesie im Herzen des Menschen. Dabei sind seine Begriffe gar nicht sehr weit von denen der Sozialdarwinisten entfernt. Mit Schopenhauer und Nietzsche findet er die Grundlage der Moral im »Willen zum Leben«. Doch was bei seinen Lieblingsphilosophen pessimistisch oder überheblich daherkommt, möchte Schweitzer positiv und spirituell sehen. Jeder, der einen »Willen zum Leben« hat, soll alle Möglichkeiten erhalten, diesen Lebenswillen auch zu verwirklichen. Jedes Lebewesen hat einen Anspruch auf Lebensglück.

Das klingt schön, aber warum sollte das Naturwesen Mensch diese Verpflichtung in sich spüren, den Lebenswillen anderer Lebewesen nicht zu beeinträchtigen? Andere Naturwesen, Tiere und Pflanzen, kennen eine solche Rücksichtnahme ja auch nicht. Die Antwort, die Schweitzer gibt, ist stark von Kant beeinflusst: Der Mensch ist das einzige Lebewesen, das sein Handeln frei bestimmen kann. Diese Freiheit unterscheidet ihn von allen (anderen) Tieren. Doch Freiheit zu haben bedeutet zugleich, Verpflichtungen zu übernehmen. Wer etwas absichtlich tut, muss sich nämlich vor sich selbst (und oft auch vor anderen) dafür rechtfertigen, wie er sich entschieden hat. Und da es dem Menschen, anders als den (anderen) Tieren möglich ist, den Lebenswillen anderer Lebewesen zu erkennen, muss er ihn auch angemessen berücksichtigen. Mit einem Wort: Je mehr Einsicht ein Lebewesen hat, umso größer seine Verantwortung.

Schweitzers Ethik hat somit zwei Komponenten: die erfühlte und gespürte Willensgemeinschaft allen Lebens und die exklusiv menschliche Vernunft, die daraus angemessene Konsequenzen ziehen muss. Die Würde der Tiere ist damit eine völlig andere als die Würde des Menschen. Die Würde der Tiere liegt für Schweitzer, wie für Lauritz Smith, in ihrem respektablen »Willen zum Leben«, ihrem natürlichen Anrecht auf Glück. Die Würde des Menschen liegt, wie bei Kant, in seiner Vernunftnatur. Dadurch, dass der Mensch moralisch angemessen handelt, lässt er seine Taten und sein Leben glücken. Das Glück der Tiere ist *na-*

türlich, das Glück des Menschen *eine Folge seiner guten Taten.* »Ethik«, so schreibt Schweitzer, besteht »darin, dass ich die Nötigung erlebe, allem Willen zum Leben die gleiche Ehrfurcht vor dem Leben entgegenzubringen wie dem eigenen. Damit ist das denknotwendige Grundprinzip des Sittlichen gegeben. Gut ist, Leben erhalten und Leben fördern; böse ist, Leben vernichten und Leben hemmen.«[136]

Schweitzer ist sich sicher, dass er damit »das eiserne Tor« geöffnet hat, und er sieht sich als Künder einer neuen Ethik auf den Trümmern der alten: »Heute gilt es als übertrieben, die stete Rücksichtnahme auf alles Lebendige bis zu seinen niedersten Erscheinungen herab als Forderung einer vernunftgemäßen Ethik auszugeben. Es kommt aber die Zeit, wo man staunen wird, dass die Menschheit so lange brauchte, um gedankenlose Schädigung von Leben als mit Ethik unvereinbar einzusehen.«[137]

Seine Zeitgenossen sehen dies anders. Der evangelische Theologe *Karl Barth* (1886–1968), als »Kirchenvater des 20. Jahrhunderts« ein überaus einflussreicher Mann, widerspricht Schweitzer sofort: »Der Mensch ist nicht auf das Leben der Tiere und Pflanzen, er ist nicht auf das Leben überhaupt, sondern auf *sein,* das *menschliche* Leben, angeredet.«[138] Für Barth gibt es nur die Würde des Menschen, alles andere in der Schöpfung ist Beiwerk, dem Menschen als persönliche »Leihgabe« anvertraut. Schweitzer bleibt aus kirchlicher Sicht ein Außenseiter. Kaum ein christlicher Würdenträger möchte sich von dem Elsässer die Leviten lesen lassen und sich anhören, der Wert des tierischen Lebens sei dem des Menschen keineswegs untergeordnet. Bis heute findet Schweitzers Ehrfurcht vor dem Leben wenig Resonanz in der Amtskirche. Sie ist allenfalls gut genug für einen Kalenderspruch mit Sonnenuntergang oder als Anekdote im Konfirmandenunterricht.

Dass Theologen seine Ethik anzweifeln, stört Schweitzer nicht weiter. Weitaus vertrackter ist für ihn ein anderes Problem: Das eiserne Tor aufzuschließen ist die eine Sache, hindurchzuschreiten eine andere. Denn wie praktiziert man Ehrfurcht vor dem Leben? Und wie respektiert man den Lebenswillen eines jeden Lebewesens gleichermaßen? In meinem Leben komme ich doch gar nicht umhin, Tieren Leid anzutun. Für die Quäker war die Antwort einfacher. Alles Leben ist durch die Erbsünde verderbt und daher auf Konflikt hin programmiert. Man muss eben sehen, wie man das Beste daraus macht. Doch was ist, wenn man das Leben ehrfürchtig liebt und trotzdem weiß, dass man es töten muss, um zu leben? Das Problem hat Schweitzer nachhaltig beschäftigt. Als praktische Regel führt er ein, dass es (wie im Buddhismus) vor allem auf die *Absicht* ankommt. So ist Leben zu nehmen erlaubt, wenn es notwendig ist, nicht aber, wenn es unnötig ist: »Der Landmann, der auf seiner Wiese tausend Blumen zur Nahrung für seine Kühe hingemäht hat«, sagt Schweitzer, »soll sich hüten, auf dem Heimweg in geistlosem Zeitvertreib eine Blume am Rande der Landstraße zu köpfen, denn damit vergeht er sich am Leben, ohne unter der Gewalt der Notwendigkeit zu stehen.«[139] Was aus zwingender Notwendigkeit geschieht, ist moralisch legitim. Besteht jedoch kein Tötungszwang, so verdient alles Leben uneingeschränkte Sympathie, Respekt und Mitleid.

So schlicht diese Unterscheidung ist, so schwierig und unübersichtlich ist sie im täglichen Leben. Wo fängt Notwendigkeit an, und wo hört sie auf? Aus Schweitzers Zeit in Lambaréné sind dazu viele, oft widersprüchliche Geschichten überliefert. Nach einem Jahr in Afrika hielten Schweitzer und seine Frau Helene drei Ziegen, ein Schaf, eine Antilope, eine Katze, zwei Enten, zweiundfünfzig Hühner und einen Papagei als Haustiere. Es gibt nette Erzählungen darüber, dass Schweitzer eine Ameisenstraße auf seinem Schreibtisch duldete und seine Manuskriptseiten auf eine Wäscheleine hing, um sie vor Tieren zu schützen. Er weigerte sich, auf Vögel über dem Ogowe zu schießen, erschoss aber sonderbarerweise Greifvögel, sobald sie sich den Nestern der Webervögel vor seinem Haus näherten. »Dieses Leid gab mir das Recht, den Räuber zu töten«, erklärt er und greift damit willkürlich in die Natur ein.[140] Doch hat nicht auch der Habicht ein Recht zu töten, um sich und seine Jungen zu ernähren? Warum sollte das Leid der kleinen Webervögel größer sein als das der Habichtsküken, deren Eltern Schweitzer erschießt? Solche willkürlichen Eingriffe und Attribute (»Räuber«) lassen sich mit Schweitzers Ethik kaum vereinbaren. Der *Spiegel*-Journalist Claus Jacobi, der Schweitzer 1960 besuchte, wurde Zeuge, wie man dem Urwalddoktor einen Vogel brachte, dessen eines Bein gebrochen war. Schweitzer empfahl, das andere Bein auch auszureißen, immerhin habe der Vogel ja noch Flügel. Auch diese Geschichte, sollte sie tatsächlich stimmen, verstört.

Was Kriterien und Entscheidungshilfen für die praktische Umsetzung betrifft, so vertagte Schweitzer sie zunächst. Er versprach sie im dritten Teil seiner umfangreichen Kulturgeschichte aufzuführen und zu begründen. Doch dieser Teil mit Hilfen zur Abwägung wurde nie geschrieben.

Die allgemeine Ehrfurchtsethik erscheint heute vor allem deshalb so erhaben, weil sie nicht konsequent praktiziert werden kann. In erster Linie ist sie eine *Haltung*. Doch reicht eine solche Haltung aus, um in unserer modernen Lebenswelt der westlichen Gesellschaften eine neue Tierethik zu etablieren? Schweitzer setzt eine Messlatte, unter der ein normaler Mensch nur darunter her schreiten kann. Kaum ein Pfarrer ermahnte daraufhin seine Gemeinde, nicht absichtlich einen Grashalm zu knicken oder ein Blatt abzupflücken. Und so dauerte es weitere fünfzig Jahre, bis die Sache der Tierethik einen neuen Schub bekam; einen so großen Schub sogar, dass wir seitdem von einer modernen Tierrechtsbewegung sprechen.

In den Sechziger- und Siebzigerjahren befinden sich die Länder des Westens im Umbruch. Zahlreiche Impulse – die Friedensbewegung, die Frauenbewegung, die Umweltbewegung und die Alternativbewegung zum bürgerlichen Konsumleben – fordern die Gesellschaft heraus. Die Zeit scheint reif für eine neue, eine friedlichere und gerechtere Welt. All das soll nun – am liebsten sofort – in die Tat umgesetzt werden. Auch die Tierrechtsbewegung, eine sehr kleine Schar, sortiert sich hier ein. Mit der Friedensbewegung teilt sie den Kampf gegen Gewalt, mit den Alternativen ihre Verzichtshaltung: Vegetarische Ernährung ist sanfter, entsagender und unblutiger als Schlachten und Fleischessen. Und wie Hausbesetzer, Dritte-Welt-Aktivisten und Frauenrechtlerinnen fühlen sich die Tierrechtler als eine Befreiungsbewegung, die eine traditionelle Ungerechtigkeit durch eine neue Gerechtigkeit ersetzt.

Zum Fanal der neuen Bewegung wird ein Buch des jungen Philosophen *Peter Singer* (* 1946). Der Australier ist Gastdozent am University College in Oxford, als ihn ein Student in der Mensa davon überzeugt, dass es keinen gerechtfertigten Grund dafür gibt, Tiere zu essen. Als Assistenzprofessor an der New York University schreibt Singer dann seinen Weltbestseller *Animal Liberation. Die Befreiung der Tiere.*

Als das Buch 1975 erscheint, löst es eine heftige Debatte aus. Ein größerer Kontrast als zwischen dem knorrigen Heiligen Albert Schweitzer und dem bescheidenen politischen Aktivisten Singer lässt sich kaum denken. Wie Schweitzer sind Singers Vorgänger fast durchweg Außenseiter gewesen, deren Ansichten über Tiere tief abgelagert sind in den Schichten des kulturellen Sediments. Singer hingegen schreibt genau das richtige Buch zur richtigen Zeit. Immer wieder zerren die Medien bestürzende Bilder aus Schlachthöfen, Legebatterien und Tierversuchslabors ins Licht der Öffentlichkeit, ohne dass tatsächlich etwas gegen die Gräuel geschieht. Überall in der westlichen Welt tummeln sich »Haustiere« in geheizten Wohnstuben, während Rinder, Schweine, Hühner und Puten in Gurten festgezurrt, in Käfige eingepfercht zu Millionen vor sich hin vegetieren; nicht zu reden von den Millionen von Versuchstieren, die Jahr um Jahr bestialisch zu Tode gefoltert werden.

In England schließen sich radikale Tierbefreier 1972 zur Gruppe »Band of Mercy« zusammen, die später zur »Animal Liberation Front« wird. In Deutschland popularisiert der Frankfurter Zoodirektor und passionierte Artenschützer *Bernhard Grzimek* (1909–1987) den Begriff »KZ-Huhn« und muss sich dafür 1976 vor einem Oberlandesgericht verantworten. Aus den Entwicklungsländern kommen derweil bestürzende Nachrichten. Ungezählte Arten verschwinden aus ihren letzten Refugien. Feuer und Motorsäge vernichten in Sekunden, was Millionen Jahre brauchte, sich zu entwickeln. Keine Frage: Der rücksichtslose Umgang mit dem Tier, daheim und in der Fremde, ist nicht Teil einer natürlichen Ordnung, sondern Barbarei.

Wie lange noch können die führenden Philosophen an alldem vorbeisehen? Peter Singer stützt sich in seinem Buch auf die Argumentation Benthams. Als »Utilitarist« kennt er drei wichtige Prinzipien der Moral: die Gleichheit, die Glücksfähigkeit und die Nützlichkeit. Wer gleiche Interessen hat, etwa das Interesse daran, am Leben zu bleiben oder keine Schmerzen zu erleiden, muss in dieser Hinsicht auch gleich behandelt werden, egal, welches Geschlecht er hat, welcher ethnischen Gruppe er angehört oder welcher Art. Dies ist Singers oberster theoretischer Grundsatz. Wer dagegen verstößt und die menschliche Spezies anderen Spezies prinzipiell vorzieht, handelt nicht moralisch, sondern artegoistisch. Er ist ein »Speziesist« – ein Begriff, den Singers Freund, der Psychologe *Richard Ryder* (* 1940) bereits 1970 eingeführt hat.

»Speziesismus« bedeutet »Art-Arroganz«, so wie Rassismus die Arroganz einer menschlichen »Rasse« gegenüber anderen ist. Dagegen meinen Singer und Ryder, dass es für die moralische Bewertung völlig unerheblich sei, ob ein Lebewesen der Spezies

Homo sapiens angehört oder nicht. Doch was unterscheidet dann jene Lebewesen, die in der Ethik angemessen berücksichtigt werden müssen, von anderen? Man braucht ein Kriterium, das die Klientel definiert, die moralisch relevant ist. Denn anders als bei Schweitzer sind Pflanzen oder gar »Eiskristalle«[141] für Singer moralisch belanglos. Der Schlüsselbegriff für die Moral ist nicht »Leben«. Und es geht auch nicht um »Ehrfurcht«, sondern es geht, wie bei Henry Salt, um »Gerechtigkeit«.

Singer findet dieses Kriterium bei Jeremy Bentham. Es ist die Fähigkeit, Leiden zu empfinden und Glück. Wer leidens- und glücksfähig ist, muss Teil der Moralgemeinschaft sein. Wer es nicht ist, fällt raus: »Alle Wesen, die in der Lage sind, Schmerz zu empfinden oder ihr Leben zu genießen, haben Interessen. Die Tatsache, dass etwa ein Schwein kein Mitglied unserer eigenen Spezies ist, ist kein Grund dafür, sein Interesse an der Vermeidung von Schmerz und Unbehagen zu missachten.«[142]

So weit, so nachvollziehbar. Leidens- und glücksfähige Lebewesen wie etwa Schweine haben ein Recht darauf, angemessen behandelt zu werden. Doch was ist, wenn es zu Konflikten zwischen leidens- und glücksfähigen Wesen kommt? Wie Schweitzer, so muss auch Singer Hilfen zur Abwägung finden. Für diesen Zweck kennt der Utilitarismus seit Bentham das Kriterium der »Nützlichkeit für das Gemeinwohl«. Daher der Name »Utilitarismus« von *util* (nützlich). Ein Tyrann, der den Weltfrieden zerstört, darf deshalb getötet werden, weil die Summe des drohenden Unglücks schwerer wiegt als das persönliche Unglück des Aggressors zu sterben. Auf Tiere angewendet, ist der Fall klar. Als empfindungsfähige Wesen sind sie dem Menschen prinzipiell gleich. Konfliktfälle wie der menschliche Wunsch, die »anderen Tiere« zu verspeisen, sind leicht zu entscheiden: Federleicht wiegen die simplen Gaumenfreuden des Menschen gegenüber dem unsagbaren Leid der Tiere, Leib und Leben dafür hergeben zu müssen.

Was auf den ersten Blick aussieht wie das kluge Patentrezept einer neuen Moral, hat allerdings ein paar bösartige Tücken. Wie Bentham, so erklärt auch Singer, das wichtigste Lebensinteresse von Lebewesen bestehe darin, nicht zu leiden. Was aber, wenn ich die Tiere, die ich essen will, vorher rasch und schmerzlos betäube? Und was spricht dagegen, einen schwerkranken Menschen ohne Freunde und Angehörige rasch und schmerzlos zu töten? Darf man eine steinreiche, von niemandem geliebte Erbtante umbringen, um zumindest einen Teil ihres Vermögens einem Krankenhaus für leukämiekranke Kinder zu spenden? Das Ergebnis schafft den besten Ausgleich zwischen Befriedigung und Enttäuschung für alle vom Ergebnis Betroffenen. Nach Singers Theorie dürfte das Töten der Tante kein Unrecht sein. Ein guter Ausgang für die Allgemeinheit rechtfertigt ein böses Mittel gegen eine Einzelperson.

Die Nützlichkeitsabwägungen auf der Basis von Singers Theorie hinterlassen einen üblen Beigeschmack. Das Leben ist der Güter höchstes nicht, sondern das Gemeinwohl. Im Grunde lassen sich Leid und Freud wie bei einer Rechenaufgabe addieren, um danach Entscheidungen über Leben und Tod von Individuen zu fällen – eine makabre Gleichung.

Je länger er darüber nachdachte, umso bewusster wurde sich auch Singer dieser gefährlichen Schwachstelle seiner Theorie. Er definierte seine Philosophie als »Präferenz-Utilitarismus«. Alle Lebewesen, die »Vorlieben« (Präferenzen) haben, etwas zu tun oder nicht zu tun, haben demnach einen höheren moralischen Status als Lebewesen ohne bewusste Absichten. Als zusätzliche Kriterien neben der Leidensfähigkeit kommen nun noch Bewusstsein und als Drittes das Selbstbewusstsein hinzu. Spätestens seit seinem Buch *Praktische Ethik* (1979) kennt Singer eine Skala der Abstufung. Wer leidensfähig ist, muss seinen Interessen gemäß berücksichtigt werden. Wer über Bewusstsein verfügt, muss noch viel stärker ethisch berücksichtigt werden. Und wer gar über Selbstbewusstsein verfügt, wie Menschen (einschließlich aller schrulligen Erbtanten) und Menschenaffen, steht an höchster Stelle.

Für die dritte Stufe seiner Skala benutzt Singer den Begriff »Person«. Personen sind sich ihrer selbst bewusst, sie können ihre Handlungen planen, kennen ihre Wünsche und überschauen Vergangenheit, Gegenwart und Zukunft. Als Träger hochkomplexer Interessen haben Personen ein unbedingtes Recht darauf, nicht getötet und umfassend geachtet zu werden – ein Argument, die Erbtante auch weiterhin zu respektieren und nicht allzu leichtfertig dem Gemeinwohl zu opfern.

Was zunächst einfach klang, wird nun kompliziert. Dass Menschenaffen, Delfine und andere hoch entwickelte Tiere eine besonders sensible Behandlung verlangen, daran besteht kein Zweifel. Doch wie viel taugt Singers Begriff der »Person« tatsächlich? Wer ist »Person« und wer nicht? Was ist zum Beispiel mit Hunden? Man muss eine Menge über das Bewusstsein von Hunden wissen, um entscheiden zu können, ob sie über ein elementares Selbstbewusstsein verfügen – und zwar eine Menge mehr, als man wirklich weiß. Kennen Hunde Gegenwart und Zukunft, und unterscheiden sie sich ihrer eigenen Vorstellung nach von anderen Hunden? Begriffe wie »Bewusstsein« und »Selbstbewusstsein« sind schwer zu definieren. Noch schwerer ist es, mit Sicherheit darüber zu entscheiden, welchem Lebewesen was zukommen soll.

Besonders hart und verstörend ist, dass Singers Definition geistig Schwerstbehinderte, Föten und selbst neugeborene Menschen nicht als »Personen« anerkennt. Zwar gilt auch hier, dass man nicht wirklich genau weiß, was in ihnen vorgeht, aber Singer vermutet, dass sie keine »Personen« sind. Das heißt: Einen geistig schwerstbehinderten Menschen oder ein Neugeborenes schmerzlos zu töten wäre im Zweifelsfall legitimer, als ein erwachsenes Schwein zu töten. Für viele Menschen, die sich mit

Singers Ansichten beschäftigen, hört hier der Spaß auf. Insbesondere in Deutschland ist er eine höchst umstrittene Person. Abtreibungsgegner und Behindertenverbände erklären ihn zur Persona non grata und werfen dem Australier, der seine jüdischen Großeltern in der Shoa verloren hat, eine Nazi-Gesinnung vor.

Erkauft Singer die Einbeziehung der Tiere in die Ethik mit dem Leben von Schwerstbehinderten? Und lässt er nicht weiterhin gedanklich zu, dass Menschen wie die Erbtante unter ganz bestimmten Umständen getötet werden dürfen? Seine Position in dieser Frage ist nicht immer eindeutig. Als ich ihn Ende der Neunzigerjahre das erste Mal traf, gab er sich viel Mühe, meine Fragen im Hinblick auf den unterschiedlichen Lebenswert von Lebewesen sorgfältig zu beantworten. Mittlerweile ist ihm sehr genau bewusst, dass der Präferenz-Utilitarismus mit einem fragwürdigen Maßstab operiert. Wir wissen letztlich viel zu wenig von dem, was in anderen Lebewesen vor sich geht, um darüber klar zu urteilen und entsprechend zu handeln.

Doch es gibt noch einen anderen – philosophisch wichtigen – Kritikpunkt an Singers Position. Ich fragte ihn damals danach, wen eine junge Mutter retten solle, wenn das Haus abbrennt und sie nur einen von beiden aus dem Gebäude herausholen kann, ihren Säugling oder den Hund. Seiner Theorie gemäß, meinte Singer, dass sie vorrangig den Hund retten sollte, weil er über mehr Bewusstsein verfüge als das Neugeborene. Er vergaß allerdings nicht hinzuzufügen, dass es durchaus nachvollziehbar sei, wenn Mütter sich gleichwohl für ihr neugeborenes Kind entschieden, weil dies »ihrem Instinkt entspräche«. Und es sei sinnvoll und gut, dass Mütter über solch einen natürlichen Instinkt verfügten.[143]

Das Merkwürdige an Singers Verständnis für menschliche Instinkte ist, dass sie nur hier und sonst nirgendwo in seiner Ethik vorkommen. Maßstab ist ansonsten ausschließlich die Frage nach der Gerechtigkeit. Die psychische Ausstattung jener Lebewesen, von denen Singer gerechtes Verhalten erwartet, bleibt dabei völlig unberücksichtigt. So sieht er den Menschen zwar als ein Tier, nahe verwandt mit anderen Tieren, aber er gesteht ihm keine animalischen Instinkte zu! Stattdessen operiert Singers Ethik mit menschlichen Gerechtigkeitsmaschinen, die in all ihren moralischen Entscheidungen stets vernünftig nachrechnen, was unter den gegebenen Umständen gerecht ist und was nicht – völlig ungetrübt von Emotionen. Mit einem Wort: Singers Mensch, von dem er gerechtes Handeln erwartet, ist ein idealer Mensch und kein realer. Und es ist noch nicht einmal sicher, ob ein solch idealer Mensch wünschenswert ist. Vermutlich hält es kaum jemand anderes mit ihm aus …

Ein ähnliches Problem kennt auch die Tierrechtsethik, die der US-amerikanische Philosoph *Tom Regan* (* 1938) zeitgleich mit Singer entwickelte. In seinem tierphilosophischen Hauptwerk *The Case for Animal Rights* (1983) grenzt er sich allerdings von Singer ab. So kritisiert Regan, dass der Utilitarismus den Wert von Lebewesen addiert und gegeneinander aufwiegt, wie beispielweise im Fall der Erbtante. Damit wird das Recht auf Leben für Erbtanten und andere Lebewesen *relativ* statt *absolut.*

Regan, der Anfang der Siebzigerjahre nach eigener Aussage noch Fleischesser, Angler, Metzgergehilfe, Käufer von Nerzpelzhüten, Verteidiger von Tierversuchsforschung und Zirkusbesucher ist, sucht nach einem eindeutigen Kriterium dafür, wer zur Moralgemeinschaft gehören soll und wer nicht. Das Kriterium, das er findet, zwingt ihn dazu, sein Verhalten gründlich zu überdenken und zu ändern. Wer hat ein Anrecht auf Rechte? Regan kommt zu dem Schluss, dass jenen Lebewesen Rechte zukommen, die »Subjekt-eines-Lebens« (*subject-of-a-life*) sind. Das sind alle Lebewesen, die *der Welt gewahr* sind und merken, was mit ihnen geschieht, und zwar insofern das, was mit ihnen geschieht, *für sie von Bedeutung* ist (und nicht nur für jemand anderen).

Gehören Tiere dazu? Für Regan besteht daran kein Zweifel. Gehen wir nicht bei unseren Haustieren, zum Beispiel Hunden, selbstverständlich davon aus, dass sie sich ähnlich wie wir freuen, ärgern, dass sie leiden, trauern und so weiter? Und verhalten sie sich in solchen Situationen nicht irgendwie ähnlich wie wir? Immerhin funktionieren ihre Sinne wie die unseren. Ihre Physiologie gleicht der unseren. Und nicht zuletzt stammen wir Menschen und Hunde aus der gleichen Wurzel und haben uns als Säugetiere in kleinen kontinuierlichen Übergängen ohne größere Brüche und Sprünge auseinanderentwickelt. Bei dieser Indizienlage zweifelt Regan nicht daran, dass alle Säugetiere »Subjekt-eines-Lebens« sind, ähnlich wie wir Menschen. Allesamt haben sie Präferenzen und auch die Fähigkeit, Handlungen in Gang zu setzen, um diese Wünsche zu befriedigen.

Doch gilt dies nur für Säugetiere? Gehören nicht ebenso Vögel dazu? Und vielleicht sogar Fische? Zumindest bei Letzteren gerät Regan ins Schwimmen. Er weiß, dass die Forschung zu den kognitiven Fähigkeiten von Fischen Erstaunliches herausgefunden hat. Von »assoziativem Denken« über ausgesprochen beeindruckende Gedächtnisleistungen bis hin zu variablem Sozialverhalten bei einigen Fischarten. Doch Regan weiß zugleich, in welche Situation er sich bringt, wenn er neben Säugetieren und Vögeln auch noch Fische zu »Subjekten-eines-Lebens« erklärt. So lässt er sie bislang außen vor und beschränkt sich auf die »am wenigsten kontroversen Fälle«.[144]

Um seine Klientel moralisch zu schützen, spricht Regan ihr einen prinzipiell gleichen *inhärenten Wert* zu. Die Idee stammt ursprünglich von Kant, beschränkt jedoch allein auf den Menschen als einziges Vernunftwesen. Doch schon in der Diskussion um den Aufklärer ist die Vorstellung von einem solchen inhärenten Wert äußerst umstritten. Logiker, analytische Philosophen und kritische Rationalisten können sich nur schwer damit anfreunden, das Zentrum der Moral in einem unbeweisbaren »Wert«

anzusiedeln; und es ist ihnen völlig egal, dass dieser Wert als »Menschenwürde« Kernpunkt jeder modernen Verfassung ist.

Im Vergleich mit Singer erscheint Regans Konzept weniger provokativ. Nicht nur die Erbtante kann sich ihres Lebens sicher sein, ebenso können dies auch Neugeborene und Schwerstbehinderte. Zwar sind die meisten von ihnen nicht in der Lage, Handlungen in Gang zu setzen – ihre »Präferenz-Autonomie« ist eine nicht verwirklichte Anlage –, doch als potenzielle Handlungsträger besitzen auch sie einen inhärenten Wert. Regans Kritiker hingegen kann die Wert-Spekulation nicht zufriedenstellen, denn ein inhärenter Wert lässt sich nur behaupten, nicht beweisen.

Es gibt aber noch zwei andere wichtige Einwände gegen Regans Theorie. Singers Kriterium dafür, Tiere in die Ethik aufzunehmen, ist ihre Leidensfähigkeit. Doch mitunter hat er, wie gesagt, noch ein zweites Kriterium. Je ähnlicher ein Tier dem Menschen ist, umso mehr taugt es dazu, als »Person« respektiert zu werden. Es geht also nicht nur um Leiden, sondern auch um geistige Ähnlichkeit. Dieses Argument taucht bei Singer auf, verschwindet wieder und taucht erneut auf. Offensichtlich ist er in dieser Frage viel unsicherer als Regan. Für den US-Amerikaner nämlich ist klar, dass dieses zweite Kriterium wichtig ist. Nur komplex empfindende Lebewesen sind »Subjekte-eines-Lebens«. Und was ein komplex empfindendes Lebewesen ist, erkennt man an einer gewissen geistigen Ähnlichkeit mit dem Menschen. Diese Argumentation entzweit allerdings bis heute die Gemeinde der Tierrechtler. Denn liegt nicht hier die Wurzel allen Übels in der Geschichte der abendländischen Ethik? Dass für sie nur das moralisch relevant ist, was dem Menschen möglichst ähnlich ist? »Die Theorie der Geistesverwandtschaft«, ärgert sich der US-amerikanische Philosoph und Jurist *Gary Francione* (* 1954), »ist grundsätzlich fehlgeleitet und wird höchstens dazu führen, neue speziesistische Hierarchien zu errichten.«[145]

Um den anderen Einwand zu erläutern, möchte ich Ihnen von

meinem Kaninchen erzählen. Nach Regan ist es »Subjekt-eines-Lebens«. Und es besitzt einen inhärenten Wert. Das ist so schön für mein Kaninchen, dass ich es eigentlich gar nicht halten dürfte, obgleich es einen sehr großen und geräumigen Käfig hat und im Sommer die Terrasse bewohnt. Ginge es nach Regan, gäbe es solche Kaninchen in Menschenhand gar nicht. Nun ist es aber da und erfreut sich hoffentlich ein wenig seines Lebens. Stellen wir uns jetzt vor, es passiert etwas Schreckliches. Eine Seuche bricht aus, von der Hunderttausende Menschen betroffen sind. Aber Glück im Unglück: Man bräuchte nur wenige Lebewesen, um ein Serum zu testen, das die Menschen vor dem Tod bewahrt. Man kann das Mittel an Menschen testen oder auch an Tieren. Man bittet mich, mein Kaninchen für den Test des Serums zur Verfügung zu stellen.

Was soll ich tun? Nach Regans Theorie sind die Interessen aller Lebewesen mit inhärentem Wert *prinzipiell gleich* zu achten. Der inhärente Wert kennt keine Abstufungen – anders wäre er kein Wert. Ich könnte also genauso gut meinen Sohn zur Verfügung stellen wie mein Kaninchen. Würde ich es tun? Oder vielleicht das Los entscheiden lassen? Was Singers Addition von Glück so problematisch macht – die Rechte von Einzelwesen geringer zu achten als das Gemeinwohl –, schlägt bei Regan um ins genaue Gegenteil: Alle mit Wert versehenen Einzelwesen sind völlig gleichrangig. Hatte er in seinem Buch von 1983 noch erwogen, dass man den inhärenten Wert von Tieren unter bestimmten Bedingungen verletzen dürfe, so nahm er diese Einschränkung später zurück. Sie widerspricht auch der Logik seiner Argumentation. Der inhärente Wert ist das höchste aller Güter. Folglich lässt er sich nicht dadurch steigern, dass man ihn addiert. Ein Menschenleben kann nicht durch andere Menschenleben aufgewogen werden. Und da auch Kaninchen über einen inhärenten Wert verfügen, ist auch ihr Lebensrecht prinzipiell nicht überbietbar.

Aber es geht nicht nur um die Frage: Sohn oder Kaninchen? Es geht ebenso darum, dass das Lebensinteresse meines Kaninchens so unüberbietbar ist, dass es genauso viel wiegt wie das Leben Hunderttausender an der Seuche erkrankten Menschen! Was würden wohl die Menschen sagen, wenn ich behaupte, das Lebensinteresse meines Kaninchens zähle genauso viel wie das aller Menschen in Düsseldorf oder in Deutschland? Und würde Regan selbst Hunderttausende Menschen sterben lassen, weil das Leben seines Kaninchens genauso viel wert ist? Ich vermute nicht – auch wenn ich zugeben muss, dass das Beispiel nicht lebensnah ist. Das aber teilt es mit fast allen philosophischen Dilemma-Fragen und ist hier nicht wichtig. Wichtig ist, dass Regans Tierethik neben dem problematischen inhärenten Wert Konsequenzen zeitigt, die er vermutlich nicht einmal selbst ziehen würde.

Sowohl Singers als auch Regans Argumentationen treffen einen Nerv. Wie viele Schwachstellen, fragen sie, hat der bestehende gesellschaftliche Konsens unseres Umgangs mit Tieren? Und welches Selbstverständnis treibt die Anwälte des bestehenden Unrechts, millionenfache Gräuel für gerechtfertigt zu halten? Mit provozierender Klarheit halten sie der Philosophie den Spiegel vor: Nicht Logik und Rationalität, sondern biologische und psychologische Urteile bestimmen über die Grenzen unserer Moral. Doch Singers und Regans Alternativvorschläge sind leider ebenfalls nicht überzeugend. Und sie enthalten, wie ich später genauer zeigen möchte, einen Selbstwiderspruch im Umgang mit der menschlichen Vernunft. Zunächst aber sollten wir noch einmal auseinanderhalten, was Tierschutz und Tierrecht tatsächlich voneinander unterscheidet. Und die Frage stellen: Was bedeutet die Tierrechtsphilosophie eigentlich in der Praxis?

• *Schutz oder Recht? Die Ethik der Befreiung.*

Schutz oder Recht?
Die Ethik der Befreiung

Es ist nicht auszudenken, wie gefährlich die Welt
ohne Tiere sein wird.

Elias Canetti

Rosarote Flamingos flattern auf vor blauen Wolkenkratzern in Downtown Philadelphia; Giraffen galoppieren über Autobahnbrücken, Zebras durchkreuzen den Straßenverkehr; ein stolzer Löwe blickt vom Dach eines Bankgebäudes majestätisch über die winterlich verschneite menschenleere Großstadt.

Mit fantastischer Entschlossenheit zeigte Hollywoods *12 Monkeys* die aus dem Zoo von Philadelphia befreiten Tiere als letzte Überlebende einer globalen Katastrophe. Tödliche Viren haben die Menschheit dahingerafft. Erst das Ende des Films verrät, dass diese Wahnsinnstat dem Hirn eines Molekularbiologen entsprungen ist. Die verdächtigten Tierrechtler haben nur mit der Befreiung der Zootiere zu schaffen, nicht mit dem bösen Ende des ebenso bösen Experiments Mensch.

Als *12 Monkeys* im Jahr 1995 in die Kinos kam, war die Tierrechtsbewegung noch eine Provokation. Sie war relativ jung, äußerst radikal, und sie forderte die Gesellschaften des Westens auf, sich mit einer aktuellen »Befreiungsbewegung« auseinanderzusetzen. Sie bereicherte die gesellschaftliche Frage nach dem Umgang mit Tieren um ein zusätzliches Spektrum. Wer sich für die Sache der Tiere engagierte, musste sich auf eine als neu empfundene Weise die Frage stellen: Gibt es jenseits der exklusiv menschlichen Moralgemeinschaft so etwas wie einen »Eigenwert« oder »Rechte«? Wie hat sich der Mensch gegenüber Tieren zu verhalten? Bestehen verantwortbare Nutzungsmöglichkeiten, etwa die Verwendung von Tieren als Nahrung? Ist es vertretbar, Tiere zu Zwecken menschlichen Wohlergehens schmerzhaften oder tödlichen Experimenten auszusetzen? Ist Tierhaltung in Menschenhand aus ethischen Gründen abzulehnen? Zusammengefasst: Dürfen wir angesichts eines wie auch immer begründeten »Werts« oder »Rechts« jenseits der Menschenwelt Tiere für die Befriedigung menschlicher Bedürfnisse nutzen und töten?

Sortieren wir die Fronten derer, die sich für die Sache der Tiere einsetzen, noch einmal säuberlich auseinander. Die allgemeinste Form der Kritik an den Schattenseiten unseres Umgangs mit dem Tier findet sich im Tierschutz. Tierschutzvereine haben eine sehr große Klientel. So versammelt Deutschlands größter Dachverband, der Deutsche Tierschutzbund, eine halbe Million Mitglieder, organisiert in über siebenhundert Vereinen. Keine dieser Initiativen verlangt von ihren Mitgliedern, dass sie konsequent auf fleischliche Ernährung verzichten oder gewaltsam gegen Tierversuche und Jagdgesellschaften vorgehen. Im Gegenteil: Der Deutsche Tierschutzbund hält Versuche an Labortieren für zulässig, reduziert jedoch auf ein »unerlässliches Maß«. Wiederholt erinnerte der prominente Tierschützer Bernhard Grzimek seine Leser und Zuschauer an die Notwendigkeit des Tierversuchs. Sein Fernsehkollege Heinz Sielmann verteidigte die Jagd als Beitrag zum Naturschutz. In der Führungsetage des WWF (World Wide Fund for Nature) finden sich zahlreiche passionierte Jäger, bekannt vor allem durch die einschlägigen Streitereien im englischen Königshaus. Der langjährige deutsche WWF-Ehrenpräsident, Casimir Prinz zu Sayn-Wittgenstein, hielt Tierschutz sogar mit seinen privaten Legebatterien für vereinbar.

Vornehmlich Mitleid treibt Tierschützer dazu, sich für das geachtete Lebewesen zu engagieren. Die Haltung entstammt, wie gezeigt, maßgeblich dem Geist des Pietismus und des Quäkertums. Seit über zweihundert Jahren ist es der Motor des Tierschutzes. Man bemüht sich darum, die Missstände zu beseitigen, die Tieren unnötiges Leid zufügen: zwecklose Quälereien, fahrlässige Tötungen und die mitunter erbarmungslosen Folgen des menschlichen Kosten-Nutzen-Denkens.

Doch bei aller Kritik ist der Tierschutz nicht alternativ und sozialkritisch, sondern konservativ und bewahrend. Seit seinen Anfängen geht es um »bürgerliches« Mitleid. So setzten Karl Marx und Friedrich Engels, denen die Sache des Tieres schlicht »bourgeois« war, die »Abschaffer der Tierquälerei« auf eine Stufe mit »Wohltätigkeitsorganisierern«, »Mäßigkeitsvereinsstiftern« und philanthropischen Gefängnisreformern.

Tierschützer kritisieren zwar die *Folgen,* aber nur selten die *Ursachen* der rücksichtslosen Ausbeutung von Tieren. Der Grundwert des bürgerlichen Liberalismus, dass der Mensch im Prinzip alles verwerten darf, was die Natur hergibt, wird nicht angetastet. Dagegen zweifelt, wer das kapitalistisch-liberale System und seine Lizenz zur Ausbeutung der Ressource »Tier« infrage stellt, am Wertesystem und der Eigentumsordnung unserer Gesellschaft. Dieser Schritt aber geht konventionellen Tierschützern zu weit. Und er markiert genau jenen Graben, der den Tierschutz vom Tierrecht teilt.

In zwei Punkten sind sich alle Tierrechtler einig: So wollen sie die Tiere in die menschliche Moralgemeinschaft aufnehmen. Und sie wollen sie nicht länger als *Sachen* betrachtet sehen, mit denen ein Eigentümer schalten und walten kann, wie er will. Auch diese Sicht ist älter als zweihundert Jahre, bekam aber, wie gezeigt, erst zu Anfang des 20. Jahrhunderts durch Henry Salt und Leonard Nelson eine feste Struktur. Danach verdient jedes empfindungsfähige Lebewesen ein Recht auf freie Entfaltung. Schmerzhafte Tierversuche sind ebenso unzulässig wie der Verzehr von Fleisch.

Der Kern der Argumentation, die wir schon von Singer und Regan kennen, lautet: Es gibt kein Kriterium, das *alle Menschen* von *allen Tieren* unterscheidet. Trotzdem trennen wir Menschen moralisch von Tieren. Die Grundlage dafür sei lediglich ein Vorurteil. Berufen wir uns auf die Vernunft, das Selbstbewusstsein oder die Sprache, so stellen wir fest, dass nicht alle Menschen dazu fähig sind (zum Beispiel keine Neugeborenen, keine geistig Schwerbehinderten oder keine stark Demenzkranken). Berufen wir uns auf Gefühle wie Schmerzempfinden, Leiden oder Glücksfähigkeit, so stellen wir fest, dass auch viele Tiere solche Gefühle kennen.

Die Tatsache, ein Mensch zu sein, hat für Tierrechtler keine moralische Bedeutung. Denn von allen Eigenschaften, die uns zu Menschen machen, ist keine allumfassend und exklusiv menschlich. Folglich sollte die Ethik der Zukunft nicht länger »speziesistisch« sein. Die Moralphilosophie müsse konsequent auf Tiere ausgedehnt werden. Und diesen Schritt endlich zu machen, halten Tierrechtsphilosophen wie Singer für ein bedeutsames Stadium in der Entwicklung menschlicher Ethik.

Die akademische Debatte dazu hält sich im deutschsprachigen Raum jedoch in engen Grenzen. Die beiden »Wölfe«, die Philosophin *Ursula Wolf* (* 1951) und der Schweizer Ethiker *Jean-Claude Wolf* (* 1953), pirschten lange ziemlich allein durch das Dickicht aus animalischen Emotionen, Interessen, Präferenzen, Bewusstseinszuständen, Freiheitsempfindungen und Rechten. Unterstützt wurden sie allenfalls von *Gotthard Martin Teutsch*

(1918–2009), dem Grandseigneur der deutschen Tierschutz-Ethik. Erst in den letzten Jahren ist etwas Bewegung in die diesbezüglich arg verkrusteten deutschen Universitäten gekommen.

Wie privilegiert dagegen war und ist die Situation in den angelsächsischen Ländern! Im Gefolge Singers und Regans gibt es hier schon länger eine umfangreiche akademische Debatte. In England plädierte *Mary Midgley* (* 1919) ähnlich wie Singer dafür, all jene Tiere als »Personen« zu achten, die emotional komplex empfinden können. *Stephen R. L. Clark* (* 1945) argumentierte mit den »Interessen« der Tiere. In den USA setzte sich der britische Veterinär *Michael W. Fox* für »Tierrechte« ein. *Bernard Rollin* (* 1943) machte sich gegen die absurde Geisteshaltung stark, bei Tierversuchen die Moral draußen vor der Labortüre zu lassen. *Raymond G. Frey* (1941–2012) argumentierte, dass Tiere keine dem Menschen vergleichbaren Interessen haben, trotzdem gehörten sie als leidensfähige Wesen auf identische Weise in der Ethik berücksichtigt. *Steve F. Sapontzis* (* 1945) suchte einen bewusst unsystematischen Mittelweg zwischen Singers Utilitarismus und Regans Rechte-Theorie. Für *Dale Jamieson* (* 1947) gründen Tierrechte schlicht im Bedürfnis von Tieren nach »Freiheit«. Dabei sieht er die Tierrechtsbewegung als Teil einer neuen Umweltbewegung, was ihn dazu zwingt, immer wieder zwischen den verhärteten Fronten von Naturschützern und Tierrechtlern zu vermitteln. Gary Francione plädiert dafür, Tiere nicht weiter als »Eigentum« zu betrachten, sondern sie zu befreien. Und *David DeGrazia* (* 1962) sortierte als Erster alle bisher vorgebrachten Argumente und analysierte luzide ihre Stärken und Schwächen.

Parallel dazu entstanden in Nordamerika und in den meisten westeuropäischen Staaten Tierrechtsorganisationen wie PETA (People for the Ethical Treatment of Animals), besonders zahlreich in den protestantischen Ländern, etwa in den Niederlanden, in Skandinavien und in England. Innerhalb kurzer Zeit öffneten sich Großbritanniens große Verbände, die BUAV (British Union for the Abolition of Vivisection) und die NAVS (National Anti-Vivisection Society), dem neuen Tierrechtsgedanken. In Schweden und Norwegen hat die »Nordische Gesellschaft gegen schmerzhafte Tierversuche« die Rechte der Tiere auf ihre Fahnen geschrieben. Unter dem Druck der Öffentlichkeit und dem entschiedenen Einsatz der Schriftstellerin *Astrid Lindgren* (1907–2002) änderte Schweden in den Neunzigerjahren schließlich das nationale Tierschutzgesetz. Statt wie in Deutschland den Handlungsspielraum des Menschen gegenüber dem Tier zu bestimmen, spricht das schwedische Gesetz den Tieren »Rechte« zu. Das Recht auf einen entsprechend großen Lebensraum, auf Freiluftaufenthalte und Ähnliches.

Im deutschsprachigen Raum hatten Vereinigungen wie Animal Peace, Menschen für Tierrechte oder der Verein gegen Tierfabriken weit weniger Erfolg. Umso radikaler wurden bei einigen Tierrechtlern die Sprache und die Sicht. Ein Beispiel dafür ist der österreichische Autor *Helmut Kaplan* (* 1952), in den Neunzigerjahren intellektueller Berater von Animal Peace. Er plädierte dafür, ethische Verpflichtungen des Menschen ohne jede Einschränkung auch auf Tiere auszudehnen. Während Singer höher entwickelte Tiere und Menschen gemeinsam unter den Begriff der »Person« fasste, um ihnen eine Würde zu verleihen, verfuhr Kaplan umgekehrt: Er stellt die »unantastbare Würde« des Menschen in Abrede: »Beim verzweifelten Versuch, das Geheimnis der Menschenwürde tiefer zu ergründen, kann sich einem zuweilen der Verdacht aufdrängen, dass es mit der Unantastbarkeit der menschlichen Würde eine fatale Bewandtnis haben könnte: Vielleicht ist sie nur deshalb unantastbar, weil es sie gar nicht gibt!«[146]

Für das »humanistische« Selbstverständnis liberal-demokratischer Gesellschaften ist Kaplans These eine Provokation. Darf man die »Menschenwürde« in Abrede stellen? Wer die Erfahrung von der Abwertung von Schwerstbehinderten zu sogenanntem »lebensunwerten Leben« im Hitlerfaschismus kenne, wird Kaplan entgegengehalten, müsse sich hüten, solche Thesen in den Raum zu stellen. Die neue Ordnung einer Solidargemeinschaft von Menschen und höher entwickelten Tieren hat also einen höchst umstrittenen Preis: Sie rüttelt am Sockel der abendländisch-humanistischen Moral. Und da diejenigen, die dies zuletzt in Deutschland taten, Völkermörder und Kriegsverbrecher waren, fällt die Entrüstung nicht schwer.

Doch nicht nur kühne Theorien und provokante Sprüche geben Anlass zum Anstoß. Die Tierrechtsbewegung versteht sich als eine »Befreiungsbewegung« mit all den dafür typischen Merkmalen. Man pflegt eine eigene Sprache, in der Fleischesser »Karnivoren« sind, man ersetzt das Töten von Tieren durch »Morden«, und der Speziesismus-Vorwurf ist immer griffbereit. Tierrechtsinitiativen haben ihre eigenen Rituale. Sie stören Jagden, beschmieren Metzgereischaufenster mit Blut und Parolen, demonstrieren in Zoologischen Gärten und befreien Hühner aus Legebatterien und Nerze aus Pelztierfarmen. Im Umfeld der als gemeinnützig und förderungswürdig eingestuften Tierrechtsinitiativen gibt es noch immer autonome Gruppen von hoher Gewaltbereitschaft, die Hochsitze ansägen, Briefbomben verschicken und vor Morddrohungen nicht zurückschrecken. Besonders berüchtigt wurden kriminelle britische Untergrundgruppen wie die Animal Rights Militia, das Justice Department oder die Animal Liberation Front. In Deutschland zählte das Bundeskriminalamt mehr als zweitausend Straftaten in den letzten zehn Jahren, darunter allerdings viele Bagatelldelikte.[147]

Zum Kodex von Tierrechtlern gehört es, vegan zu leben und auf Wollpullover, Lederschuhe, Bienenhonig und Molkereiprodukte zu verzichten. Bereits Vegetarier sind Tierrechtlern moralisch verdächtig. Und man verachtet gern jene, die keine Rechte für Tiere einfordern, einschließlich aller Tierschützer – denn genau diese Abgrenzung markiert die eigene Identität und hält das Selbstwertgefühl und die Gruppensolidarität zusammen. Die persönlichen Motive reichen weit: die Hoffnung auf ethische Selbstreinigung, der Spaß an der politischen Aktion, eine prinzipielle Oppositionshaltung, eine intellektuelle Einsicht, der man kompromisslos folgt, oder die Lust daran, andere grundsätzlich schlechter zu finden als sich selbst. Und oft ist es eine Melange aus allem oder vielem davon – nicht anders als bei anderen Befreiungsbewegungen auch.

In den Neunzigerjahren beschäftigte sich der Psychoanalytiker *Jürgen Körner* (* 1943), damals Vorsitzender der Deutschen Psychoanalytischen Gesellschaft, mit der Psyche von Tierrechtlern. Er stellte die These auf, dass die Anhänger der Tierrechtsbewegung die von ihnen verteidigten Tiere zugleich psychotechnisch missbrauchen: als Möglichkeit, eine neue Achse für Achtung und Ächtung zu installieren. Tierrechtler lösen die Solidarität mit anderen Menschen auf und verwandeln sie in »eine Spaltung, welche die Welt in gute und böse Menschen teilt ... Je radikaler diese Teilung, desto sicherer darf man sein, selbst den ganz Guten anzugehören. Und da dies alles im Dienste der Tiere geschieht, die dem natürlich nicht widersprechen können, wird die Egozentrik dieser Position zunächst gar nicht erkennbar. Sie enthüllt sich erst dann, wenn man die Tierrechtsbewegung gleichsam vom Kopfe auf die Füße stellt: Wenn man es so betrachtet, dass deren Anhänger die Tiere und deren vermeintliche Interessen verwenden, um sich von der Masse der schlechten Menschen als die besonders guten Menschen abzuheben.«[148]

Dem Deutschen Tierschutzbund sind Tierrechtler meist ein Gräuel. Er befürchtet die Kriminalisierung des Tierschutzes in der Öffentlichkeit und warnt vor »Tierschutzterrorismus«. Radikale Mittel zur Durchsetzung eines »gerechten« Umgangs mit Tieren werden von Tierschützern (allerdings auch von vielen Tierrechtlern) abgelehnt, ganz gleich, ob nun als Gewalt gegen

Personen oder gegen Sachen. Auch richtet sich die Kritik des Tierschutzes weniger gegen die Gesinnung oder die Absichten von Massentierhaltern und Laborexperimenteuren. Ihm geht es allein um das subjektiv-psychische Wohlbefinden der Tiere. Doch gerade darin liegt nach Ansicht vieler Tierrechtler die Crux. Ein Tierschutz, der sich allein gegen Unmaß und Auswüchse starkmache, lasse im Grunde genommen alles beim Alten. Das Unrecht gegenüber Tieren werde auf diese Weise nicht angetastet.

Bilanziert man den Kampf zur Befreiung der Tiere, so fällt das Urteil eher mau aus. Große Erfolge sind auch vierzig Jahre nach Singers Bestseller ausgeblieben. In Deutschland sehen sich Tierrechtler noch immer häufig der Frage ausgesetzt: Warum denn eigentlich Tiere? Gibt es nicht genug Probleme von Menschen auf dieser Welt, für die sich der Einsatz lohnt? Nach seiner Haltung zum Tierschutz befragt, erklärte einst ein deutscher Bundesminister, dass man sich lieber gegen die Käfighaltung des Menschen in den Großstädten engagieren solle als gegen die Käfighaltung von Hühnern. Die Wissenschaftsredakteurin einer großen deutschen Wochenzeitung hielt in einem persönlichen Gespräch jeden öffentlichen Einsatz für das Wohl der Tiere für absurd. Man solle sich lieber um Kindergartenplätze kümmern als um die Viecher. Und der Kurator für Wirbeltiere im Nürnberger Tiergarten erklärte mir einst, man solle mit den Rechten der Tiere am besten so lange warten, bis alle entrechteten Menschen auf diesem Planeten die ihren erhalten haben.

So oder so ähnlich denken noch immer viele. Dabei wird verkannt, dass es nicht um eine Kleinigkeit geht, sondern um etwas durchaus Entscheidendes: dass die öffentliche Sensibilität und das Selbstverständnis unserer liberal-demokratischen Gesellschaftsordnung kaum zu dem passen, was wir an millionenfachem Tierleid hinter den Kulissen verstecken! In diesem Sinne ist die Frage nach dem Umgang mit Tieren eine sehr ernste gesellschaftliche Herausforderung – und das weitgehende Scheitern von Tierrechtsinitiativen in den letzten Jahrzehnten eine bemerkenswerte Niederlage.

Warum haben Tierrechtler die Öffentlichkeit in Westeuropa nicht für sich gewinnen können? Warum konnten sie nur durch sporadische Gewaltaktionen auf sich aufmerksam machen, die am Ende nur von wenigen Menschen goutiert wurden? Tierrechtsorganisationen wie PETA, Animal Peace, Menschen für Tierrechte oder der Verein gegen Tierfabriken mit all ihren unterschiedlichen Nuancierungen sind heute etablierte, aber selten bemerkte Nischenprodukte im breiten sozialkritischen Sortiment. Die öffentliche Aufmerksamkeit ist gegenüber den Neunzigerjahren stark gesunken, und eine »Befreiung der Tiere« ist nirgendwo ernsthaft in Sicht. Sollte es dafür noch einen anderen Grund geben als die Verderbtheit der Spezies *Homo sapiens* und ihres speziesistischen Denkens, so könnte es hilfreich sein, ihn zu erfahren.

Kritisieren kann man zum Beispiel das elitäre Selbstverständnis vieler Tierrechtler. Ihre konsequente Haltung fordert leicht Ablehnung und Spott heraus. Dabei gehört gerade die harte Konsequenz oft zum Selbstbild von Tierrechtsgruppen dazu; eine Art Fisherman's-Friend-Logik: Ist unsere Ethik für dich zu stark, bist du zu schwach! Das befeuert das heroische Selbstbild und den Gruppenzusammenhalt, lässt die Gruppe aber dauerhaft ziemlich klein bleiben. Moralischer Rigorismus führt leicht zu einem Rechthaben, von dem man nicht viel hat – und damit auch die Tiere nicht! Solange die Schuld an den vielen Missständen entweder *Homo sapiens* im Großen und Ganzen oder jedem einzelnen Mitbürger als persönliches Totalversagen zur Last gelegt wird, ist kaum zu erwarten, dass jemand sein Verhalten ändert.

Kritisieren kann man auch die eigentümlich sichere Sicht in das Innenleben von Tieren. Dass niemand tatsächlich weiß, was in einem Tier genau vor sich geht, hatte ich bereits beschrieben.

Die anthropomorphe Sprache von Tierrechtlern, die grundsätzlich nicht zwischen Menschen und anderen Tieren unterscheidet, befeuert die Radikalität. Doch reicht es tatsächlich aus, auf Schmerz und Freude zu verweisen, um sich sicher zu sein, dass Menschen und höher entwickelte Tiere prinzipiell gleich sind? Und was heißt eigentlich Gleichheit ganz konkret? Gleich sind sich Menschen und andere Tiere allenfalls in ihrer wechselseitigen Ungleichheit, so wie Gorilla und Schimpanse ungleich sind, Erdkröte und Laubfrosch, Ratte und Warzenschwein.

Auch Singer räumt ein, dass der Begriff der Gleichheit nicht bedeuten könne, »Tiere hätten die gleichen Rechte wie Sie und ich ... Das Wahlrecht, die Redefreiheit und die Glaubensfreiheit – nichts davon kann für ›andere Tiere‹ gelten. Gleichermaßen kann das, was Menschen schadet, bei manchen Tieren viel weniger oder gar keinen Schaden verursachen.«[149] Doch wenn man unter prinzipiell Gleichen solche Unterschiede machen muss, sind sie dann tatsächlich noch gleich? Statt von der Gleichheit unter Vorbehalt vieler Unterschiede zu sprechen, könnte ich genauso gut von einer *Andersartigkeit unter Vorbehalt vieler Gemeinsamkeiten* ausgehen. Der für die moralische Begründung benutzte Gleichheitsgrundsatz steht auf ziemlich wackeligen Füßen.

Die Tatsache, dass Menschen ihre Schreckensherrschaft gegenüber Tieren auf einem schmalen Fundament an Ethik errichten, beweist noch lange nicht, dass hierbei tatsächlich ein Gleichheitsgrundsatz verletzt wird. Es ist, wie gezeigt, richtig, dass die Tier-Mensch-Grenze eine höchst eigentümliche Setzung ist. Ebenso richtig ist es, dass Menschenaffen und Menschen sich genetisch nur marginal unterscheiden. Doch so falsch die bestehende Moral auch zu sein scheint: Aus alledem folgt noch kein prinzipieller Gleichheitsgrundsatz.

Eine strittige Frage ist zudem die Zielsetzung von Tierrechtlern. Wie sähe eine befreite Tierwelt eigentlich aus? So wie bei den *12 Monkeys* mit entfesselten Zebras und Flamingos? Eher nicht. Was unsere Nutztiere wie Rinder, Schweine und Hühner anbelangt, so würden sie nirgendwo (zumindest in Westeuropa) mehr gezüchtet. Denn wo kein Markt, da dürfte auch wenig Interesse an der Tierzüchtung sein. All diese Tiere stürben also aus. Nicht anders sieht es mit den allermeisten Haustieren aus, die nicht artgerecht gepflegt werden können. Die schönen Pressefotos von stolzen Tierrechtlerinnen wie *Karen Duve* (* 1961) oder *Hilal Sezgin* (* 1970), die allein auf einem Bauernhof voller befreiter Tiere leben, gehörten dann der Vergangenheit an. Im Leben von Tierrechtlern gäbe es keine Tiere mehr. Zoos werden aufgelöst, sobald alle Zootiere eines natürlichen Todes gestorben sind, da man sie nirgendwohin umsiedeln kann. Tiger, Elefanten und Antilopen fristeten also noch eine Weile ihr Gnadenbrot, ohne sich vermehren zu dürfen. Hoch subventioniert, aber fernab des Publikums, vereinsamten sie dort in der Gesellschaft der ebenfalls hier untergebrachten Zirkustiere. Reitsport ist abgeschafft. Und in fünfzig Jahren sind die meisten großen Tiere aus Europa verschwunden. Selbst in den fragmentierten Wäldern sähe man sie selten, denn der heutige Wildbestand ist das Ergebnis künstlicher Überpopulationen zum Zweck der Jagd. Viele Lebewesen, an denen sich unsere Kinder im Umgang sensibilisieren könnten, gäbe es also nicht mehr. Die Entfremdung wäre vollkommen und die Tierwelt allen Heranwachsenden gleichgültig, sowie die Bilderbuchphase abgeschlossen ist. Das Tier, eine Plüschfigur, ein Märchenbuchbewohner, eine Comic-Ente, eine BBC-Animation oder ein Fernsehblutgemetzel aus der Serengeti – viel mehr bliebe wohl nicht übrig.

Den eingekerkerten Nutztieren muss man sicher nicht wehmütig hinterhertrauern; der drohende Totalverlust des Tieres in der westlichen Lebenswelt ist hingegen keine Kleinigkeit. Doch es geht nicht nur um praktische Folgen. Der philosophisch wichtigste Kritikpunkt an der Tierrechtsbewegung wurde bislang nämlich noch ausgespart. Er betrifft die Art und Weise, wie Tierrechtsphilosophen Moral begründen. Denn wenn mich nicht alles täuscht, liegt nahezu allen Tierethiken von Singer bis DeGrazia ein eigentümliches – und ich meine falsches – Bild von Moral zugrunde. Und das »eiserne Tor« klemmt nach wie vor. Wie könnte eine realistischere Tierethik aussehen?

• *Eine artgerechte Moral. Menschen – Tiere – Ethik.*

Eine artgerechte Moral

Menschen – Tiere – Ethik

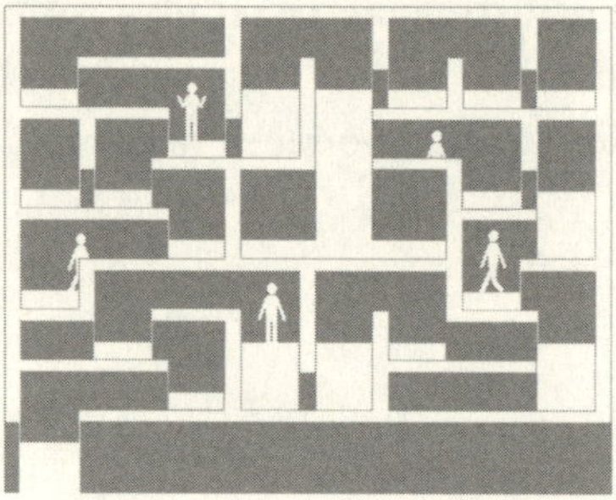

What is, if I say: »Here is a chicken, eat this, or I kill another chicken?«

Ali G (Sacha Baron Cohen) zu Michael Sutcliffe, Veganer und Animal-Rights-Aktivist

Als Hans Wollschläger die Kanzel der gewaltigen St.-Andreas-Kirche in Braunschweig betrat, saß ich in einer der Kirchenbänke. Mehr als tausend Menschen waren zum Vortrag des Schriftstellers über »Tiere – Rechte – Ethik« gekommen, und kein anderes schnell verfügbares Gebäude hielt dem Massenandrang stand. Mit tiefer, sonorer Stimme und fulminanten Sätzen predigte der glühende Kirchenkritiker Wollschläger seiner Gemeinde vom Schöpfungsfrieden im Paradiesgarten und dem für die Tiere so unseligen Ausgang der Geschichte. Und der Ort der Veranstaltung verstärkte die Wirkung dieser atheistischen Predigt.

Hans Wollschläger (1935–2007) war neben Eugen Drewermann und *Karlheinz Deschner* (1924–2014) einer jener drei Triumviratoren, die in den Neunzigerjahren sowohl als Kritiker der Kirche hervortraten wie als kompromisslose Anwälte für die Sache der Tiere. Der Vortrag im Jahr 1997 war ein literarischer Genuss, aber er brachte mich ein ums andere Mal dazu, die Gedanken schweifen zu lassen. Wie hielt ich es selbst mit der Frage nach den »Rechten der Tiere«? Der starke Anblick des Neuen, den Singers Animal Liberation in den Siebzigerjahren gemacht hatte, hatte sich längst verflüchtigt im Streit um Begriffe und Definitionen. Die Haltung des Australiers zu Neugeborenen und Schwerstbehinderten konnte ich ohnehin nicht teilen. Und völlig unklar blieb, wie auch nur ansatzweise eine Welt verwirklicht werden sollte, in der die Rechte aller Säugetiere, Vögel und vielleicht sogar Fische auf ein unversehrtes Leben geachtet werden. Scheiterte die Forderung nach Rechten für Tiere – wie immer sie im Detail begründet wurde – nicht unweigerlich in der Praxis?

Ich versuchte mir zu erklären, warum mir einige Begründungen und Folgerungen von Tierrechtlern trotz meiner Sympathie falsch vorkamen. Am Ende verstand ich, dass dies einiges damit zu tun hatte, was diese Leute unter »Moral« verstanden und wie sie mit dieser Vorstellung umgingen. Nahezu alle Tierrechtsphilosophen und ihre Anhänger schienen der Ansicht zu sein, dass es bei der menschlichen Moral um »Gerechtigkeit« ginge und dass man Menschen nur davon überzeugen müsse, dass ihr Verhalten gegenüber Tieren ungerecht sei. Dabei appellierten sie an die Einsichtsfähigkeit ihrer Leserschaft. Kurzum, sie verlangten, dass unser Umgang mit Tieren gemäß einer richtiger und besser verstandenen Gerechtigkeit verändert werden müsse und dass jeder dies einsehen solle.

Einsicht in diesem Zusammenhang bedeutet, dass Menschen sich gedanklich neu sortieren sollen, um ihren Speziesismus zu überwinden. Speziesismus ist für Tierrechtsphilosophen so etwas wie eine schlechte Angewohnheit fast aller Menschen, die sich nicht vernünftig begründen lässt. Deshalb soll man sie ändern. Dahinter steht die Vorstellung, dass Menschen ihr Verhalten dann ändern, wenn sie erkennen, dass ihre Einstellungen, Meinungen und Angewohnheiten ihrer Vernunft widersprechen. Diese Ansicht hat in der Philosophie eine lange Geschichte. Sie geht mindestens auf Platon zurück und bestimmt noch immer das Denken der meisten zeitgenössischen Moralphilosophen. Doch nach allem, was ich aus meiner Beschäftigung mit der Biologie und Psychologie der Moral zu wissen glaube, ist sie falsch.

Fast alle Philosophen – und auch nahezu alle Tierrechtsphilosophen – halten die Vernunft moralisch für äußerst relevant. Wenn sie dafür plädieren, unvernünftigen Tieren Rechte einzuräumen, suchen sie dafür vernünftige Argumente. Sie arbeiten heraus, wie unlogisch es ist, geistig schwerbehinderte Menschen und schwer Demenzkranke als Personen zu achten, nicht aber bewusstseinsfähige Tiere. Menschen grundsätzlich moralisch wichtiger zu finden als Tiere ist demnach *unvernünftig*, und eben *deshalb* sollten wir es auch nicht tun.

Fast alle Tierrechtsphilosophen halten vernünftige Argumente für moralisch entscheidend; Gefühle, die diesen Argumenten möglicherweise entgegenstehen, nicht. Eine solche Prämisse ist allerdings nicht so voraussetzungslos, wie sie scheint, und man kann sie durchaus infrage stellen. Immerhin führt sie zu der fatalen Folge, dass die Art und Weise, wie Philosophen ihre Moral begründen, mit dem Empfinden der meisten Menschen wenig zu tun hat. Kein Wunder, dass die Philosophen der Vernunft immer wieder über die Menschheit verzweifeln, die ihnen trotz vernünftiger Argumente nicht folgen will. Am Ende bleiben oft Hochmut, Wut und Resignation, obwohl es vielleicht gar nicht so sehr an »den Menschen« liegt als vielmehr an einer falschen Prämisse.

Es ist nicht ganz klar, was Vernunft eigentlich sein soll. Ist sie etwas Göttliches, wie viele alte Griechen glaubten? Ist sie eine Art Instanz in uns, wie Kant meinte? Oder ist sie nur die Summe von Erziehungsregeln, maßgeblichen Einflüssen, Lernverhalten und praktischer Erfahrung im Umgang mit schwierigeren Situationen, wie David Hume im 18. Jahrhundert dachte und mit ihm heute viele Psychologen? Ich will diese Frage hier nicht vertiefen, weil es am Ende nicht darauf ankommt. Es geht mir um etwas anderes: Dass die Vernunft durch den Menschen definiert wird, ist ein Faktum; dass der Mensch durch die Vernunft definiert wird, eine Spekulation. Menschen sind in der Lage, Schlüsse zu ziehen, über sich selbst nachzudenken, für die Zukunft zu planen, schwierige Entscheidungen abzuwägen, mithin ein Buch über das »Recht der Tiere« zu schreiben. Sie sind, was das Ausmaß dieser Fähigkeiten anbelangt, im Vergleich mit anderen Tieren einzigartig. Doch welche Bedeutung haben Selbstreflexion, Zukunftsplanung und abwägendes Denken tatsächlich für unseren Alltag? Wie groß ist der Anteil der Vernunft am tagtäglichen Handeln des Menschen?

Die meisten Philosophen scheinen zu glauben, dass andere Menschen wie sie sind. So wie Mathematiker ihren Mitmenschen gerne abverlangen, die Dinge logisch zu sehen, erwarten Philosophen, dass andere Menschen vernünftig sind, weil Vernunft in der Philosophie so eine große Rolle spielt. Dabei gehen sie allerdings kaum von normalen Menschen aus. Der Maßstab dessen, was ein »Mensch« ist, ist der Philosoph. Und bezogen auf die Moral erwarten sie, dass andere Menschen das einsehen und tun, was ein Moralphilosoph einsehen würde und täte. Erstaunlicherweise kommen Philosophen dabei oft zu höchst unterschiedlichen Ergebnissen. Und das, obgleich es doch nur eine für alle gleiche Vernunft geben soll. Diese Erkenntnis ist schlicht, aber sie fordert die gegenwärtig an unseren Universitäten dominierende »analytische Philosophie« arg heraus. Immerhin versteht sie sich als Wissenschaft und erkennt deshalb schon aus prinzipiellen Gründen nicht an, dass es nicht eine, sondern viele Moralphilosophien geben soll.

Ich möchte dagegen vorschlagen, die Vernunft anthrozoologisch zu betrachten und damit als eine Fähigkeit des Menschentieres unter anderen. Die Ranken der Vernunft fallen nicht als göttliche Hängepflanze vom Himmel auf die Erde herab, auf dass der Mensch an ihr zum Licht klettere; auch ist die Vernunft kein stolzer Baum, der als sich selbst erkennender Geist in den Himmel wächst. Als stängellose Schwimmpflanze treibt sie auf einem See von Gefühlen herum, dessen Gleichgewicht permanent auf dem Spiel steht. In jedem Fall gibt nicht die Vernunft dem Menschen die Spielregeln des Denkens vor, sondern die biologischen und psychologischen Spielregeln des Denkens entscheiden über die Vernunft.

Die Geschichte der Vernunft bleibt eine unvollständige Erzählung ohne die Geschichte der biologischen Natur, der sie entspringt. Eine Ethik, die sich an reale Menschen richtet, muss dem Rechnung tragen. Sie muss *psycho*-logisch überzeugen und nicht ausschließlich logisch. Die Philosophien Singers, Regans und anderer Tierrechtsphilosophen haben hier ihren blinden Fleck. Denn einerseits sehen sie den Menschen als ein Tier unter anderen und betonen inständig diese Nähe. Und andererseits trauen sie den Adressaten ihrer Tierethik ein völlig unrealistisches Maximum an Vernunft und Einsichtswillen zu. Doch wie kann man gleichzeitig darlegen, wie relativ und sporadisch der Einsatz der Vernunft auch bei moralischen Entscheidungen des Menschen ist – und von genau diesen Menschen zugleich abverlangen, die Interessen von Tieren gleichberechtigt zu berücksichtigen, weil dies den Regeln ethischer Logik und moralischer Vernunft entspricht? Warum sollen Menschen, die auch sonst in ihrem Leben wenig Vernunft auf ihre moralischen Entscheidungen verwenden (sondern eher dem folgen, »was man tut« und was nicht verboten ist), diese Vernunft gerade im Umgang mit Tieren aufbringen?

Man muss sich also fragen: Wer ist eigentlich der Adressat einer neuen Tierethik? Auf welche Menschen wollen Tierrechtsphilosophen einwirken? Die Frage ist keine Kleinigkeit, denn von ihr hängt der Erfolg ab! Man wird sich also zu Anfang klare Gedanken darüber machen müssen, was Moral eigentlich ist und was sie soll. Warum handeln wir überhaupt moralisch, wie funktioniert Moral, und wo liegen ihre Grenzen?

Moral ist ein Zauberwort. Es gibt Alltagsmoral, Gesinnungsmoral, Verantwortungsmoral, Klassenmoral, Vertragsmoral, Maximal- und Minimalmoral, Initialmoral, Kontrollmoral, weibliche und männliche Moral, Betriebsmoral, Moral für Manager, für Feministinnen und für Theologen. An Moral gibt es keinen Mangel. Wann immer die Gesellschaft erkennt, dass sie ein neues Problem hat, entsteht postwendend eine neue Moral. Und immer beruft man sich auf die gleichen alten Werte: Man appelliert an das Gewissen, schreit nach Verantwortung, fordert ein Mehr an Gleichheit und Demokratie, an Brüderlichkeit und Schwesterlichkeit. Aufrufe an das moralische Bewusstsein haben seit Langem Konjunktur. Erstaunlich nur, dass, wenn es mit den schönen Worten vom Umdenken und der gesteigerten Verantwortung ernst wird, das Gesicht vieler Leute den Ausdruck inneren Widerstands annimmt – und zwar mehr gegen das Umdenken als gegen die tatsächlich bestehenden Verhältnisse.

Wer moralisch denkt, teilt die Welt in zwei Bereiche: in das, was er achtet, und das, was er ächtet. Mehr als zwei Jahrtausende haben sich Philosophen damit herumgeplagt, unwiderlegbare Beweise dafür zu finden, wie sie diese Achtungs- und Ächtungskriterien endgültig zementieren können. Mit einem denkwürdigen Ergebnis: Denn einerseits entstand unter philosophischem Einfluss über Jahrhunderte hinweg ein modernes Moralsystem wie der bürgerliche Rechtsstaat; andererseits blieb die ganze Konstruktion so brüchig, dass sie sich im Nationalsozialismus ohne größeres moralisches Aufbegehren im Handstreich aus den Angeln heben ließ. Und selbst überzeugte Liberale und Demokraten unter den zeitgenössischen Philosophen haben ernsthafte Zweifel daran, dass sich Grundwerte der Gesellschaft wie die Menschenrechte tatsächlich letztbegründen lassen.

Woran liegt das? In einem früheren Kapitel (*Eins Komma sechs Prozent*) war bereits die Rede davon, warum und unter welchen Umständen unsere Vorfahren mutmaßlich zu sozialen Spielregeln kamen. Lebewesen, die Absichten haben und Absichten bei anderen erkennen und danach handeln, brauchen eine Art Verhaltenskodex. Dabei orientieren sie sich am Verhalten der Artgenossen innerhalb der Gruppe oder Horde, in der sie leben. Bezugsebene ihres sozialen Handelns, ihrer Rücksichtnahme und Kooperation ist das nahe Umfeld. Und nur innerhalb dieses Umfelds ist das, was sie tun, »richtig« oder »falsch«.

Wenn wir über Moral reden, so reden wir also darüber, was sozial komplex agierende Lebewesen tun, um miteinander klarzukommen. Auf der Stufe hoch entwickelter Primaten, wie dem Menschen und anderen Menschenaffen, geht es vor allem darum, den anderen (gemäß seiner Stellung in der Horde) zu *achten*. Und man achtet mehr oder weniger sorgsam darauf, selbst geachtet zu werden. Auf einer weiteren Stufe, die möglicherweise exklusiv menschlich ist, kann die Frage, ob und inwieweit ich andere achte, zu einer Frage der Selbstachtung werden. Achte ich andere, fühle ich mich gut, missachte ich die Interessen anderer und werde dafür von ihnen gestraft, fühle ich mich schlecht.

Vieles von dem, was ich gegenüber anderen tue und erwarte, entspricht einem nicht reflektierten moralischen Gefühl – einem eingeborenen Moralsinn, von dem die englischen Philosophen des 18. Jahrhunderts sprachen und den man landläufig »Moralinstinkt« nennt. Solche moralischen Gefühle sind notwendig, aber nicht hinreichend für ein kompliziertes Zusammenleben. Und manchmal sind sie sogar störend und schädlich. Wir unterdrücken es gemeinhin, unseren Wutreflexen bei empfundenem Unrecht zu folgen und andere Menschen deswegen zu töten. Und es ist zwar einerseits biologisch sinnvoll, dass wir das Leben unserer Kinder höher schätzen als das Leben ungezählter fremder Menschen. Doch das Eigene auf Kosten anderer zu bevorzugen kann dem Interesse am Gemeinwohl der Gruppe widersprechen. Aus diesem Grund appellieren Philosophen und Gesetzgeber seit mehr als zwei Jahrtausenden dafür, dass wir andere Menschen in ihrer Selbstachtung genauso achten sollen wie uns selbst.

Zunächst ging es dabei nur um freie griechische Männer, erst viel später kamen Unfreie, Sklaven und Frauen dazu. Doch wer auch immer in den moralischen Zirkel aufgenommen wird – Gesellschaften brauchen moralische (und juristische) Regeln. Es sind soziale Verkehrsregeln, um »miteinander klarzukommen«, wenn unsere Intuitionen nicht ausreichen oder weiterhelfen. Für dieses Miteinander-Klarkommen waren den machthabenden Männern die Interessen von Sklaven oder Frauen lange nicht wichtig. Doch irgendwann wurden sie in den Gesellschaften wichtiger, in allererster Linie aus ökonomischen Gründen, die ich hier nicht näher erläutern will. Tiere hingegen wurden im Laufe der abend- und morgenländischen Kultur immer unwichtiger. Fürs Miteinander-Klarkommen spielten sie – wie gezeigt – irgendwann nur noch die Rolle von »Raubtieren«, die man töten musste, und »Nutztieren«, die man nutzen konnte.

Dass die Tiere ihre spirituell-moralische Bedeutung für den Menschen verloren, liegt also nicht einfach an falschen Religionen wie dem Judentum, dem Christentum oder dem Islam. Es liegt auch nicht nur an Philosophien wie jene des Aristoteles oder der Stoa. Vielmehr reflektierten die Religionen und Philosophien auf die genannte Tendenz, dass Tiere für das Miteinander-Klarkommen immer unwichtiger wurden. Ihr Verhalten und ihr Charakter wurden weitgehend belanglos. Und die Religionen und Philosophien verstärkten und legitimierten diese Tendenz höchstens.

Dass Tiere aus der Moral ausgeschlossen wurden, liegt auch nicht daran, dass die meisten Philosophen und Gesetzgeber Männer waren. Männer sind gemeinhin nicht weniger tierlieb als Frauen. Und Tiere außen vor zu lassen war kaum ein Instrument, um damit zu herrschen oder sich abzugrenzen. Aristoteles definiert den Menschen zwar über die Vernunft, aber nicht als das »andere« gegenüber dem Tier. Stattdessen sieht er in ihm ein ganz besonderes Tier. Der Mensch ist das *zoon lógon echón* (das Tier mit Vernunft und Sprache), das *zoon politikón* (das politische/gesellige Tier). Diese Definition erfüllt eine zoologische, aber keine moralische Abgrenzungsfunktion. Denn moralisch sieht zu Aristoteles' Zeit kaum jemand das Tier auf einer wirklich vergleichbaren Stufe. Und dass man Tiere wirtschaftlich nutzen darf, steht gar nicht zur Debatte, es ist völlig selbstverständlich. Selbst Pythagoras und Empedokles schienen mehr als hundert Jahre zuvor nichts dagegen gehabt zu haben. Sie wetterten nur gegen das Opfern und Verspeisen. Der »Anthropologozentrismus«, den junge Tierrechtler vom alten Griechentum bis heute walten sehen, war also zu keinem Zeitpunkt ein Herrschaftsinstrument.[150] Und er musste auch durch keine philosophische Definition legitimiert werden. Viel entscheidender war, dass Menschen andere Tiere immer weniger dazu brauchten, um sich spirituell im Leben zu orientieren. Und für das komplizierte Zusammenspiel von wechselseitiger Achtung, sozialer Abstufung und Ausgrenzung wurden sie schlichtweg überflüssig. Sie kamen nicht mehr in der *Welt* der Menschen vor, sondern nur noch in ihrer *Umwelt;* entsprechend wurden sie nach und nach versachlicht.

Schuld daran, dass Tiere »nicht in der Ethik rumlaufen«, wie Albert Schweitzer meinte, ist demnach kein einzelner Mensch wie Aristoteles. Und es ist schon gar nicht »der Mensch« schlechthin. Der böse *Homo sapiens,* der die Tiere aufgrund seiner verworfenen Natur missachtet, ist ein Phantasma einiger Tierrechtler. »Den Menschen« gibt es gar nicht, der an all dem Tierleid der Menschheitsgeschichte Schuld haben könnte. Die moralische Abrechnung mit uns selbst findet hier schnell ihre Grenze. »Die Menschen« sind niemand, den zu belehren oder zu ermahnen sich lohnt. Keiner fühlt sich als »Mensch an sich« für seine Gattung zuständig oder verantwortlich. »Wer Menschheit sagt, der lügt!«, meinte einst der Philosoph *Carl Schmitt* (1888–1985). Denn die Menschheit ist eine Gemeinde, der anzugehören zu nichts unmittelbar verpflichtet.

Dass die Tiere in der Kultur mediterraner Wüsten- und Halbwüstenbewohner spirituell ständig unwichtiger wurden, ist eine Tatsache. Man glaubte, dass man sie für seine Achtung und Selbstachtung nicht brauchte – außer man wollte einen Löwen töten oder mit seinem Vieh protzen. Es ist allerdings befremdlich, wenn Philosophen wie *Jürgen Habermas* (* 1929) daraus schließen, dass Tiere moralisch irrelevant seien. Denn aus der Beobachtung, dass Tiere für unsere Kultur heute ohne moralischen Belang sind, kann man nicht schließen, dass sie es deswegen auch nicht sein *sollen.* Für Habermas ist nur derjenige moralisch wichtig, mit dem wir unsere (sprachlichen) Geltungsansprüche abgleichen können. Da Tiere nicht unsere Sprache sprechen und insofern verzichtbar sind, sollen sie auch nicht in unserer Ethik vorkommen. Was mit großer Begründungsakrobatik vorgeführt wird, enthält im Kern einen Verstoß gegen David Humes Trennung von Sein und Sollen (*Das eiserne Tor*). Denn letzten Endes macht Habermas aus einer Konvention (dass wir uns nicht mit Tieren verständigen) eine Norm (dass wir es auch nicht zu tun brauchen).

Habermas' Grundlage der Moral ist Kommunikation. Er steht damit in der Tradition seit Platon, dass man sich einen Wert sucht, an dem man seine Ethik bemisst und alles Weitere entwickelt. Mal ist es »das Gute«, mal »die Gerechtigkeit«, mal »die Freiheit«, mal der »intrinsische Wert« und mal »das Glück«. Aber was auch immer ins Zentrum gestellt wird – letztlich sind all dies nur verschiedene Versuche, etwas zu begründen, was immer dasselbe will: dass Menschen miteinander gut klarkommen. Das Ziel der Ethik ist also nicht die Gerechtigkeit, die Freiheit und so weiter. Denn es könnte ja sein, dass absolute Gerechtigkeit oder absolute Freiheit bedeuten, dass Menschen schlechter miteinander klarkommen als bei etwas weniger Gerechtigkeit oder etwas weniger Freiheit. Die Tücken des radikalen Kommunismus und des radikalen Liberalismus belehren darüber unmissverständlich. So bevorzugen wir zumeist Mischformen, die sich philosophisch eben nicht von *einem* Prinzip herleiten und dementsprechend schwer begründen lassen.

Ich möchte deshalb die These wagen, dass es den meisten Philosophen eigentlich nie um die von ihnen absolut gesetzten Werte ging. Ihr Ziel war nicht »die Gerechtigkeit«, sondern das bestmögliche Miteinander-Klarkommen. Dabei schleppen wir seit der Antike zwei gewaltige Übertreibungen mit uns herum mit ziemlich verheerenden Folgen. So glauben wir (zumindest im Alltag), dass es die Gerechtigkeit, die Freiheit oder gar das Gute »an sich« gäbe. Zum Zweiten überschätzen wir die Gesinnung, aus der heraus etwas getan oder gelassen wird. Man kann den Denkern des alten Griechenland daraus keinen Vorwurf machen. Sie glaubten (wie die meisten »normalen« Menschen heute), dass die Welt etwas sei, das »an sich« da ist. Ihrem Denken stand eine objektive Realität gegenüber, in der alles seinen Platz hatte: das Gute, die Gerechtigkeit und die Wahrheit. Alles das gab es, wie es die Bäume und die Sterne gab, nur dass die Wahrheit oder das Gute schwerer zu erkennen waren. Und wenn Menschen gut handelten, so dachte Platon, dann ist etwas von diesem großen kosmischen Guten in ihnen wirksam.

All dies glaubt heute (fast) kein zeitgenössischer Philosoph mehr. *Die* Gesinnung *der* Gerechtigkeit gibt es nicht. Es gibt auch keine gerechten oder guten Menschen, sondern allenfalls Menschen, die sich mehr oder weniger darum bemühen, dass ihr Handeln gute Folgen zeitigt oder gerecht ist. Wie die Sozialpsychologie uns eindrucksvoll zeigt, haben die meisten Menschen dabei ziemlich flexible Grundsätze. Ihr Handeln verändert sich je nach Umfeld und Situation. Gleichwohl glauben viele Menschen und auch viele Philosophen, dass es auf die Gesinnung maßgeblich ankommt.

Ein überzeugter Tierrechtler zum Beispiel würde niemals ein Huhn essen, weil es seinen Werten widerspricht und er sich dabei nicht gut fühlt. Doch was tut er, wenn er in eine Situation kommt wie der US-amerikanische Tierrechtler Michael Sutcliffe? Zu Gast in der Talkshow von »Ali G«, einer Kunstfigur des britischen »Borat«-Darstellers Sacha Baron Cohen, wurde er gefragt, ob er bereit wäre, ein Huhn zu essen. »Selbstverständlich nicht«, empörte sich Sutcliffe. »Und was ist«, fragte Ali G, »wenn ich sage: ›Essen Sie dieses Huhn, oder ich töte noch ein anderes Huhn‹?« Sutcliffe war konsterniert und ließ die Frage unbeantwortet.

Die Abwägung, die er hätte machen müssen, ist eigentlich nicht schwer. Wenn er das Huhn isst, bleibt es bei einem toten Huhn. Isst er es nicht und Ali G macht seine Drohung wahr, haben wir zwei tote Hühner. Für einen Utilitaristen ein klarer Fall: Sutcliffe sollte das Huhn essen. Doch ein Huhn zu essen widersprach offensichtlich dermaßen seinem Selbstbild, dass er die Frage offen ließ. Seine Gesinnung stand also seiner Verantwortung entgegen, das Leben des zweiten Huhns um jeden Preis zu retten.

Nun ist es allerdings ein maßgeblicher Unterschied, ob ich deshalb ethisch handele, *um mich gut zu fühlen,* oder *um möglichst viel Gutes zu erreichen.* Diesen Unterschied gilt es im Weiteren im Auge zu behalten, denn die herkömmlichen Tierrechtsethiken zielen in erster Linie auf die Gesinnung ab. Und was die Verantwortung anbelangt, sind sie, wie ich zeigen möchte, erstaunlich indifferent und manchmal sogar kontraproduktiv.

Den Grund dafür finden wir in der zweiten Übertreibung der alten Griechen. Selbst wenn wir heute wissen, dass es »die Gerechtigkeit« nicht gibt, bleibt sie uns erhalten. In zeitgenössischen Philosophien geht es schon lange nicht mehr darum, eine kosmische Gerechtigkeit freizulegen. Aber es geht immerhin noch darum, »Gerechtigkeit« *herzustellen*. Das ist ziemlich merkwürdig. Denn im Grunde wissen wir, dass es keine absolute Gerechtigkeit gibt und auch niemals geben wird. Und für das Leben der allermeisten Menschen ist eine grundsätzliche Gerechtigkeit auch völlig egal; Hauptsache, sie selbst fühlen sich in einer bestimmten Situation nicht ungerecht behandelt.

Eine praktikable Tierethik sollte deshalb nicht in erster Linie auf Gerechtigkeit, Freiheit oder andere Werte setzen. Sondern sie sollte überlegen, welche Rolle Tiere innerhalb des Miteinander-Klarkommens realistisch spielen könnten. In diesem Sinne hatte schon der heute fast unbekannte finnische Philosoph *Edvard Westermarck* (1862–1939) unsere moralischen Prinzipien zu Variablen erklärt und eben nicht zu Konstanten. Für ihn gab es keinen objektiven Maßstab für moralisches Handeln. Die Moral, so Westermarck, brauche auch keine Grundsätze und keine obersten Prinzipien, um erfolgreich zu wirken.

Anders als Singer, Regan und viele andere möchte ich die Moral nicht von einem Grundsatz oder einem Oberbegriff ableiten. Diese Oberbegriffe und ihre Kriterien sind im Zweifelsfall ohnehin weniger wert, als es scheint. Man mache nur mal die Probe aufs Exempel und prüfe das Axiom: »Tiere sollen deshalb in ihren Interessen gleichwertig behandelt werden, weil sie *Leiden empfinden*.« Dieses Kriterium steht im Zentrum der meisten Tierrechtsethiken von Singer bis Francione. Aber völlig glaubwürdig und konsequent ist es nicht. Man stelle sich nur mal vor, Tiere ließen sich gentechnisch so verändern, dass sie keine Schmerzen mehr empfinden (und ich bin sicher, dass die Wissenschaft das kann oder bald können wird). Ein solches Huhn, ethologisch stumpfsinnig und völlig schmerzfrei, wäre nicht mehr leidensfähig. Es wäre eine Tiermaschine, wie Descartes sie sich vorgestellt hat. Ohne Schmerz und Leiden zu empfinden, müssten diese Tiere nach Singers Philosophie unweigerlich ihren moralischen Status einbüßen. Und man dürfte sie völlig unbedenklich in Legebatterien halten. Die Tierfrage wäre damit weitgehend gelöst, und viele Tierrechtler müssten jubeln.

Gleichwohl vermute ich, dass sie es nicht tun werden. Es wird ihnen mindestens unbehaglich sein. Vermutlich wären sie sogar zutiefst empört – ein Beleg dafür, dass sie ihrer eigenen Philosophie nicht trauen! Offensichtlich ist es *nicht die Leidensfähigkeit allein* und auch nicht das Empfinden, »Subjekt-eines-Lebens« zu sein, das Tiere moralisch relevant macht. Philosophische Begründungen, die die Achtung von Tieren auf diese Weise verengen, sind sicher gut gemeint, aber sie sind nicht plausibel.

Die Tierrechtsphilosophien Singers, Regans und anderer sind ziemlich fensterlose Gebäude. Und sie unterschätzen die Komplexität der Frage in dem Maße, wie sie die Psyche ihrer Adressaten überschätzen. So möchte ich meine eigenen Überlegungen auch nicht gegen die Biologie und die Psychologie begründen, und ich möchte moralische Gefühle und Intuitionen nicht völlig ausblenden. Allerdings bestehen im Hinblick auf vermeintliche Instinkte des Menschen viele Missverständnisse. So sind wir zum Beispiel nicht von Natur aus Speziesisten. Menschen sind ja von Natur aus auch keine Sklavenhalter oder Rassisten. Der »Artegoismus« des Menschen, von dem etwa der britische Zoologe Richard Dawkins spricht, ist (wie so vieles andere bei Dawkins auch) eine Fiktion. Die Geschichte der Menschheit kennt hinreichend Beispiele für Tyrannen, die ihren Hund liebten und ganze Völker verachteten. Und welcher passionierte Hundefreund schätzt das Leben seines Schützlings nicht höher als das seines Intimfeinds oder gar eines Sexualverbrechers?

Es lässt sich nicht einmal sicher von einer biologischen »Neigung« des Menschen zur eigenen Art sprechen (*Species bias*). Die Verbundenheit mit unserer Spezies liegt wahrscheinlich auf einer ganz anderen, nicht biologischen Ebene. Als Mensch Teil der Menschheit zu sein hat eher eine *imaginative* Qualität. Es gehört zu unserer Vorstellungswelt, uns als Menschen unter Menschen zu fühlen. Mensch zu sein, meint die US-amerikanische Philosophin *Cora Diamond* (* 1937), ist etwas, das »in Handlungen, Gedanken, Äußerungen, Gefühlen und Gepflogenheiten präsent ist«.[151] Es ist ein Ensemble von Vorstellungen, das sich imaginativ hochbegabte Tiere, wie wir es sind, bilden. Folglich lässt es sich nicht schlichtweg als »Speziesismus« aus der Ethik rauskürzen.

Was für uns moralisch relevant ist, hängt weit weniger von Gefühlen für unsere biologische Verwandtschaft mit anderen Menschen ab als von der kulturellen Nähe innerhalb unserer Vorstellungswelt. Wir betrachten das als moralisch interessant, was ein *Verhalten* hat und dessen *Charakter* uns interessiert. So etwa belohnen und bestrafen wir unseren Hund oder unser Pferd, nicht aber einen wildfremden Menschen. Und ob Tiere nun Rechte haben oder nicht, unser Hund oder unser Pferd werden von uns für ihr Verhalten geschätzt oder getadelt, nicht anders als wir es mit anderen moralisch relevanten Lebewesen in unserem Nahhorizont tun. Die zwanzig Millionen Einwohner von Shanghai dagegen sind für uns persönlich moralisch belanglos – es sei denn, man lebt selbst in Shanghai. Aber selbst dann interessieren uns nur einige wenige.

Der Schriftsteller *Robert Musil* (1880–1942) bemerkte einmal, dass fast alle Menschen in ihrem Verhältnis zu sich selbst Erzähler sind. Sie deuten ihr Verhalten im Verhältnis zu anderen aus und erfinden sich selbst und auch ihre Geschichte. Auf diese Weise entsteht eine imaginative Verflochtenheit. Und diese Verflochtenheit wirkt stark darauf ein, wen oder was wir schätzen, achten, missachten oder ignorieren. Es gibt allgemeine psychologische Mechanismen, die für fast alle Menschen gelten. Und sie lassen sich nicht durch eine Generalinventur, eine Palastrevolution des Bewusstseins in die Wüste schicken. Wir haben keinen biologischen Artegoismus, sondern so etwas wie einen psychologischen »Nahhorizont-Egoismus«. Was uns psychologisch nah ist, achten wir normalerweise höher als Fremdes; ein Erbe, das wir mit vielen anderen Tieren teilen. Wer wollte tatsächlich fordern, dass Menschen solche Gefühle aus freien Stücken fallen lassen? Fänden wir es, wie gezeigt, nicht im wahrsten Sinne des Wortes abartig, wenn eine Mutter, vor die Wahl gestellt, den Dackel aus dem brennenden Haus rettet, ihren Säugling jedoch drinnen lässt – gestützt etwa auf Singers Argument, der Dackel sei bewusstseinsmäßig höher entwickelt und deshalb entsprechend leidensfähiger?

Der menschliche Egoismus, Näherstehendes mehr zu lieben als Fernes, ist kein großes Problem für die Tierethik. Wie wir in vielen anderen moralischen Fragen gesehen haben, lässt sich die Reichweite unseres ethischen Empfindens gleichwohl ausweiten, und sei es mitunter auch nur als intellektuelle Einsicht. Entscheidend dafür ist aber nicht in erster Linie die Frage nach Recht und Unrecht, sondern wie wir uns unter entsprechend günstigen Bedingungen sensibilisieren.

• *Gut, besser, am besten. Die Ethik des Nichtwissens.*

Gut, besser, am besten
Die Ethik des Nichtwissens

Wenn der moderne Mensch die Tiere, deren er sich als Nahrung bedient, selbst töten müsste, würde die Anzahl der Pflanzenesser ins Ungemessene steigen.

Christian Morgenstern

Die Studenten hatten ihren Spaß. Sie rauchten, scherzten, lachten und spielten mit ihren Utensilien. Opfer ihres Spotts war ein Pavian. Das Tier war entsetzlich entstellt durch schwere Kopfverletzungen seines mehrfach aufgesägten und vernähten Kopfes; ein Wrack von einem Lebewesen, mit schweren Narben, Metallplatten im Schädel, halb kahlem Kopf und einer Punkfrisur. Ein Student äffte das zerschundene Opfer nach und wimmerte: »Ihr holt mich hier raus, versprecht mir das! Versprecht mir das!« Alle lachten, darunter auch Thomas Gennarelli, der Versuchsleiter.

Die Szene ereignete sich Anfang der Achtzigerjahre im Versuchslabor der Kopfklinik der University of California.[152] Und sie empörte die amerikanische Öffentlichkeit, nachdem

Aktivisten der Animal Liberation Front 1984 in die Klinik eingedrungen waren und siebzig Stunden Videobänder mitgehen ließen. PETA macht daraus den Film *Unnecessary Fuss* (Unnötige Aufregung), ein Zusammenschnitt der schrecklichsten sechsundzwanzig Minuten. Der Titel entstammt einer Äußerung Gennarellis, der die Empörung über die Verhältnisse in seinem Labor »unnötig« fand. Nachdem viele Tierrechtler verhaftet worden waren und die Polizei überall nach den Videobändern gefahndet hatte, kippte die Stimmung. Der Film schockierte viele US-Amerikaner, ähnlich wie später die Bilder aus Guantánamo und Abu Ghraib. Doch nicht die extrem quälenden Affenversuche wurden Gennarelli und seinen Mitarbeitern zur Last gelegt, sondern ihre seltsame Arbeitsmoral, die erschreckenden hygienischen Verhältnisse und der schlampige Umgang mit den Versuchstieren. Das Labor wurde geschlossen, und Gennarelli wurden jegliche Versuche an Primaten untersagt.

Die alles entscheidende Szene, die die empörte Reaktion der Öffentlichkeit auslöste, war die oben erzählte Verspottung des »Punk-Pavians«. Und genau dies sollte Tierethiker zum Nachdenken anregen. Denn wenn Affen im Tierversuchslabor verspottet werden, dann wird ihnen dadurch kein Leiden zugefügt, weder körperlich noch psychisch. Dem armen Pavian war zuvor viel Schlimmeres widerfahren als Opfer einer Verhöhnung zu sein, und er verstand sie auch gar nicht. Trotzdem empfinden viele Menschen einen solchen Hohn und Zynismus gegenüber einem Tier als einen Affront. Sie beleidigen und empören unsere moralischen Empfindungen.

Wenn wir uns über die Verspottung empören, sprechen wir nicht direkt im Interesse des verunglimpften Tiers. Sondern wir sprechen im Interesse einer moralischen *Haltung*, die das Verspotten von gequälten Tieren als unsittlich und verwerflich *empfindet*. Beleidigt wird also vor allem unsere menschliche Empfindungs- und Vorstellungswelt. Und genau sie ist der eigentliche

Träger der Moral! Das aber bedeutet zugleich: Die Kriterien der Tierrechtsphilosophen – wie etwa Singers Kriterium des »Leidens« – sind streng genommen gar keine. Wir hatten das schon an dem Beispiel gesehen, dass man einfach nur schmerzresistente Tiere züchten müsste, und Singer müsste Legebatterien – gemäß seines vermeintlichen Kriteriums – in Ordnung finden. Tatsächlich aber glaube ich, dass seine Gefühle sich dagegen sträuben.

Die Verspottung des Pavians in Philadelphia zeigt eindringlich: In der Moral geht es nie um strenge Kriterien. Konsequent betrachtet und zugespitzt durchgerechnet, führen sie am Ende oft nur in dämliche Situationen und absurde Dilemmata. Man denke an Singers Urteil über den Lebenswert von geistig Schwerstbehinderten und Säuglingen. Oder an Regans Gleichung, wonach das Interesse von Millionen Menschen prinzipiell gleich viel wiegt wie das Lebensinteresse eines einzigen Kaninchens.

Aber müssen wir in der Ethik überhaupt strenge Kriterien suchen, die alles andere definitiv entscheiden? Wie ich (im Anschluss an Cora Diamond) versucht habe zu zeigen, geht es auch beim »Menschsein« nicht um eine Addition von Eigenschaften. Stattdessen geht es um das Gefühl, Teil einer menschlichen Vorstellungswelt zu sein, in der andere Menschen als Menschen wichtig sind. Und die Ethik handelt davon, wie man sich *angemessen* verhält – ein Gedanke, der letztlich auf David Hume zurückgeht. Erst in zweiter Linie spielen dabei Aspekte wie »Gerechtigkeit«, »Freiheit«, »Interessen« oder »Glück« eine Rolle. Sie sind gleichsam die Marketingabteilung, die im Nachhinein rechtfertigt, was unsere Empfindungen zuvor entschieden haben. Zwar wird das, was wir angemessen finden, von unseren Gerechtigkeitsempfindungen beeinflusst und vielleicht auch von unseren Freiheitsvorstellungen, aber eben *nicht allein* von diesen. Ansonsten würden Menschen ihren inneren Kompass stets nach dem ausrichten, was ihnen gerecht erscheint. Ein kleiner Blick ins Leben belehrt unmissverständlich darüber, dass nur die wenigsten das tun.

Das bedeutet nun allerdings nicht im Umkehrschluss, all das in Ordnung zu finden, was Menschen gemeinhin so tun. Denn dies wäre, wie gezeigt, ein »naturalistischer Fehlschluss«. Aber wir müssen die Art und Weise, wie Menschen sich gewöhnlich verhalten, in der Ethik berücksichtigen. Und wir dürfen uns nicht einfach darüber hinwegsetzen, wenn wir eine angemessene Ethik entwickeln und umsetzen wollen. Kein Philosoph kann sich sein Publikum zusammen mit seiner Ethik neu basteln. Man denke etwa an die Ethik Immanuel Kants, die sich uneingeschränkt für Festreden eignet. Aber sie eignet sich nur eingeschränkt für das praktische Leben. Kant hatte den Menschen betrachtet, als seien wir alle Vulkanier wie Mister Spock. Nur als vernunftbegabte Wesen haben Menschen für Kant einen Wert, der Rest fällt bei ihm als moralischer Abfall vom Seziertisch. Und er wollte uns zu solchen durch und durch vernünftigen Menschen erziehen, wenn er meinte, die Moral handele davon, stets das »Vernünftige« zu tun, nämlich »gut« zu sein.

Doch die Vernunft ist ebenso wenig die alleinige Triebfeder der Moral, wie es die Verpflichtung zur Gerechtigkeit ist. Stattdessen handeln Menschen meist so, wie es mit ihren sensiblen Gefühlen für andere und dem, was andere tun und erwarten, gut vereinbar ist. Angemessenheit hat also zwei Pole, nämlich einmal unsere *Selbstachtung* und zum Zweiten *den Blick der anderen.* Die Sozialpsychologie hat sich in den letzten Jahrzehnten viel Mühe gegeben, uns glauben zu machen, dass es eigentlich nur auf das Zweite ankommen soll. Danach handeln wir stets so, wie unser Umfeld es von uns erwartet. Und wir verschieben dabei ohne Mühe unsere inneren Grenzen. Im direkten Kontrast zu einer Ethik, die sich über »Tugend« definiert, wie bei Aristoteles, oder an einem inneren »moralischen Gesetz«, wie bei Kant, ist dies eine heilsame Dosis Skepsis. Aber auch die Sozialpsychologen neigen zur Übertreibung, wenn sie glauben, alle Moral sei *nur* ein Haschen nach dem Wind, den andere um uns herum wehen lassen. Würde das stimmen, so verhielten sich alle Menschen in moralischer Hinsicht stets gleich. Das ist aber nicht der Fall, und auch diese Verallgemeinerung tut der gelebten Wirklichkeit unrecht.

Allem Anschein nach entsteht moralischer Fortschritt in einer Gesellschaft weniger durch gute Argumente als dadurch, breite Schichten der Bevölkerung für bestimmte Probleme zu sensibilisieren. Der Motor des sozialen Geschehens ist der Affekt. Oder, wie es der US-amerikanische Philosoph *Richard Rorty* (1931–2007) treffend formuliert hat: »Der moralische Fortschritt ... ist davon abhängig, dass die Reichweite des Mitgefühls immer umfassender wird. Er ist nicht davon abhängig, dass man sich über die Empfindsamkeit erhebt und zur Vernunft vordringt. Ebenso wenig beruht er darauf, dass man, statt sich weiterhin auf niedrige und korrupte Provinzinstanzen zu berufen, an einen höheren Gerichtshof appelliert, der sich bei seinen Urteilen nach einem ahistorischen, an keinen Ort und keine Kulturgrenzen gebundenen moralischen Gesetz richtet.«[153]

Auf die Sensibilität von Menschen ist allerdings nur eingeschränkt Verlass. Kommen Ängste, Hass oder verrohende Umstände hinzu, verschwindet sie leicht. Und doch ist die Sensibilisierung der Mitmenschen und das darauf beruhende Recht das Einzige, was die Moral im Laufe der Jahrtausende in eine bessere Richtung treiben kann. Viele Philosophen neigen dazu, die Geschichte der abendländischen Kultur und Ethik als eine Entwicklung zu mehr und mehr Gerechtigkeit zu interpretieren. So sah Bentham eine Linie von der Erklärung der Menschenrechte über die Gleichberechtigung aller Menschen zu den Rechten der Tiere. Doch vermutlich ist es treffender, diese Entwicklung als einen *Prozess zunehmender Sensibilisierung* (mit einigen sehr heftigen Rückschlägen) zu interpretieren. Sensibilisierung in diesem Zusammenhang bedeutet, dass wir den Kreis derer, die wir um unserer und ihrer Selbstachtung willen achten, stetig vergrößert haben.

Wir führen heute, überwiegend als Städter, ein Leben der maximalen Diesseitigkeit. Noch nie in der Geschichte der Menschheit dürfte Religion eine so geringe Rolle gespielt haben wie in der gegenwärtigen Lebenswelt der westlichen Länder. Die Ideologie der strafenden oder belohnenden Transzendenz und das Leben im Horizont des Todes fristen heute ein gesellschaftliches Nischendasein. Entsprechend groß ist unsere Sensibilität im Umgang mit Leben und Tod sowie mit sichtbarem Leiden in unserem Nahhorizont. So wollen wir mehrheitlich, dass möglichst viele Lebewesen ein gutes Leben führen können. Und wir wollen es mehr als alle uns bekannten Kulturen der Vergangenheit. Dazu gehört, dass auch Tiere gut behandelt werden, und wir entdecken sie auf diese Weise wieder als sensitive »Gefährten« in der Wohnung und auf dem Planeten.

Je weniger Tiere als Nutztiere in unserer Wahrnehmung vorkommen, umso höher steigt ihr Wert als Lieblinge im Haushalt oder als bewahrenswerte Kostbarkeiten in Regenwald, Serengeti oder Ozean. In einer Welt, in der die letzten Refugien wilder Tiere auf erbärmliche Weise zusammengeschrumpft sind, Technik und Zivilisation den Menschen vor den Unbilden der Natur so weit schützen, dass man von »Entfremdung« spricht – in solcher Lage gerät das Gemeinsame von Tier und Menschentier in den Fokus. Deshalb irritiert es uns stärker als je zuvor in der christlich-abendländischen Kulturgeschichte, dass wir alles Animalische aus der Lebenswelt wie aus der Philosophie ausgrenzen. Tiere sollen nicht mehr »bloße Requisiten in unserer Show« sein.[154] Stattdessen finden viele es richtig, sie stärker zu achten.

Was ist die Grundlage dieser steigenden Sensibilität? Vermutlich ist es ein ganzer Quell an Motiven. Die Entfremdung von der Natur lässt Tiere zärtlicher sehen, als wenn man sich gegen sie behaupten muss. Unser Gefühl der Nähe steigt also in dem Maße, wie wir den Tieren fern geworden sind. Die ökologische Bedrohung des Planeten durch menschlichen Raubbau lässt

Tiere als Opfer erscheinen und nicht als Täter. Zugleich weckt sie den Sinn für die biologische Verwandtschaft, denn unser aller Leben und Überleben ist bedroht. Solchermaßen zusammengerückt auf der Arche, wollen immer mehr Menschen, dass Tieren nichts Ungerechtes angetan wird. Unser Gefühl für das, was ein gerechter Umgang mit Tieren ist, verändert sich schon seit längerer Zeit zugunsten der Tiere.

Viele Menschen vor allem in den reichen Industrieländern finden heute – gleichsam über den zweiten Bildungsweg – ein wenig zu jener Achtung zurück, die wir im Laufe der christlich-abendländischen Tradition verloren haben. Was wir im Umgang mit Tieren für »normal« halten, verschiebt sich schon länger in hohem Tempo. Das dürfte jeder erfahren, der öffentlich seinen Hund schlägt, in einer Fußgängerzone ein Kalb schlachtet oder aus Spaß ein paar Rehe, Hasen und Füchse prellt. Und doch – und dies ist der Skandal – essen die allermeisten Menschen in den westlichen Industrieländern das Fleisch von Tieren, deren Haltungsbedingungen sie zutiefst empören. Und wir erlauben das Jagen aus Spaß an der Freud.

Der Sensibilisierungsprozess hat die Gräuel der Tierhaltung nicht abgeschafft, sondern lediglich in den Untergrund verlagert. Und sie finden weiterhin millionenfach statt, obwohl die Sensibilität vieler Menschen gegenüber Tieren und ihren Leiden immer weiter steigt. Selbst wenn nicht jeder Vegetarier und Veganer allein aus Sorge um das Tierwohl getrieben wird, sondern vielfach auch durch die Sorge um seine Gesundheit oder Fitness – die Selbstverständlichkeit, Tiere zu konsumieren, nimmt kontinuierlich ab.

Das Problem ist nur, dass wir keineswegs so handeln, wie wir empfinden und denken. Die Kluft zwischen dem, was wir für angemessen im Umgang mit Tieren halten, und dem, was wir dulden oder in Kauf nehmen, ist gewaltig. Dabei hilft, dass wir die Kehrseite unserer Lebensgewohnheiten gemeinhin nur aus dem Fernsehen kennen oder, ebenso beiläufig, von Mahnplakaten gutwilliger Tierfreunde beim Samstagseinkauf in der Stadt. Kein Zweifel, dass in einer emotional kultivierten Gesellschaft wie der unsrigen nur wenige Menschen fähig sind, psychisch und technisch ein Rind oder Schwein zu töten. Doch bezeichnenderweise wird dies ja auch von kaum jemandem verlangt.

Wenn es richtig ist, dass ein Mensch zu sein fast immer bedeutet, eine entsprechende Gefühls- und Vorstellungswelt zu haben, dann bedeutet, Tiere zu sehen und über sie nachzudenken, ebenfalls eine Gefühls- und Vorstellungswelt aufzublenden. Diese Welt ist heute bei vielen Menschen anders als in früheren Zeiten der Geschichte. Und sie ist stark abhängig davon, was ich über Tiere weiß oder nicht weiß. Wer viel über Kraken weiß, über ihre hohe Sensibilität, ihren kindlichen Spieltrieb und ihr Lernvermögen, der wird zweimal darüber nachdenken, ob er meint, einen Oktopus essen zu müssen. Und all diese Erkenntnisse über Kraken sind nur das Wenige, was wir bisher mit unseren begrenzten menschlichen Mitteln über sie herausgefunden haben. Noch immer gibt es mutmaßlich viel mehr, was wir nicht über diese faszinierenden Tiere wissen, als das, was wir zu wissen glauben. Deswegen hatte ich im Jahr 1997 eine *Ethik des Nichtwissens* vorgeschlagen. Wir sollten anerkennen, dass wir nicht mit letzter Sicherheit über das Innenleben von Tieren, ihre Sensibilität, Leidensfähigkeit und ihr Bewusstsein urteilen können. Alle Tiere generell als »arm an Welt« zu klassifizieren, wie der Philosoph *Martin Heidegger* (1889–1976) es getan hat, ist selbst arm an Vorstellungswelt.

Um Tiere angemessen zu denken, muss die Philosophie ihren diesbezüglich anmaßenden Erkenntnisanspruch verringern. Ob konventionelle Ethiker oder Tierrechtler – ständig werden mit holzhackerischer Sicherheit Kerben geschlagen, welche Tiere nun über ein respektables Bewusstsein verfügen und welche nicht. Was aber weiß das menschliche Wirbeltiergehirn tatsächlich über das Innenleben anderer Gehirne? Nichts deutet darauf hin, dass wir wissen, was in einer Kuh oder einer Schnecke vor sich geht. Und doch werten wir ständig und vergleichen das Unbekannte mit uns selbst. In solcher Lage ist es sicherlich nicht verkehrt, vorsichtig zu sein und eine zukünftige Ethik nicht auf einem Wissen aufzubauen, das man nicht hat – sondern auf einem Nichtwissen, das man hat.

Es liegt sehr nahe anzunehmen, dass höher entwickelte Tiere komplexe Interessen haben, die über eine reine Triebbefriedigung hinausgehen. Auch Säuglinge lassen sich nicht nach ihren Interessen befragen, und dennoch nehmen wir an, dass sie welche haben. Wir werden ganze Tierklassen, etwa Säugetiere, nie auf genau die gleiche innige Weise in unsere Moral einbeziehen können wie unseren Schoßhund oder einen Säugling. Aber Liebe und Innigkeit sind im Umgang mit dem Tier auch gar nicht verlangt. Was wir aus dem Umgang mit dem Säugling, dessen wahres Innenleben wir nicht kennen, für eine Ethik mit dem Tier, dessen Innenleben wir auch nicht kennen, ablauschen können, ist eine grundsätzliche Regel: die durch vorsichtige Analogieschlüsse vermuteten Interessen zu respektieren und dort, wo kein unmittelbarer Zwang zum Töten vorliegt, Tieren möglichst gewaltfrei entgegenzutreten.

Wer reflektiert, dass wir kein verbindliches Wissen über das Innenleben von Tieren haben können, wird vorsichtig, das Tier weiterhin zu versachlichen. Dabei ist nicht wichtig, ob Tiere genau *gleich* empfinden wie wir. Es reicht, dass sie überhaupt empfinden. Warum sollten sich andere Gefühle nicht genauso anerkennen lassen wie gleiche? Tiere deshalb zu achten, weil sie *anders* sind, ist die Herausforderung der Zukunft. Nicht unsere Liebe, wohl aber unsere Sensibilität wird sich daran messen lassen, ob es ihr gelingt, über die engen Grenzen der menschlichen Art hinauszugehen.

Die Grenze, Leiden und Glück zu empfinden, die das Reich

der Moralität von der Terra incognita gefühlloser Insekten und niederer Tiere trennt, ist eine unsichere Linie; ihre Grenzbefestigungen sind provisorisch, und das Wachpersonal ist gut beraten, die Schlagbäume nach dem je neuesten Kenntnisstand der Biologie zu öffnen. »Leiden« ist kein naturwissenschaftlich sicher bestimmbares Kriterium. Wirklich wissen kann der Mensch stets nur sein eigenes Leid, nicht einmal das Leiden seines Mitmenschen. Wer weiß, welcher Phantomschmerz diesen quält? Wer weiß, ob er sich nicht einfach nur so entsetzlich anstellt?

Doch wenn man nicht weiß, wo die Grenze der Moralität im Umgang mit Tieren liegen soll, wie soll man dann im jeweiligen Fall entscheiden? Die Frage ist prekär. Die christliche Theologie hatte sich damit herumzuplagen, überzeugend begründen zu müssen, warum der Mensch ins Jenseits einzieht, der Schimpanse hingegen nicht. Auch nachdem sich die biologische Schöpfungsgeschichte nicht mehr leugnen ließ, fanden weder Biologen noch Philosophen den *cut-off point,* ab wann der Mensch in seiner Entwicklung vom ästeschwingenden Primaten zum Urmenschen nun tatsächlich Mensch wurde. Niemand kann das erste Affenkind benennen, das nicht mehr die nichtige Spreu, sondern den himmlischen Weizen zu ernten ausersehen war. Von einer modernen Tierethik aber erwarten wir gemeinhin, dass sie uns das liefert, was alle anderen auch nicht liefern können.

Von dieser Warte aus wird gerne gefragt: Wenn wir Menschenrechte für die Großen Menschenaffen einfordern, wie Peter Singer und andere es tun, liegt dann die alles entscheidende Schranke zwischen Orang-Utan und Gibbon statt zwischen Mensch und Schimpanse? Oder nicht eigentlich zwischen Affe und Halbaffe? Vielleicht sogar zwischen Säugetier und Vogel, Vogel und Reptil, Amphibie und Fisch, Wirbeltier und Wurm, Spinne und Insekt? Mit welchem Recht aber grenzen wir nun gerade diese aus und nehmen nicht mit Albert Schweitzer Alge, Baum und Seerose mit in die Welt der Verantwortung und der Ehrfurcht?

Ob die christliche Unmoral, die mit der Selbstverständlichkeit der Verständnislosen den Schimpansen aus der Heilslehre ausschließt, den im Dämmerzustand schaukelnden Drei-Zentimeter-Embryo hingegen nicht, oder das deutsche Tierschutzgesetz, das an allen wichtigen Stellen zwischen Wirbeltieren und anderen Tieren unterscheidet, obgleich etwa Kraken wesentlich höher entwickelt sind als Maulwürfe: Im biologischen Molekularbereich der Nervensysteme und neurologischen Differenzen lässt sich nur schlecht mit dem moralischen Zollstock messen. Jede Gewichtungsskala, jede Werthierarchie von Pflanzen, Tieren und Menschen bleibt willkürlich.

Alles, was als Richtschnur dienen kann, ist ungefähr. So sind wir uns in den Gesellschaften des Westens weitgehend einig, keine Affen zu essen. Bis auf manche Norweger und Japaner lehnen wir auch den Verzehr von Walen und Delfinen ab. Zu den Tieren, deren Schlachtung aber ebenfalls hochproblematisch ist, gehören auch Kraken. Den Tieren werden nach dem Fangen die Innereien herausgerissen, was noch nicht bedeutet, dass sie sofort tot sind. Die sensiblen Kopffüßler haben, wie erzählt, drei Herzen und neun »Gehirne« und sind sehr schwer zu töten. Dabei werden sie – oft noch lebend – etwa fünfzigmal gegen einen Stein oder eine Mauer geschlagen, damit ihr Fleisch mürbe und porös wird. Wären Kraken verbreitete Haustiere, würde wohl nur ein Sadist fertigbringen, sie auf diese Weise totzuschlagen und zu essen – man denke nur an den bezaubernden »Orakel-Kraken« Paul, der bei der Fußballweltmeisterschaft 2006 zum Star wurde.

Es wäre schön und wichtig, wenn unsere Kinder dieses biologisch und ethisch nützliche Wissen in der Schule erwerben würden. Man könnte auch darüber diskutieren, warum wir in Deutschland keine Bären oder Hunde essen, dafür aber die mutmaßlich sensibleren und intelligenteren Schweine. Und man könnte sich mit Argumenten beschäftigen, wie etwa jenem des deutschen Philosophen *Robert Spaemann* (* 1927), wonach wir

Tiere zwar töten dürften, aber nicht absichtlich leiden lassen sollen. Tiere zum Zweck der Ernährung zu töten ist für Spaemann dann legitim, wenn wir schonend mit dem Tier umgehen. Im Jahr 2012 konfrontierte ich Spaemann dazu im Fernsehen mit einem Gedankenexperiment, das ich mir dazu ausgedacht hatte. Man stelle sich vor, es gäbe einen Forsthof, auf dem er sich ein Reh zum Essen aussuchen könnte. Doch der Förster tötet das Reh nicht, sondern betäubt es nur. Dann amputiert er dem Tier ein Bein und verkauft es Spaemann als Keule. Das Reh lebt von nun an dreibeinig weiter und genießt sein etwas reduziertes Leben mit einer Prothese. Würde Spaemann eine solche Keule haben und essen wollen? Mein Gast verzog leicht die Mundwinkel, dachte nach und meinte: »Nein, wahrscheinlich nicht!«

Die Geschichte vom »dreibeinigen Reh« hat eine klare Pointe. Tatsächlich geht es nicht um das Abwägen von Leiden und die Legitimität des Tötens; darum geht es nur in philosophischen Texten. Im Leben geht es darum, was ich mit meiner Sensibilität vereinbaren kann und was nicht. Leiden, das ich sehe, wie das des dreibeinigen Rehs am Forsthaus, lehne ich ab; Leiden, das ich nicht sehe, wie das in den vielen Schlachthäusern dieser Welt, blende ich meist erfolgreich aus.

Es wäre schon viel damit gewonnen, wenn Menschen im Hinblick auf Tiere nur das täten und akzeptierten, was ihren Intuitionen nicht widerspricht. Wir würden keine Massentierhaltung dulden und nur jene Tiere essen, die man auch selbst töten würde und könnte. Eine solche Ethik ohne allzu große Verdrängung würde unsere Gesellschaft bereits völlig verändern. Dabei könnte die Utopie des Veganismus oder Vegetarismus vorerst als eine Art »regulative Idee« dienen, als etwas, was man anstrebt, ohne es sogleich umsetzen zu müssen.

Wenn manche Tierrechtler unerbittlich dazu auffordern, sich für »Gut« oder »Böse« zu entscheiden, sehen sie den Spielraum der Ethik nur als eine einzige Alternative: Entweder – Oder.

Doch Moral ist – wie gezeigt – keine Frage einer höheren Instanz, weder in uns noch außerhalb unserer selbst. Und sie verteilt auch nicht nur Einsen und Sechsen. Angemessenes Verhalten kennt neben Schwarz und Weiß auch mehr als fünfzig Schattierungen von Grau. Dem US-amerikanischen Philosophen *William James* (1842–1910), einem der Begründer der Psychologie, verdanken wir die Einsicht, dass es im Leben oft mehr Möglichkeiten gibt als richtig und falsch. Es gibt auch besser, viel besser, weniger gut und ziemlich schlecht. In diesem Sinne plädiert der Tierethiker Jean-Claude Wolf für einen ethischen »Meliorismus« (von *melior,* »besser«): Er »beurteilt kleine Schritte im Tierschutz als gut (›besser als nichts‹) und große Veränderungen und Umstellungen als besser. Nach der melioristischen Auffassung gilt z.B. folgende Stufenleiter: Menschen, die wenig Fleisch essen, sind gut, Laktovegetarier sind besser, Veganer am besten.«[155]

Nach David Hume ist es die Aufgabe der Moral, sensible Gefühle sozial zu verstärken. Und zwar jene, die wir als höherwertig und edel klassifizieren. Wenn wir dabei »melioristisch« vorgehen, dürften die Erfolgschancen besser sein als bei jedwedem Rigorismus. Ethiken wie jene von Peter Singer sind dagegen nach seiner eigenen Aussage für »Heilige und Heroen« gemacht. Da es in unserer Gesellschaft auch bis in fernste Zukunft davon nur einige wenige geben wird, bleibt diese Ethik auf lange Sicht nicht mehrheitsfähig. Es wird entscheidend für eine »Ethik des Nichtwissens« sein, die Entscheidungsspielräume der Praxis ein ganzes Stück weit offen zu lassen, statt sie durch *gleiche* Rechte für Tiere zum Teil absurd zu verengen. Schon die geringste Belastung durch das Leben lässt die große Maxime von gleichen Anspruchsrechten aller leidensfähigen Tiere zusammenbrechen; die Folgen des Gleichheitsgrundsatzes wären mitunter katastrophal. Auch lässt sich eine Moral für »Heilige und Heroen« nicht ausweiten auf alle Nichtheiligen wie Jäger, Tiermediziner, Gentechniker, Landwirte und Viehzüchter. Jede Moral ist letztendlich nur so gut, wie sie für die Praxis etwas taugt.

Ob einem das schmeckt oder nicht: In der Praxis ist das ethisch geforderte *gleiche Recht auf Anderssein* nicht der Marshallplan zum Neuaufbau einer tiergerechten Gesellschaft, sondern ein *Richtwert*. Auch andere ethisch inspirierte Gemeinschaften, etwa »Brot für die Welt«, schaffen nicht im Handstreich den Hunger aus der Welt, sondern arbeiten Schritt für Schritt daran, die bestehende Not zu lindern. Nach seinen Visionen oder Richtwerten befragt, würde wohl ein »Brot für die Welt«-Sprecher gerne verkünden, das Ziel sei die christliche Abschaffung des Elends in der Welt; in der Praxis jedoch kümmert er sich um ein einziges Flüchtlingscamp im Kongo, voll banger Hoffnung, einer möglichst großen Zahl von Flüchtlingen das Überleben zu ermöglichen.

Wie bei allen anderen Problemen auch, so gibt es für die Frage nach dem Tierrecht Grenzen, die sich gegenwärtig nicht überschreiten lassen, ohne gegen die gesellschaftliche Akzeptanz zu verstoßen. Das ist dort der Fall, wo die Gesellschaft mehrheitlich der Ansicht ist, dass die Interessen sehr vieler Menschen *grundsätzlich* infrage gestellt sind. Bei dringlichen Problemen wie der Massentierhaltung ist dies allerdings nicht der Fall. Ihre Akzeptanz ist geringer als ihre Nicht-Akzeptanz, sodass sich hier auch gut ansetzen lässt – bei der Forderung, Tierversuche sofort und generell abzuschaffen, eher nicht.

Die Aufgabe besteht darin, den Sensibilisierungsprozess weiter voranzutreiben und die Schizophrenie zu verringern, die zwischen Fühlen und Tun liegt. Das ist schon schwer genug. Obwohl sich die modernen Gesellschaften Westeuropas und Nordamerikas zu einem nicht unwesentlichen Teil der Macht der Moral verdanken, allem voran der Aufklärungsphilosophie des 18. Jahrhunderts, zeigen sie sich gegenüber moralischem Fortschritt nur begrenzt aufgeschlossen.

Das Beharrungsvermögen einer etablierten Moral ist ein Kennzeichen von Macht. Solange es gelingt, die Verteilungskämpfe im Land so zu regeln, dass der größere Teil der Bürger, bei aller vordergründigen Kritik, zufrieden bleibt, haben alternative Moralkonzepte einen schwierigen Stand. Dabei kommt erschwerend dazu, dass viele Menschen lieber »gut« sein *wollen,* als es zu sein. Was immer Moral ihrer offiziellen Definition nach sein mag, sie ist wohl auch eine Psychotechnik. So ist es durchaus möglich, sich eine lange Zeit in einem kleinen Teilbereich des Handelns »schlecht« zu fühlen. Und es dürfte ebenfalls angehen, sich in einem großen Bereich für eine kurze Zeit »schlecht« zu fühlen. Aber sich in einem großen Bereich immerzu »schlecht« zu fühlen, verträgt wohl kaum eine Psyche. Menschen, ob sie sich selbst nun lieben oder nicht, verwenden alle Zeit und Energie darauf, so zu sein, wie sie sind. Kaum jemand hat Lust, dieses Lebenswerk infrage zu stellen dadurch, dass er sich selbst als Praktiker einer Doppelmoral oder einer lebensfeindlichen Perversität outet. Mag sein, dass, wie Albert Schweitzer meinte, das gute Gewissen »eine Erfindung des Teufels« ist. Doch da sich nur wenige Menschen ohne gutes Gewissen wohlfühlen, sorgt die menschliche Psyche immer schon für einen Ausweg, um sich gegenüber neuen moralischen Anforderungen zu behaupten. Man belässt es im Zweifelsfall lieber bei dem, was vor der neuen moralischen Versuchung das Handeln bestimmt hat.

In solcher Lage bleibt nur, wieder und wieder darauf hinzuweisen und ins Licht zu zerren, was wir mit Tieren im Verborgenen treiben. Wir müssen jeden Menschen individuell ansprechen, und wir müssen zugleich auf bessere Gesetze, strengere Verbote und Alternativen hinwirken. Was können und sollen wir konkret tun? Davon handelt der vierte Teil.

Was tun?

Lieben – Hassen – Essen

Unser alltägliches Chaos im Umgang mit Tieren

Ich finde, der stärkste Einwand gegen die
menschliche Intelligenz ist die Tatsache, dass er
(der Mensch) sich angesichts seines Sündenregisters
selbst zum Leittier erklärt, während er doch
eigentlich ganz ans Ende gehört.

Mark Twain

Die Nachricht kam im Spätsommer, abends zur besten Fernsehzeit. In einer Pressekonferenz, ausgestrahlt in alle Welt, verkündeten Forscher der US-Weltraumbehörde NASA im Jahr 1997 ihren sensationellen Fund. In einem gerade mal kartoffelgroßen Klümpchen, gefunden in der Antarktis und getauft auf den Namen ALFI 84001, lagerten Spuren bakterienähnlicher Wesen. Und dieser Stein war kein gewöhnlicher Stein, sondern ein kleiner Brocken vom Mars, vor fünfzehn Millionen Jahren abgesplittert durch einen Asteroideneinschlag. »Eine der bedeutendsten Entdeckungen dieses Jahrhunderts«, urteilte der US-amerikanische Astronom Geoffrey Marcy. Und die *Tagesthemen*-Moderatorin geriet gar in galaktisches Fieber. Mit stolzen Worten verkündete sie Deutschlands Fernsehnation: »Wir sind nicht allein!«

Schade nur, dass die Nachrichtenfrau vergessen hatte hinzuzufügen, wer denn eigentlich dieses »wir« ist, das nun nicht mehr allein ist. Sind wir Menschen damit gemeint? Doch die sind ja ohnehin nicht allein, sondern teilen den Planeten mit Millionen anderer Lebensformen. Oder bezog sich dieses »wir« in wahrer Schöpfungsliebe doch auf sämtliche Lebensformen der Erde, auf Menschen, Tiere und Pflanzen allgemein? Können wir uns also allesamt freuen, nicht mehr millionenfach allein zu sein, sondern aufgehoben in der Gesellschaft mit fossilen Überresten stellarer Bakterien?

Immerhin, die Propheten hatten Pech. Eine winzige Menge polyaromatischer Kohlenwasserstoffe macht noch kein komplettes Lebewesen und eine galaktische Schwalbe noch keinen astronomischen Sommer. Doch man stelle sich des Spaßes halber einmal vor, die Lauscher und Fährtensucher im Kosmos entdeckten eines schönen Tages ein fernes Wesen mit der Intelligenz, sagen wir: eines Rindes. Welche Sensation! Welches Staunen atmete rings umher, über die Größe und Vielfältigkeit des in tausend Strahlen ausgegossenen Weltalls. Das Mysterium des Lebens öffnete eine weitere Falte seines Zaubermantels. Wie faszinierend erschiene uns der Gefährte im Kosmos, welche Anstrengungen unternähmen wir nicht alle, das unbekannte Leben zu verstehen.

Es liegt schon ein Aberwitz in unserem Interesse an außerirdischer Intelligenz, dass uns auf den Kosmos bezogen gelingt, was auf der Erde so schwierig zu sein scheint: Achtung und Aufmerksamkeit aufzubringen für das Geheimnis des Lebens. Tatsächlich betrachten wir Millionen von Spezies und Trillionen von Lebewesen gerade mal als Unkraut und Heilpflanze, Zierstrauch und Haustier, Wildtier, Schädling, Raubzeug, Zootier, Kuscheltier, Nutztier etc. Leben auf unserem Planeten erscheint uns in erster Linie funktional, geordnet nach den Bedürfnissen des Menschen. Hinter allen Etiketten verschwimmt das Gemeinsame von Mensch und Natur bis zur Unkenntlichkeit. Kein »Wildmensch«, »Zivilmensch«, »Kriegsmensch«, »Berufsmensch«, »Privatmensch« oder »Kuschelmensch« geht uns über die Lippen. Der Mensch ist funktional nicht definierbar.

Und auch die Tiere sind es nur in den Augen und Ordnungssystemen des Menschen. Von Natur aus hingegen ist kein Tier funktional, geboren zum Schlachten, Verjagen, Verfolgen, Vergiften, Liebkosen, Dressieren, Gruseln oder Bestaunen. Doch all unsere Tierliebe gilt nicht all unseren Tieren, obwohl wir in Deutschland so stolz auf unsere Tierliebe sind. Wer gut zu Tieren ist, so hört man, sei auch gut zu Menschen. Wer Tiere hasst oder sich vor Haustieren ekelt, beweist im Volksmund ein gestörtes Verhältnis zur Natur. Umweltstiftungen und Naturschutzverbände erfreuen sich großer Akzeptanz in der Bevölkerung. Treibnetze gehören ebenso verboten wie der Singvogelmord in Italien; Schildkrötensuppe ist eine Angelegenheit für Perverse. Katzen-, Hunde- und Pferdebücher sind ein sicheres Geschäft; Tierfilme im Fernsehen erreichen beachtliche Quoten; Zoos in deutschen Großstädten ziehen jedes Jahr mehr Besucher an als Konzerte, Theater, Volkshochschulkurse und Sportveranstaltungen zusammen. Doch was lieben wir eigentlich am Tier?

Wer sich in Westeuropa oder den USA als Tierfreund fühlt, denkt in den seltensten Augenblicken an Käfer, Hyänen, Ratten oder Seeigel. In Deutschlands Wohnstuben tummeln sich über zwanzig Millionen Heimtiere, Kleintiere wie Zierfische nicht mitgerechnet. Aber der Deutsche schätzt weder Geier noch Silberfische, Kakerlaken oder Bandwürmer. »Tierliebe« ist ein begrenztes Gefühl, abgestimmt auf einen erlesenen Zirkel von Arten. Wo sich die Natur mit Formen zurückhält, da hilft der Mensch auch schon mal gerne nach: züchtet Schleierschwänze und Perserkatzen, verstümmelt Hundeschnauzen zu niedlicher Mopsgesichtigkeit und hext Tauben eine mondäne Federpracht an.

Nach Ansicht des Psychologen Jürgen Körner ist die Nähe zum Tier »gerade deswegen so reizvoll, weil wir zugleich eine Andersartigkeit und Fremdheit spüren, und weil wir ahnen können, dass wir hierin etwas von uns selbst wiedererkennen können«.[156] Für einen solchen Spiegel der eigenen Natur aber bedarf es geeigneter Projektionsflächen, die im Fall von Kakerlake, Mücke und Seeigel deutlich schlechter ausfallen als bei Hund oder Katze. Tierliebe, so Körner, erscheint als Sehnsucht nach dem gemeinsamen Ursprung von Mensch und Tier. Je stärker sich der Mensch von der eigenen animalischen Natur entfremdet, umso größer wird sein Verlangen, ihr im Tier wieder zu begegnen: »Das sind die beiden Pole: Im ganz Fremden das Vertraute und im Vertrauten doch das Fremdartige zu entdecken, das ist ein Grundmotiv unserer Liebe zum Tiere.«[157]

Es besteht wenig Zweifel daran, dass der Antrieb der Tierliebe egozentrisch ist. Es gibt keine Tierliebe um ihrer selbst willen, so wie es ja ohnehin keine selbstlose Liebe gibt. Ob hinter den unterschiedlichen Motiven dieser Liebe, dem Imponierstolz des Kampfhundhalters, dem Beschützertrieb des Schoßkatzenfreunds, der Lust des Taubenzüchters, reale Sehnsüchte nach dem verlorenen Paradies schlummern, ist vielleicht nicht so wichtig. Allen gemeinsam ist das Bedürfnis, von Tieren beachtet, anerkannt oder »geliebt« zu werden. Wonach, wenn nicht nach Anerkennung, schreit das Kind, das im Zoo der Großkatze sein »Hallo Tiger!« ins Ohr brüllt?

Da stört es uns nicht einmal, dass das Verhältnis der Tierliebe keineswegs ausgewogen ist. Wer weiß, ob die flauschige Katze wirklich auf unseren Schoß gezerrt werden will, als bestünde ihr Lebenssinn darin, gestreichelt zu werden. Welches Kind fragt, ob sich der dösende Tiger von den insistierenden »Hallos« nicht gestört fühlt? Stattdessen interpretiert es freudig einen jeden Lidschlag der Großkatze als Form der Zuwendung. Tiere widersprechen eben nicht und fördern so die Illusion, dass sie sich dem Menschen tatsächlich zuwenden. Wir »benötigen die Illusion über die Zugewandtheit des Tieres, um unsere Egozentrik vor uns selbst zu verbergen. Indem wir uns über das Ausmaß unserer Kontrolle über das Tier täuschen, genießen wir seine Zuwendung, als sei sie ein freiwillig gemachtes Geschenk.«[158]

Tiere, die uns, anders als die unbeachtete Mehrheit der Arten, nicht völlig gleichgültig sind, werden als Bereicherung empfunden – oder als Bedrohung. Die menschliche Kultur ist angefüllt mit guten und bösen Tieren, mit Lassie, Snoopy, Struppi, Idefix und Werwölfen, Nessie, Fafnir und Godzilla, mit schwarzen Unglückskatzen, Garfield und Fritz the Cat, mit King Kong und Fips dem Affen, dem Vogel Rock und der Möwe Jonathan.

Am meisten bevorzugt werden sogenannte Heimtiere, Kreaturen, denen das eigentümliche Glück zuteilwurde, im Haushalt des Menschen den Stammplatz nicht auf dem Esstisch, sondern darunter zu finden. Dafür trägt das Mitlebewesen einen Eigennamen und lauscht mehr oder weniger andächtig Herrchens Erzählungen und Befehlen. Ist Hündchen eines Tages tot, so ist sein Körper kein Kadaver, sondern eine Leiche.

Seit 1899 in Asnières bei Paris der erste öffentliche Tierfriedhof der Neuzeit eingeweiht wurde, wächst die Zahl der Heimtierhalter, die gegen das industrielle Recycling des geliebten Mitgeschöpfs in den Zerkleinerungsmühlen und Kochkesseln der Entsorgungsbetriebe aufbegehren. Wer keinen eigenen Garten zum Vergraben hat und trotzdem sichergehen will, dass er seinem Fiffi oder Mausi nicht in der Seife wiederbegegnet, sieht zu, dass er den geliebten Gefährten von einem »Hundepriester« in die ewigen Jagdgründe geleiten lässt. Im Jahr 2015 gab es mehr als hundertfünfzig städtische Tiernekropolen in der Bundesrepublik, und etwa jedes zehnte Heimtier wird dort begraben. Da nützt es wenig, dass sich manche Macht dem entgegenstellt. Die evangelische und die katholische Kirche zum Beispiel, die energisch gegen den »Missbrauch« der ihrer Ansicht nach exklusiv menschlichen Beerdigungszeremonie wettern, oder die Wildkaninchen. Ihnen ist mitunter nur mit Gift beizukommen, damit sie den frisch vergrabenen Liebling, etwa ein Stallkaninchen, versehentlich nicht wieder ausbuddeln.

Als »Begleiter« und »Freund« des Menschen erfüllen Heimtiere mancherlei Funktion; als Erzieher oder Therapeuten »lehren« sie Kinder, Verantwortung zu tragen, regelmäßig Futter zu besorgen und Käfig oder Kiste zu reinigen. Besonders beliebt macht sich das Heimtier, namentlich der Hund, auch als Sportkamerad beim Hunderennen oder auf der Pirsch. Und als nimmermüder Gefährte erfreut er sich großer Anerkennung bei Inszenierungen des gesellschaftlich gewollten Tiertodes durch eine kulturtraditionelle Vereinigung in Lodenrock und Gamsbarthut.

Bei alledem bleiben Tiere geradezu ideale Projektionsflächen für Fantasien jeder Art. Vermenschlichung ist die verbreitetste und gängigste Form der Rede über das Tier – ob bei der Schilderung persönlicher Erlebnisse und »Liebesbeziehungen« oder der Tierberichterstattung in den Medien. Bevorzugt werden Rührgeschichten und Gags, wie etwa die humoristische Präsentation einer ach so lustigen Natur. Tierfilme, die sich durchaus nicht entblöden, krabbelnde Käfer mit Motorgeräuschen zu unterlegen, gibt es noch immer. Und auch die stets beliebten anthropomorphen Verniedlichungen, die das Genre seit Walt Disneys *Die Wüste lebt* von Anfang an begleitet haben, finden sich nahezu täglich im Fernsehen.

Was sich in den Liebeskosmos unseres Herzens nicht einfügen lässt, taugt mitunter als Monster. Woche für Woche terrorisieren Haie, Killerameisen, Kraken und Krokodile im Einklang mit Russen, Chinesen, Nazis, Klingonen und anderen Schreckensgestalten deutsche Wohn- und Kinderzimmer. Obgleich reale Bedrohungen in unseren Breiten allenfalls durch dämonische Kleinlebewesen wie Zecken oder Fuchsbandwürmer bestehen, ekelt sich der aufgeklärte Europäer zusätzlich auch vor Schlangen,

Spinnen, Ratten, Mäusen und Tauben und bangt furchtsam mit dem Dompteur, der ein Dutzend denaturierte Großkatzen zu widernatürlichen Mätzchen antreibt.

Mehr als alles andere befriedigt der Dokumentarfilm Sehnsüchte nach exotischen Tieren und unberührter Wildnis. Das Wechselverhältnis zwischen der steigenden Anzahl von Tierfilmen und der abnehmenden Zahl existierender Regenwälder, Feuchtsavannen und Meeresbiotope ist kein Zufall. Je weniger intakte Natur auf dem Planeten verbleibt, umso stärker wird das Bedürfnis, tropische Wälder und lichtdurchflutete Ozeane zu sehen, dicht gefüllt mit einer faszinierenden Tierwelt. Und so strahlen Bilder von überall aus der Welt in größter Buntheit und Vielfalt in deutsche Wohnstuben, fantastisch fotografiert in einer beeindruckenden technischen Brillanz. Noch nie waren die letzten Refugien wild lebender Tiere so sehr bedroht wie in unserer Zeit – und noch nie waren ihre letzten verbliebenen Bewohner so nah und deutlich zu sehen. Aufgebuddelte Erdhöhlen, Mikrokameras in Nistkästen, Riesenteleobjektive und Computeranimationen entlocken der verborgensten Natur ihre letzten Geheimnisse.

Zeitbewusste Dokumentationen balancieren zwischen Zeigefingermoral und Unterhaltungsbedürfnis. Auch der moralingesäuerte Naturfilm dient der Entspannung des Fernsehzuschauers. Und der Publikumserfolg eines exotischen Tierberichts hängt davon ab, ob es gelingt, uns abtauchen zu lassen in ein fernes Reich, weit ab von den Problemwelten des Alltags. So folgen wir den Pinguinen auf ihrer Reise durch die Antarktis oder fliegen mit den Vögeln um die Welt. Der Tierfilm im Fernsehen ist Hort des GutenSchönenWahren, einer verlorenen Authentizität. Wirklicher als jede Nachrichtensendung vermitteln die Bilder der Natur die Impression eines unmittelbaren, unverstellten Lebens.

Der Genuss funktioniert trotz oder gerade wegen einer doppelten Grausamkeit: das Jagen, Töten und Sterben unter den

Tieren sowie jenes zwischen Tier und Mensch. Jagdszenen am Kilimandscharo, beliebtes Motiv aller Tierfilme, sind allenthalben interessanter als ein Lehrfilm und stechen einen jeden Beitrag über das Liebesleben der Ringelnatter locker aus. Und über allem Grauen schwebt unberührt die totale Harmonie. Pelikane und Krokodile vertrocknen kläglich in ausgedörrten Schlammtümpeln, Büffelmütter blöken nach ihren frisch gemordeten Kälbchen, der alte Elefant verdurstet in der Dornensavanne: Die Gräuel eines Tierfilms lassen sich moralisch einwandfrei genießen. Tja, so ist sie halt, die Natur. Der Kommentar erstirbt, die Musik setzt ein, seelenvoll wimmert die Panflöte: Schwenk in die Totale – Abenddämmerung über dem Okawango-Delta. Bilder aus Utopia.

Auch die zweite Grausamkeit, die Zerstörung der Naturbiotope und Ausrottung der Arten durch den Menschen, wird nicht verschwiegen. Im Gegenteil, die Schimpfe an die Menschheit ist obligatorisch, ja geradezu der ungeschriebene Verfassungsauftrag eines jeden seriösen Naturfilms. Natürlich will der Zuschauer nicht sehen, wie ein jahrhundertealter Urwaldbaum, von einer Motorsäge gequält, der Kamera entgegenschlägt. Doch darauf ist Verlass: Unmittelbar danach taucht man wieder in die heile Welt ab, dem Zeigefingerteil folgt das Paradies, die letzte unberührte Natur. Das Wechselbad der Gefühle verschafft dem Naturgenuss seine besondere Faszination. Denn erst durch das Wissen um ihre Bedrohung erhalten die letzten Paradiese ihren speziellen Reiz. Was in Masse vorhanden ist, hat die Menschen nie interessiert.

Kein Naturfilm hat bisher verhindert, dass wir Tiere gleichwohl weiterhin in Klischees denken. Seit langer Zeit überliefert, regieren ungezählte schräge Bilder die menschliche Rede vom Tier. Noch immer glauben wir an den »Löwenmut«, obwohl die afrikanische Großkatze, vor allem die männlichen Tiere, sich gegenüber anderen Katzen gewiss nicht durch Mut auszeichnet. Krokodile gelten als »gefräßig«, was sie faktisch beim besten Willen nicht sind; wir glauben, der Strauß stecke bei Gefahr den Kopf in den Sand, was ebensolcher Unfug ist. Dass Luchse für den Menschen gefährlich sind, Adler und Bartgeier (»Lämmergeier«) Schafherden erheblichen Schaden zufügen und sogar Kleinkinder in die Luft tragen könnten, führte alle drei in Mitteleuropa an den Rand der totalen Ausrottung. Und wird der niedliche Meister Petz erst zu einem bayrischen »Problembären«, finden sich spontan ungezählte Hobbyjäger, um die Bestie abzuknallen.

Menschliche Gefühle und Klischees wurden Tieren seit jeher gefährlich. Wer nach Lustgefühlen entscheidet, wird keinen Grund dafür sehen, ein Tier, das sein Lebtag zu nichts Ersichtlichem taugt (und wenn es tot ist, nicht mal schmeckt), ein Existenzrecht zuzugestehen. Im Herzen des Tierliebhabers ist gerade Platz für eine kleine Auslese aus der verschwenderischen Fülle der Evolution. Gefällige, meist »niedliche« oder »edle« Formen erzeugen Hätschelgelüste oder Staunen. Hat das süße Kaninchen weniger Glück, wird es im Tierversuch für die Erprobung von Gasen oder Munition vergiftet und zerfetzt, und auch der treue Hund darf für den Menschenkrieg sterben.

Es scheint, als wechsele die Bewertung des Tieres von Kontext zu Kontext. Und eine jede Rede über Tiere ist abhängig vom Zusammenhang, in dem sie getätigt wird. In philosophischen Disputen interessieren »Vernunft«, »Leidens- und Glücksfähigkeit«, »Bewusstsein« und »Präferenz-Autonomie«. In Hochglanzgazetten und Unterhaltungsfilmen erscheinen Tiere als »Lustmolche«, »Räuber«, »Unschuldslämmer«, »Diebe«, »Plappermäuler« und ähnliche Kuriositäten. Ihr Daseinsgrund scheint darin zu bestehen, den Menschen zu belustigen oder zu schrecken. In der Poesie zeigt sich das Tier in seiner ganzen Schönheit und Dämonie, in Tischgesprächen interessiert sein Geschmack und die Frage nach dem dazu passenden Wein. In Liebesbezeugungen heißt es »Morle«, »Hasso« oder »Hasi«. In Parlamentsdebatten wird es je nach Redner zum »Prüfstein der Menschlichkeit«, zum »Produktionsmittel« oder zur »Ware«, und in Predigten ist es »Bruder Tier«. Dasselbe gilt auch für moralische Handlungen wie das Töten von Tieren; sie treten auf als »Eigentumsdelikt«, »barbarische Handlung«, »Jagdbeute«, vermeintlicher »Mord« oder »Massenmord«, als »Zweckhandlung zur Nahrungsmittelerzeugung« oder als »Gnadentod« für gestrauchelte Pferde und kränkelnde Heimtiere.

Kein Zweifel, wir messen mit einem eigentümlich menschlichen Maß, bei der Auswahl der Vorzugsobjekte unserer Kuschelfantasien ebenso wie beim Natur- und Artenschutz. »Wenn es eine Dialektik des Herzens gibt«, meinte Helmuth Plessner, »ist sie sicher gefährlicher als eine Dialektik der Vernunft.«[159] Wir bringen es fertig, Tiere einerseits zu lieben und andererseits auszurotten, zu verspeisen oder zu vergiften. Doch auf welche Gefühle und welches emotionale Verständnis des Tieres gründet sich eigentlich die Moral des Herzens?

Alle diese Verdinglichungen, Verniedlichungen, Vermenschlichungen, Verteufelungen und Reduktionen auf das Exotische oder Monströse entsprechen keiner Ordnung und keinem moralischen System. Nicht einmal eine »lokale Vernunft« ordnet die Teilbereiche des gesellschaftlichen Umgangs mit dem Tier, vielmehr eine ästhetische Moral, die auf Gefühlen basiert und auf ein Gefühl der Lust oder Unlust bezogen ist. Ob Osterlamm oder Kuscheltier – ein schmaler Grat bestimmt, was beim Anblick eines Tieres obsiegt: die Niedlichkeit des Objekts oder der Hunger. Statt moralischer Bestimmungen herrschen ästhetische Kriterien. Eine unschuldig weiße Ratte erfreut durchaus als Haustier; ihre graue Schwester in der Kanalisation hingegen ist unwertes Tierleben, geschaffen, um vergiftet zu werden.

Aus soziologischer Sicht verwundert es wenig, dass in einer zu immer geringerem Teil agrarisch strukturierten Gesellschaft vor allem jüngere Generationen sich von der ökonomischen Verwertung von Tieren distanzieren. Die Selbstverständlichkeit, Tiere zu schlachten, verliert ihre Verständlichkeit. Auch macht das Ernährungsangebot auf dem heutigen Markt es leichter als je zuvor, auf Fleisch zu verzichten. Schweinepest, Salmonellen und »Rinderwahnsinn« tun ihr Übriges. Der durchschnittliche Konsum von Rind- und Schweinefleisch ist schon seit dreißig Jahren sanft rückläufig. Die Zahl der Metzgerlehrlinge und Fleischfachverkäufer sinkt stetig. Tierische Kost, das alte Symbol völkischen und persönlichen Wohlstands, erscheint zunehmend bedenklich: gesundheitlich wie moralisch.

Immerhin: Noch stellen Fleischesser in der Bundesrepublik wie in allen anderen westlichen Ländern die große Mehrheit. Wenn wir ohne Skrupel die Vorteile von Massentierhaltung und Tierversuchen genießen, so also vor allem deshalb, weil wir das Leiden selten sehen und daher gut verdrängen können. Bereits seit langer Zeit schonen wir, wie der Philosoph Jean-Claude Wolf es formuliert, unsere Empfindlichkeit: »... in Bezug auf den Anblick und das Erleben von Leiden und Sterben und auf den Trend zur Ausgrenzung von Tod und Leiden in geschlossene Außenräume: Das Anstößige wird exterritorialisiert. Wir leben in einer bemerkenswerten Zerrissenheit, die sich in vielen Bereichen abzeichnet: Verabscheute Dinge und Handlungen werden dem Blick der Öffentlichkeit entzogen und im Verborgenen verwaltet. In der Psychiatrie, im Strafvollzug und in der Massentierhaltung findet eine Exilierung und administrative Bürokratisierung von Vorgängen statt, deren Anblick wir nicht ertragen, obwohl wir auf ihre Vorteile nicht verzichten wollen. Damit werden nicht die Exilierten – das heißt zum Beispiel die in den Versuchslaboren und Tierfabriken vegetierenden und in Schlachthäusern getöteten Tiere – geschont, sondern die zarten Gefühle der Normalverbraucher. Unter solchen Bedingungen ist der bloße Appell an Gefühle wirkungslos!«[160] Wer dem Blick in die Orte der Quälerei und des Leidens ausweichen kann, kommt leicht daran vorbei, sich Gedanken über die Gefühle jener Tiere machen zu müssen, die ihm als formverpacktes Schnitzel, Brathähnchen oder glänzender Pelzmantel als Reste gelebten Lebens entgegentreten. Im Kotelett auf dem Teller bleibt wenig erhalten vom sensorischen und kognitiven Apparat eines Lebewesens, das jenem des geliebten Terriers oder der Perserkatze in Nichts nachsteht.

Das Leiden perfekt auszugrenzen und zu verbergen scheint gegenwärtig die letzte Möglichkeit zu sein, das Chaos im Umgang mit Tieren weiter aufrechtzuerhalten. Denn nie in der Geschichte der Menschheit dürfte es so groß gewesen sein wie heute: Man verdinglicht das Tier zum reinen Produktionsmittel, züchtet Überlebensmaschinen und Fleischlieferanten und schreibt ins Bürgerliche Gesetzbuch der Bundesrepublik, Tiere nicht als »Sachen« zu werten. Man verzärtelt das eigene Kaninchen und verspeist genüsslich das Kaninchen aus der Metzgerei. Man subventioniert die barbarische Tötungsmaschinerie, die Millionen Schweine, Millionen Mastgeflügel und Millionen Rinder in Stehsärge und Batterien zwängt; gleichzeitig appellieren deutsche Landwirtschaftsminister und Bauernpräsidenten an die Vernunft des Verbrauchers, ausschließlich Qualitätsprodukte aus gesunder Landwirtschaft zu kaufen. Man erforscht mit Liebe und Mühe die Intelligenz von Affen und erkennt, wie verblüffend ähnlich sie uns sind; gleichzeitig meißelt man ihnen die Schädel auf, verstümmelt ihre Körper, vergiftet Seele und Leib und quält sie mit Elektroschocks im Dienst der medizinischen Forschung. Man definiert das Tier im Tierschutzgesetz als »Mitgeschöpf« und erlaubt jedermann, ihm aus »vernünftigen Gründen« Schaden zuzufügen. Man züchtet aus Tierliebe Wellensittich und Kanarienvogel und streut aus Ekel Taubengift. Man schließt sich als Vogelfreund Jägerappellen an, um Elster, Eichelhäher, Krähe und ähnliches »Raubzeug« abknallen zu lassen. Man verurteilt im Einklang aller gutwilligen Artenschützer die Ausrottung der gefleckten Großkatzen und steigt stattdessen auf Kaninchen, Chinchilla und Nerz um. Man rottet alle potenziell gefährlichen Tiere in nächster Umgebung aus und erfreut sich an Riesenhaien und Killerkrokodilen im Horrorfilm. Man findet Hamster schrecklich niedlich und zwängt sie zum Lohn lebenslang in enge Drahtkäfige. Man verkauft abgeschlachtete Schweine und illustriert sie mit lustigen kleinen Ferkeln, die zynisch Hand in Hand zum Metzger spazieren.

Das Merkwürdigste an alldem ist, dass jeder der genannten Widersprüche vom Gesetzgeber in Deutschland akzeptiert und juristisch abgesichert ist. Was ist das bloß für ein seltsames Gesetz, das sich »Tierschutzgesetz« nennt?

• *Ein kurzer Text über das Töten. Das Tier und das Gesetz.*

Ein kurzer Text über das Töten

Das Tier und das Gesetz

… das Messer blitzt, die Schweine schrein / man muss sie halt benutzen, / Denn jeder denkt: Wozu das Schwein, / wenn wir es nicht verputzen? / Und jeder schmunzelt, jeder nagt / Nach Art der Kannibalen, / Bis man dereinst »Pfui Teufel!« sagt / Zum Schinken aus Westfalen.

Wilhelm Busch

Einsam steht es da, das warme Wort im kalten Text: »Zweck dieses Gesetzes ist es, aus der Verantwortung des Menschen für das Tier als *Mitgeschöpf* dessen Leben und Wohlbefinden zu schützen.«

Seit 1986 schmückt sich das deutsche Tierschutzgesetz mit dem Begriff der Mitgeschöpflichkeit, dem Pietisten-Wort aus dem späten 18. Jahrhundert. Was darunter im Einzelnen zu verstehen ist, regelt das Kleingedruckte. So ist es mit der Mitgeschöpflichkeit durchaus vereinbar, Tiere in chemischen Labors am lebendigen Leib zu verätzen, zu vergiften, in Drahtkäfige einzupferchen und ihres Pelzes wegen zu vergasen.

Das Tierschutzgesetz, in seiner ursprünglichen Fassung aus dem Jahr 1933 und oft ergänzt und verändert, ist kein Text über den respektvollen Umgang mit Mitgeschöpfen. Es ist ein kurzer Text über das Töten. In zweiundzwanzig Paragrafen wird geregelt, dass der Mensch das Recht hat, Tiere zu nutzen, zu schlachten, zu kastrieren, zu verstümmeln, ihnen Organe zu entnehmen, tödliche medizinische Experimente mit ihnen durchzuführen, sie zu kaufen und zu verkaufen. Am Ende werden die Strafen aufgelistet, für denjenigen, der etwas von alldem nicht sachkundig, das heißt »ordnungswidrig« durchführt.

Das Tierschutzgesetz ist Teil des Verwaltungsrechts. Es geht um Erlaubnisse und Genehmigungen für menschliche Eigentümer durch Behörden. Wir haben es also nicht mit einem Schutzgesetz, sondern einem Tierverwertungsgesetz zu tun. Um sich ein Bild zu machen, zitiere ich einige Regelungen aus § 4. Hier geht es darum, »das Schlachten von Fischen und anderen kaltblütigen Tieren zu regeln«, »bestimmte Tötungsarten und Betäubungsverfahren näher zu regeln, vorzuschreiben, zuzulassen oder zu verbieten«, »die Voraussetzungen näher zu regeln, unter denen Schlachtungen im Sinne des § 4a Abs. 2 Nr. 2 vorgenommen werden dürfen«, »nicht gewerbliche Tätigkeiten zu bestimmen, die den Erwerb des Sachkundenachweises zum Töten von Wirbeltieren erfordern«, »das Schlachten von Tieren im Rahmen der Bestimmungen des Europäischen Übereinkommens vom 10. Mai 1979 über den Schutz von Schlachttieren (BGBl. 1983 II, S. 770) näher zu regeln« oder »für das Schlachten von Geflügel Ausnahmen von der Betäubungspflicht zu bestimmen«. Zudem geht es um »das Betäuben oder Töten mittels gefährlicher Stoffe oder Gemische im Sinne des Chemikaliengesetzes« und um »das Betäuben oder Töten von Tieren, die zur Verwendung in Tierversuchen bestimmt sind oder deren Gewebe oder Organe dazu bestimmt sind, zu wissenschaftlichen Zwecken verwendet zu werden«.

Was hier in juristischer Sprache nüchtern ausgedrückt wurde, ist ein passendes Beispiel der von der Philosophin *Hannah Arendt* (1906–1975) sogenannten »Banalität des Bösen«. Vom Schutz des »Lebens und Wohlbefinden« der Tiere, um den es gehen soll, kann nicht ernsthaft die Rede sein. Der Grund dafür steht im zweiten Satz des Gesetzes: »Niemand darf einem Tier *ohne vernünftigen Grund* Schmerzen, Leiden oder Schäden zufügen.« Der Satz ist berüchtigt für seine Indifferenz. Was ist ein vernünftiger Grund, aus dem man seinen Mitgeschöpfen »Schmerzen, Leiden oder Schäden zufügen« darf?

Die Staaten Europas und Nordamerikas sind sich einig darin, dass die unvernünftige Quälerei von Tieren barbarisch ist und strafrechtlich verfolgt werden sollte. Doch da Tiere sich nicht selbst vor einem menschlichen Gericht verteidigen können, haben sie auch kein für die Justiz wahrnehmbares Interesse daran, dies zu wollen. Wie groß war daher die Freude unter deutschen Tierschützern und -rechtlern, als der Bundestag im Jahr 1990 nach österreichischem Vorbild ein Gesetz verabschiedete mit dem hoffnungsvollen Titel: »Gesetz zur Verbesserung der Rechtsstellung des Tieres im bürgerlichen Recht«. Seit jenem Jahr findet sich im BGB der eingeschobene § 90a mit der Bestimmung: »Tiere sind keine Sachen. Sie werden durch besondere Gesetze geschützt.« Doch noch bevor die ersten Tierfreunde die Sektflasche entkorkt hatten, belehrte sie der Nachsatz: »Auf sie (die Tiere) sind die für Sachen geltenden Vorschriften anzuwenden, soweit nicht etwas anderes bestimmt ist.« Etwas anderes bestimmt wurde gerade mal in drei läppischen Fällen. Wenn bis dahin noch niemand genau wusste, was eine Sache von einer Nicht-Sache unterscheidet, seit 1990 weiß er es also: Man bekommt seine Heilkosten zum Teil erstattet, man kann nicht ohne Weiteres gepfändet werden, und man erfreut sich der gesetzlichen Schutzpflicht durch seinen Eigentümer. Die »Rechtspolitik der großartigen, aber leeren Versprechungen« (Gotthard Martin Teutsch) hatte sich selbst ein Denkmal gesetzt.

Wer seinen »Mitgeschöpfen« Leiden zufügt, darf das ungeniert tun. Er muss es nur entsprechend rechtfertigen: durch einen Wert für die Menschheit, der das Leiden der Tiere aufwiegt. Dabei gehören für den deutschen Gesetzgeber Fleischessen, Tierversuche und das Pelz- und Ledergewerbe auf jeden Fall dazu. Was soll unvernünftig sein an einem Nerzmantel, außer vielleicht sein hoher Kaufpreis? Zwar braucht nur ein Nerz aus vernünftigen Gründen einen Nerz, aber das Tierschutzgesetz sieht das anders. Und es wähnt sich als Komplize der Vernunft, obwohl nirgendwo ein Fünkchen Logos, kein Deut Einsicht und keine Klugheit im Spiel ist. So bleibt, mit Hans Wollschläger gesagt, nur »der Jammer jener Tiere, die das sachbeschreibende Untier als *hochwertige Pelzträger* definiert«, damit die »in Breitschwanz oder Chinchilla dahergespreizt kommenden weit weniger hochwertigen Pelzträgerinnen« daran ihre Freude haben, weil es ihnen »ohne Nachhilfe nicht gegeben ist, die 35 bzw. 150 Pro-Stück-Tierleichen auf der gepflegten Haut zu spüren«.[161]

Die Formulierung »aus vernünftigen Gründen« ist also seltsam, denn um vernünftige Gründe im philosophischen oder moralischen Sinne geht es ganz gewiss nicht. Gemeint sind nicht vernünftige Gründe, sondern *ökonomische* Gründe. Erstaunlich, dass sich der Staat zu dieser Haltung nicht bekennt, obgleich sie völlig offensichtlich ist. Worte wie »Mitgeschöpf« oder »Vernunft« haben im real existierenden Tierschutzgesetz nichts verloren. Sie kaschieren nur, dass es sich um ein Nutzungsgesetz handelt. Doch der Gesetzgeber ziert sich vor der kalten Wahrheit. Eine »Legaldefinition des Begriffs ›vernünftiger Grund‹«, heißt es im Tierschutzbericht des Bundeslandwirtschaftsministers aus dem Jahr 1995, »gibt es nicht«. »Der Gesetzgeber bedient sich hier zur Beschreibung seiner Ziele eines unbestimmten Rechtsbegriffs, da *die vielfältigen Vorgänge der Lebenswirklich-*

keit nicht umfassend und abschließend dargestellt werden können.«[162] (Hervorhebung R.D.P.)

Ja, die »vielfältigen Vorgänge der Lebenswirklichkeit« – sie sind schwer zu fassen, wer wüsste das nicht. So scheint es eben nicht möglich, den Begriff des »vernünftigen Grundes« auch nur minimal zu definieren. Der »unbestimmte Rechtsbegriff« zum Schutz der Tiere schützt noch nicht einmal vor dem barbarisch eitlen Zweck, Tiere für das überflüssigste Dekor (Pelzmantel) in Drahtkäfigen von Pelztierfarmen zu züchten und zu vergasen. Auf dem »Gebiet der landwirtschaftlichen Nutztierhaltung« fiel dem Bundesminister vor zwanzig Jahren gerade ein einziges Beispiel ein, über die Vernünftigkeit von Gründen nachzudenken: die Frage nach der Rechtmäßigkeit, Eintagsküken zu töten. Mit Ausnahme von Hessen werden einen Tag alte männliche Küken übrigens noch immer in Deutschland vergast und geschreddert – fünfundvierzig Millionen an der Zahl. So vielfältig sind die Vorgänge der Lebenswirklichkeit.

Schlimm genug, dass das Gesetz all dies für »vernünftige Gründe« hält – obgleich die Mehrheit der deutschen Bevölkerung in ungezählten Umfragen stets zu Protokoll gibt, dass sie das Schreddern von Küken nicht gutheißt. Viele stillschweigend legitimierte Gräuel entsprechen nicht dem Wählerwillen, zumindest nicht in Deutschland. Die meisten lehnen sowohl Pelztierfarmen als auch Massentierhaltung grundsätzlich ab und halten beides durchaus nicht für vernünftig. Nach Umfrage des Forsa-Instituts stimmten bereits im September 1993, lange vor Schweinepest, Nikotin-Hühnern und Rinderwahnsinn, 84 Prozent aller Bundesbürger zu, den Satz »Tiere werden als Lebewesen geachtet« im Grundgesetz festzuschreiben. Erstaunlicherweise befürworteten dies immerhin 75 Prozent der CDU-Anhänger und 81 Prozent der FDP-Anhänger, also Wähler der damaligen Regierungskoalition, die von solchen Vorschlägen partout nichts hören wollte.

Dass es der Tierschutz im dritten Anlauf nach 1994 und 2000 dann tatsächlich ins Grundgesetz schaffte, verdankt er einem Unfall. In den Jahren 2001 und 2002 mokierten sich vor allem Konservative gegen das Schächten von Tieren durch Muslime. Dabei ging es eigentlich weniger um das Tierleid als um das Unbehagen gegen fremdländische Sitten und Gebräuche. Immerhin reichte dieser Vorbehalt aus, dass auch die CDU im Jahr 2002 mehrheitlich dafür stimmte, den Tierschutz im Grundgesetz zu verankern – ein Ansinnen, das sie zwei Jahre zuvor noch zurückgewiesen hatte. Seitdem wurde der (von mir) kursiv gesetzte Text ergänzt: »Der Staat schützt auch in Verantwortung für die künftigen Generationen die natürlichen Lebensgrundlagen *und die Tiere* im Rahmen der verfassungsmäßigen Ordnung durch die Gesetzgebung und nach Maßgabe von Gesetz und Recht durch die vollziehende Gewalt und die Rechtsprechung.« (Art. 20 a GG)

Dass der Tierschutz im Grundgesetz steht, heißt allerdings nicht, dass er deswegen ernst gemeint ist. Immerhin wurde ja nicht der Satz hinzugefügt, die Tiere »als Lebewesen zu achten«. Sie wurden neben die »natürlichen Lebensgrundlagen« sortiert und damit eher als Ressource denn als Lebewesen geschützt. Tierversuche zum Test von Kosmetika sind damit ebenso weiterhin zulässig wie Massentierhaltung. Und jeder Wissenschaftler, der einen vernünftigen Grund darin sieht, einem Affen die Schädeldecke aufzusägen und ihn mit Elektroschocks zu traktieren, darf dies in Deutschland noch tun. Lediglich der Freiheit der Kunst, ein Tier als Happening zu schlachten, steht nun ein gleichwertiger Schutz der Tiere gegenüber. Und Tieropfer, auf deutschen Altären ohnehin von größter Seltenheit, sind nicht höher geschützt als das verbrannte Tier.

Mit dem Tierschutz als Staatsziel im Grundgesetz könnte man vielfältig darüber nachdenken, auf welche Weise dem hehren Prinzip Durchschlagskraft verliehen werden könnte. Doch gegenwärtig achten der Gesetzgeber und die dafür zuständigen Bundesländer noch nicht einmal darauf, dass bereits die bisherigen Bestimmungen des Tierschutzgesetzes überhaupt eingehalten werden. So heißt es gleich zu Anfang: »Wer ein Tier hält, muss 1. das Tier *seiner Art und seinen Bedürfnissen entsprechend* angemessen ernähren, pflegen und *verhaltensgerecht unterbringen;* 2. darf die Möglichkeit des Tieres zu *artgemäßer Bewegung* nicht so einschränken, dass ihm Schmerzen oder vermeidbare Leiden oder Schäden zugefügt werden; 3. muss über die für eine angemessene Ernährung, Pflege und verhaltensgerechte Unterbringung des Tieres erforderlichen Kenntnisse und Fähigkeiten verfügen.« (§ 2, 1-3; Hervorhebungen R.D.P.)

Wer einmal eine Legebatterie, eine zeitgenössische Hühnerfabrik, eine Schweinemast oder Tiere in Versuchslabors gesehen hat, weiß, dass hier kein einziges Tier »seiner Art und seinen Bedürfnissen entsprechend« verhaltensgerecht untergebracht ist und sich »artgemäß bewegen« kann. Doch warum stehen solche Sätze im Gesetz, wenn sie nicht überprüft und offensichtlich nicht ernst genommen werden? Vermutlich gibt es kein zweites Gesetz in Deutschland, dessen juristische Poesie so sehr von der Prosa der Verhältnisse karikiert wird wie das Tierschutzgesetz. Es ist *der* schwarze Fleck der deutschen Justiz!

So diskutieren wir auf der Grundlage des Tierschutzgesetzes seit Jahren darüber, ob man Legehennen die Schnäbel kürzen darf oder nicht. Doch lässt sich wirklich über solche Symptome der Massentierhaltung verhandeln, wenn selbige Hennen verkrüppelt, federlos und ethologisch tot ihr erbärmliches Restleben in der Drahtbatterie ausgackern? Stellt es tatsächlich eine Erleichterung dar, über Östrogene und Psychopharmaka bei der Rinderhaltung zu debattieren, solange in Gurten und Ketten gefesselte Rinder mit verformten Knochen und Gelenken auf den Lattenrosten ihrer Stehsärge umherrutschen, eingepfercht zu dem Zweck, bei wahnsinniger Todesangst zu Millionen in der perfekten Tötungsfabrik des Schlachthauses verwertet zu werden?

Bei der letzten Novellierung des Gesetzes im Jahr 2013 blieb es dabei, dass man Pferden ein Brandzeichen auf den Schenkel brennen darf. Ferkel dürfen weiterhin unbetäubt kastriert werden. Tierversuche wurden nicht angetastet oder eingeschränkt. Und selbst im Jahr 2016 dürfen Menschenaffen in Deutschland grundsätzlich für Tierversuche genutzt werden. Zwar hat niemand bei uns seit 1991 einen Schimpansen, Gorilla oder Orang-Utan mehr mit HIV oder Hepatitis infiziert, aber zu einem generellen Verbot von Experimenten mit Menschenaffen wie in Österreich, den Niederlanden, Schweden oder Neuseeland mochte sich der Gesetzgeber in Deutschland nicht durchringen.

Inzwischen können sich die nationalen Regierungen darauf berufen, dass ihnen für tief greifende Veränderungen ohnehin die Hände gebunden sind. Denn im Jahr 2010 erließ die EU eine neue Tierversuchsrichtlinie. Seitdem darf kein Mitgliedsstaat maßgeblich von dem abweichen, was Brüssel festgelegt hat. So etwa sind Versuche an Affen fast uneingeschränkt erlaubt, selbst für die allgemeine Grundlagenforschung. Die Affen müssen allerdings in Gefangenschaft geboren worden sein. Für Menschenaffen gelten gesonderte Bestimmungen. Doch auch mit ihnen darf nach EU-Recht überall experimentiert werden. Die Universität, das Institut oder der Pharmakonzern müssen nur nachweisen, dass es sich dabei um Forschungen gegen lebensbedrohliche Krankheiten handelt – oder um solche, die zur Invalidität führen können.

Die EU-Richtlinie ist fast in jeder Hinsicht ein Rückfall unter die ohnehin vagen Regelungen des deutschen Tierschutzgesetzes. Versuchstiere in Labors dürfen so lange gebraucht oder missbraucht werden, bis sie sterben. Versuche, die länger anhaltende schwere Schmerzen, Leiden und Schäden verursachen, sind weiterhin erlaubt, obwohl die Kommission diese ursprünglich unterbinden wollte. Ethische Bedenken sind fast völlig aus dem Feld geräumt. Eine Genehmigung ist nur notwendig, wenn mit Affen experimentiert wird, und um die Öffentlichkeit zu informieren, reichen Projektzusammenfassungen aus. Detaillierte Auskünfte müssen selbst bei härtesten Experimenten nicht gegeben werden.

All dies trifft Deutschland nicht unverhofft und gegen den Willen der Politik. Ganz im Gegenteil: Deutsche Politiker – mit Ausnahme jener in der Fraktion der europäischen Grünen – haben sich in der EU sogar dafür eingesetzt, das Feld für Tierversuche noch zu erweitern! Und die Bundesrepublik setzte die Richtlinie der EU 2013 gegen den Widerstand zahlreicher Tierschutzorganisationen uneingeschränkt in nationales Recht um.

Es gibt nicht viele Felder in der Politik, auf denen das Selbstverständnis dessen, was die hiesige Gesellschaft juristisch für zulässig hält, der Meinung der meisten Bürger dermaßen widerspricht wie beim Tierschutz. Daran ändern auch die schönen Worte im Grundgesetz nichts. Unter den Zielsetzungen der westlichen Gesellschaften ist das Eigenrecht von Tieren auf ein ihnen gemäßes Leben nirgendwo ernsthaft verankert. Staatsziele sind, Wirtschaft, Wissenschaft und Technik zu fördern und die menschliche Wohlfahrt zu pflegen. Das Recht der Tiere, ja selbst ihr Schutz, bleibt außen vor. In der Rechtsprechung der Bundesrepublik Deutschland sind Tiere schlichtweg »nicht beteiligungsfähig«. Und dass Menschen stellvertretend ihre Interessen wahrnehmen, davon wollte bislang keine Gesetzgebung etwas wissen. Möglich wäre das schon. So könnte man einen mit Elektroschocks gequälten Laboraffen durch einen staatlich beauftragten Treuhänder vor Gericht vertreten lassen. Doch solch eine Möglichkeit, um den Affen vor weiteren Qualen zu schützen, erscheint nach geltendem Recht – trotz eines Tierschutzes im Grundgesetz – nach wie vor absurd.

Das Dilemma dahinter lässt sich klar benennen. Auf der einen Seite suggeriert der Begriff »Mitgeschöpflichkeit«, dass es im Recht nicht allein um die Interessen des Menschen gehen soll. Das Gleiche gilt für den Satz im Tierschutzgesetz, dass Tieren keine unvernünftigen Leiden und Schmerzen zugefügt werden sollen. Dies soll, so weit die Idee, *im Interesse der Tiere* als leidensfähige Wesen verboten sein. Auf der anderen Seite können die Tiere ihre Interessen aber nicht einklagen. Sie sind eben »nicht beteiligungsfähig«, weil sie vor Gericht nicht reden können. Bleibt also nur, dass Menschen *stellvertretend für die Interessen der Tiere* deren Recht erstreiten. Aber gerade hier liegt in der gegenwärtigen Rechtsordnung die Crux. Denn genau das lässt sie nicht zu. Was aber sollen Bestimmungen über den Schutz von Tieren in deren Interesse, wenn dieses Interesse nirgendwo und von niemandem vertreten werden kann?

Nehmen wir dazu ein berühmtes Beispiel. Im September 1988 klagten die »Seehunde in der Nordsee« gegen die Bundesrepublik Deutschland, vertreten durch den damaligen Verkehrsminister Jürgen Warnke (CSU). Die Klage, zweihundert Seiten stark, listete die vielen Genehmigungen auf, die der Staat Unternehmen wie der Westdeutschen Abfallbeseitigungsgesellschaft mbH in Duisburg, der Bayer AG in Leverkusen, der Kronos Titan im niedersächsischen Nordenham und den Deutschen Solvay-Werken GmbH im nordrhein-westfälischen Rheinberg erteilt hatte. Diese hatten mit Hilfe von Verklappungsschiffen die Nordsee als Giftmülldeponie benutzt. In der Folge starben über 18 000 Seehunde, die mit dem Staupevirus infiziert waren und deren Immunsystem durch die Umweltgifte so stark geschwächt wurde, dass sie verendeten.

Natürlich hatten die »Seehunde in der Nordsee« nicht selbst geklagt. Jemand nahm als »Prozesspfleger« ihre Interessen wahr, nämlich der BUND (Bund für Umwelt und Naturschutz Deutschland), Greenpeace und sechs weitere Natur- und Umweltverbände. Der Prozess ging so aus, wie die Umweltverbände befürchtet hatten. Robben dürfen in der Bundesrepublik nicht klagen, ebenso wenig andere Tiere, auch nicht durch einen Prozesspfleger. Immerhin, so hieß es, haben die Robben niemandem eine Vollmacht ausgestellt, da könnte sonst ja jeder klagen. Die entscheidende Begründung aber lautete, »dass die Rechtsordnung die Rechtsfähigkeit und damit insbesondere die Befähigung, Träger von Rechten zu sein«, nur dem Menschen zuordne. Denn nur dem Menschen sei »die besondere Personenwürde eigen«, und zwar »kraft seines Geistes, die ihn abhebt von der unpersönlichen Natur und ihn aus eigener Entscheidung dazu befähigt, seiner selbst bewusst zu werden, sich selbst zu bestimmen und sich und die Umwelt zu gestalten«.[163]

Die Begründung liest sich wie aus dem 17. oder 18. Jahrhundert. Der Geist wird – in der Tradition Descartes' – sorgfältig vom Leib geschieden, ja der ganzen »unpersönlichen Natur« entgegengesetzt. Es wird in einer aus der Perspektive der Psychologie und Neurobiologie äußerst strittigen Weise die Fähigkeit des Menschen gerühmt, »sich seiner selbst bewusst zu werden, sich selbst zu bestimmen«. Diese Fähigkeit wird allen Menschen als »Personen« zugesprochen, also auch Säuglingen und geistig Schwerstbehinderten. Und seine »Umwelt zu gestalten« wird exklusiv auf den Menschen verengt und nicht auch Termiten, allen Nester bauenden Vögeln und Werkzeug gebrauchenden Schimpansen zugetraut.

Die schroffe juristische Gegenübersetzung von erleuchtetem Mensch und dem Tier als reine »Natur«, mit der die Robbenklage abgewiesen wurde, passt nicht mehr in unsere Zeit. Aber sie ist damit keineswegs von gestern, sondern noch immer aktuell. Denn es ist seitdem nichts passiert, was dafür sorgt, Tiere nicht generell als »unpersönliche Natur« zu klassifizieren. Juristisch sind Tiere weiterhin nicht Teil unserer Welt, sondern schlichtweg Umwelt. Und Robben – ja selbst Schimpansen, Gorillas und Orang-Utans – sind vor dem Gesetz näher mit Algen, Teichen, Feinstaubpartikeln und Hochmooren verwandt als mit dem Menschen!

Wenn Robben und Recht aufeinandertreffen und es klingt schrill, muss es aber nicht unbedingt an den Robben liegen. In ihrem Fall hatte der Richter allerdings noch ein zweites Ass im Ärmel. Da die Robben außerhalb der Hoheitsgrenzen lebten, seien sie nicht der Rechtsordnung der Bundesrepublik unterworfen. Die Tiere waren also nicht nur »nicht beteiligungsfähig«, sondern auch noch staatenlos. Damit bewohnten sie gleich zwei für sie rechtsfreie Räume: das Gesetz und das Meer …

Was den Klägern im Namen der Robben vorschwebte, als sie vors Hamburger Verwaltungsgericht zogen, war eine Rechtspraxis, wie sie in den USA schon länger praktiziert wird. Im Jahr 1972 hatte dort der Rechtswissenschaftler *Christopher D. Stone* (* 1937) von der University of Southern California für Furore gesorgt. Sein Buch *Umwelt vor Gericht. Die Eigenrechte der Natur* begründete eine völlig neue Disziplin – das moderne Umweltrecht. Die Schrift erschien gerade zur rechten Zeit, denn just zu diesem Zeitpunkt stritt sich die US-amerikanische Umweltorganisation *Sierra Club* mit dem Walt-Disney-Konzern über das kalifornische Mineral King Valley. Disney wollte dort ein Skiressort eröffnen, die Naturschützer wollten es dem Sequoia-Nationalpark zuschlagen. Nachdem der Sierra Club 1972 zunächst unterlag, ging er später, im Jahr 1978, als Sieger aus dem Scharmützel hervor.

Stones Buch wurde im Laufe der Prozesse mehrfach zitiert und dadurch berühmt. Aber auf welcher moralischen Grundlage forderte er ein, dass die Natur ein Eigenrecht habe, das wir angemessen berücksichtigen sollen? Er argumentierte – anders als ein Tierrechtler – nicht mit der Leidensfähigkeit oder dem Lebensinteresse der Natur. Ja, er unterschied – ähnlich wie Albert Schweitzer – nicht einmal nach Tieren, Pflanzen und Gewässern. Stone plädierte für einen »moralischen Pluralismus« und unterschied zwei Geltungsbereiche der Moral. Im ersten geht es um das Verhältnis von einer Person zu anderen Personen. Und im anderen um das Verhältnis von Personen zur Natur. Auch hier sah er viele moralisch relevante Aspekte, etwa das mutmaßliche Interesse künftiger Generationen daran, dass etwas existiert. Es ist ein Bereich, in dem herkömmliche Vorstellungen von Moral nicht greifen können. Denn anders als bei Menschen basiere die Moral hier nicht auf einem »Vertrag«, wie man miteinander klarkommen soll. Das hatte bereits *John Rawls* (1921–2002), der berühmteste US-amerikanische Moralphilosoph des 20. Jahrhunderts, erkannt. Der Harvard-Professor war kein Apostel des Natur- oder des Tierschutzes. Aber Rawls benannte immerhin die Schwachstelle. Er räumte ein, dass sich die Frage, wie wir anständig mit der Natur umgehen sollen, mit Hilfe seiner Vertragstheorie nicht klären lasse.

Stones Rechtsphilosophie möchte den Menschen nicht länger im Zentrum der Ethik sehen. Als Naturwesen sind Menschen ein Teil eines großen Ganzen. Doch dieses große Ganze der Natur komme im Recht nicht vor, obgleich es ohne Zweifel existiere. Einige Richter in den USA ließen sich bei ihren Urteilen von solchen Gedanken überzeugen. Nach einem siebenjährigen Rechtsstreit musste der inzwischen fertiggestellte Tellico-Staudamm auch nach 1979 das Wasser des Little Tennessee River durchlassen, damit der seltene Zwergbarsch nicht ausgerottet wird. Ähnliche Beispiele folgten. So sorgte Ende der Neunzigerjahre in Deutschland der »Hamster-Krieg« für Schlagzeilen. Die Nager bewohnten jene Wiese, auf der die Universität Göttingen ihr Zentrum für molekulare Biowissenschaften errichten wollte. Naturschützer gingen auf die Barrikaden und erwirkten schließlich, dass die Hamster ein neu geschaffenes Ausweichbiotop zur Verfügung gestellt bekamen.

All diese Beispiele, »die Natur ins Recht« zu setzen, haben allerdings eine Gemeinsamkeit. Stets geht es um den Schutz von Tieren, deren Bestände bedroht oder zumindest gefährdet sind. Nicht ihr individuelles Lebensrecht, sondern allein ihre *Selten-*

heit machten Zwergbarsche und Feldhamster moralisch relevant. Nach Ansicht klassischer Tierrechtsbegründungen aber ist Seltenheit kein Argument. Kein Tier leidet deshalb mehr unter dem Verlust seines Lebensraums oder gar seines Lebens, weil es selten ist. Diese Frage wird uns an späterer Stelle noch beschäftigen (*Das unversöhnliche Triumvirat*). Die Begründung der Seltenheit kommt in jedem Fall nur wenigen Tieren zugute, nicht aber gequälten Laboraffen oder vergasten Nerzen.

Die rechtliche Situation ist also einigermaßen diffus. Einerseits spricht das Tierschutzgesetz Tieren ein Interesse daran zu, nicht gequält oder getötet zu werden. Andererseits sind sie »nicht beteiligungsfähig« und können allerhöchstens als »Umwelt« zu ihrem Recht gelangen. Daran hat auch nicht viel geändert, dass mittlerweile mehrere Bundesländer ein Verbandsklagerecht beim Tierschutz zulassen. So wie Verbraucherschützer Lebensmittelproduzenten verklagen können und Umweltverbände Umweltsünder, so können im Prinzip auch Tierschutz- oder Tierrechtsorganisationen gegen Tierquälerei klagen. Die Betonung liegt aber auf »Prinzip«. Denn die Kläger müssen nach wie vor darlegen, inwieweit sie selbst *persönlich davon betroffen* sind oder zumindest ein *öffentliches Interesse* an der Klage besteht. Beim Verbraucherschutz ist das nicht schwierig, im Umweltschutz schon komplizierter und im Tierschutz quasi unmöglich. Denn wo liegt der persönliche Schaden des Tierschutzbunds oder von PETA, wenn ein Affe mit Elektroschocks gefoltert wird? Und wie bemisst man hier ein öffentliches Interesse, wenn keine Menschen geschädigt werden?

Nur Anwalt gequälter Tiere zu sein reicht also vor dem Gesetz nicht aus. Um daran etwas zu ändern, muss die Verbandsklage Teil des Tierschutzgesetzes werden. So etwa forderten die Grünen bereits 1997, dass ein anerkannter Verband, »ohne eine Verletzung in eigenen Rechten darlegen zu müssen, Rechtsbehelfe« einlegen können muss. Und zwar dann, »wenn er einen Verstoß gegen das Bundestierschutzgesetz, einer auf Grund dieses Gesetzes erlassenen Rechtsvorschrift oder einer anderen Rechtsvorschrift rügt, die auch den Belangen des Tierschutzes zu dienen bestimmt ist«.[164] Bis heute steht davon nichts im Tierschutzgesetz. Und noch immer verhindern die Tierversuchslobbyisten und der Bauernverband eine solche treuhänderische Klagemöglichkeit.

Die einzige Folge, die man daraus ziehen kann, lautet: Deutschland nimmt den Tierschutz und das dazugehörige Gesetz nicht ernst! So erlaubt die Bundesrepublik weiterhin, dass Tieren ihre Ringelschwänze, Schnabelspitzen oder Zehenglieder ohne Betäubung amputiert werden dürfen. Tierversuche, die als Übungen in Universitäten (»zu Bildungszwecken«) durchgeführt werden, brauchen keine Prüfung durch eine Ethikkommission. Und wir können noch so viel über das komplizierte Sozialleben und die beeindruckende Sensibilität von Elefanten wissen – wir dürfen sie dennoch in enge Zirkuswaggons einkerkern und in der Manege vorführen.

Eine eindringliche Diskussion dessen, was »vernünftige Gründe« für gewolltes Tierleid und gewollten Tiertod sind, gibt es in der Politik bislang nicht. Wirtschaftliche Interessen und das Gewohnheitsrecht legen eine schwere Zementdecke über das Unbehagen vieler Menschen an der gesellschaftlich sanktionierten und juristisch legitimierten Leidens- und Tötungskultur. Daran ändern auch Verbandsklagen auf Länderebene nichts. Und wahrscheinlich wäre selbst ein Verbandsklagerecht im Tierschutzgesetz zu wenig. Denn, wie gezeigt, gerät bei Verbandsklagen das Individualwohl eines Tiers kaum in den Blick. Erfolgreich klagen lässt sich hier wohl nur im Rahmen von Verbraucher- und Umweltschutz, geht es doch um ein öffentliches Interesse und nicht um das »private« Interesse eines oder mehrerer Tiere.

In einer solchen Lage bleibt kein anderer Weg, als beim *subjektiven Recht* der Tiere anzusetzen. Ein solches Recht ist letztlich im Tierschutzgesetz sogar angelegt. Immerhin heißt es im ersten Satz, dass das »Leben und Wohlbefinden« der Tiere geschützt werden soll – und zwar als »Mitgeschöpfe« und nicht als Umwelt. Man darf wohl annehmen, dass Mitgeschöpfe Subjekte sind und keine Objekte. Doch warum sind sie dann keine Rechtssubjekte, sondern Rechtsobjekte? Das alte Tierschutzgesetz als Nutzungsgesetz und der neu hinzugefügte Begriff von der »Mitgeschöpflichkeit« passen definitiv nicht zusammen. Wie der Jurist *Johannes Caspar* (* 1962) in seinem äußerst luziden und umfassenden Werk zum *Tierschutz im Recht der modernen Industriegesellschaft* schreibt, »zielt die gesetzliche Konzeption eines modernen Tierschutzes bereits ihrer Intention nach auf eine subjektiv-rechtliche Position« ab. Caspar möchte Tiere rechtlich dem Menschen nicht gleichstellen, wie Singer, Regan und andere Tierrechtler es sich wohl wünschen. Er plädiert für eine »abgestufte Rechtsgleichheit«[165], die nicht in Verlegenheiten und Absurditäten führt, wie ich sie am Beispiel vom Schicksal meines Kaninchens in Regans Tierethik deutlich gemacht habe (*Das eiserne Tor*). Gleichwohl sieht Caspar ein Anspruchsrecht der Tiere darauf, dass geltende Schutzregeln in ihrem Sinne auch eingehalten werden. Tierschutzorganisationen dürften dann im eigenen Namen das Recht von Tieren einklagen. Und Maßstab wäre nicht das »öffentliche Interesse«, sondern das Interesse der betroffenen Tiere selbst.

Der praktische Weg ist damit vorgezeichnet: vom gegenwärtigen Widerspruch eines Schutzes ohne Recht über die Verbandsklage bis hin zur Treuhänderschaft für das Recht der Tiere. Offen bleibt hingegen, wohin der Weg am Ende führt. Sicher wird er nicht dazu führen, dass wir Haustiere als »Staatsbürger« (*citizens*) in unserer liberal-demokratischen Grundordnung akzeptieren, andere Tiere, wie Ratten, als »Einwohner« (*liminal animals*) und Wildtiere als »legitime Herrscher« (*sovereign*). Solche Fantasien, wie sie den Kanadiern *Sue Donaldson* (* 1962) und ihrem Mann, dem politischen Philosophen *Will Kymlicka* (* 1962), vorschweben, mögen zwar ästhetisch faszinieren, praktikabel sind sie auf lange Sicht nicht. In gegenwärtiger Lage ist es schon schwer genug, Hunderttausende von Versuchstieren vor unnötigen Versuchen zu verschonen, die für diesen Schutz keine Staatsbürger der Bundesrepublik Deutschland sein müssen. Gleichwohl brauchen wir eine veränderte Rechtspraxis, damit auch dem Vorletzten (auf den Letzten kommt es nicht an) dämmert, dass Massentierhaltung, Legebatterien, Pelztierfarmen und die gegenwärtige Tierversuchsroutine der Idee der Mitgeschöpflichkeit ebenso widersprechen wie zum Beispiel – die Jagd!

• *Naturschutz oder Lustmord? Dürfen wir Tiere jagen?*

Naturschutz oder Lustmord?
Dürfen wir Tiere jagen?

Jagd ist nur eine feige Umschreibung für besonders
feigen Mord am chancenlosen Mitgeschöpf.
Die Jagd ist eine Nebenform menschlicher
Geisteskrankheit.

Theodor Heuss

Cecil hatte schon viele schwere Kämpfe überstanden. Mit seinen dreizehn Jahren stand er in der Blüte und blickte auf eine bewegte Zeit zurück. Sein Bruder Leander, mit dem er ein halbes Leben geteilt hatte, war einem blutigen Streit mit Mposu, dem grauen Löwen, zum Opfer gefallen. Mposu selbst überlebte den Kampf nur schwerverletzt, aber sein Sohn Judah, der stärkste Löwe neben Cecil weit und breit, übernahm die Herrschaft im Hwange-Nationalpark im Westen Simbabwes. Cecil wich in den Südosten des Parks aus. Doch als Judah im Jahr 2012 von Wilderern getötet wurde, war Cecil der uneingeschränkte Herrscher weit und breit. Sein Clan umfasste zweiundzwanzig Löwen und Löwinnen, das größte Rudel, das es jemals in Hwange gegeben hatte. Obwohl er so stattlich war, war Cecil ein gutmütiger Charakter. Die Touristen des Linkwasha-Safari-Camps liebten es, ihn zu fotografieren. Und die Forscher der Universität Oxford statteten ihn mit einem GPS-Halsband aus, um seine Bewegungen und sein Leben zu erforschen.

Löwen sterben in der Natur selten an Altersschwäche. Besonders nicht die Männchen. Zeigen sie eine Schwäche, erwischt sie der tödliche Angriff eines Nebenbuhlers. Auch Cecil würde nicht ewig das Rudel anführen können. Doch die Schwäche, die ihm zum Verhängnis wurde, war seine Gutmütigkeit. Und die Kreatur, die ihn tötete, war kein anderer Löwe, sondern ein Zahnarzt. Walter James Palmer aus Minnesota hatte 55 000 US-Dollar dafür bezahlt, um Cecil niederzustrecken. Einen halbzahmen Löwen wie Cecil nahe vor die Flinte zu bekommen ist kein Kunststück. Doch Palmer wählte keine Flinte, sondern eine Armbrust. Am 1. Juli 2015 lockten er und sein Jagdveranstalter Theo Bronkhorst den Löwen über die Parkgrenze, und Palmer feuerte vom sicheren Geländewagen herunter auf die Katze. Der Pfeil durchbohrte Cecils Brust, doch der riesige Löwe entkam seinen Mördern durchs Unterholz. Vierzig Stunden lang schleppte er sich mit dem Pfeil im Körper schwer blutend durch den Park. Erst dann konnten ihn seine Mörder ein zweites Mal stellen – und erschossen ihn mit einer Flinte.

Als die Forscher des Lion Research Projects Cecil fanden, war er ein 220 Kilogramm schwerer Kadaver. Reifenspuren und blutrot gefärbter Sand zeugten noch von dem ungleichen Kampf. Hyänen hatten an Cecils Leichnam gefressen und Geier sich auf ihm niedergelassen. Das Fell war von seinen Mördern abgezogen worden, der Kopf abgeschnitten als Trophäe. Ein Foto, weit verbreitet im Internet, zeigt die stolzen feigen Sieger: zwei feiste Männer mit Sonnenbrillen und einem geköpften Löwen.

»Du kannst sagen, es war ein Löwe«, trauerte Brent Stapelkamp vom Forschungsteam, »aber alles ist verloren.«[166] Stapelkamp meinte damit nicht nur das Forschungsprojekt und neun Jahre Arbeit. Hunderttausende Menschen, die durch Fernsehen, Tageszeitung und Internet von Cecils Schicksal erfuhren, formulierten es weniger diplomatisch. Prominente erklärten Palmer zum »Satan«, als »krank« und als »armselige Version eines menschlichen Wesens«. PETA forderte die Auslieferung Palmers an Simbabwe, wo man dem Jäger einen Prozess machen solle, um ihn »idealerweise aufzuhängen«.

Auch daheim in Minnesota brach über Palmer ein Sturm der Entrüstung los. Die Polizei stellte ihn unter Schutz. Empörte Menschen verwüsteten sein Ferienhaus in Florida mit Graffiti und Schlachtabfällen. Der Zahnarzt nahm seine Internetseite aus dem Netz und tauchte sicherheitshalber unter. Mehr als eine Million Menschen aus aller Welt unterzeichneten Petitionen im Netz gegen die Trophäenjagd. Die Regierung Simbabwes sah sich zum Handeln gezwungen. Sie ermittelte gegen Jagdveranstalter Bronkhorst, der den Löwen aus dem Schutz des Nationalparks auf fremdes Terrain gelockt hatte. Auch der Besitzer des Geländes, auf dem Cecil starb, musste sich vor Gericht verantworten. Der Prozess wurde bislang mehrfach vertagt. Obwohl die Umweltministerin von Simbabwe, Oppah Muchinguri, auf dem Höhepunkt der Empörung verlangt hatte, Palmer auszuliefern, wurde er nicht belangt.

Für die Regierung in Simbabwe ist die Situation verzwickt. »Großwild« wie Cecil zu schießen ist im Land legal, sofern man angemessen dafür zahlt. Für Simbabwe ist die Jagd eine gute, wenn auch blutige Einnahmequelle. Illegal an Cecils Fall war nur das Herauslocken aus dem Park, und das ist kaum zu beweisen. Dass Simbabwe Anfang August 2015 kurzzeitig die Jagdbestimmungen verschärfte, war nur ein Ablenkungsmanöver. Wer immer dort auf privatem Grund einen Löwen töten möchte, kann das in Zukunft weiterhin gegen Kasse tun. Denn Löwen gehören nicht nur in Afrika denen, auf deren Grund sie leben. Sie sind privates oder staatliches Eigentum, und ihre Besitzer entscheiden, ob sie leben dürfen oder sterben müssen. Ein Recht auf Leben hat ein Löwe wie Cecil nie besessen.

Dass Tierfreunde in aller Welt sich über das Massaker an Cecil empörten, hatte allerdings kaum etwas damit zu tun, dass seine Mörder sich eines Eigentumsdelikts schuldig gemacht hatten. Für Simbabwe liegt das maximale Unrecht darin, dass ein staatlicher Löwe auf privatem Grund getötet worden war. Für die Menschen, die Cecils Tod empörte, ging es um etwas völlig anderes. Wie kann ein Mensch wie Palmer ein so faszinierendes Wesen wie einen majestätischen Löwen aus purem Spaß an der Freude ermorden? Und das auch noch auf die sicherste und feigestmögliche Art? Vom Geländewagen zu schießen ist etwas anderes, als Cecil mit einem Speer in der Hand im Busch zu begegnen. Und man darf vermuten, dass der Zahnarzt gern 55 000 US-Dollar dafür gezahlt hätte, um niemals in eine solch faire Situation zu geraten.

Doch wenn das Töten eines wilden Tieres in Afrika riesige Empörung hervorruft, warum tut es das nicht auch bei uns? Ist es denn moralisch wirklich so ein großer Unterschied, einen Löwen oder einen Fuchs, ein Wildschwein oder einen Hirsch zu schießen? Geht es hier denn nicht auch um den Spaß daran, ein edles Geschöpf zu töten, ihm das Fell abzuziehen, es zu köpfen und eine Trophäe zu ergattern? Haben Löwen ein höheres Lebensrecht als unsere heimischen Tiere, weil sie imposanter und seltener sind? Kurz gesagt: Warum ist Jagen in Afrika pervers und in den eigenen Wäldern legitim?

»Es hat mir nie eingeleuchtet, was manche Leute für Freude daran haben, Tiere totzuschießen.« Bernhard Grzimek, der ehemalige Direktor des Zoologischen Gartens in Frankfurt und über Jahrzehnte Deutschlands bekanntester Natur- und Artenschützer, hatte ein problematisches Verhältnis zur Jagd. Er hatte Tiere mit der Kamera und mit dem Betäubungsgewehr gejagt, doch das Schießen mit scharfer Munition war ihm stets zuwider.

Sosehr der persönliche Widerwille Grzimek daran hinderte, aus Lust zum Gewehr zu greifen – der unerbittliche Schutzpatron afrikanischer Wildtierherden und Erzfeind aller Wilderer in der Serengeti blieb stets darauf bedacht, sich nicht mit der deutschen Jägerschaft anzulegen. Nicht wenige Freunde des WWF und der Zoologischen Gesellschaft in Frankfurt nämlich hielten (und halten selbst heute) strenge Jagdschutzbestimmungen in Kenia und freimütige Jägerei in Deutschland durchaus für vereinbar; eine Klientel, auf die der umtriebige Spendensammler nicht verzichten wollte.

Deutschlands Jägerschaft ist eine finanzstarke Vereinigung. Im Jahr 2014 investierten insgesamt 361 000 Jäger, das sind etwa 0,4 Prozent der deutschen Bevölkerung, den Gesamtbetrag von über einer Milliarde Euro in den Fortbestand ihrer Notwendigkeit; das sind umgerechnet 3000 Euro pro Jagdscheininhaber. Zwei Drittel aller Hubertus-Jünger sind Mitglieder des mächtigen Deutschen Jagdverbands (DJV). Nach eigenen Angaben brachten die edlen Waidwerker im Jagdjahr 2014/2015 viele Millionen Tiere zur Strecke, darunter 1,1 Million Rehe, etwa 470 000 Hasen und Kaninchen, ungefähr 460 000 Füchse, über 520 000 Wildschweine und viele andere mehr. Und die Zahl derer, die sich an des Waidmanns blutiger Arbeit beteiligen möchten, steigt stetig.

Die Jagd ist beliebt, und ihre Anhänger erfreuen sich großer Akzeptanz in Wirtschafts- und Naturschutzverbänden ebenso wie in der Politik. Zahlreiche Spitzenpolitiker bekannten oder bekennen sich mit stolz geschwellter Lodenbrust zu ihrem tötungsfreudigen Hobby. Doch was bringt Menschen im Zeitalter von Smartphones und Internet dazu, aus Spaß an der Freude schwerbewaffnet in den Tann zu ziehen und gewaltige Summen auszugeben, um Füchsen, Rehen, Wildschweinen und Fasanen mit Gewehren, Flinten, Büchsen, Aufbrechmessern, Wippbrettfallen und Schlageisen den Garaus zu machen? Und wie erklärt sich die Haltung der Gesellschaft, solche Strafexpeditionen gegen die Wildnis nicht als Barbarei zu ächten, sondern sie im Rahmen des deutschen Jagdgesetzes ausdrücklich zu achten?

Eine willkommene Begründung dafür, die Jagd zu dulden, lieferte lange Zeit die Anthropologie. Der Mensch, so hieß es (und heißt es in Jägerkreisen bis heute), ist ein krankes, gestörtes Tier, Sklave seiner übermächtig aggressiven Hormone. Aber immerhin: Allem Übel zum Trotz bescherte die Jagd dem Menschen zugleich die Grundlagen seiner Kultur. Stöcke und primitive Faustkeile stehen für den Ursprung der Technik. Nichts anderes als die einzigartige Aggression und Erfindungsgabe der Jagd ermöglichten es dem Menschen, sich über die anderen Tiere zu erheben und »Mensch« zu werden, was immer wir auch darunter verstehen mögen. Doch vor fünfzig Jahren bekam diese Sicht der Evolution ihre ersten Risse. Die Vielzahl neuer Funde veränderte die Vorstellung von unseren Vorfahren gewaltig, die Jagdhypothese rückte in den Hintergrund. Was ehedem sicheres Wissen zu sein schien, erweist sich heute, wie gezeigt, als eine Spekulation mit geringer fachwissenschaftlicher Zustimmung (*Der aufrechte Affe*).

Doch je mehr die Lehre von der Jagd als eigentlich menschliche Tätigkeit aus den Lehrbüchern der Paläoanthropologie verschwand, umso zäher hielt sich die Jagdhypothese in der Verhaltensforschung. Kulturpessimisten wie Konrad Lorenz retteten den aufgeweichten Jagdmythos in das wetterfeste Lehrgebäude der Ethologie und schrieben sich die Hypothese vom Menschen als aggressivem Jäger gegen alle Weltverbesserer von der argwöhnischen Seele. Doch die finstere Weltanschauung von der Jagd als wichtigster Ureigenschaft der Gattung *Homo* – neu begründet aus der Natur als einem Schauplatz unerbittlicher Kämpfe ums nackte Dasein – hat eine viel längere Geschichte. Sie existierte schon vor der Evolutionstheorie, und bezeichnenderweise lauschte Darwin die Vorstellung vom *»survival of the* *fittest«* nicht der Natur ab, sondern übertrug Herbert Spencers gesellschaftstheoretische Überlegung aus der Sozialphilosophie in die Biologie. Kein Wunder, dass sich der Darwinismus umgekehrt geradezu aufdrängte, jede Art gesellschaftlicher Ungerechtigkeit einleuchtend zu rechtfertigen.

Allein die Jagdhypothese und der »Kampf ums Dasein« taugen wenig, die Lust moderner Jäger an ihrer Passion zu erklären. Denn was hat das heutige Jagen mit dem vorzeitlichen Jagen noch gemeinsam? Was vormals Kampf um die Existenz war, ist heute ein von allen Existenznöten befreiter Jagdsport, geboren aus dem Geist des 19. Jahrhunderts. Statt eines »gerechten Kriegs« gegen die Wildnis wie bei Aristoteles, begegnen sich hier, mangels realer Bedrohung, eine seltsame Mischung aus Romantik und Tötungswille. Die größte Zahl der heute gepflegten Rituale, wie etwa die archaisch anmutende Gewohnheit, Skalps verendeter Tiere an die Wände zu nageln, dürfte in Mitteleuropa kaum älter sein als zweihundert Jahre.

In einer Zeit, in der die als Wildnis geliebte Restnatur einen Freizeitwert darstellt und keine Bedrohung, bedarf es neuer Rechtfertigungen, einen anmutigen Rehbock zum Zeitvertreib in ein Stück Aas zu verwandeln. Immerhin »hört sich die Vorstellung, einmal im Jahr rituell in den Wald zu gehen, um mit dem Gewehr Hirsche zu erschießen«, für die meisten Nordamerikaner und Europäer »ungefähr so verlockend an, wie einmal im Jahr in den Kuhstall zu gehen, um mit dem Vorschlaghammer Kühe totzuschlagen.«[167]

Angesichts solchen Unverständnisses wirkt der Verweis auf den Tötungstrieb des Menschen eher dürftig. Immerhin: Mehr als 99 Prozent der deutschen Bevölkerung scheinen diesen Trieb nicht zu verspüren, zumindest nicht in dem Maße, dass sie es für nötig befinden, dann und wann eigenhändig ein paar Tiere zu töten. Auch widerspricht es dem ethischen Kodex liberaler Gesellschaften aufs Äußerste, vermeintliche Urtriebe wie Mordlust oder Vergewaltigungsfreuden ungestraft zu lassen. Keinem Mörder und keinem Triebtäter nützt es mithin nur entfernt, zur Rechtfertigung seiner Gelüste an archaische Bedürfnisse zu appellieren. Kriegserklärungen, die sich auf nichts anderes als die anthropologische Ausstattung des Menschen berufen würden, erschienen uns hochgradig verwerflich, selbst dann, wenn der Aggressor argumentiert, Krieg sei schließlich traditionsreiches Kulturgut – was zweifellos richtig ist.

Wer in den Wald geht und allein zur eigenen Freude mutwillig Tiere tötet, begeht eine Tätigkeit, die unvereinbar ist mit dem ethischen Selbstverständnis moderner Gesellschaften, wie es unter anderem das Tierschutzgesetz festschreibt: Einem Tier ohne vernünftigen Grund Schmerzen, Leiden oder Schäden zuzufügen ist verboten – und sportliche Tötungsfreude ist nach Auffassung eines liberal-demokratischen Staats kein »vernünftiger Grund«. Doch wie kommt es dann, dass die Jagd dennoch erlaubt ist? Und wie erklärt sich die mitunter große Akzeptanz der Jägerei sogar unter Natur- und Artenschützern?

Jäger und Jagdzeitschriften mögen noch so viel über den archaischen Jagdtrieb oder die männliche Passion des Waidwerks schwadronieren, die einzige offizielle Legitimation, die gegenwärtig zählt, ist die wildbiologische Bedeutung der Jagd. Seit Jahrzehnten schon rechtfertigen die Grünröcke ihr Treiben durch den ökologischen Auftrag, die notwendige Regulierung der Wildbestände zu gewährleisten; eine Selbstdefinition auf der Höhe der Zeit, gegen die zunächst nichts einzuwenden ist. Auch andere Institutionen, Politik und Gesellschaft passen sich fortwährend neuen Erfordernissen und Aufgabenstellungen an. So muss die Berufung auf Ökologie nicht allein deshalb Etikettenschwindel sein, weil die Jägerei eine Tradition hat, die mit Ökologie kaum etwas zu schaffen hat.

Auf seiner Homepage wirbt der Jagdverband mit einer Umfrage aus dem Jahr 2011. Danach sind rund 80 Prozent der Deutschen überzeugt, »dass die Jagd notwendig ist, um Wildbestände zu regulieren sowie Wildschäden in Wald und Feld vorzubeugen«. Und 87 Prozent der Deutschen meinen, dass Jäger »nicht aus Lust am Töten« auf die Pirsch gehen.[168] Dagegen steht eine Umfrage des Hamburger Instituts GEWIS im Auftrag der *Initiative zur Abschaffung der Jagd* von 2002, wonach 68 Prozent aller Deutschen »die Jagd auf wild lebende Tiere als Freizeitsport« verbieten würden. Nach einer EMNID-Umfrage von 2003 im Auftrag des Vogelschutzkomitees halten 78 Prozent »das jagdliche Töten von Tieren durch Hobbyjäger für eher schlecht«. Eine EMNID-Umfrage von 2004, durchgeführt für die Tierschutzorganisation »Vier Pfoten«, kommt zu dem Ergebnis, dass über 73 Prozent der Befragten »der Jagd kritisch gegenüberstehen« oder sie »ablehnen«.[169]

Umfrageergebnissen zur Jagd sind kaum mehr zu trauen als anderen Umfragen. Die Art und Weise, wie man fragt, führt in der Regel zum gewünschten Ergebnis. Doch wie sieht es nun mit der Naturschutzfunktion der Jägerei aus? Ohne Zweifel: Die ökologische Lage der mitteleuropäischen Restnatur ist so problematisch, dass sie in weiten Teilen der Regulation bedarf. Ohne gezielte Maßnahmen wären große Tiere wie der Rothirsch in Deutschland mit hoher Wahrscheinlichkeit ausgestorben, und der Reh- und Damwild-Bestand wäre weitaus geringer, als er es zurzeit ist.

Wenn es heute so viele große Wildtiere in Deutschlands Wäldern gibt wie seit über hundert Jahren nicht mehr, so haben Jäger daran entscheidenden Anteil. Viele deutsche Wälder sind bis an die Grenzen ihrer ökologischen Kapazität mit Wild gefüllt – und zum Teil auch darüber. Da einige große Tiere, zum Beispiel Rehe, sich unter künstlich hergestellten Bedingungen in kurzer Zeit fast explosionsartig vermehren konnten, besteht aktuell genau das umgekehrte Problem. Rehe sind, anders als noch vor hundert Jahren, keine bedrohte Tierart mehr, sondern eine bedrohliche Tierart für den Forstbestand. Jäger haben die Zahl der Rehe in

Deutschland nicht nur vermehrt, sondern sie zugleich gefährlich hochgezüchtet. Die Fütterung des Wildes im Winter verhindert die natürliche Auslese. Denn stärker als alle anderen Faktoren bestimmen harte und nahrungsarme Winter über die Größe der Population. Ebendieser Regulator fällt jedoch durch Winterfütterung flach. Nicht wenige Jäger bestellen sogar Äcker zu dem einzigen Zweck, den Wildbestand durch eiweißhaltige Pflanzen so hoch wie möglich zu halten. Hormonpräpariertes Kraftfutter, das gewaltige Stirnwaffen und Eckzähne hervorbringen soll, tut ein Übriges.

Mit größter Anstrengung sorgen Waidmänner in Deutschland für ein ökologisch besorgniserregendes Ungleichgewicht. Es setzt Stress frei, senkt die Fortpflanzungsrate und fördert den Befall durch Parasiten. Doch selbst diese Folgen sind ohnmächtig, um die durch die Winterfütterung gewaltsam gestörte Balance wieder auszugleichen. Als Folge dieser Schieflage entsteht genau die Situation, die der Flintenmann sich erträumt. Selbst Naturschützer und Tierfreunde wissen keinen anderen Rat, als den Terminator des Waldes aufzufordern, die überzähligen Rehe doch bitte zu erschießen.

Dass Jäger aus den angesprochenen Gründen eine ökologische Aufgabe wahrnehmen, ist unbestreitbar – ein Problem jedoch, das sie in hohem Maße selbst verschuldet haben. »Jagd reguliert nicht. Sie schafft überhöhte und unterdrückte Bestände«, erklärt der renommierte Zoologe und Ökologe *Josef H. Reichholf* (* 1945).[170] Es ist eine von Ökologen kontrovers diskutierte Frage, inwieweit größere Waldstücke sich ohne Hege- und Jagdaktivitäten selbst regulieren können oder nicht; es dürfte von Fall zu Fall verschieden sein. Doch wie groß oder klein die regulierenden Eingriffe in die Wildbiologie deutscher Restnatur in Zukunft auch zu sein hätten – an der Jägerei müsste sich vieles ändern, wenn sie tatsächlich eine sinnvolle und keine aberwitzige wildbiologische Rolle spielen will.

Es ist eine Nebelkerze zu glauben, dass »Bestandsregulierung« und »Jagd« identisch seien. Selbst der Deutsche Jagdverband gibt zu, dass nicht jede Jagd notwendig der Bestandsregulierung gilt. Zum anderen erfordert nicht jede Bestandsregulierung notwendig jägerische Aktivitäten. So etwa erhalten vermehrungsfreudige Zootiere wie Löwen oder Tiger die Pille, um ihre Fortpflanzung zu kanalisieren, anstatt etwa Jäger in die Tiergärten zu lassen, auf dass sie ein paar überzählige Tiger abknallen. Wie viel Empörung würden solche Maßnahmen wohl auslösen? Und trotzdem halten wir das Abschießen von Füchsen und Rehen, das gleiches Leid verursacht, für irgendwie vertretbar.

Man stelle sich einmal folgendes Gedankenexperiment vor: Der Wildbestand ließe sich durch empfängnisverhütende Mittel bei der Winterfütterung sicher und völlig schmerzlos regulieren. Die Jägerei würde dadurch ökologisch überflüssig. Würde der Deutsche Jagdverband jubeln, dass er nun von seinen blutigen Naturschutzverpflichtungen erlöst ist? Oder würde er mit allen propagandistischen Möglichkeiten dagegen zu Felde ziehen? Die Antwort dürfte klar sein, aber damit zugleich auch, was davon zu halten ist, die Jagd als »Naturschutz« zu rechtfertigen. Anders als die Umfrage des Jagdverbands von 2011 nahelegt, geht es Jägern nicht in erster Linie um Naturschutz. Wenn überhaupt, dann ist der Schutz der Natur nur Nebenfolge eines anderen Motivs, das sich dadurch öffentlichkeitswirksam tarnt.

Wäre es den Jägern mit dem Naturschutz so ernst, wie sie glauben machen wollen, dann müssten sie ihre Jäger-Logik und die Öko-Logik ganz anders aufeinander abstimmen. Noch immer sehen sich Deutschlands Jäger gern als notwendige Hilfswölfe, die den ausgerotteten Fressfeind ersetzen: ein schwerwiegendes Missverständnis. Denn wie viele Rehe oder Hirsche es in einem Wald gibt, hängt kaum von Fressfeinden ab, sondern vor allem vom Lebensraum, vom Nahrungsangebot und vom parasitären Befall der Tiere. Hätte die simple Logik vom Fressfeind als

Regulator tatsächlich Gültigkeit, so wären alle Wildpopulationen in Deutschland mit einem identischen Anteil an Fressfeinden genau gleich groß. Das ist bei Weitem nicht der Fall. Zudem gilt die Liebe des Waidwerkers (anders als die des Naturschützers) nicht allen Tieren, sondern nur ihren wenigen jagdbaren Vertretern. Zwar kommt die Sorge des Jägers um seine Jagdbeute auch anderen Tieren, mitunter ganzen Waldstrichen zugute. Doch die spezifischen Probleme etwa der Wasseramsel interessieren den Jäger nicht. So mag es wohl sein, dass der Naturschutz von der Hege profitiert. Aber wenn er profitiert, dann nicht nach ökologischen Gesichtspunkten, sondern nur als eine Nebenfolge und durchaus nicht in allen Fällen.

Ein Jäger, der den Naturschutz ernst meint, würde auch niemals in Gefangenschaft erbrütete Vögel wie Fasane oder Enten aussetzen, um sie dann später »in der Natur« zu töten. Ohne Zweifel erfüllt, wer Tiere ohne ökologischen Sinn nur zum Töten aussetzt, den strafbaren Tatbestand der unvernünftigen Quälerei. Wenn es mit dem ökologischen Auftrag wirklich ernst wäre, so bestünde der Sinn der Jägerei in nichts anderem als der Abschaffung ihrer Notwendigkeit. Die größte Freude des Jägers wäre dann der sich selbst regulierende Wald, der ihn davor bewahrte, seinem ungeliebt blutigen Handwerk nachgehen zu müssen. Wie jeder Bundeswehrsoldat genötigt wird, seinen Job zu quittieren, sobald sich herausstellt, dass er das Töten liebt, so gälte das Gleiche auch für den Jäger. Spießgesellen, die allen Ernstes Freude am Tiertod empfänden und nicht abgrundtiefes Bedauern, gehörten aus jeder Zunft ausgeschlossen. Aus dem gleichen Grund müsste jeder um das ökologische Gleichgewicht besorgte Jäger befürworten, dass sich die natürlichen Feinde des Wildes wieder ausbreiten oder wieder angesiedelt werden. Immerhin tragen auch sie dazu bei, ihm die Drecksarbeit abzunehmen, notgedrungen als »Metzger des Waldes« (Thomas Morus) zu fungieren. Was heute noch wildes Geschrei gegen die »Raubtiere«

Fuchs, Marder, Wolf und Habicht ist, wandelte sich in eine bisher ungekannte Freude über den Nutzen zusätzlicher biologischer Regulatoren.

Auch wäre eine dem Naturschutz verpflichtete Jagd gemäß der eigenen Logik nur dort sinnvoll, wo Waldgebiete durch Zivilisation so sehr gestört sind, dass sie sich nicht von allein wieder regulieren können. Kein ökologisch denkender Jäger könnte von nun an mehr in den riesigen Naturgebieten Kanadas und der USA jagen, die Karpaten wären ebenso tabu wie der Ural und all die anderen wildreichen Gebiete Osteuropas. Überall dort, wo zu jagen nahezu eines jeden Jägers Traum ist, wäre die Jagd verboten, weil sie ökologisch nicht zu rechtfertigen ist. Jede Art von Jagd in sich selbst regulierenden Biotopen müsste nach der von Jägern selbst vertretenen Öko-Logik vom Jäger als Naturschützer mindestens genauso verachtenswert sein wie ein Soldat, der neben der pflichtgemäßen Verteidigung seines Vaterlands ohne Not wegen des besonderen Kitzels auch ein paar friedliche Zivilisten umbringt.

Dass der Trophäenkult um selbst erlegte Großtiere eines Naturschützers unwürdig ist, versteht sich wohl von selbst. Um den Bestand genetisch so gesund wie möglich zu halten, erschießt ein umsichtiger Wildbiologe allenfalls Exemplare, die die natürliche Auslese nicht erwischt hat, also kranke oder schwache Tiere. Und wenn er sich denn zum Töten gezwungen sehen sollte, so überlegt sich der wahre Naturfreund sehr genau, ob die Wahl der Mittel, die er nutzt, in jedem Fall vertretbar ist. Marternde Fallen für Füchse – Knüppel und Ähnliches – alles geeignete Werkzeuge im Dienste der Ökologie?

Welche echte Dankbarkeit (statt schulterzuckender Resignation) leuchtete weit umher, sollte der dreistellige Millionenbetrag, den Deutschlands Jagdgesellen Jahr um Jahr für ihre Hege aufwenden, tatsächlich einem friedlichen, ökologisch durchdachten Naturschutz zukommen. Niemand hätte etwas dagegen, wenn sich die Jagd auf beschriebene Art und Weise zu einer wildbiologisch sinnvollen Betätigung wandelte. – Wirklich niemand? Niemand außer viele Jäger selbst. Nicht ohne Grund befürchten sie, der Schuss gehe nach hinten los. Anstatt sich weiterhin als Herren des Waldes aufzuspreizen, hätten sie sich als Diener des Waldes zu verstehen. Eine Demokratisierung des Naturschutzes von der feudalen Willkür zu verantwortlichem Handeln mit Rechenschaftspflicht – für viele Lodenkittel ein Alptraum! »Wer durchs Fernglas des Jägers blickt, sieht früher als andere, was auf ihn zukommt«, verrät mit der Sicherheit eines erfahrenen Waidmanns, der ins Schwarze trifft, selbst wenn er ins Blaue redet, eine alte Hubertus-Weisheit. Statt tief befriedigende Schüsse auf hochgezüchtete Sechzehnender abzufeuern, sieht sich der freizeitjagende Zahnarzt längst mit sorgender Miene am selbst finanzierten Tümpel hocken, um mit der netten Dame vom BUND über Libellen und Wasserläufer zu diskutieren. Wenn es eine Hölle für Jäger gäbe – für manchen Flintenmann sähe sie wohl so aus.

Eine weitere Frage wäre zudem, wie viel der wackere Waidwerker wohl zu der Fachdiskussion über Gewässerbiologie beizutragen hätte; Jäger sind ihrer Ausbildung entsprechend keine professionellen Ökologen (wiewohl es unter ihnen welche gibt). Kein Wunder, dass nicht nur Kritiker, sondern auch viele Jäger es als paradox empfinden, ausgerechnet ihnen einen durchdachten Naturschutz abzuverlangen. Doch ohne echten Naturschutz kein »vernünftiger Grund«, und ohne diesen keine nachvollziehbare Straffreiheit. Diejenigen Jäger, denen nach eigenem Bekunden der Naturschutz das Hauptanliegen ist, werden sich wohl kaum dagegen wehren können, ein Verbot der Lustjagd zu unterstützen. Sie, denen es aufs Töten ja ohnehin nicht so sehr ankommt, werden sicher damit leben können, aufs Abknallen zu verzichten, und professionellen nicht jagenden Wildbiologen gerne die Hand zum gemeinsamen Naturschutz reichen.

Doch noch immer erfreut sich selbst die schiere Lust an der Tiertötung der gesellschaftlichen Duldung. Wenn jeder Lusttäter ein »schwarzes Schaf« im Jagdverband ist, so lassen sich die wenigen weißen leicht zählen. Kein Jäger ist schon allein deshalb moralisch entschuldigt, weil es in seiner Zunft noch einige schlimmere Tierquäler gibt. Sinnlose Tiertötung ist kein Sport oder Kavaliersdelikt, ebenso wenig lässt sie sich durch die Sextanerlogik rechtfertigen, andere Leute seien noch schlechter als man selbst. Mit welchem Argument legitimiert die deutsche Gesetzgebung, die das Töten von Tieren als Publikumssport unter Strafe stellt, das Töten von Tieren als Teilnehmersport? Und worin liegt eigentlich das sportliche Moment, leidensfähige Wesen ohne Zweck zu quälen und zu töten?

Es ist sicher richtig, dass Rehe für den Gasthof zu schießen nicht unmoralischer ist, als Kühe für denselben Gasthof im Schlachthaus zu töten. Aber das Töten von Tieren zum Nahrungserwerb (über das wir im nächsten Kapitel reden) rechtfertigt noch lange keinen Sport. Ansonsten wäre (entgegen der bestehenden Gesetzgebung) gegen tierquälerische Spektakel wie Stier- oder Hundekämpfe nichts einzuwenden – vorausgesetzt, die Stiere oder Pitbulls würden anschließend gegessen ...

Von allen Legitimationen für die Jagd gibt es keine, die ernster zu nehmen ist als der Nahrungserwerb. Rehe ausschließlich zum Verzehr zu schießen ist im Sinne des Tierschutzgesetzes noch am leichtesten zu rechtfertigen. Ein Waidmann, der dies tut, verpflichtet sich seiner eigenen Logik zufolge natürlich dazu, keine Tiere zu jagen, die er nicht zu essen beabsichtigt. Er schießt also beispielsweise keine Füchse, Marder oder Waschbären. Sorgsam achtet er zugleich darauf, dass die schnelle sachgerechte Tötung absoluten Vorrang vor allem Jagdvergnügen hätte. Die Früchte des Tötens zu genießen ist immerhin etwas anderes, als Spaß am Töten zu haben. Denn selbst »der leidenschaftlichste Hühnchenesser könnte auf den Gedanken kommen, dass es bei einem

Mann nicht ganz stimmt, der zum Zeitvertreib Hühnern den Hals umdreht.«[171]

Man wird also schießfreudigen Bürgern in Zukunft keine Jagdscheine mehr ausstellen dürfen. Fragen der Wildbestandsregulierung überlässt man nicht freimütig Menschen, die meistenteils ein völlig untergeordnetes Interesse daran haben. *Die Jagd in ihrer bestehenden Form ist sowohl moralisch verwerflich als auch ökologisch der falsche Weg.* So etwa praktiziert die Verwaltung des Nationalparks Bayerischer Wald, die dies seit Langem begriffen hat, für ihre Gebiete ein »konsequentes Rehwild-Management nach internationalen Grundsätzen: keine Fütterung, keine Bejagung«. Und siehe da: Innerhalb kurzer Zeit pendelten sich die gewünschten ökologischen Kreisläufe des Naturschutzgebiets von allein wieder ein. Statt eines künstlichen »Jägerwalds« entwickelte sich ein »Urwald«. Seltene Tiere wie Luchs und Biber breiteten sich mit solchem Erfolg aus, dass es hier mittlerweile mehr Biber gibt als vor zweihundert Jahren.

Natürlich bestehen in einem großen Waldgebiet andere Verhältnisse als in kleineren Waldschnipseln. Und ein Nationalpark ist eine andere Sache als ein kommerziell genutzter kleiner Privatwald. Doch auch hier liegt die Zukunft in einem modernen Wildlife-Management. Alle ökologisch bedeutsamen Faktoren müssen berücksichtigt werden. Und man muss die Populationsbiologie aus schlichter Jäger-Logik befreien. Allein der wissenschaftliche Nachweis, dass tatsächlich keine Alternative zur Tötung vorliegt, könnte jägerische Aktivitäten in Zukunft noch erlauben. Solche Jäger sind jedoch keine Hobby-Waidwerker im bisherigen Sinne mehr, sondern bezahlte Fachleute mit einem expliziten Naturschutzauftrag. Ihre Aufgabe wäre es, einer unabsehbar langen Übergangsphase von einer waidmännischen Willkürherrschaft in ein wildbiologisch ausgeklügeltes Wildlife-Management als letztes Mittel zu dienen.

Die Jägerei als reiner Lustsport hingegen verstößt gegen das Tierschutzgesetz § 17(1): »Mit Freiheitsstrafe bis zu zwei Jahren oder mit Geldstrafe wird bestraft, wer ein Wirbeltier ohne vernünftigen Grund tötet.« Doch noch immer blockiert die Verflechtung von Politik und Jagd die längst fällige konsequente Auslegung. Um diesen rücksichtslosen Lobbyismus zu schwächen, reichen Appelle nicht aus. Gefordert sind neue Solidaritäten und neue Kontroversen auch jenseits althergebrachter Freund-Feind-Linien. Noch immer arbeiten mehrere führende Naturschutzfunktionäre in Deutschland den Jagdverbänden offen zu und umarmen den schießlustigen Waidmann als ihresgleichen; ein moralischer Missstand, der unter gegenwärtigen Bedingungen unentschuldbar ist.

An die Stelle von »Freizeitspaß und Schmierfett für die politischen und wirtschaftlichen Gelenke von Parteien, Verbänden und Betrieben« (Horst Stern) kann nur die gesellschaftliche Ächtung unnötiger Tierquälerei treten. Jagdscheine haben in privater Hand nichts verloren, und Jäger müssen systematisch in die ökologische Forstwirtschaft eingebunden sein. Vielleicht könnte man den Hobbyjägern das Abgewöhnen ihrer schrägen Passion mit einer Übergangsregelung versüßen. So wie es die E-Zigarette für den Raucher gibt, damit dieser von seiner ungesunden Sucht loskommt, so bräuchte es eine Art E-Jagd ohne allzu schädliche Nebenfolgen. Der Gesetzgeber könnte das Hobby-Jagen mit scharfer Munition verbieten. Für den Übergang von einigen Jahren dürften Jäger dann nur noch mit Farbpatronen auf Hirsch und Wildschwein schießen. Nicht anders tun es ja die Hobby-Soldaten beim Paintball. Das Wild wird die Farbspritzer auf der Haut verschmerzen, und dem friedlichen Waldspaziergänger würde bunt angezeigt, welcher verstörte Zeitgenosse gerade im jeweiligen Wald sein Unwesen treibt. Und vielleicht verlöre der Hobbyjäger mit der Zeit auch einfach die Lust am grellen Spektakel. Die Krankenkassen wiederum sind gefordert,

Entzugstherapien anzubieten, um Jäger von ihrer schrägen Passion zu befreien. Denn ob man sie mag oder nicht – Menschen, die regelmäßig töten müssen, um glücklich zu sein, brauchen professionelle Hilfe! Wie auch immer man ihnen den Übergang erleichtert: Der gesellschaftliche Hochsitz der Jägerei gehört der Vergangenheit an. In einer tiergerechten Gesellschaft der Zukunft hat die althergebrachte Jagd weder etwas zu suchen noch zu schießen.

Argumente gegen die Jagd als mörderischem Freizeitsport gibt es mehr als genug. Doch vom Standpunkt des Tierleids her gesehen, stellt das blutige Vergnügen der Jagd ein geringes Übel dar, verglichen mit der alltäglichen Gewohnheit der Fleischproduktion. Zynisch könnte man sagen, die Jagd sei – zumindest in Deutschland und in Bezug auf essbare Tiere – kaum anderes als die artgerechte Haltung von Nutztieren. Doch die Gesamtsumme des verursachten Tierleids ist mitnichten der entscheidende Maßstab für die gesellschaftliche Ächtung der Tierquälerei! Der Maßstab für die Regelung im Deutschen Tierschutzgesetz ist das *Motiv,* mithin der »vernünftige Grund«. Deshalb – und auch nur deshalb – befindet sich das Gros der fünf Millionen waidmännisch verschuldeten Tierleichen in einem größeren Widerspruch zum Tierschutzgesetz als die jährlich über zweihundert Millionen Tierleichen der landwirtschaftlichen »Intensivhaltung« …

• *Jenseits von Wurst und Käse. Dürfen wir Tiere essen?*

Jenseits von Wurst und Käse

Dürfen wir Tiere essen?

Wir werden von dem Aberwitz abkommen,
ein ganzes Huhn zu züchten, um die Brust oder
den Flügel zu essen, und diese stattdessen in einem
geeigneten Medium züchten.

Winston Churchill

Am 23. November 2009 stellte Henry C. Pepper der verblüfften Öffentlichkeit in Des Moines im Bundestaat Iowa die Ergebnisse seiner jahrzehntelangen Arbeit mit Schweinen vor. Pepper leitete das Forschungszentrum der Veterinärmedizinischen Fakultät. Er selbst war Kognitionswissenschaftler, spezialisiert auf die Gehirne der Familie *Suidae,* zu Deutsch: von Schweinen. Mehr als hundert Wissenschaftler hatten an Peppers Institut das Gehirn, das Nervensystem und das Lernvermögen von Schweinen untersucht. Die Ergebnisse, die sie nun auf einer Pressekonferenz präsentierten, waren sensationell: Alles in allem verfügen Schweine über die Intelligenz von fünfjährigen Kindern. Sie operieren nach einigem Training problemlos mit zweistelligen Zahlen, addieren und subtrahieren sie. In Mengenlehre sind ihnen Schulkinder in der Grundschule nicht gewachsen. Schweine unterscheiden Hunderte von Fotografien mit unterschiedlichen Menschengesichtern. Wofür Hunde eine Woche brauchen, das lernen Schweine in weniger als zwanzig Minuten. Die sozialen Bindungen im Schweineverband sind hochsensibel; Tiere, die einen Artgenossen verlieren, trauern oft monatelang und verweigern lange ihr Futter.

Das Publikum staunte, aber die Pointe kam am Ende der Präsentation. Da Schweine in nahezu allem mit fünfjährigen Menschenkindern vergleichbar seien, müssten sie in Zukunft auch wie fünfjährige Menschenkinder behandelt werden. In jedem Fall seien die Schweinehaltung, das Schlachten und Essen dieser Tiere ein Verbrechen und eine schwere Sünde. Pepper erklärte, dass er bereits eine entsprechende Eingabe an den Gouverneur gemacht habe.

Es folgte eine lange Stille. Die Presse machte Fotografien von Pepper und seinen Mitarbeitern. Doch im Publikum blieb es gespenstisch leise. Die vielen Männer und wenigen Frauen, die dort saßen, waren, wenn sie keine Journalisten waren oder Universitätsangestellte, Bauern und hochrangige Vertreter der Viehwirtschaft. In Iowa kommen sieben Schweine auf einen Menschen. Die Schweinehaltung ist einer der wichtigsten Wirtschaftszweige des Landes, berüchtigt wegen ihrer Massentierhaltung und der dort eingesetzten Chemikalien wie Phosphor und Nitrate.

Das Publikum war entsetzt. Allein in Des Moines und Umgebung werden 1,2 Millionen Schweine gehalten. Und damit sollte jetzt Schluss sein? Was würde aus ihnen, den Schweinehaltern, werden? Was aus der Wirtschaft in Iowa? Bislang waren die Menschen in Des Moines stolz auf ihr veterinärmedizinisches Institut gewesen und ganz besonders darauf, dass eine international anerkannte Koryphäe wie Pepper hier forschte. Doch nun wendete sich das Blatt. Was Pepper ihnen wissenschaftlich fundiert unterbreitet hatte, war, dass sie allesamt Folterknechte waren, die Lebewesen quälten und ermordeten, die ihren eigenen Kindern vergleichbar waren. Und ohne dass Pepper ein Wort über die Schweinehalter verloren hatte, hatte er in ihren Augen versucht, ihnen ein schlechtes Gewissen zu machen. Er würde sie um ihre wirtschaftliche Existenz bringen und die Wirtschaft Iowas ruinieren.

Im Anschluss an die Pressekonferenz versuchten es die Schweinehalter in Des Moines mit einer Aussprache. Sie erinnerten Pepper an die gute Kooperation in früheren Zeiten und baten ihn, mit Augenmaß vorzugehen, insbesondere was seine Eingabe beim Gouverneur anbelangte. Sie gelobten auch, Pepper durch ihre Ställe zu führen, sodass er sehen könnte, dass sie keine Tierquäler seien. Aber Pepper ließ sich nicht beirren. Seine wissenschaftlichen Studien ließen nur einen Schluss zu, nämlich dass Schweine zu schlachten Mord sei. Und deshalb müsse er das tun, was zu tun sei: dem mörderischen Treiben ein möglichst schnelles Ende setzen.

In den nachfolgenden Wochen brach in Des Moines ein Sturm der Entrüstung gegen Pepper los. Zu Anfang hieß es noch, der Wissenschaftler habe sich »unglücklich verrannt«, wie die Tageszeitungen schrieben. Er habe »das Gemeinwohl und das Schicksal der Menschen in Iowa aus den Augen verloren«. Pepper verteidigte sich und erklärte die Presse in Des Moines zum »gefährlichsten Feind der Wahrheit und der Freiheit«. Die »kompakte, liberale und geschlossene Mehrheit« habe zwar die Macht hinter sich, aber nicht das Recht.

Die Schweinehalter verteidigten sich. Sie wiesen auf eine himmelschreiende Ungerechtigkeit hin. Immerhin sollte ihnen ihr seit Jahrhunderten legitimes Eigentum genommen werden. Sie wirtschaftlich derart zu schädigen und die Rinderhalter und Geflügelhalter dabei außen vor zu lassen, sei ungerecht und absurd. Die Schweinehalter beauftragten ein Gegengutachten und holten die Stimmen anderer Wissenschaftler ein. Ein Kollege von Pepper meinte, ein Schlachtverbot für Schweine wäre nur dann einleuchtend, wenn die Tiere mindestens die Intelligenz von achtjährigen Kindern aufwiesen. Außerdem hätten sie doch erhebliche Schwächen beim Subtrahieren gezeigt.

Pepper erkannte, dass die Menschen in Des Moines nicht an Realitäten interessiert waren. Die Mehrheit, so fand er in einer Stellungnahme, glaube weiterhin an Wahrheiten, »die so hoch in die Jahre gekommen sind, dass sie auf dem Wege sind, wackelig zu werden«. Aber wenn eine Wahrheit so alt geworden ist wie jene, dass man Schweine schlachten und essen dürfe, so sei »sie auf dem besten Wege, eine Lüge zu werden«. Eine »normal gebaute Wahrheit« lebe in der Regel ohnehin nur »siebzehn bis achtzehn, höchstens zwanzig Jahre«. Die Zukunft der Stadt Des Moines und des Staates Iowa könne jedenfalls nicht länger »auf einem Schlammboden von Lüge und Betrug gründen«.

Die Sache geriet aus den Fugen. Innerhalb kürzester Zeit richtete sich die ganze Stadt gegen Pepper und legte ihm nahe, nach Europa auszuwandern. Zwar wollte auch Pepper »in dieser Schweinerei nicht länger leben«, entschied sich aber zu bleiben. Er verlor seine Stelle an der Universität, und sein Vermieter kündigte ihm. Schließlich sah er sich gezwungen unterzutauchen, und über Peppers weiteren Verbleib ist nichts bekannt. Die Schweinemast in Iowa aber blieb, was sie immer gewesen war.

Die Geschichte, die ich Ihnen hier berichte, habe ich gerade erfunden. Es gibt keinen Wissenschaftler namens Henry S. Pepper, und die kognitiven Leistungen von Schweinen gleichen eher denen von dreijährigen Kindern als denen von Fünfjährigen. Dass Schweine hochkomplex empfinden und ungleich schneller lernen als Hunde, ist vielfach experimentell belegt. Der Werdegang der Geschichte und die vermeintlichen Pepper-Zitate stammen aus dem Theaterstück *Ein Volksfeind* des norwegischen Dramatikers *Henrik Ibsen* (1828–1906) aus dem Jahr 1882. Es ist die Geschichte eines jungen Badearztes, der feststellt, dass das Wasser seines Kur- und Heimatorts durch Abwässer vergiftet ist und der dadurch zum Ausgestoßenen wird. Alles, was über die Schweinemast in Des Moines und Iowa gesagt wurde, entspricht vollständig den Tatsachen. Das betrifft sowohl die Zahlen als auch die Haltungsbedingungen und die Umweltgifte.[172]

Warum habe ich diese Geschichte erfunden? Weil sich an ihr wunderschön zeigen lässt, was wohl passiert, wenn jemand sich ernsthaft an der bestehenden Ordnung der Massentierhaltung vergreift: Er wird verlacht, angefeindet, bekämpft und zum Spinner erklärt. Und am Ende entscheiden wirtschaftliche Argumente dafür, alles so weitgehend wie möglich beim Alten zu belassen. Wenn eine Wahrheit jemandes Interessen gefährdet, will derjenige davon schnell nichts mehr wissen. Diese Weisheit gilt nicht nur für die Tierhaltung, sie gilt fast immer. Und wenn jemand sagt, dass Tiere, die eine Intelligenz von fünfjährigen Kindern haben, moralisch berücksichtigt werden müssen, wird man das intelligible Einstiegsalter in die Moral auf acht erhöhen. So wie es den Schweinen heute nichts nützt, dass sie in vielem mit dreijährigen Menschen vergleichbar sind. Wenn eine wissenschaftliche Feststellung starken Interessen widerspricht, ist sie so ohnmächtig wie wertlos.

Dass wir überhaupt Fleisch essen, hält unser Tierschutzgesetz für einen »vernünftigen Grund«, Tieren Leiden, Schäden und den Tod zuzufügen. Allerdings lässt sich schnell Einigkeit darüber erzielen, dass der Mitteleuropäer des 21. Jahrhunderts nicht auf fleischliche Ernährung angewiesen ist. Jeder Arzt kann Sie überzeugen, dass Sie sich alle wichtigen im Fleisch enthaltenen Nährstoffe ohne größere Schwierigkeiten anderweitig zuführen können. Während indigene Völker wie Inuits zu über 90 Prozent von Fleisch leben müssen, bietet der Markt in fast allen Ländern der westlichen Zivilisation ausreichend Alternativen. Man kann sich auch anderweitig gesund ernähren. Ein zwingender medizinischer Grund, Fleisch zu essen, besteht nicht.

Doch wenn die Medizin keine Argumente liefert, um die fleischliche Ernährung zu einem »vernünftigen Grund« zu machen – dann nicht wenigstens die Kulturgeschichte? Begründungen, die den Verzehr von Fleisch kulturanthropologisch rechtfertigen, verlaufen analog zum Muster der Jagd. Ihre Verfechter appellieren an die prähistorische Tradition des Fleischverzehrs. Die vegetarische Lebensweise würde den Menschen um vier Millionen Jahre auf die Entwicklungsstufe der *Australopithecinen* zurückwerfen. Wer so redet, bestreitet allerdings auf eine recht eigentümliche Weise den allgemeinen ethischen Fortschritt der Menschheit. Immerhin bemühen wir auch sonst in der Moral nicht gerne Argumente aus dem Pliozän, um gegenwärtige Wertmaßstäbe und Verhaltensweisen zu rechtfertigen. Definieren wir unsere heutige Kultur nicht gerade dadurch, reines Instinktverhalten und barbarische Moralvorstellungen überwunden zu haben?

Doch es geht noch schlichter. Man behauptete sogar, dass das Tiertötungsverbot der Vegetarier schließlich selbst Löwen zu Mördern abstempeln würde. Haben denn nicht auch Antilopen ein unantastbares Recht auf Leben? Allerdings definiert sich der Mensch – anders als andere Tiere – durch die Freiheit seiner Handlungen. Freiheit (und mag sie auch von einigen Neurobiologen angezweifelt werden) ist die Grundlage unserer Ethik. Ohne sie wäre eine Moral gar nicht möglich. So verzichten Menschen gemeinhin freiwillig darauf, wie Löwenmännchen oder Schimpansen die Jungen ehemaliger Rudelführer zu töten, um Platz für den eigenen Nachwuchs zu schaffen – eine Entscheidungsfreiheit, die zumindest dem Löwen weitgehend fehlen soll.

Der sozialethische Kodex der menschlichen Moral ist nicht ein für alle Mal festgeschrieben; er wird permanent überprüft und immer wieder revidiert. So ist es zweifellos richtig, dass Tierrechtsideen und Vegetarismus nur in einer naturentfremdeten Wohlstandsgesellschaft entstehen können, für die das tägliche Brot so selbstverständlich geworden ist wie die Luft zum

Atmen. Das Gleiche gilt auch für viele andere moralische Ideen, deren gesellschaftliche Akzeptanz in der westlichen Zivilisation bereits um einiges größer ist. Die Sozialversicherung ist an eine bestimmte wirtschaftliche Entwicklungsstufe gebunden. Die Gleichberechtigung der Frau hängt von den Produktionsbedingungen ab. Der besondere Schutz von Kindern begann in der westlichen Kultur, als man sie nicht mehr von klein auf zum Arbeiten brauchte. Ethik entsteht nicht im zeitlos luftleeren Raum, sondern im Zusammenspiel mit ökonomischen und kulturellen Bedingungen. Mit anderen Worten: Nur in einer volkswirtschaftlich soliden Gesellschaft, für die ein Sozialwesen völlig selbstverständlich ist, können derartige »Hirngespinste« wie eine Arbeitslosenversicherung oder ein Grundeinkommen überhaupt erst entstehen.

Es ist schon richtig: Inuit, Pygmäen und Buschmänner quittierten unsere Diskussion darüber, ob es berechtigt ist, Tiere zu töten und zu verzehren, nur mit Kopfschütteln. Sie schüttelten den Kopf, weil sie ohne fleischliche Ernährung nicht überleben könnten. Bei uns hingegen sieht die Situation, wie gesagt, völlig anders aus: Wir brauchen Fleisch nicht als Ernährungsgrundlage. Unsere Vorfahren im Pleistozän sowie Pygmäen und Buschmänner heute schüttelten über so manches den Kopf, das wir in der westlichen Zivilisation für wichtige Errungenschaften halten: unsere Hygienevorstellungen zum Beispiel, unsere Mode und Freizeitvergnügen, die Geldwirtschaft, unseren Zeitbegriff und wahrscheinlich nicht zuletzt über Legebatterien und Schweinefabriken. Die fraglose Legitimation, Fleisch zu verzehren, stammt aus einer Zeit, in der das Töten von Tieren überlebensnotwendig war. Doch eine solche Notsituation gegenüber unseren nahen Verwandten aus dem Tierreich ist heute in der Frage der Ernährung nicht mehr gegeben.

Ob nun ein wahrhaft »vernünftiger Grund« oder nicht – der Verzehr und die Produktion von Fleisch stellen keinen prinzipiellen Widerspruch zum Tierschutzgesetz dar: Fleisch zum Zweck des Verzehrs zu erzeugen erscheint nach allgemeiner und vor allem ökonomischer Ansicht »vernünftiger« als die zwecklose Tötung von Tieren. Man kann aber auch umgekehrt der Ansicht sein, dass etwas mit einem Tierschutzgesetz nicht stimmt, das die Jagd im Prinzip leichter strafbar macht als die Massentierhaltung. Denn geht es nicht darum, das Ausmaß der Leiden so gering wie möglich zu halten? Jeder, der einmal einen jener dreckigen Orte mit eigenen Augen gesehen hat, der sich mit dem sauberen Begriff »landwirtschaftliche Intensivhaltung« tarnt, wird ebenso wie jeder Landwirtschaftsminister wissen, dass überall, wo es industrielle Massentierhaltung gibt, die Bestimmungen von § 2 des Tierschutzgesetzes aufs Äußerste verletzt sind, dass diese Stätten des Leidens, der Schmerzen und Schäden nahezu unvorstellbaren Ausmaßes dem Tierschutzgesetz hohnlachen.

Die einfachste Form, einen Menschen vom Fleischessen abzubringen, ist eine Schlachthofbesichtigung. Doch zum Unglück der Tiere wird die Frage nach dem Fleischessen fast nie im Schlachthaus, sondern, wie der Aufklärer und Arzt *Johann August Unzer* (1727–1799) im 18. Jahrhundert anmerkte, »meistens bei einem Rinderbraten entschieden«.[173] Und so bleibt das Dunkel der Tierhaltung und Tiertötung trotz allen Wissens unbesichtigt.

Worüber reden wir? Wir reden über das Schicksal von Millionen Hühnern, Schweinen, Rindern und Fischen, die jedes Jahr in Deutschland gegessen werden. Fünfundvierzig Millionen »Mastgeflügel«, also Hühner, Enten und Puten, vegetieren bei Dauerbeleuchtung in großen Hallen; ganze vierzig Tage dauert das Leben eines »Endproduktkükens«, vierzig Tage ohne Sonne und ohne Nacht. Schlimmer noch leben – welch ein Wort: leben! – die »Leghühner« in Batterien von 550 cm^2– das ist weniger als das DIN-A4-Blatt, auf dem diese Größe festgelegt ist. Zwar ist die Käfighaltung in der EU seit 2012 verboten, aber das bedeutet erstens, dass 750 cm^2 nicht mehr als Käfig gelten, und zweitens, dass kaum ein Hühnerbaron sich um dieses Verbot schert. Noch immer duldet der Gesetzgeber in Deutschland, dass ein Drahtkäfig ausreicht, um ein »Tier seiner Art und seinen Bedürfnissen entsprechend angemessen (zu) pflegen und verhaltensgerecht unter(zu)bringen«. Hockend auf dem Gitterrost mit verkümmerten Zehen, die das Greifen schmerzt, mit gestutztem Schnabel, psychisch zerstört durch Enge und schummriges Dauerlicht, vegetieren mehr als dreiundvierzig Millionen Hennen in deutschen Batterien. Alljährlich tötet das Gas mehr als fünfundvierzig Millionen männliche Küken, unbrauchbar für die Eierproduktion, brauchbar allenfalls als Schweinefutter.

Genug über Hühner! Soll ich vielleicht lieber von Schweinen reden, quiekendes Tierleid, fünfundzwanzigmillionenfach? Eingepfercht in ewiger Nacht, schleifen sie ihre verkrüppelten Beine über breitbalkige Eisenroste. Allein der Weg zum Schlachthof zeigt ihnen für Sekunden das Tageslicht. Wer weniger »Glück« hat, verdurstet schon beim langen Transport, die anderen krepieren, wenn es gutgeht betäubt, vor den Augen ihrer Schicksalsgenossen, am Hinterfuß aufgehängt über dem Entblutungsbecken.

Genug über Schweine! Ich rede auch nicht lange über Rinder; nicht über den Wahnsinn, 600 000 Kälber im Jahr auf quälend langen Lkw-Fahrten in andere Staaten auszuführen, um schließlich weitere 150 000 einzuführen; nicht über Stehsärge und Dunkelheit, gezielte Fehlernährung und Fehlzüchtung. Wozu sollte ich darüber reden? Wozu sollte ich erzählen, was der deutsche Durchschnittsbürger längst weiß oder eben nicht wissen will. Ich rede auch nicht über die moralische Zurechnungsfähigkeit von Menschen, die von den Gräueln der Massentierhaltung profitieren. Ich rede allein von der Auslegung eines Tierschutzgesetzes, die all diese Verbrechen gegen die sogenannte Menschlichkeit für rechtens erachtet, obgleich sie den Bestimmungen gnadenlos widersprechen.

Was soll man dazu sagen? Darauf verweisen, dass andere Länder ebenfalls keine besseren Tierschutzgesetze haben? Dass die Käfighaltung für Hühner in der Schweiz mittlerweile aus Tierschutzgründen vollständig verboten ist, scheint deutschen Ministern kein Vorbild zu sein. Die Schweiz ist kein Mitglied der Europäischen Union. Nicht ungern nämlich verweisen, wenn es um tatsächliche Verbesserungen geht, die Bundesminister das Problem in die Richtlinienkompetenz der EU. Tierschutz ist eine gesamteuropäische Frage, bei der man nicht immer kann, wie man will. Von daher sollte man auch beim nationalen Tierschutz die Messlatte nicht allzu hoch legen – jedenfalls nicht so hoch wie bei einer wirklich wichtigen Frage: dem Reinheitsgebot fürs deutsche Bier beispielsweise, wo man sich selbstbewusst gegen den Druck anderer EU-Staaten behauptet.

Wenn andere Ausflüchte nicht helfen, kann man auch ökonomisch argumentieren – ohnehin die einzige Argumentation, die zählt. An der landwirtschaftlichen Tierhaltung und der Fleischverarbeitung hängen in Deutschland immerhin insgesamt über 100 000 Arbeitsplätze. Die meisten davon existieren nur dadurch, dass Deutschland bei der Fleischproduktion global konkurrenzfähig ist und als Exportnation auf dem Weltmarkt mithält. Das bedeutet vor allem eines: So billig wie möglich zu produzieren, Massenbetriebe zu errichten mit 300 000 Hühnern und riesige Hallen für Schweine und Rinder zu bauen. Gerade einmal sechs Euro verdient ein Bauer in Deutschland durchschnittlich an einem von klein auf gezüchteten und gemästeten Schwein. Da rentiert sich eben nur die Masse, und der Tierschutz wird zum Ausschlusskriterium auf dem Weltmarkt.

Alles das ist richtig. Und ebenso richtig ist, dass sich die Branche in diesem Wettbewerb selbst den Ast absägt, auf dem sie sitzt. Wenn sich nur noch Massentierhaltung wirklich lohnt, dann braucht man keine »normalen« Bauernhöfe mehr, sondern einzig Tierfabriken. Wenige große Betriebe reichen aus, und wer darin arbeitet, ist kein Landwirt oder Bauer, sondern ein Hilfsarbeiter aus Bulgarien und Rumänien, der im Dienst einer Leiharbeitsfirma ausgebeutet wird bis auf die Knochen. Mehr als ein Drittel aller Beschäftigten in diesem stinkenden Gewerbe stammt aus Osteuropa. Die agrarisch geprägten jahrhundertealten Kulturlandschaften verfallen, Silos und Wellblech prägen das Bild, und überall sieht man mit Pestiziden verseuchte Futtermais-Monokulturen. In manchen Gegenden Deutschlands, wie etwa in Nordrhein-Westfalen, ist jeder zweite Acker eine solche biologisch weitgehend tote Tierfutterplantage.

Alles das muss man wollen, und Deutschland will es. Zwar macht die Landwirtschaft einschließlich Forstwirtschaft und Fischerei inzwischen weniger als ein Prozent der deutschen Wirtschaftsleistung aus und nicht einmal 1,5 Prozent aller Erwerbstätigen sind dort beschäftigt – aber die Politik in Deutschland und in der EU subventioniert diesen Sektor weiterhin mit enormen Summen. Und je größer ein Betrieb in Hektar ist, umso mehr Subventionen bekommt er aus Brüssel.

Massentierhaltung, so, wie sie derzeit erzwungen wird, fördert also nicht das Bauerntum und seine Traditionen, sondern sie ruiniert es einschließlich der abwechslungsreichen Kulturlandschaften. Im Rahmen dieser Entwicklung fällt die Förderung von Bio- und Ökobauernhöfen kaum ins Gewicht. Kein Bundesland hat einen Anteil von Biohöfen über zehn Prozent, in manchen Bundesländern sind es nicht mal zwei Prozent. Der Bauernverband vertritt heute nicht die Interessen der Bauern, sondern die ihrer natürlichen Feinde, der großen Fleischproduktionskonzerne. Das Bauerntum, wie wir es kannten, schaffen nicht Tierschützer ab, sondern der globalisierte Tier- und Agrarmarkt mit seinen Billigfabriken. Nicht einmal als Futtermittelproduzent kann ein normaler Bauer in Deutschland mehr überleben. Denn selbst wenn sich überall monotone Maisflächen ausbreiten, so bleiben sie doch unerheblich. Fast 90 Prozent sämtlicher Futtermittel bestehen mittlerweile aus Sojaschrot, importiert aus Brasilien, Argentinien und Paraguay, gentechnisch manipuliert und angebaut mit katastrophalen ökologischen Folgen.

Massentierhaltung, wie sie in Deutschland betrieben und gefördert wird, ist also nicht nur ethisch hochproblematisch, sie ist auch ökonomisch eine Katastrophe. Sie vernichtet Jahr um Jahr Arbeitsplätze und verseucht Böden und Gewässer in einem solchen Maße, dass alle Gewinne nicht ausreichen würden, die ökologischen Schäden zu bezahlen, die wir künftigen Generationen aufzwingen.

Doch es gibt eine gute Nachricht. All das, was hier zu beklagen ist, wird verschwinden! Vielleicht nicht in zehn, aber gewiss in zwanzig Jahren wird von Massentierhaltung in Deutschland keine Rede mehr sein. Die Branche mag noch so viel in neue Tierfabriken investieren, ihr Ende ist programmiert. Der Grund dafür wird nicht der Kampf von Tierrechtlern und Tierschützern gegen das Dunkel der industriellen Tierquälerei sein (wobei sie dabei eine nützliche Rolle spielen können). Und es sind auch nicht die bemühten und freundlichen Subventionen, die Landesregierungen Biobauernhöfen zukommen lassen. Sie kaschieren nur das Elend, weil sie einen Ausweg vorgaukeln, der keiner ist. Der Grund ist ein ganz anderer, und er ist technischer Natur.

Am 5. August 2013 präsentierte der niederländische Physiologe *Mark Post* von der Universität Maastricht der interessierten Öffentlichkeit ein Stück Hackfleisch. Und diesmal ist es eine wahre Geschichte. Zubereitet wurde das Fleisch von einem britischen Starkoch, und als Tester fungieren ein US-amerikanischer Autor sowie eine österreichische Ernährungswissenschaftlerin. Die fanden die Bulette nicht übel, vielleicht wäre ein höherer Fettanteil noch schmackhafter. Der Witz an Posts Hackfleisch war, dass kein Tier dafür hatte sterben müssen. Der Physiologe hatte das Fleisch aus der Nackenmuskel-Stammzelle einer Kuh gezüchtet. Und während die Kuh weiterhin glücklich leben darf, präsentierte Post der Welt, wie er sich den Fleischkonsum der Zukunft vorstellt: »Angenommen, in einem Supermarkt liegen zwei Stücke Fleisch, die genau gleich aussehen und bekanntermaßen genau gleich schmecken. Das eine stammt aus dem Labor, das andere von der Kuh. An dem Laborstück kleben Gütesiegel wie ›umwelt- und tierfreundlich hergestellt‹, an dem von der Kuh nicht. Trotzdem ist das von der Kuh viermal so teuer, weil die Zucht viel länger dauert. Zu welchem Stück greifen Sie?«[174]

Die Idee hinter Posts »In-Vitro-Fleisch« ist nicht neu. Bereits 1932 prophezeite der britische Staatsmann *Winston Churchill* (1874–1965) ein solches *Cultured Meat.* Spätestens seit Beginn der Forschung mit adulten Stammzellen kam das Ziel erneut auf die Agenda. Zahlreiche Universitäten forschen inzwischen an Verfahren, Fleisch aus Muskelzellen herzustellen. Post brauchte für seinen Pionier-Burger fünf Jahre und zwei Millionen Euro vom niederländischen Staat. Zu späterer Zeit stieg auch noch Google-Mitgründer *Sergey Brin* (* 1973) mit ein. Sein US-amerikanischer IT-Kollege *Bill Gates* (* 1955) investiert derweil in ein Projekt namens »Beyond Meat« – Produkte, die wie Fleisch aussehen und ununterscheidbar wie Fleisch schmecken, nur dass sie kein Fleisch sind. Auch der Deutsche *Peter Thiel* (* 1969), einer der Hauptinvestoren von Facebook, investiert große Summen sowohl in *Cultured Meat* als auch in wohlschmeckende Eier, die keine sind.

Wenn Profis wie Brin, Gates und Thiel mit an Bord sind, ist klar: Dem Fleisch ohne Schlachthöfe und Tierleid dürfte die Zukunft gehören. Abseits privater Geschäftsinteressen sind die Argumente gegen Massentierhaltung und millionenfaches Leiden und Elend frappierend. Weltweit werden derzeit 283 Millionen Tonnen Fleisch gegessen. Und die Zahl wächst und wächst von Jahr zu Jahr. Zwischen 2000 und 2050 soll sich die globale Fleischproduktion verdoppeln. Mehr als ein Viertel der Landfläche unseres Planeten dient der Haltung von Vieh oder dem

Anbau von Futtermitteln – Land, das den Kleinbauern fehlt und auf dem kein Gemüse oder Getreide angebaut werden kann. Unter allen Umweltgiften und Schadstoffbelastungen der Welt stammt weit mehr aus der Viehhaltung als aus sämtlichen anderen Schadstoffquellen wie Industrie und Verkehr zusammen! Ammoniakverseuchung, Nitratbelastung, Millionen Tonnen von Herbiziden bei der Futtermittelerzeugung, Treibhausgase und ein immenser Land- und vor allem Wasserverbrauch sind die gigantischen ökologischen und ökonomischen Sünden der entfesselten Viehhaltung. Sollten noch mehr Landflächen für den Fleischkonsum genutzt werden, droht der globale Umweltkollaps.

Schon Mitte der Neunzigerjahre schrieb der US-amerikanische Autor *Jeremy Rifkin* (* 1945): »Der ständig anwachsende Rinderbestand hat verheerende Folgen für die Ökosysteme der Erde; auf fünf Kontinenten werden Lebensräume zerstört: Die Viehzucht gehört erstens zu den Hauptverursachern der Zerstörung der noch existierenden tropischen Regenwälder Mittel- und Südamerikas, wo viele Millionen Hektar Urwald gerodet und anschließend als Weideland für die Rinderzucht benutzt werden. Die Viehwirtschaft ist zweitens zu einem großen Teil verantwortlich für die Ausbreitung der Wüste in der Sahelzone in Afrika und im westlichen Bergland der USA und Australiens. Auf vier Kontinenten hat die Überweidung aus halbtrockenen und trockenen Regionen unfruchtbares, kahles Wüstenland gemacht. Drittens gehören heute in den Vereinigten Staaten die Abflüsse der Mastbetriebe zu den Hauptquellen der organischen Grundwasserverschmutzung. Der Viehbestand trägt viertens wesentlich zum weltweiten Treibhauseffekt bei. Die Rinder scheiden Methan aus, ein Gas, das für die Erwärmung unseres Klimas sorgt und bewirkt, dass die Wärme nicht von der Erdatmosphäre abgegeben werden kann. Rinder und anderes Vieh fressen über 70 Prozent des in den USA produzierten Getreides. Weltweit wird etwa ein Drittel der gesamten Getreideernte an Vieh verfüttert, während gleichzeitig eine Milliarde Menschen an Hunger und chronischer Unterernährung leiden.«[175]

Inzwischen haben sich die Verhältnisse weiter dramatisch verschlimmert. In solcher Lage bietet »Kulturfleisch« nicht nur eine Lösung für den Tierschutz, sondern auch für die Umwelt. Nach einer Analyse der University of Oxford würde die Umstellung vom gezüchteten Tier zum gezüchteten Fleisch nur noch ein Prozent des Landes benötigen, das gegenwärtig mit Rindern, Schweinen und so weiter besetzt ist! Je nach Tierart sinkt der Energieverbrauch rapide, der Wasserverbrauch schrumpft auf etwa ein Zehntel der gegenwärtigen Menge, und ebenso wäre mit dem massenhaften Einsatz von Antibiotika Schluss.

Mag sein, dass das »Kulturfleisch« dem passionierten Fleischesser eine Weile nicht ganz so lecker schmeckt wie ein herkömmliches Steak. Einiges erscheint bislang unausgereift, und eine Fleischtextur ist nicht einfach herzustellen. Andere werden monieren, dass sie der Gentechnik grundsätzlich misstrauen und nur Schlimmes von ihr erwarten und nicht mal zur Abwechslung die Lösung eines Menschheitsproblems. Doch warum sich vor künstlichen Verfahren der Lebensmittelerzeugung gruseln, wenn unsere Supermärkte von Waren überquellen, die alle nicht natürlich gewachsen sind – vom Wein über Brot bis hin zum Bier? Gar nicht zu reden von all den naturidentischen Aromastoffen, die sich in fast jeder Fertigpackung finden. Und wer eine tiefe Angst vor versteckten Nebenwirkungen hat, der dürfte schon jetzt kein Fleisch mehr essen, das fast überall mit Wachstumshormonen und Antibiotika von gentechnisch manipulierten Schweinen und Rindern erzeugt wird; von Risiken wie BSE, Hühnergrippe und Schweinepest gar nicht zu reden.

Alle möglichen Einwände gegen »Kulturfleisch« erscheinen geradezu niedlich gegenüber den ökologischen und ethischen Verbrechen, die die konventionelle Fleischerzeugung den Menschen und Tieren zumutet. Natürlich steht es jedem frei, Vegetarier oder Veganer zu werden. Man kann auch auf Algen und Insekten als die zukünftigen Energie- und Proteinlieferanten des Menschen setzen. Doch der Weg, den ich im Folgenden skizziere, scheint mir wesentlich wahrscheinlicher zu sein.

Im ersten Schritt – sagen wir in etwa fünf Jahren – erscheinen die ersten Packungen mit *Cultured Meat* oder *Cultural Beef* in den Regalen der Supermärkte. Es sieht aus wie ein Burger und schmeckt auch so. Frauen lieben, dass es so fettarm ist. Männer lächeln darüber, sie behandeln das neue Fleisch wie alkoholfreies Bier: nicht sehr männlich, aber irgendwie ganz gut und sinnvoll. Das *Cultured Meat* ist viel teurer als herkömmliches Massentierhaltungsfleisch. Das gefällt den Besserverdienenden, es taugt als Statussymbol. SUV fahrende Ökostromkunden springen als Erste auf. Die meisten Menschen sind noch davon ausgeschlossen. Die Talkshows thematisieren »Gutesser gegen Schlechtesser – Wie teuer ist die Tierliebe?« Mit wachsender Nachfrage sinkt rasch der Preis. Die Fleischlobby gibt Studien in Auftrag und lanciert Artikel in der Presse mit Titeln wie: »Ist Laborfleisch krebserregend?« Falschmeldungen erschrecken die Verbraucher über Jahre. Acht Jahre nach der Einführung ist *Cultured Meat* so billig wie Schlachthoffleisch, zwei Jahre später sogar billiger. Es ist kein Nischenprodukt mehr. Die großen Fast-Food-Ketten steigen ein und preisen sich mit gigantischem Werbeaufwand als Vorreiter des Tierschutzes an: »Aus Liebe zum Tier!«

Im Bundestag und in anderen europäischen Parlamenten kommt es zu Debatten. Steht hinter der Massentierhaltung noch ein »vernünftiger Grund«, wenn man Fleisch ethisch und ökologisch sauberer produzieren kann? Die Grünen machen Wahlkampf mit dem Verbot von Massentierhaltung, die SPD (wenn es sie dann noch geben sollte) springt mit auf. Gemeinsam bewirken sie das Verbot von Legebatterien mit mehr als 300 000 Tieren in der EU bis zum Jahr 2030 und feiern dies als sensationellen Erfolg.

Die Entwicklung überrollt derweil die Politik im Eiltempo. Inzwischen reicht die ethisch saubere Produktpalette vom Burger übers Würstchen, Steak und Entrecôte bis hin zu Leberwurst und Hühnerbrust. *Cultured-Meat*-Kochbücher werden zu Bestsellern. Die Zeit, Tierhaltungsgräuel durch den Verweis auf ihren ökonomischen Vorteil zu rechtfertigen, ist passé. Die Fleischindustrie kämpft einen verzweifelten Propagandakampf – wie lange Zeit die Atomlobby –, aber sie kann nicht mehr gewinnen. Die Gegenseite plakatiert »Schlachthof war gestern!« und »Besser herzloses Fleisch als herzlose Esser!«. Großinvestoren steigen aus der Massentierhaltung aus und aufs *Cultured Meat* um. In Brüssel gewinnen die von globalen Finanzinvestoren getragenen neuen Fleischkonzerne gegen ihre konventionellen Vorgänger immer mehr an Einfluss.

Männer in Deutschland bestehen beim sommerlichen Grillen trotzig auf echte Tiere auf dem Grill. Eine *Real-Beef*-Bewegung entsteht und kocht in den Medien hoch. Die Moderatoren Jan Böhmermann und Benjamin von Stuckrad-Barre tragen T-Shirts mit der Aufschrift: »Ich esse Tiere!« Das amüsiert. Der ehemalige *Spiegel*-Journalist Jan Fleischhauer, inzwischen Kolumnist der *Jungen Freiheit,* verteidigt Schlachthoffleisch als »Recht auf Blut und Boden«. Das amüsiert niemanden. Auch echte Kerle wollen kein herkömmliches Supermarktfleisch mehr, sondern statusträchtige neuseeländische Weideochsen oder herzhafte Rinder aus Oregon und Argentinien. Dort bricht unterdessen die konventionelle Fleischproduktion zusammen. Fleisch aus fernen Ländern wird immer teurer und exklusiver. Die *Titanic* bringt fünfzig Köpfe auf dem Cover mit der Überschrift »Ich habe Fleisch gegessen!« Man lacht kurz. Die Zeitschrift *Beef* wird eingestellt. Alte Exemplare werden wie *Landser*-Heftchen unter der Warentheke gehandelt. *Real-Beef*-Fans geraten ins gesellschaftliche Abseits. Für Frauen sind sie so unsexy wie Militaria-Sammler und Schmerbäuche im NATO-Nahkampf-Look.

Dieses Argument überzeugt jeden vernünftigen Mann; der Scheitelpunkt ist überschritten.

Kinder, die mit *Cultured Meat* aufwachsen, finden echte Tiere auf dem Grill »pervers«. Bei ihren Ferien auf Musterbauernhöfen akzeptieren sie immer weniger, dass das süße Kälbchen geschlachtet und gegessen werden soll. Die Biofleisch-Bauernhöfe geraten in eine moralische Krise. Waren sie früher die Guten, so gehören sie jetzt zu den Bösen. Sie rechtfertigen sich damit, dass man Tiere für die Landschaftspflege braucht, da die Flur sonst verwildert. Städter finden verwildernde Landschaften immer spannender und empfehlen nutzbringendere Lamas statt Rinder. Rumänen und Bulgaren arbeiten jetzt nicht mehr im Schlachthof, sondern als Gauchos der Landschaftspflege. Die Thüringer Rostbratwurst verliert derweil ihre billigen Lieferanten. Spezialitätenläden mit hundert Fleisch- und Wurstsorten müssen ihr Sortiment verkleinern, halten sich aber noch lange und zäh auf dem Münchner Viktualienmarkt. Man gönnt es sich ab und an, ein echtes Tier zu essen, fühlt sich aber danach nicht mehr so richtig wohl. Brauhäuser, die weiterhin auf *Real Beef* setzen, erhöhen Jahr um Jahr die Preise und werden zu Zankäpfeln der Öffentlichkeit. Gleichwohl halten sie sich trotzig für Jahrzehnte, ähnlich wie der Stierkampf in Spanien. Nur wenige Menschen in Deutschland und anderen westlichen Ländern essen jetzt Fleisch. Innerhalb von zwanzig Jahren haben sich Ethik und Preis, die einander früher unversöhnlich entgegenstanden, beim *Cultured Meat* vereint und ein kollektives Umdenken ermöglicht. Massentierhaltung ist abgeschafft, Fleischessen wird zur schrägen Passion.

Wird es so kommen? Nicht sicher, aber gut möglich. Die beste Form, die Zukunft vorherzusagen, ist, sie zu machen! Das hier skizzierte Tempo erfordert einen zähen Kampf gegen die Fleischlobby weltweit. Und nicht alles an diesem Prozess geht von allein. Überholte ethische Standards, und seien sie mit noch so entsetzlichen ökonomischen und ökologischen Folgen für die Menschheit verbunden, haben eine hohe Beharrungskraft. »Es ist schwer, einem Menschen eine Sache verständlich zu machen, wenn sein Einkommen davon abhängt, dass er sie nicht versteht«, meinte einst der US-amerikanische Schriftsteller *Upton Sinclair* (1878–1968). Und doch erscheint die Gelegenheit günstig wie nie, beim *Cultured Meat* den Hebel anzusetzen, um die Massentierhaltung ein für alle Mal zu erledigen. Neue und wachsende Geschäftsinteressen stehen gegen überholte und anachronistische, nicht anders als beim Schritt von der Pferdekutsche zum Automobil. Gegen den »Volksfeind« *Cultured Meat* sind auch die Schweinezüchter in Des Moines machtlos. Es ist, im Hinblick auf millionenfaches Tierleid, die Chance des Jahrhunderts. Und auch Peter Singer ist längst mit an Bord. »Seit 40 Jahren habe ich nun kein Fleisch mehr gegessen, aber wenn Laborfleisch in die Läden kommt, werde ich es mit Freuden probieren.«[176]

Doch wenn der technische Fortschritt uns von der Massentierhaltung befreien kann, könnte er nicht ebenfalls auf anderen Sektoren dem Tierschutz zum Durchbruch verhelfen? Wie zum Beispiel sieht es mit Tierversuchen aus?

• *Das Tier als Dummy. Sind Tierversuche legitim?*

Das Tier als Dummy

Sind Tierversuche legitim?

Wer es wagt, Tierversuche durchzuführen,
schreckt auch nicht davor zurück,
Lügen über sie zu verbreiten.

George Bernard Shaw

Mit entschlossenem Druck schiebt die Hand des Hirnforschers den Affen auf den »Primatenstuhl«. Langsam drehen sich Schrauben in den Schädel und klemmen das zappelige Tier fest. Für Stunden wird es hier eingeschraubt sein, ausgeliefert der Neugier der Forschung. Stunden, in deren Verlauf ihm nach und nach ein Auge vernäht und eine Kupferdrahtspule unter die Bindehaut geschoben wird.

Die hier geschilderte Szene entstammt keinem Science-Fiction-Roman. Sie rührt auch nicht aus der Vergangenheit einer unwissenden Zeit. Und sie spielt nicht in einem fernen barbarischen Land mit verrohten Sitten, irgendwo in den Forschungslabors skrupelloser Wissenschaftler eines ebenso skrupellosen Oststaats. Szenen wie diese ereignen sich hier und heute im Institut für Hirnforschung in Bremen, im Deutschen Primatenzentrum in Göttingen und im Leibniz-Institut für Neurobiologie in Magdeburg. Im idyllischen Tübingen betreiben gleich drei berüchtigte Einrichtungen solche Affenversuche: das Institut für Evolution und Ökologie der Universität Tübingen, das Hertie-Institut für klinische Hirnforschung sowie das Max-Planck-Institut für biologische Kybernetik.

Affenversuche der geschilderten Art sind in Deutschland völlig legal. Zwar gibt es seit 1991 keine Experimente mit Menschenaffen mehr, aber immerhin wurden laut Tierschutzbericht der Bundesregierung für das Jahr 2015 für Forschungszwecke 2842 Affen »verbraucht«. Einen hoch entwickelten Primaten mit Elektroschocks zu quälen, zu verätzen und zu verbrennen, ihm Gift zu spritzen und ihn mit unheilbaren Krankheiten zu infizieren – all dies befindet sich nicht im Widerspruch zum Selbstverständnis der freiheitlich-demokratischen Grundordnung der Bundesrepublik Deutschland. Und die Zahl der Affenversuche steigt und steigt und hat sich gegenüber den Neunzigerjahren verdoppelt.

Sieben Prozent der DNA unterscheiden Rhesusaffen und Makaken vom Menschen. Sieben Prozent Unterschied, die einen Unterschied machen. Wen interessiert, dass Makaken ein kompliziertes Familienleben haben, Freude und Angst empfinden, miteinander kommunizieren und als Charaktere unterscheidbar sind? Ein Antrag im Bereich Grundlagenforschung reicht oft schon aus, um Primaten zu foltern und zu töten. Und das, obwohl Affen- und Menschengehirne stark voneinander abweichen. Im Vergleich zu einem Makaken ist die Oberfläche des menschlichen Gehirns zehnmal größer; Menschengehirne entwickeln sich mehr als dreimal länger; die Zahl der Verschaltungen (Synapsen) zwischen den Nervenzellen ist beim Menschen im Schnitt doppelt so hoch. Und schädigt man ein Makaken-Gehirn, so führt dies oft zu ganz anderen Folgen als beim Menschen.[177]

Schmerzhafte Versuche mit Wirbeltieren insgesamt sind in Deutschland tausendfach Alltag. Im Dienst der Toxikologie, der Strahlen- und Krebsforschung, der Immunologie und der experimentellen Chirurgie fauchen und quieken, stöhnen und schreien, heulen und wimmern Tiere unter menschlicher Folter. Schweißausbrüche und Zittern, unkontrolliertes Urinieren, zusammengekrümmte Körper und Zähneknirschen begleiten die Kämpfe und Krämpfe gequälten Lebens auf heißen Platten, mit versengten Fußsohlen und durchtrennten Nerven. In deutschen Labors werden Tiere lebend aufgeschlitzt, zersägt, verbrüht, in brennbare Flüssigkeit getaucht, lebend angezündet, die inneren Organe zerstört, herausgeschnitten oder abgebunden. Man hindert Tiere am Schlafen, bis sie sterben, näht ihnen After und Harnröhre zu, bricht oder verrenkt ihnen die Glieder und vieles mehr.

Allein im Jahr 2015 verbrauchte die deutsche Forschung nach offiziellen Angaben mehr als zwei Millionen Wirbeltiere im Dienste der Menschheit; das sind fast sechstausend pro Tag. Während sich die Anzahl der Versuche an Ratten und Mäusen leicht verringert hat, ist die an Fischen, Schweinen und vor allem an Hunden gestiegen. Dass der Tierschutz, wie erwähnt, seit 2002 als Staatsziel im Grundgesetz verankert ist, hat nicht den geringsten Einfluss darauf gehabt, wie viele Tierversuche in Deutschland durchgeführt werden. Für die tierverbrauchende Forschung scheint das Staatsziel belanglos zu sein, zumal niemand sie deswegen an quälenden Versuchen hindert. So etwa begann die Bundeswehr im Jahr 2005 eine dreieinhalbjährige Versuchsreihe. Man infizierte Mäuse, Kaninchen, Meerschweinchen, Schweine und achtzehn Affen mit Pockenviren, an denen sie qualvoll verendeten.[178] Was auch immer die Bundeswehr mit diesen Experimenten herausfinden wollte, das Niedersächsische Landesamt für Verbraucherschutz und Lebensmittelsicherheit genehmigte die Quälerei. Obgleich durch das Tierschutzgesetz § 7 a (3) verboten, ist ein Ende von Tierversuchen im Auftrag des

Militärs ebenso wenig in Sicht wie Grundlagenforschung im Interesse der Rüstungsindustrie.[179]

Um Tierversuche zu legitimieren, ist es keineswegs notwendig, dass der Menschheit daraus ein Segen erwachsen soll. Gleichwohl argumentieren die Befürworter von Tierversuchen nie mit der Bundeswehr oder der Rüstungsindustrie, die Drohnen und anderes Kriegsgerät testen will. Stattdessen rechtfertigt man Tierversuche damit, kaum oder nicht heilbare Krankheiten weiterhin zu erforschen und neue Medikamente zu finden. Die Liste der mit Hilfe von Tierversuchen entwickelten medizinischen Leistungen ist lang. Verteidiger der Vivisektion führen Schutzimpfungen, Betablocker, Organtransplantationen, die Chirurgie von Herzkrankheiten, die Chemotherapie, die Behandlung der chronisch lymphatischen Leukämie, Mittel gegen epileptische Anfälle und Antibiotika an. Aus ihrer Sicht warten Krebskranke, Betroffene von Multipler Sklerose und Mukoviszidose, Kreislauf- und Drüsenerkrankte mit Störungen der Nebennieren, Hypophyse, Eierstöcke und Schilddrüsen auf neue Erkenntnisse und bessere Arzneimittel, die ohne Tierversuche nicht auskämen. Manipulationen an Nervenzellen, Schrittmacherverpflanzung und Ähnliches arbeiten ebenso mit Tierversuchen wie die Krebsforschung, die Bekämpfung des Bluthochdrucks und die der Altersdemenz. Tierversuchsgegner dagegen meinen, dass Tierversuche in Wahrheit weder bei »Herz- und Kreislaufkrankheiten, Krebs, Diabetes, Rheumatismus und Allergien« Wesentliches beigetragen hätten.[180]

Wie umstritten auch immer, Tierversuchsbefürworter wie die Deutsche Forschungsgemeinschaft (DFG) verteidigen das hunderttausendfache Sterben von Tieren in zukunftsträchtigen Forschungszweigen wie der Neurobiologie, der Kognitionsforschung, der Erforschung von Stoffwechselregulationen und Hormonwirkungen ohne Wenn und Aber. Die achtzig Seiten starke Hochglanzbroschüre der DFG sieht aus, als wäre sie der Jahresbericht des Deutschen Tierschutzbunds: das niedliche Meerschweinchen Aug in Aug mit der hübschen Forscherin, zwei Rhesusaffen hocken auf einer grünen Zoofreianlage, ein Ferkel liegt kuschelig im Arm eines Wissenschaftlers, Kaninchen, Maus und Zebrafink schauen glücklich in die Welt, und nur die fiese Ratte hat irgendeinen komischen Draht am Kopf.[181]

So richtig ehrlich möchte man die blutige Sache offensichtlich nicht darstellen, obwohl man sich doch als Anwalt der Menschheit und des Guten sieht. Man wähnt sich im Einklang mit dem Tierschutzgesetz, »einem der weltweit strengsten Regelwerke«. Und man versichert, dass es in Deutschland keine grausamen und schmerzhaften Tierversuche wie in »der Anfangszeit der tierexperimentellen Forschung« im 19. Jahrhundert gibt, sondern selbstverständlich nur solche unter Narkose.

Dieser Satz ist eine Lüge. Wie können renommierte Fachleute, die um die Qualen der Tiere bestens Bescheid wissen, schreiben, es gäbe in deutschen Forschungslabors keine Grausamkeit? Und wie kann eine respektable Organisation wie die Deutsche Forschungsgemeinschaft ein Papier veröffentlichen, das eine für jeden Kenner der Materie offensichtliche Unwahrheit beinhaltet? Gewiss ist es ein Faktum, dass der größte Teil der in deutschen Labors durchgeführten Versuche mit narkotisierten Tieren erfolgt, die während des Versuchs nicht leiden und die, sollte ihre Psyche oder ihr Organismus stark geschädigt worden sein, anschließend getötet werden. Doch erstens narkotisiert man nicht alle Tiere – Schmerzforschung, die ihre Versuchskaninchen narkotisierte, wäre Unsinn –, und zweitens: Erfüllt der Vorgang, einen Affen monatelang in einem engen Gitterkäfig isoliert vor sich hin vegetieren zu lassen, um ihn anschließend unter Narkose zu verstümmeln, nicht auch den Tatbestand der Grausamkeit?

Gleich im Vorwort der DFG-Broschüre wirft der Vorsitzende der Senatskommission für tierexperimentelle Forschung, der Physiologe *Gerhard Heldmaier* (* 1941), den Kritikern von Tierversuchen vor, »sehr emotional« zu argumentieren. Ihnen fehlten »vielfach sachliche Informationen über Sinn, die Belastung der Tiere oder die Ergebnisse und deren möglichen Nutzen«. Doch um eine sachliche Auflistung der Vorzüge und Missstände, der Licht- und Schattenseiten des Tierversuchs geht es auch der DFG nicht. In die Defensive gedrängt, reagiert die Deutsche Forschungsgemeinschaft in ihrer Broschüre äußerst emotional, indem sie den Missbrauch von Tierversuchen, das Quälerische und Grausame sowie das oft Unnötige pauschal abstreitet. So stellt sie, im Grunde ohne Not und Vernunft, der gesamten bestehenden Tierversuchspraxis in Deutschland einen Persilschein aus. Und die Chance, als renommierte Organisation eine nachdenkliche und aufrichtige Bilanz vorzulegen, wird leider noch immer vertan.

Im Übrigen geht es in der Diskussion um Tierversuche, ebenso wie in anderen Fragen des ethischen Umgangs mit Tieren, nicht um »Sachlichkeit«, denn Tiere sind laut BGB »keine Sachen«. Stattdessen geht es darum, die moralischen Problemfelder »sachgerecht« zu diskutieren, also auf gut informierte und ehrliche Weise abzuwägen. Bedauerlicherweise ist es damit nicht nur bei der DFG aus emotionalen Gründen schlecht bestellt, sondern ebenso beim zuständigen Bundesministerium. Im Tierschutzbericht der Bundesregierung 2015 heißt es, »dass mit der Staatszielformulierung« im Grundgesetz »wichtige Impulse für den Tierschutz« gesetzt wurden. Dies gelte »auch für die Verwaltung und Rechtsprechung«. Die Bundesregierung werde »das Staatsziel Tierschutz weiterhin durch eine aktive Tierschutzpolitik mit Leben füllen«.[182]

Wer das liest, könnte den Eindruck gewinnen, die Lage in Deutschland hätte sich heute so weit gebessert, dass das, was wir mit Tieren machen, keinen Widerspruch zum Tierschutzgesetz mehr darstellt. Doch statt die Tierschutzpolitik »mit Leben zu füllen«, füllen wir sie immer noch millionenfach mit Tod.

Man denke nur daran, dass das Tierschutzgesetz es verbietet, einem Tier Schmerzen, Leiden oder Schäden zuzufügen, es sei denn, man hat dafür einen vernünftigen Grund. Doch zwei Millionen Tierversuche im Jahr – alles vernünftige Gründe? Gibt es, Hand aufs kalte Herz, auch nur einen einzigen führenden Vertreter der DFG oder der Bundesregierung, der das tatsächlich glaubt? Oder möchte man es aus Lobbyismus, Gedankenlosigkeit, mangelnder Sensibilität oder Feigheit andere Menschen nur glauben machen?

Über die Vernünftigkeit von Gründen für Tierversuche bestehen viele verschiedene Ansichten. Für *Mahatma Gandhi* (1869–1948) beispielsweise gab es überhaupt keinen vernünftigen Grund, Tieren zu Forschungszwecken Schmerzen zuzufügen: »Vivisektion«, erklärte der gläubige Hindu, »ist nach meiner Auffassung das schwärzeste von allen schwarzen Verbrechen, deren sich der Mensch heute gegenüber Gott und seiner Schöpfung schuldig macht. Lieber auf das Leben verzichten, als es mit der Qual fühlender Geschöpfe erkaufen.« Weniger religiös, aber mit gleicher Zielrichtung, erklärt Peter Singer das moralische Dilemma des Tierversuchs durch eine klare Entweder-oder-Situation: Entweder ist das Tier nicht wie wir, dann gibt es keinen Sinn, mit ihm zu experimentieren, oder es ist wie wir, dann gibt es kein Recht, mit ihm Versuche zu machen, die als empörend betrachtet würden, wenn man sie mit einem von uns machte.

Die Crux an Singers klarer Alternative ist, dass sie sich gar nicht eindeutig entscheiden lässt. Könnte man das Eine oder Andere sicher behaupten, wäre das moralische Problem des Tierversuchs wesentlich leichter zu handhaben. Doch die Situation ist vertrackt. Einerseits gelingen Tierversuche gerade deshalb, weil Tiere in hohem Maße dem Menschen ähnlich sind; andererseits jedoch gibt es in vielen Bereichen immer wieder Schwierigkeiten damit, Ergebnisse mit Versuchstieren auf den Menschen zu übertragen. Die Aids-Forschung gehört zu den Beispielen, mit denen Laien lange überzeugt wurden, dass Tierversuche notwendig sind. In Wahrheit spielten gerade hier Experimente mit Tieren kaum eine Rolle. Zwar bilden auch Affen die charakteristischen Antikörper aus. Aber sie erkranken aufgrund ihres anders gearteten Immunsystems nicht auf dieselbe Weise an Aids wie Menschen.

Wozu es führt, wenn man allzu leichtfertig von Tieren auf Menschen schließt, zeigt der Contergan-Fall aus dem Jahr 1961. Während sich das Schlafmittel bei Mäusen, Fröschen, Kaninchen und Meerschweinchen problemlos bewährt hatte, verursachte es beim Menschen Nervenentzündungen und verstümmelte fünf- bis sechstausend ungeborene Kinder. Manche Stoffe, wie das in vielen Desinfektionsmitteln enthaltene Phenol, sind für Kinder ungefähr fünfzigmal giftiger als für Hunde. Da Tierexperimente keine sicheren Prognosen für die Übertragbarkeit auf den Menschen liefern, schreibt die deutsche Gesetzgebung für alle neuen Medikamente nach dem Tierversuch eine klinische Erprobung an Menschen vor. Nur etwa 80 Prozent der tierexperimentell gewonnenen Ergebnisse lassen sich hierbei bestätigen.

Dass Tierversuche nicht aussagekräftig sind, da sie kein gesichertes medizinisches Wissen liefern, erscheint als die vorsichtigste Variante im wissenschaftskritischen Streit um den Sinn der Vivisektion. Viel fundamentaler ist die Kritik, die *Pietro Croce* (1920–2006), der langjährige Chefarzt des Laboratoriums für chemisch-klinische Analysen für Mikrobiologie und pathologische Anatomie in Mailand, seinen Kollegen aus der medizinischen Forschung ins Stammbuch schrieb: »Die Forderung nach der Abschaffung der Tierversuche wird nicht aus Tierliebe erhoben, sondern aus Sorge um die Gesundheit der eigenen Artgenossen. Die antivivisektionistische Zivilisation ist viel wissenschaftlicher als die vielgepriesene der Tierexperimentatoren, die sich über das kulturelle Mittelalter, in dem sie leben und handeln, keine Rechenschaft ablegen.«[183] Unter dem kulturellen Mittelalter versteht Croce eine »verstaubte positivistische Logik«, geboren aus dem empirischen Verständnis der Wissenschaft im 19. Jahrhundert.

So wie Croce sehen auch Organisationen wie »Menschen für Tierrechte. Bundesverband der Tierversuchsgegner« die Vivisektion als überholt an. Das Gleiche tut die 1979 gegründete Organisation »Ärzte gegen Tierversuche«. Die rund zweitausend Mitglieder, überwiegend Ärzte, Tierärzte, Psychologen und andere Naturwissenschaftler, halten *alle* Tierversuche sowohl für unnötig als auch für fortschrittsfeindlich. Der langjährige Vorsitzende, der Chirurg *Werner Hartinger* (1925–2000), sah in der Vivisektion nur eine Rückversicherung der Pharmaindustrie, um sich juristisch gegen Schadensersatzforderungen abzusichern. Sein Vorstandskollege, der Biochemiker und Epilepsie-Forscher *Bernhard Rambeck* (* 1946), kritisiert den »monokausalanalytischen Ansatz der tierexperimentell arbeitenden Schulmedizin«. Statt sich allein um die experimentell zugänglichen Seiten von Störungen zu kümmern, bedürfe es eines neuen Zugangs zu »ganzheitlichen Erfahrungen im Bereich der Heilkräfte und Selbstheilungsfähigkeiten des Organismus«. Die »maßlose Überbetonung der scheinbar experimentell, vor allem tierexperimentell, zugänglichen Aspekte von Leben, Krankheit, Heilung«, meint Rambeck, »haben eine echte Weiterentwicklung der Medizin seit vielen Jahrzehnten total abgeblockt«.[184]

Für Fundamentalkritiker des medizinischen Wissenschaftsbegriffs ist der Tierversuch die Antwort auf eine falsch gestellte Frage. Die Zukunft der Menschheit läge, ähnlich wie in der Gentechnologie oder bei der Nutzung der Atomkraft, gewiss nicht darin, in einem »lebensverachtenden Forschungs- und Ausbeutungssystem« sich immer neue Wege auszudenken.[185] Gefordert sei nicht die Bekämpfung der Symptome, sondern der Ursachen von Krankheiten. Mit dem blutigen Aufwand von vielen Millionen Wirbeltieren im Jahr kümmere sich die Forschung um die

Folgen einer verfehlten Ernährung, von Zigarettenkonsum und Alkohol, Umweltgiften und um psychosomatische Krankheiten. Die bessere Lösung hingegen läge darin, die vermeidbaren Gründe für die Erkrankungen gar nicht erst auftreten zu lassen. Etwa 80 Prozent unserer heutigen Todesursachen, so argumentierte Rambeck 1990, gingen auf das Konto von Zivilisationskrankheiten; 54 Prozent aller Deutschen starben an chronischen Herz- und Kreislauf-Erkrankungen, die Rambeck für eine Zivilisationsfolge hält, weitere 24 Prozent starben an Krebs.[186]

Man kann darüber streiten, inwieweit der Hinweis auf vermeidbare Ursachen von Krankheiten das Mittel heiligt, auf ihre Bekämpfung zu verzichten. Was nützt es einem an Lungenkrebs Erkrankten zu wissen, dass die verpestete Luft der Großstadt, in der er wohnt, zu seiner Krankheit mit beigetragen hat? Er selbst hätte den Ausstoß von Luftschadstoffen durch den Autoverkehr oder die benachbarten Kraftwerke gewiss nicht verhindern können. Und es mag ja durchaus sein, dass der Wissenschaftsbegriff der Schulmedizin einer Revision bedarf – aber sollen wir tatsächlich so lange mit der weiteren Erforschung von Krebsleiden warten, bis diese umfassend erfolgt ist?

Der völlige Verzicht auf alle Tierversuche scheint nur dann möglich, wenn man bereit ist, die Konsequenzen daraus zu tragen. Gewiss ist es richtig, dass beileibe nicht alle Erfolge der Medizin auf Tierversuchen beruhen. Die statistisch höhere Lebenserwartung in den westlichen Industrieländern ist vornehmlich dem Rückgang von Infektionskrankheiten zu verdanken, der Hygiene, dem Wohlstand und den Fortschritten der nicht tierexperimentell arbeitenden Chirurgie. Doch noch immer gibt es zahlreiche Forschungsbereiche, die zum gegenwärtigen Zeitpunkt wohl nicht gänzlich ohne Tierversuche auskommen könnten.

Die Freund-Feind-Linien in der Tierversuchsfrage haben sich in den letzten dreißig Jahren kaum verändert – und ebenso nicht die Argumente: eine »sachliche« Rechtfertigung nahezu aller

Experimente im Dienst der Forschung hier; eine emphatische Kritik an einem gefühlskalten und »falschen« Wissenschaftsbegriff dort. Daran ändert auch nichts, dass seit mehr als drei Jahrzehnten daran gearbeitet wird, Tierversuche zu ersetzen. Alternative Verfahren sollen Zeit und Geld sparen und wissenschaftlich sinnvollere Resultate in manchen Teilbereichen erzielen. Etablierte Standards wie die überaus schmerzvolle Reizung von Kaninchenaugen im sogenannten Draize-Test stehen schon lange fachwissenschaftlich zur Diskussion. Vielfach wird das Verfahren durch Tests mit Hühnereiern und Spanischen Wegschnecken ersetzt – aber bis heute noch längst nicht immer. Nicht wenige Fachbereiche der Medizin können schmerzhafte Tierversuche durch Zellkörperkulturtests im Reagenzglas substituieren. Der Einsatz von Computern erlaubt, giftige Substanzen im »Toxicology Modeling« aufzuspüren. So etwa startete die US-Umweltschutzbehörde EPA im Jahr 2005 das Projekt »ToxCast«, das die Gefährlichkeit von Chemikalien für Mensch und Umwelt nicht mehr durch Tierversuche, sondern mit In-vitro-Verfahren testet. Computer ermöglichen es, menschliche Zell- und Gewebekulturen aus Operationen *in silico,* also am Bildschirm, zu untersuchen. Sie entbinden Studenten, qua Simulation, von der widerlichen Aufgabe, Frösche lebendigen Leibes und bei vollem Bewusstsein zu sezieren und vieles andere mehr.

Das Zauberwort für den schrittweisen Weg, von Tierversuchen loszukommen, heißt RRR (*Reduce, Refine, Replace*): vermindern, verfeinern und ersetzen. Doch die »Realos« unter den Tierversuchsgegnern werden von den »Fundis« scharf kritisiert. Wer statt auf schmerzhafte Tierversuche vermehrt auf Zellkörperkulturen und Ähnliches setze, ändere nichts am grundsätzlichen System, Tiere für humanmedizinische Interessen auszubeuten. Das prinzipielle Recht des Menschen, Tiere zu seinen Zwecken zu missbrauchen, werde nicht hinterfragt. Immerhin stamme der größte Anteil des Zellgewebes in den Reagenzgläsern der Alternativ-Methodiker weiterhin von Tieren. Das 3R-Prinzip schminke die bestehende Praxis nur schön und stabilisiere die vorhandene Schulmedizin. Wenn schon mit Zellkörpern experimentiert werden müsse, dann bitte schön mit Material aus chirurgischen Eingriffen beim Menschen oder aus Organspenden. Im Gegensatz zu tierischem Gewebe fällt hier ja auch das Problem der Übertragbarkeit weg.

Zusätzliches Futter für die Kanonen fundamentaler Kritiker des etablierten medizinischen Systems liefert der Einsatz der Gentechnik. Um Schmerzen zu vermeiden, befürworten die meisten RRR-Strategen, Versuchstiere zu züchten, die bereits »von sich aus«, das heißt durch Genmanipulation gewünschte Eigenschaften mitbringen, die ansonsten mehr oder minder qualvoll verursacht werden müssten. Für solchen Bedarf züchten Labors alle erdenklichen Mutanten, von der haarlosen Nacktmaus bis zur Maus mit angeborenen Eingeweidetumoren. Maßgeschneiderte Kreaturen von der Stange bedienen jeden Forschungszweck, von der »angeborenen« Immunschwäche bis zu passgerechten Organen als Ersatzteillager für die Verpflanzung auf den Menschen, die sogenannte Xenotransplantation.

Unter Tierschutzaspekten macht es keinen Unterschied, ob man Schweine zum Zweck der Schlachtung oder der Entnahme von Organen hält, die dann transplantiert werden. Mit dieser Logik rechtfertigen viele Befürworter von Tierversuchen auch die bestehende Praxis in deutschen Forschungslabors. Jahr für Jahr sterben mehrere hundert Millionen Tiere in deutschen Schlachthöfen, werden gefischt, gejagt oder im Straßenverkehr überfahren – was also soll an den überwiegend unter Narkose durchgeführten Tierversuchen schlimmer sein als an all den anderen widernatürlichen Todesursachen?

Wen kümmert es da, dass bei mutwillig getöteten Tieren im Schlachthof und im Versuchslabor, bei der Jagd und der Fischerei Äpfel mit Birnen verglichen werden, wenn man sie mit den nicht mutwilligen Unfallopfern im Straßenverkehr verrechnet. Tiertod ist nicht gleich Tiertod. Bezeichnenderweise bilanziert auch die Kriminalstatistik Mord und Totschlag nicht gemeinsam mit Verkehrstoten. Und natürlich feiert hier die Sextanerlogik fröhliche Urstände, andere genauso schlecht zu finden wie sich selbst und deshalb zu glauben, man habe es nicht nötig, sich Sorgen zu machen. Was solche Vergleiche wirklich taugen, zeigt jedoch vor allem die direkte Konfrontation. Kein Jäger, der sich nicht in der waidmännischen Ehre verletzt fühlte, wenn sein ehrbares Handwerk mit den tierquälerischen Praktiken feiger Labortäter verglichen wird, die Ratten in Plexiglas einschweißen und Mäusen Krebsgeschwülste anhexen. Welch ein gewichtiger Unterschied, einem entfesselten Keiler ins Auge zu blicken oder einer verängstigten Versuchsmaus! Umgekehrt gibt es wohl kaum einen forschenden Wohltäter der Menschheit, den Eid des Hippokrates im Nacken, der sich nicht energisch dagegen verwahrte, bei seiner blutigen Tätigkeit mit Lusttätern wie Jägern in einen Topf geschmissen zu werden.

Es kommt also nicht allein auf die *Zahlen* und den Tatbestand der Tiertötung an, sondern, gemäß dem Selbstverständnis der Berufsgruppen und dem Tierschutzgesetz, auf das *Motiv.* Tierversuche und Genmanipulationen werden nicht deswegen durchgeführt, weil wir in Deutschland Schweine schlachten und Katzen überfahren, sondern weil Wissenschaft, Wirtschaft und Politik sie völlig ungeachtet von Schlachthöfen und Jagdausflügen für medizinisch notwendig halten. Die einzige Grundlage, die Legitimität der Vivisektion zu bemessen, ist ihre zwingende Erfordernis im Dienst der Menschheit und – so sieht es auch das Tierschutzgesetz – sonst nichts.

Aus diesem Grund ist es kein zureichendes Argument, mit der Freiheit der Wissenschaften zu argumentieren und jeden Kritiker an der bestehenden Praxis als weinerlichen Spinner oder kommunistischen Systemverbesserer zu brandmarken, dessen einfältig-nostalgische Psyche ihn dazu zwingt, den Fortschritt zu bekämpfen wie Don Quijote die Windmühlen. Im Gegenteil: Es dürfte nicht ganz unwahrscheinlich sein, dass mancher Vivisekteur selbst von nostalgischer Beharrlichkeit und uneingestandener Zukunftsangst heimgesucht wird, denn von den vielen neuen In-vitro- und In-silico-Verfahren muss man oft mehr verstehen, als viele Tierexperimentatoren dies tun.

Im Angesicht einer kritischen Öffentlichkeit verabschiedeten im Jahr 2010 sechzig Wissenschaftler aus Westeuropa die »Basler Deklaration«. Sie verspricht, die Zahl von Tierversuchen so weit wie möglich zu verringern und die Öffentlichkeit in Zukunft offen zu informieren. Doch keines der schönen Worte verpflichtet in der Praxis tatsächlich zu einem grundlegenden Umdenken. So etwa verteidigt die Deklaration ganz ausdrücklich, dass in Zukunft weiterhin mit Affen geforscht werden soll.

Allen Deklarationen, Selbstverpflichtungen und Ethikkommissionen zum Trotz gibt es kaum einen ernsthaften Versuch, ein Tierexperiment danach zu beurteilen, ob es im Menschheitsinteresse zwingend notwendig ist oder nicht. So können sich Vivisekteure oft pauschal darauf berufen, dass ihre Kritiker nicht in der Lage sind, die Erfordernis eines Versuchs zu beurteilen. Und Transparenzverpflichtung hin oder her, die meisten Vivisekteure möchten ihr Treiben nicht wirklich weiter in der Öffentlichkeit bekannt machen.

Die überwiegende Zahl der Tierversuche ist nur möglich, weil Verdrängungsmechanismen im Spiel sind, und zwar sowohl aufseiten der Gesellschaft, die sie duldet, als auch aufseiten der Vivisekteure selbst. Ob ein Hirnforscher, der nur kurze Zeit das Sozialleben von Makaken, die Fülle von Charakteren, jede einzigartige Persönlichkeit, das Familienleben, die Ängste und Freuden studierte, ihnen noch immer seelenruhig die Köpfe aufmeißeln könnte, um seine Habilitation in Neurobiologie empirisch zu unterfüttern? Da wäre es doch allemal ein sinnvoller Vorschlag, jeden Vivisekteur, der mit so hoch entwickelten Tieren wie Primaten zu experimentieren beabsichtigt, zuvor zu einem dreimonatigen Aufenthalt in den Heimatländern der Primaten zu Freilandbeobachtungen zu verpflichten, um besser zu verstehen, was er mit seinem verzweckten Labortier anstellt.

Mehr als 85 Prozent aller Tierversuche in Deutschland sind gesetzlich vorgeschrieben. Der überwiegende Teil erfolgt zudem ohne Kontrolle von Ethikkommissionen. Die Prüfung von Arzneimitteln und Chemikalien ist gesetzliche Pflicht und muss nicht eigens genehmigt werden. Zwar stirbt in Deutschland niemand an schlichtem Erkältungshusten oder Schnupfen, doch Versuche für Hustensaft und Schnupfenspray, von denen jedes Jahr neue Produkte auf den Markt kommen, obgleich es bereits jetzt unüberschaubar viele gibt, sind nicht nur erlaubt, sondern vorgegeben. Jedes neue Medikament und jede neue Chemikalie muss an mehreren tausend Tieren erprobt werden, und zwar gemäß Arzneimittel-, Chemikalien-, Futtermittel-, Lebensmittel-, Wasserhaushalts- Bundesseuchen-, Bedarfsgegenstände-, Pflanzenschutz- und Tierseuchengesetz. Doch sind ein weiterer Hustensaft und ein weiteres Schnupfenspray aus »vernünftigen Gründen« notwendig? Diese Frage taucht, obgleich sie nach dem Tierschutzgesetz zwingend gestellt werden muss, nirgendwo auf. Ohne vernünftigen Grund besteht kein Recht darauf, unseren Mitgeschöpfen Leiden und Schmerzen zuzufügen. Doch niemand in Deutschland überprüft die Vernünftigkeit eines neuen Pharmaprodukts! Stattdessen wird jedes Produkt, wie sinnvoll oder sinnlos, notwendig oder überflüssig auch immer, pauschal als »vernünftiger Grund« definiert. Mit anderen Worten: Die Gesetzgebung *zwingt dazu,* gegen das Tierschutzgesetz zu handeln; allein im Arzneimittelbereich viele hunderttausendmal im Jahr!

Da sich an dieser Gesetzgebung aller Voraussicht nach nichts ändern wird, empfehlen Tierversuchsgegner, die Volkskrankheit zu bekämpfen, sich unausgesetzt krank zu fühlen und wegen jeder minimalen Verstörung zu Medikamenten zu greifen. Eine solche, auch aus anderen Gründen heilsame Therapie des Bewusstseins könnte Millionen Tieren das Leben retten. Sie widerspricht freilich dem Interesse der Pharmaindustrie. Zwar dient es gewiss nicht der Erhaltung der menschlichen Spezies, in jeder Apotheke auf Nachfrage zehn verschiedene Hustenbonbons und zehn verschiedene Schnupfensprays von zehn verschiedenen Herstellern zu bekommen. Aber hinter jedem dieser durch tausend Tiere getesteten Medikamente steckt die Hoffnung auf wirtschaftlichen Gewinn.

Nun gilt auch hier, dass Tierversuche keine verlässlichen Aufschlüsse darüber liefern, ob das Medikament oder die Chemikalie tatsächlich für den Menschen verträglich sind. Auch hier bleibt der Mensch als »Versuchskaninchen« unverzichtbar. Nicht wenige Wissenschaftler, die Tierversuche durchführen, räumen gerne ein, dass aus ihrer Sicht viele Experimente nicht erforderlich wären. Ihr einziger Sinn besteht darin, die behördlichen Verordnungen zu erfüllen. Tiere, so erklärt es das Tierschutzgesetz, sind keine billigen Wegwerf-Messinstrumente. Gleichwohl jedoch werden sie in der bestehenden Praxis nach wie vor wie solche behandelt. Und so bleibt es offensichtlich bis auf Weiteres dabei: Die Anzahl der Menschen, die an Schnupfen sterben, ist überschaubar; diejenigen der Versuchstiere, die für die Entwicklung von Schnupfensprays sterben müssen, nicht.

Nicht die Tatsache, dass wir Tierversuche unter bestimmten Umständen für zulässig halten, ist die moralische Katastrophe, sondern dass wir fast jedes wirtschaftliche Interesse und jede wissenschaftliche Neugier im Zweifelsfall als wichtigere Werte erachten als das Wohl von Tieren. Bei einer klaren Zielbestimmung der Vivisektion im Sinne des Tierschutzgesetzes hingegen wären mehr als 90 Prozent aller Tierversuche in Deutschland unzulässig. Konsequent abzuwägen bedeutet nämlich, die Befugnisse danach zu beurteilen, ob sie für das Überleben des Menschen und zur Abwendung unerträglicher Schmerzen unerlässlich sind. Eine dergestalt umgewandelte Praxis wäre gegenüber gegenwärtigen Standards nicht mehr wiederzuerkennen, der Tierversuch nicht die Regel, sondern die Ausnahme.

Um diesen Missstand zu ändern, müsste man die gängige Rechtsprechung umkehren. Statt Tierversuche pauschal zu erlauben, um sie im Kleingedruckten zu relativieren, müssten Tierversuche grundsätzlich verboten werden; Genehmigungen dürften nur unter strengsten Auflagen und bei Nachweis des zwingenden Bedarfs erteilt werden. Bis heute fehlt eine offizielle Datenbank zu allen in Deutschland durchgeführten Tierversuchen. Läge sie vor, so könnten der Gesetzgeber und die Vivisekteure sehen, was bereits erprobt und getestet wurde. Hunderttausendfache Wiederholungsversuche ohne »vernünftigen Grund« fielen damit weg und ersparten ungezähltes Tierleid und ungezählten Tiertod. Und eine Zwangsabgabe von bis zu 25 Prozent der Kosten, die derjenige hat, der einen Tierversuch durchführt (»Mäusepfennig«), könnten tierversuchsfreie Methoden fördern.

All diese Vorschläge sind älter als dreißig Jahre, ohne dass es gelang, auch nur einen einzigen umzusetzen. Die Grünen, die hier einstmals mit an Bord waren, verloren schnell das Interesse daran, sobald sie in Amt und Verantwortung kamen. Und so kann, ähnlich wie die Massentierhaltung, auch die derzeitige Praxis der Tierversuche in Deutschland weiterhin Schindluder mit den Bestimmungen im Tierschutzgesetz treiben. Der weitaus größte Teil sämtlicher Versuchsvorhaben erfolgt aus rein kommerziellen Gründen oder aus persönlichem Ehrgeiz von Medizinern, die sich auf der Basis von Tierversuchen akademisch profilieren können, meist sogar müssen. Von sehr wenigen Ausnahmen abgesehen, wo Versuche nicht genehmigt wurden, reichen wirtschaftliche Erwägungen und wissenschaftliche Neugier ohne den Nachweis eines »höheren Zwecks« völlig aus, empfindsame Lebewesen wie totes Zeug zu behandeln und als »Sachen« zu gebrauchen.

Statt das Tier als »Mitgeschöpf« zu respektieren, erhält es in der Praxis nicht einmal eine minimale Würde. »Während es ungesetzlich ist, medizinische Experimente an einem hirntoten menschlichen Wesen vorzunehmen, das weder sprechen noch fühlen kann«, beklagt sich Jane Goodall, »ist es gesetzlich zulässig, diese an einem wachen, fühlenden und hochintelligenten Schimpansen durchzuführen. Einen unschuldigen Schimpansen darf man laut Gesetz lebenslang in einer leeren Laboratoriumszelle mit einem Rauminhalt von 1,52 mal 1,52 mal 2,13 Meter hinter Eisengitter sperren, während für einen psychopathischen Massenmörder eine wesentlich größere Zelle vorgeschrieben ist.«[187]

Selbst wenn die meisten Länder heute keine Experimente an Schimpansen mehr durchführen – an anderen Primaten tun sie es, wie gezeigt, nach wie vor. Der Kampf gegen schmerzhafte Experimente mit Affen gehört deshalb nach wie vor zu den dringendsten Aufgaben für Tierethiker. So zerrten Tierversuchsgegner die wissenschaftlich weitgehend unergiebigen Affenversuche des an der Universität Bremen tätigen Neurobiologen Andreas Kreiter ans Licht, wobei sie überflüssigerweise selbst vor Mordaufrufen und anderen Bedrohungen nicht zurückschreckten. Erfolgreicher war der Protest an der Ruhr-Universität Bochum. Mit dem Ausscheiden des Versuchsleiters endete hier im Jahr 2012 die unrühmliche Tradition der universitären Affenquälerei.

Nicht Ethikkommissionen, sondern engagierte Tierschützer und -rechtler bewirken derzeit, dass Medien und Öffentlichkeit über den Sinn von Forschungszielen debattieren, die nur mit grausamen Versuchen erreicht werden können. In diesem Sinne ist die Debatte über den Tierversuch eine grundsätzliche Frage sowohl an das medizinische System der Bundesrepublik wie auch an das Gewissen jedes einzelnen Bürgers: die Frage nämlich, welchen Preis wir dem »Mitgeschöpf« Tier im »Interesse der Menschheit« abnötigen wollen. Dass Tierversuche in weitaus selteneren Fällen als behauptet diesem Interesse dienen, ist ein Verstoß gegen das Tierschutzgesetz und ein vielfach geduldeter Skandal. Doch wie sieht es mit anderen Interessen der Menschheit aus? Zum Beispiel mit dem Bedürfnis, Tiere im Zoo zu sehen?

• *Alcatraz oder Psychotop? Vom Nutzen und Nachteil der Tiergärten für das Tierleben.*

Alcatraz oder Psychotop?

Vom Nutzen und Nachteil der Tiergärten für das Tierleben

Zoos? Unbewusster Ahnenkult!

Fernandel

Dicke Gitterstäbe weisen den kauernden Tiger in seine Schranken, auch die Schimpansenhand klammert sich ans Gitter. Den Kopf gesenkt, hockt der große Affe in der Ecke, die Augen leer: nichts als Stäbe. Die Schlange ringelt sich in der Blechwanne; kotverschmierte Kacheln pflastern das Stelzvogelhaus, höhnisch kommentieren sie die lustigen Flamingos, aufgemalt auf die Rückwand des Winterquartiers; zwei Baumstümpfe spielen Amazonas im Kachelknast des Tapir-Hauses, trostlos wirkt die Leere des Gutgemeinten, schrecklicher noch als das Nichts ist die schlechte Anwesenheit der Natur. Sie manifestiert das Fiasko.

Die Welt in Schwarz und Weiß zu teilen ist nicht schwer, wenn man sie schwarz-weiß fotografiert.[188] Nicht selten fühlt sich der Betrachter von Bildbänden über das Elend der Zootiere erbärmlich, ratlos und resigniert wie die verzweifelte Kreatur im Gitterloch. Welten liegen zwischen den Selbstdarstellungen der Zoos, netten Hochglanzbroschüren mit freundlichen Farbfotos glücklicher Tiere, und der massiven Anklage suggestiver Schwarz-Weiß-Bilder vom traurigen Los eingekerkerter Zootiere. Was also ist der Zoo – ein »Naturschutzzentrum« oder ein Ort pathologischen Ungeistes?

Vielleicht beides, vielleicht beides nicht, und vielleicht mal das Eine oder das Andere, lautet die ehrliche Antwort. *Den* Zoologischen Garten gibt es nicht. In seinen barocken Anfängen ist der Zoo Herrschaftsarchitektur, gespickt mit lebenden Tributen aus einer exotischen Welt. Doch als *Franz Stephan von Lothringen* (1708–1765), Gemahl der Maria Theresia, 1752 die Menagerie in Schönbrunn anlegt, träumt der Kaiser zugleich von einer fundamentalen Anordnung des Wissens, dem ehrgeizigen Versuch, die belebte Natur in einem System von Zeichen zu repräsentieren. Großen Tortenstücken gleich gruppieren sich zwölf Abteilungen um den Frühstückspavillon, »Logen« für die gesammelten Tiere. Grundprinzip für ihre Anordnung sind die Tierkreiszeichen in der Astrologie. Und auch der Mensch findet seinen Platz im System. Als Bewohner der dreizehnten Loge ist er Bestandteil der Natur, ihr Bewohner und Aufseher zugleich.

Der bürgerliche Zoo dagegen verdankt sich der Fantasie eines vierschrötigen Abenteurers, Schriftstellers und Philosophen-Schülers. Der Franzose *Jacques-Henri Bernardin de Saint-Pierre* (1737–1814) blickte auf ein äußerst bewegtes Leben zurück, als er im Alter von fünfundfünfzig Jahren Intendant des *Jardin du Roi* wurde. Man schrieb das Jahr 1792, und in Frankreich tobte die Revolution. Ein kleines Detail unter den großen Überlegungen der Zeit war die Frage, was mit all den Tieren geschehen sollte, die die Revolutionäre bei Adeligen und privaten Schaustellern beschlagnahmt hatten. Statt sie zu töten und auszustopfen, plädierte Bernardin dafür, eine Menagerie neben dem Jardin du Roi zu bauen. Die exotischen Tiere sollten dort naturnah und ihren Lebensbedürfnissen entsprechend gehalten werden. Der Zoo sollte wissenschaftlich geführt werden, und er sollte der Volksbildung dienen, indem er die Menschen sowohl naturkundlich als auch sittlich-moralisch belehrte.

Bernardin war ein begeisterter Anhänger des Philosophen Jean-Jacques Rousseau und teilte dessen schwärmerische Sicht der Natur. Gleichwohl blieb die Literatur sein Metier und nicht die Organisation einer Institution. Schon zweieinhalb Jahre nach Amtsantritt wechselte er als Moral-Professor an die neu gegründete Universität zur Ausbildung von Lehrern. Die *Ménagerie du Jardin des Plantes* aber entwickelte sich in nur drei Jahrzehnten zum Prototyp des bürgerlichen Zoos und zum größten Tiergarten in Europa.

Die Zoologischen Gärten, die nach dem ersten Drittel des 19. Jahrhunderts in vielen europäischen Großstädten entstehen, präsentieren möglichst viele exotische Tiere auf engem Raum. Bärenburgen, Moscheen für Kamele, antike Tempel für Antilopen und Gebirgspanoramen für Bergtiere bilden das Ornament. Die ausgestellten Tiere sollen möglichst »blutrünstig« und »erschröcklich« sein, erregen aber oft Mitleid – so wie die ersten einsamen Gorillakinder, die in London oder Berlin unter unzumutbaren Haltungsbedingungen rasch sterben. Im sich schnell industrialisierenden Westeuropa ist der Zoo, seinen Machern zufolge, ein hochgradig ästhetisierter künstlicher Ort der »Naturbegegnung«. Seinem Publikum dagegen geht es um »Sensationen«. Als Teil der Massenkultur in den Großstädten sind Zoos ein lauter und bunter Ort, ein Schauplatz bürgerlicher und später auch proletarischer »Verlustigungen«.

Als in den Fünfziger- und Sechzigerjahren neue Erkenntnisse über Tierkrankheiten und Hygiene die Zoowelt umtreiben, ändert sich die Architektur. Aus den zerbombten deutschen Tiertempelstätten werden saubere und moderne Funktionsbauten. Doch je hygienischer und aseptischer die Tierhäuser werden, umso mehr gleichen sie den Gefängnissen und Psychiatrien der Zeit. Ungeschminkter als die Tier-Pagode manifestieren die Kachelknäste das Thema »Gefangenschaft«. Und sie prägen damit jenes Bild vom Zoo, das Tierrechtlern heute vorschwebt, wenn sie wie Helmut Kaplan meinen: »Zoos sind KZs, die von Kriminellen geführt und von Idioten besucht werden.«[189]

Dass Zoos, die mit ihren Tieranlagen Mitleid erregen, ihren Zweck verfehlen, ist heute jedem Direktor einer wissenschaftlich geführten Einrichtung klar. In den letzten Jahrzehnten entstanden, wo immer die Mittel dafür zur Verfügung waren, großzügigere Freianlagen nach dem Vorbild jenes Tierparks, den Carl Hagenbeck 1907 in Hamburg-Stellingen eröffnet hatte. In den Fünfziger- und Sechzigerjahren war hier der Tierpark Berlin, ein eindrucksvolles Renommierprojekt der DDR, wegweisend. Heute erhalten nicht nur Natursteinmetze, sondern vor allem plastische Naturgestalter reichlich Raum. Sogenannte Immersionsgehege gaukeln dem Besucher ein natürliches Habitat, einen tropischen Regenwald, ein Wüstenpanorama oder eine Unterwasserwelt vor. Parallel zu den Künsten von Erlebnisweltarchitekten in Freizeitparks wurden »Psychotope« errichtet. Ihren Planern zufolge sollen sie »Tierleben« zeigen und nicht einfach nur Tiere.

So weit die Idee. Doch wo stehen Zoologische Gärten heute? Leisten sie einen wichtigen Beitrag für die Sache des Tieres? Sind sie kulturell wichtige Institutionen? Dienen sie der Volksbildung? Oder sind sie nur umdekorierte Tiergefängnisse und ein verzichtbares Massenevent unter vielen: Popcorn, Eis und matte Tiere? Fragen wie diese werden oft äußerst emotional oder bewusst unterkühlt beantwortet, und ich möchte versuchen, sie anhand von einigen häufig vorgebrachten Einwänden genauer zu diskutieren.

Fundamentalkritiker der Zoologischen Gärten verwerfen bereits den Grundgedanken, *wilde Tiere überhaupt in Gefangenschaft zu halten.* Dies ist jedoch kein Argument, sondern eine

Schlussfolgerung aus anderen Argumenten. Wer der Ansicht ist, der Mensch hätte »nicht das Recht«, Tiere im Zoo zu halten, muss eine ganze Reihe von Vorüberlegungen angestellt haben. Er muss sich sicher sein, worauf dieses Nicht-das-Recht-Haben basiert.

So lässt sich die »moralische Anmaßung«, wilde Tiere im Zoo zu halten, zum Beispiel dadurch begründen, dass man Zoos vorwirft, *Tiere aus ihrem ursprünglichen Lebensraum zu reißen*, sie über große Entfernungen zu transportieren und sie in einer ihnen völlig fremden Umwelt festzuhalten. Die exotischen Tiere würden ihrer natürlichen Umwelt entkleidet und museal zur Schau gestellt. Dass hier berechtigte Kritik an der Tradition der Zoos zur Sprache kommt, steht außer Frage. Ohne Zweifel ist es ein dunkler Punkt in der Geschichte der Zoos, sich über das Verletzungs- und Tötungsrisiko sowie die Dezimierung der Populationen von Tieren erschreckend lange wenig Gedanken gemacht zu haben. Um sich die Ignoranz zu verdeutlichen, mit der ausgewiesene Fachleute bis vor vierzig Jahren das Fangen wilder Tiere moralisch und ökologisch für unbedenklich hielten, genügt ein kleines Beispiel: Anfang der Siebzigerjahre beschenkten meine Eltern mich als Kind mit dem damals sehr beliebten Kinderbrettspiel *Wild Life*. Sinn dieses vom WWF unterstützten und mit einem flammenden Appell zum Schutz von Wildtieren versehenen Spiels war es, auf »Tierfang für unseren Zoo« zu gehen. Mit ausreichendem Geld für die Fangkosten und sicherem Wissen um ihren genau bezifferten »Wert« erwarb der Spieler seine Tiere, versteigerte sie auf Tierhändlerauktionen und komplettierte so, Stück für Stück, die Sammlung im heimischen Zoo.

Was damals gut gemeint war, gehörte heute auf die Rote Liste der besonders jugendgefährdenden Spiele. Das Bewusstsein gegenüber dem Fangen von Wildtieren hat sich in den letzten vierzig Jahren fundamental gewandelt. »Wildtierentnahmen«, wie es im Zoologendeutsch heißt, sind seit dem Washingtoner

Artenschutzabkommen von 1975 nicht mehr Privatsache einzelner Zoos. Nur wenige der heute in Zoos gezeigten Tiere entstammen einer »freien Wildbahn«, die meisten sind in den Zoologischen Gärten selbst geboren.

Wenn Zoos heute noch wilde Tiere fangen lassen, dann höchstens deshalb, um das in den Zoos vorhandene Genmaterial von Zuchttieren zu bereichern und Inzuchten zu vermeiden. Doch auch hier fängt heute niemand mehr einen freilebenden Amur-Leoparden oder einen Sibirischen Tiger, Tiere, deren Bestand in der Natur auf einen letzten Rest zusammengeschrumpft ist. Wo Zoodirektoren mit großem Optimismus noch in den Achtzigerjahren einige der letzten freilebenden Vertreter des vom Aussterben bedrohten Sumatra-Nashorns einfingen, um in englischen und amerikanischen Zoos Zuchtpopulationen aufzubauen, ist man heute vorsichtiger geworden. Statt große Summen für bislang noch nicht geglückte Zuchtprojekte in Zoos auszugeben, entscheidet man sich im Zweifelsfall heute immer öfter dafür, das Geld in den Schutz vor Ort zu investieren. Die gegenwärtig relevante Frage heißt also nicht: Mit welchem Recht reißen Zoos wilde Tiere aus ihrem Lebensraum, sondern: Wie gehen wir mit den Hunderttausenden von Tieren um, die heute in den Zoologischen Gärten der Welt leben?

Mögen sich die Zoos beim Fangen von exotischen Tieren mittlerweile auch zurückhalten, so rechtfertigt dies nach Ansicht von Tierrechtlern noch lange nicht, sie *zur Schau zu stellen*. Ob nun in Kenia geboren oder im Zoo: Ein Tier in einen Käfig zu setzen, damit es dort »begafft« wird, verletze die Würde des Tieres auf das Äußerste.

Auch hier scheint die Kritik berechtigt. Wer erinnert sich nicht an einen Gorilla, der irgendwo traurig in seiner Käfigecke hockt. Davor Dutzende Menschen, die der eingepferchten Kreatur ihr dummdreistes »Hallo, King Kong!« in die Ohren dröhnen, acht bis zehn Stunden am Tag, jahrein, jahraus. Kaum ein deutscher

Zoo, bei dem sich nicht noch heute Missstände feststellen ließen, die ein wildes Tier so schonungslos der Schaulust des Besuchers preisgeben. Ein Schuft, der hier kein Mitleid fühlt und die »begaffte« Kreatur nicht weit weg aus dem trostlosen Kachelverlies wünschte, zurück in den Regenwald.

Der britische Schriftsteller *John Berger* (* 1926) fasste dieses Dasein in eindringliche Worte: »Die Tiere, die man voneinander isolierte und ohne Kontakt mit anderen Arten ließ, sind völlig von ihren Pflegern abhängig geworden. Folglich haben sich die meisten ihrer Reaktionen geändert. Was im Mittelpunkt ihres Interesses stand, wurde durch passives Warten auf eine Reihe willkürlicher Unterbrechungen von außen ersetzt. Die Ereignisse, die sie um sich herum beobachten, sind vom Standpunkt ihrer natürlichen Reaktionen ebenso unwirklich wie die gemalten Prärien. Gleichzeitig garantiert gerade diese Isolation (jedenfalls gewöhnlich) ihr langes Leben als Ausstellungsstück.«[190] Nur wenige Zoodirektoren hatten die Chuzpe, diesen Zustand so schönzureden wie der ehemalige Duisburger Zoo-Chef *Wolfgang Gewalt* (1928–2007): »Der einzige Vorwurf, den man dem Zoo machen kann, ist, dass er seine Tiere etwas frührentnerhaft macht. Das aber ist ja nicht so schlimm; so gesehen verhalten wir Menschen uns auch nicht ›artgerecht‹ … Wir gehen ja auch nicht auf die Jagd. Wir fangen unsere Brathähnchen nicht, sondern holen sie aus dem Supermarkt.«

Viele Haltungsbedingungen geben selbst im 21. Jahrhundert noch Anlass zur Kritik. Oft widerstreben sie den zuständigen Zoodirektoren allerdings ebenso wie dem sensiblen Besucher. Sie passen nicht mehr in unsere Zeit, können aber nur mit viel Geld nach und nach beseitigt werden. Die grundsätzliche Frage ist allerdings nicht, ob einzelne Zustände der Zoohaltung verwerflich sind – das sind sie unbestritten –, sondern ob es *prinzipiell* falsch ist, Tiere im Zoo zu zeigen, und zwar ganz gleich, unter welchen Haltungsbedingungen.

Kein Mensch weiß genau, an welchem Punkt sich ein Tier »begafft« fühlt oder nicht. »Begaffen« ist ein sehr menschliches Wort, bezogen auf die Verletzung *menschlicher* Scham. Kaninchen mögen dies etwas anders sehen und Pelikane ebenfalls. Schon die minimale Wortverschiebung von »begaffen« zu »anstarren« oder »mustern«, nimmt der Sache die Schärfe. Trotzdem ist es möglich, dass zumindest Menschenaffen vergleichbare, wenn auch nicht zwingend gleiche Gefühle haben. So glauben wir, dass sich ein Gorilla »begafft« fühlt, weil wir uns auf menschliche Weise in ihn hineinversetzen – und daran könnte etwas Wahres sein. Doch geht es dem Gorilla deshalb so schlecht, weil man ihn »begafft«, oder nicht vornehmlich deshalb, weil das aufdringliche Geschrei und die fehlende Chance, sich zurückzuziehen, sein angestammtes Sozialverhalten entscheidend beeinträchtigen und somit seine Gefühle?

Wer ein hoch entwickeltes Tier derart hält, dass es bereits an der elementaren Möglichkeit gehindert wird, sich der unmittelbaren visuellen wie akustischen Präsenz von Zoobesuchern zu entziehen, dokumentiert einen erschreckenden Mangel an Sensibilität und verwirkt seine moralische Lizenz, mit Tieren umzugehen. Das Problem des »Begaffens« ist damit aber kein prinzipielles, sondern ein graduelles. Eine zeitgemäße Zooanlage bietet hoch entwickelten Tieren nämlich durchaus die Chance, sich vor den Augen des Zoobesuchers zu verbergen. Dass allein die Tatsache, *sich in einem Zoo zu befinden,* in *jedem* Tier die Empfindung auslöst, sich »begafft« zu fühlen, ist ein kurzsichtiger Anthropomorphismus. Nicht realistisches Einfühlen in einen Aquarienfisch, einen Webervogel in der Freiflughalle oder eine Gazelle in ihrem Tausend-Quadratmeter-Areal, sondern eine naive Übertragung spezifisch menschlicher Gefühle in das tierische Bewusstsein verleitet dazu, den Tieren *prinzipiell* Empfindungen wie »Gefangensein« oder »Begafftwerden« zu unterstellen.

Wer sich dessen bewusst ist, wie anders das Gehirn dieser Tiere arbeitet, respektiert sie nicht als gleiche, sondern als andere Lebewesen. Und er dürfte schlecht beraten sein, den in der Kulturgeschichte zu Recht kritisierten Anthropozentrismus im Umgang mit Tieren durch einen ebenso naiven Anthropomorphismus zu ersetzen. Dafür, dass *alle* Tiere *generell* darunter leiden, im Zoo zu leben, gibt es kein Indiz; allerdings sehr viele dafür, dass kein Tier unter unzumutbaren Bedingungen gehalten werden möchte.

An dieser Stelle tritt das dritte Argument gegen Zoos auf den Plan: Die Haltung von Tieren im Zoo sei *grundsätzlich nicht artgerecht*. Der ursprüngliche Sozialverband der Tiere ist dahin; die aktive Futtersuche wandelt sich zum bloßen Gefüttert-Werden durch den Pfleger; wo große Vögel frei durch die Lüfte schwebten, Delfine kilometerweit im Meer schwammen, engen Maschendraht und Beton ihr Domizil auf weniger als ein Tausendstel ihrer natürlichen Entfaltungsmöglichkeiten ein.

Diese Kritik ist nicht einfach dahergeredet. Viele Tiere können nur deshalb im Zoo gehalten werden, weil ihr natürliches Verhalten umgestellt wird. Statt selbst zu jagen, erhalten Großkatzen, Bären, Marder, Greifvögel und Krokodile ihre Fleischportionen zugeteilt; keine Voliere für Greife entspricht annähernd der Größe ihres Jagdreviers; Gnu-Herden ziehen in der Serengeti über mehr als tausend Kilometer durch die Savanne, im Zoo gerade mal hundert Meter weit – wenn sie Glück haben.

Zoodirektoren verweisen gern darauf, dass solche Umstellungen in den meisten Fällen gut gelingen. Heutige Zootiere erreichen nahezu allesamt ein höheres Alter als in der Natur, und viele vermehren sich so prächtig, dass ihr Fortpflanzungszyklus künstlich eingeschränkt werden muss. Doch können wir daraus pauschal folgern, dass sie allesamt »artgerecht« gehalten werden?

Der Begriff »artgerecht« ist nicht definiert. Die Spannweite reicht von der Meinung »Artgerecht ist nur die Freiheit!« bis zur Aussage von *Wolfgang Grummt* (1932–2013), des ehemaligen stellvertretenden Direktors des Tierparks Berlin: »Artgerecht ist das, worin eine Art sich zurechtfindet« – also mitunter auch ein Gitterkäfig. Die Frage nach einer artgerechten Haltung ist kaum eindeutig zu beantworten. Sollte nur das artgerecht sein, was dem Lebensraum in der Natur tatsächlich gleichkommt, so lassen sich nahezu alle größeren Landwirbeltiere in Zoos nicht halten. Bedeutet artgerecht, dass die Tiere ihre wesentlichen arttypischen Verhaltensweisen ausleben können, wird die Klientel für den Tiergarten schon erheblich größer. Oder ist es ein Zeichen von artgerechter Pflege, wenn sich die Tiere in Menschenobhut vermehren? Nicht anders hatte der französische Romancier *Émile Zola* (1840–1902) in *Germinal* das Leben der Bergarbeiter beschrieben: Unter den unmenschlichen Bedingungen ihrer Lebenswelt schrumpften ihre Bedürfnisse auf Essen und Sex zusammen. Bekämen Strafgefangene die Möglichkeit, in geschlechtsgemischten Zellen zu leben, wäre die Vermehrungsquote vermutlich ebenfalls hoch. Ziehen wir daraus den Umkehrschluss, dass Gefängnisse für Menschen besonders artgerecht sind? So gehört schon eine große Portion Zynismus dazu, wenn die Erklärungstafel im Zoo Münster lange behauptete: Große Greifvögel brauchten nur eine kleine Maschendrahtvoliere, da sie hier am besten nachzüchteten.

Erst seit Mitte der Neunzigerjahre gibt es Richtlinien der EU, welche die Mindestraumansprüche von Wildtieren verbindlich regeln. Bis dahin durfte in Deutschland ein jeder Wildtierhalter weitgehend machen, was er wollte. Zwei Jahre lang arbeiteten Gutachterkommissionen aus Tierschützern und Zoologen damals an Mindestmaßregelungen, um den Veterinärbehörden in Zukunft endlich etwas an die Hand zu geben. Die Regelung war langwierig und kompliziert, denn dass ein juristischer Handlungsbedarf besteht, wurde zwar von niemandem bestritten – aber wonach sollte man entscheiden, ob für die artgerechte Haltung eines Löwen fünfzig, zweihundert oder zweitausend Quadratmeter erforderlich sind?

In solcher Lage nützt es auch wenig, »artgerecht« über die »Freiheitsbedürfnisse« von Tieren zu definieren, wie dies sowohl von Zoogegnern als auch von Zoofreunden getan wird. Wenn Gazellen die Gräben um ihre Anlagen nicht überspringen, obwohl sie es können, sagt dies weder etwas über ein erfülltes noch über ein nicht erfülltes Freiheitsbedürfnis aus. Denn die Welt jenseits des Grabens ist keine »Freiheit«, sondern Menschenwelt. Freiheitsgefühle von Tieren sind eine komplizierte Sache. Der empfindsame Zoobesucher denkt beim Anblick von Gitterstäben an ein Gefängnis. Den Leoparden dahinter interessieren stattdessen wohl eher die Klettermöglichkeiten und Versteckplätze. Ob Gitter oder Glasscheibe, ist ihm wahrscheinlich gleich. Gehen wir vom Menschen aus, machen wir uns einer naiven Sentimentalität verdächtig. Doch das gilt auch umgekehrt: Wer Tieren jegliches Freiheitsempfinden abspricht, maßt sich auf gleiche Weise an, über eine Sache zu urteilen, von der er nichts verstehen kann.

Der sehnsüchtige Blick in die Freiheit, den Tierrechtler Zootieren gerne allgemein unterstellen, ist ein Anthropomorphismus. Ebenso wie auch der Begriff »Natur«, den Menschen ihrer »Kultur« entgegenstellen, so als handele es sich dabei um zwei isoliert voneinander bestehende Welten. Doch unser Begriff von Natur mit allem, was er für uns bedeutet – Sehnsuchtsort, Ursprünglichkeit, Schönheit, Wildnis, Landschaft usw. –, ist ein Kulturbegriff, kaum älter als zweihundertfünfzig Jahre. Und Tieren allgemein und grundsätzlich eine solche Natursehnsucht zu unterstellen ist menschliche Romantik. In der Welt von Kraken dürfte sie nicht vorkommen, so wie wir wenig empfänglich sein dürften für deren radiale Tiefsee-Metaphysik. Gleichwohl sollten wir uns gemäß einer Ethik des Nichtwissens darum bemühen, Zooanlagen so zu gestalten, dass wir nach bestem Wissen und Gewissen hoffen können, das potenzielle Freiheitsgefühl verschiedener Tiere so wenig wie möglich zu beeinträchtigen. Und zwar nicht nur um der Tiere willen, sondern zugleich um all jener Menschen willen, denen das Tier im Zoo nicht leidtun darf, sollen Zoos ihre Berechtigung nicht einbüßen.

Die Aufgabe ist schwierig genug. Denn das große Problem vieler Zoologischer Gärten ist ihr notorischer Platzmangel. Kein Zooplaner des 19. Jahrhunderts ahnte voraus, welche Platzansprüche ein Tiergarten im 21. Jahrhundert hat, um seinen hehren Selbstansprüchen zu genügen. Zoos, die vor hundertfünfzig Jahren am Stadtrand angelegt wurden, liegen heute meistenteils im belebten Zentrum der Städte, ohne jegliche Möglichkeit zur Erweiterung. Doch die viel zu kleinflächigen Anlagen sind nicht allein Folge akuten Geld- und Platzmangels. Die Arche Noah als Ruderboot spiegelt ebenso die Mentalität früherer Kapitäne, deren Mangel an Problembewusstsein heute unbegreiflich ist. So rühmt das offizielle Buch des Kölner Zoos die 1957 errichtete Eisbärenanlage als einen »kühnen Betonbau«. Dahinter verbirgt sich ein mit elektrischem Draht umzäunter Komplex, der an den Hochsicherheitstrakt auf der amerikanischen Schwerverbrecherinsel Alcatraz erinnert. Mit einem »Psychotop«, das dem Besucher eine Einfühlung in den natürlichen Lebensraum ermöglichen soll, hat eine solche Anlage nicht viel gemein. Und konsequenterweise werden dort auch keine Eisbären mehr gehalten.

Eine solche Liste schwerer Verfehlungen lässt sich schier unendlich fortsetzen. Hauptfehler der Vergangenheit und betoniertes Symbol früherer Ignoranz war der Gedanke, die exotische Tierwelt den Formvorlieben großstädtischer Menschenarchitektur anzupassen. Der bei seiner Eröffnung 1974 als vorbildlich ausgezeichnete Allwetterzoo in Münster ist ein Eldorado für Betonfans. Noch konsequenter waren die Architekten konventioneller Großkatzenhäuser bis weit in die Siebzigerjahre. Anstatt eine Naturlandschaft auch nur nachzuempfinden, sortierten sie die belebten Ausstellungsstücke mit der seelenlosen Akribie eines Briefmarkensammlers ins Einsteckalbum einer langen Galerie von Gitterboxen – Psychotope, die mehr über ihre Erbauer verraten als über die gezeigten Tiere.

Nun lassen sich gegen Schreckensanlagen, wie die hier genannten, zahlreiche Anlagen stellen, die den von den Zoos selbst formulierten Ansprüchen an eine moderne Zootierhaltung inzwischen entsprechen; Ansprüche, wie sie der Weltzooverband (WAZA) in seiner »The World Zoo and Aquarium Animal Welfare Strategy« selbst formuliert.[191] Doch auch bei besten Bedingungen müssen viele Tiere auf einen Teil ihrer in der Natur ausgelebten Verhaltensweisen verzichten. Die entscheidende Frage ist, wie groß die Abstriche bei der jeweiligen Tierart sind. Antilopen, Büffel, Hirsche oder Steinböcke können im Zoo in Herden gehalten werden, die ihrem natürlichen Sozialverband entsprechen, vorausgesetzt, ihr Gehege ist dafür groß genug. Auch die aktive Suche nach Nahrung ist bei diesen Pflanzenfressern problemlos möglich. Räumt man den Tieren überdies Rückzugsmöglichkeiten auf ihrer Freianlage ein, um sich den Blicken der Zoobesucher zu entziehen, und gestaltet das Terrain so, dass sich die Tiere nach Bedarf aus dem Weg gehen können – welcher wirklich entscheidende Mangel beeinträchtigt nun das Ausleben des elementaren natürlichen Verhaltens? Was spricht tatsächlich dagegen, Vögel in großen Freiflughallen fliegen zu lassen, Fische in geräumigen Aquarien zu halten, Eidechsen in modernen Terrarien?

Schwieriger hingegen wird die Sache bei jenen Tieren, die auf fleischliche Nahrung angewiesen sind, etwa Großkatzen, Hyänen oder Wölfe. Dass hier starke Einschränkungen des natürlichen Verhaltens vorliegen, steht außer Frage, trotz einiger bewegungstherapeutischer Maßnahmen der letzten Jahrzehnte. Besonders prekäre Pfleglinge sind auch Greifvögel, Elefanten, Bären, Delfine und Menschenaffen. Bei Elefanten, Delfinen und Menschenaffen macht das komplizierte Sozialleben der Tiere starke Eingriffe des Menschen notwendig. In den meisten Zoos besteht schlichtweg nicht die Möglichkeit, die Platzansprüche von Elefanten und Delfinen zu erfüllen. Die Anzahl an Delfinen, die zur Belustigung des Publikums abgerichtet wurden und starben, ist ein erschreckendes Alarmsignal. Dabei wird der schaulustige Besucher, dessen Unterhaltungsbedürfnis hier gestillt werden soll, von den Show-Spektakeln der Zoos erst selbst produziert. Vergleichbare Schwierigkeiten ergeben sich bei Greifvögeln. Tiere, die zum Teil mehrere Stunden am Tag in der Thermik segeln, in kleine Drahtvolieren zu sperren, beeinträchtigt ihr natürliches Verhalten auf drastische Weise.

Zoos lassen sich nur dann verteidigen, wenn sie den Fragen nach einer möglichst guten Tierhaltung selbst offen gegenüberstehen und dabei auf einige beim Publikum beliebte Tierarten verzichten. Doch all das erklärt noch nicht, worin eigentlich ihr Nutzen besteht. Es gibt etwa 1800 Einrichtungen in der Welt, die sich »Zoo« nennen, von der Klitsche bis zum Renommierzoo. Mehr als sechshundert Millionen Menschen strömen jährlich dorthin, um insgesamt eine Million Wirbeltiere in etwa siebentausend Arten zu sehen. Was treibt sie an?

Ihrem Selbstverständnis nach hat sich die Aufgabe der Zoos seit den Tagen von Bernardin de Saint-Pierre nicht geändert: Sie wollen, dass sich die Besucher entspannen und bilden. Die Vorstellung dessen, wodurch Menschen sich erholen, hat sich allerdings stark gewandelt. Der alltägliche Bedarf an Außeralltäglichem ist heute ungleich höher als zu Anfang des 19. Jahrhunderts, und »Freizeit« ist jener naturöde Raum, der durch möglichst viel Unterhaltung zugebaut werden muss. Viele Menschen in unserer Kultur haben verlernt, Zeit auszuhalten. So schwindet die Zeit, in der sich Kinder auf eine Sache konzentrieren können, derzeit in atemberaubendem Tempo. Nicht viel besser ist es um den Bildungsauftrag von Zoos in unserer Gesellschaft bestellt. Angesichts unserer heutigen Schulmisere hat das Wort »Bildung« seine Aura völlig eingebüßt. Und die durchschnittliche Verweildauer eines Zoobesuchers vor einer Tieranlage liegt statistisch unter einer Minute, sosehr sich Landschaftsarchitekten und Zoopädagogen auch bemühen.

In dieser Lage gehen mehr und mehr Zoos dazu über, ihr Selbstverständnis und ihren Zuschnitt der globalisierten Eventkultur von Freizeitparks anzupassen – mit dem Ergebnis, dass die Kinder nicht mehr zu den Tieren, sondern zu den Mega-Spielplätzen strömen und sich auf Mammutbahnen und Wasserrutschen tummeln. Zoos werden damit Teil einer völlig verwechselbaren Universalbespaßungsindustrie, bei der es völlig egal ist, ob die betreffende Einrichtung nun in Hannover ist, in Omaha oder in Shanghai. In diese Richtung zielt auch der Entwicklungsplan des schönsten deutschen Zoos, dem Tierpark Berlin. Rhetorisch ist aus Europas größtem Landschaftstiergarten bereits der »größte Erlebnis-Tierpark Europas« geworden. Deutlicher kann sich ein mangelndes Selbstbewusstsein kaum manifestieren. Denn wer schon »Erlebnis« draufschreibt, der scheint sich seines Erlebniswerts nicht allzu sicher zu sein, sondern reiht sich ein in die Welt der »Erlebnisbäder« und »Erlebniskaufhäuser«. Man fragt sich, warum Zoologische Gärten, die jeder für sich eine bedeutende und besondere kulturelle Tradition haben, sich heute so kleinmachen und die eigene Identität aufgeben.

Dass Zoos sich Mühe geben, Tiere in entsprechend wirkungsvollen Kulissen zu präsentieren, ist seit Hagenbeck eine zeitlos richtige Idee. Und um die fantasieverlassene Parkplatzarchitektur, wie sie im Tierpark nach der deutschen Vereinigung errichtet wurde, ist es gewiss nicht schade. Die Alternative dazu aber sind keine Kanufahrten, Hängebrücken, Indianerdörfer und Wildwestzüge wie in einem Phantasialand. Und es bleibt nur zu hoffen, dass der Tierpark Berlin nicht auch seine eigene Identität als ein großer stiller Park der Ruhe und Besinnung verliert. Denn je mehr Mätzchen und Ablenkungen ein Zoo bereitstellt – umso unbedeutender die Tiere! Aus einer knatternden

Lok heraus betrachtend, gewinnt niemand Respekt vor einem Tier. Je greller das Event, umso blasser wird die eigentliche Mission der Zoos. Als bunte Orte lauter Unterhaltung unter tausend anderen sind sie verzichtbar.

Die Aufgabe der Zukunft liegt gerade im Gegenteil: Statt eines immer anthropozentrischeren und durch und durch ökonomisierten Orts einen Raum zu schaffen, der Platz dafür lässt, dass sich dort eine »anthrozoologische« Sensibilität entfaltet. Die Kunst der Zooarchitektur ist es, Begegnungsstätten mit dem »anderen« zu schaffen, die uns Gemeinsamkeit und Fremdheit erfahren lassen. Geboten wäre ein Raum, der zugleich auf das reflektiert, was er ist, »die kulturelle Leistung der Interpretation der Natur durch den Artefakt des zoologischen Gartens«.[192] Ein solcher Zoo bediente das millionenfache Bedürfnis von Menschen nach Meditation, Selbstreflexion und Selbstfindung, das heute stetig wächst. Wir brauchen solche Orte der Versenkung statt des Krachs, eine digitalfreie Zone ohne Bildschirm und Wischbewegung, eine kontemplative Erholungsstätte und nicht zuletzt einen kulturhistorischen und philosophischen Ort. Das Zoo-Restaurant wäre selbstverständlich das beste vegetarische Restaurant der Stadt. Ein wahrer Reiter isst kein Pferdefleisch, warum sollte der Zoo nicht der Ort sein, an dem man bewusst auf Würstchen und Schnitzel verzichtet? Und sei es nur, um sich einmal kurz darauf zu besinnen, was man gemeinhin so tut?

Zoologische Gärten brauchen heute ein neues Selbstbewusstsein. Wer clever ist, denkt auch in dieser Hinsicht antizyklisch. Er sieht das stetig wachsende Bedürfnis von Menschen nach genau dieser Art von Kontemplation in einer immer rastloseren Welt. Den Wettlauf um die Aufmerksamkeit gegen virtuelle Fernseh-Dinos, gewaltpornografische Tier-»Dokumentationen« und Mammut-Eventparks können Zoos nur verlieren. Ein Ort echter Begegnung mit dem anderen und sich selbst sollte den Kommunen dagegen weiterhin viel Geld wert sein; er wird dringender benötigt denn je – ein weiterer Erlebnispark unter vielen jedoch nicht.

Schon in den Fünfzigerjahren definierte Heini Hediger den Zoologischen Garten als »Notausgang zur Natur«. Doch solche Notausgänge waren weder die Beton-Zoos des 20. noch sind es die grellen Freizeitparks des 21. Jahrhunderts. Die Zukunft des Zoos als Notausgang müssen wir erst neu erfinden. Und dieser Notausgang, so sehen es die Zoos selbst, ist zugleich auch eine Notunterkunft – für jene Arten nämlich, für die es jetzt und in Zukunft kaum noch einen Platz in der Welt gibt.

• *Das Zeitalter der Einsamkeit. Die Ethik der Bewahrung.*

Das Zeitalter der Einsamkeit

Die Ethik der Bewahrung

Die Hoffnung … geht darauf, es möchte die
animalische Schöpfung das Unrecht überleben,
das ihr vom Menschen angetan ward, wenn nicht
ihn selber, und eine bessere Gattung hervorbringen,
der es endlich gelingt. Der gleichen Hoffnung
entstammen schon die zoologischen Gärten.
Sie sind nach dem Muster der Arche Noah
angelegt, denn seit sie existieren,
wartet die Bürgerklasse
auf die Sintflut.

Theodor W. Adorno

»Mama, ist das da ein Dino?« Zoobesuch, Samstagnachmittag. Vor dem kleinen, etwa sechsjährigen Jungen stampft ein urwüchsiges Ungetüm die dreißig Meter seines Geheges immer wieder hin und zurück. Eingepfercht zwischen Glasscheibe und stakettierten Eisenbahnbohlen dreht der tonnenschwere Koloss langsam seine Runde, stets im Kreis. »Nein, Jonas, das ist kein Saurier.« Die Mutter hat das kleine Schild an der Scheibe entdeckt. »Das ist ein Indisches Panzernashorn.«

Das Indische Panzernashorn ist zwar kein Dinosaurier, aber mit seinen Schicksalsgenossen von vor fünfundsechzig Millionen Jahren hat es durchaus etwas gemeinsam: Es stirbt aus. Nur noch 1500 dieser gepanzerten Riesen leben in kleinen Schutzgebieten Nordindiens und Nepals. Aber voraussichtlich nicht mehr lange. Dann fordern über eine Milliarde Menschen allein in Indien ihren Raum, roden die letzten Wälder, bauen Staudämme und Kraftwerke, und potenzsüchtige Menschenmännchen jagen noch intensiver nach dem Horn des Urtiers. Schlechte Karten für das Panzernashorn.

Die Spezies *Rhinoceros unicornis* teilt ihr Schicksal mit vielen Millionen anderen Tierarten, deren Untergang in naher Zukunft bevorsteht. Das Aussterben des Panzernashorns fällt nur ein wenig mehr auf als das ungezählter Käfer- und Milbenarten, die jede Woche, zum Teil niemals entdeckt, im südamerikanischen Regenwald das Weltliche segnen.

Glaubt man dem US-amerikanischen Ökologen und langjährigen Präsidenten der Society for Conservation Biology, *Michael Soulé* (* 1936), so steht die Welt mittlerweile vor dem Beginn einer Eiszeit. Aber nicht Schneemassen, Gletscher und arktische Temperaturen bedrohen die Tierwelt, sondern ein »demografischer Winter« von fünfhundert bis tausend Jahren. So wie vor 15 000 Jahren die Eiszeit des Pleistozäns zwei Drittel aller Landwirbeltiere dahinraffte, vollzieht sich gegenwärtig ein Massentiersterben von ungeheurem Ausmaß. Mit jedem Hektar gerodeten Regenwalds, mitunter sogar mit jedem gefällten Baum sterben zahlreiche Tier- und Pflanzenarten aus. Die Prognose für die Zukunft ist düster. Bei einer gegenwärtigen Verdopplungsrate der Weltbevölkerung innerhalb von dreißig Jahren wird unser Planet in der Mitte des 21. Jahrhunderts die Last von zwölf Milliarden Menschen zu tragen haben. Viel Platz für wilde Tiere bleibt da nicht.

Doch es ist nicht allein die Zahl von Menschen, die unseren

Planeten gefährdet, es ist auch unsere Art zu denken. Menschen rotten gegenwärtig hunderttausendfach Lebewesen aus, Pflanzen wie Tiere; die einen, weil sie sie brauchen (etwa um Bleistifte, Papier, Schränke, Handtaschen oder Mäntel aus ihnen zu fertigen), die anderen hingegen, weil sie glauben, dass sie sie *nicht* brauchen und keinen Schaden daran nehmen, sie für immer auszuradieren. Erst das ganze Ausmaß der Vernichtung macht das Desaster offenbar, dass bei alledem die eigene Lebensgrundlage völlig zerstört wird.

Menschen haben in den letzten Jahrzehnten der Erde größere Wunden geschlagen als in der gesamten Zeit vom Beginn des Holozäns bis zum Zweiten Weltkrieg. Nach Angaben des US-amerikanischen Evolutionsbiologen *Edward O. Wilson* (* 1929) werden Jahr um Jahr fünf Prozent der Landfläche des Planeten Opfer von Flammen. Gerade sechs Prozent sind heute noch mit tropischen Wäldern bedeckt, den artenreichsten Biotopen der Erde. Innerhalb von nicht einmal dreißig Jahren schrumpften die Wälder auf weniger als die Hälfte zusammen. Tag für Tag sterben einige hundert Tierarten aus; die meisten namenlos und von der Wissenschaft nie entdeckt. Mit jeder Spezies erlischt das komplizierte Erbgut von einer bis zehn Milliarden Basenpaaren für alle Ewigkeit. Wenn in den nächsten fünfzig oder hundert Jahren nichts geschieht, vermutet Wilson, wird nach dem Zeitalter der Dinosaurier, dem Mesozoikum, und dem Zeitalter der Säugetiere, dem Känozoikum, ein neues erdgeschichtliches Zeitalter anbrechen: das »Eremozoikum«, das Zeitalter der Einsamkeit: »Wenn wir fortfahren, Arten auszulöschen wie bisher, wird die Menschheit für Millionen von Jahren zwar noch mit einer gewissen Artenvielfalt leben. Aber es werden so viel weniger Arten sein als heute, dass wir uns einsam fühlen werden. Vieles von dem, was das Leben einmal war, werden wir aus den Archiven und Museen kennen. Aber es wird nicht länger mit uns sein.«[193]

In dieser Lage sehen auch Zoologische Gärten für sich eine

neue Aufgabe. Seit den Achtzigerjahren betrachten sie sich als »Arche Noah«. Gerade Zoos käme bei der Rettung des biologischen Erbes eine besondere Bedeutung zu. Tiere, die angesichts der verheerenden Situation der Schöpfung keinen Platz in der Natur mehr haben, könnten nur noch in Zoologischen Gärten vor dem Aussterben gerettet werden. »Wenn es keine Zoos gäbe«, so meinte der ehemalige Kölner Zoodirektor und Präsident des Weltzooverbands *Gunther Nogge* (* 1942), »wäre es höchste Zeit, sie zu gründen.«

Optimisten unter den Demografen gehen davon aus, dass nach Erreichen der Maximalzahl von zwölf Milliarden Menschen eine Wiederabnahme der Weltbevölkerung in ferner Zukunft denkbar ist. Sollte der Wohlstand in den Ländern der Dritten Welt langfristig steigen, so würde die Bevölkerungsexplosion nicht nur aufgehalten, sondern die Zahl der Menschen auf unserem Planeten vielleicht sogar wieder sinken.

Die bessere Zukunft ist eine Spekulation, abhängig davon, dass sich nicht nur am augenblicklichen Dilemma der Überbevölkerung, sondern auch an der rücksichtslosen Ressourcenausbeutung durch die Industrieländer in Zukunft einiges ändern werde. Nur unter dieser Voraussetzung macht das Programm der Aufbewahrung wilder Tiere im Zoo überhaupt den gewünschten Sinn. Denn Nogge, oder vielmehr dessen designierter Urenkel, will die zukünftigen Nachkommen heutiger Tiere eines Tages wieder freilassen. Sollte es gelingen, die Vielfalt der Arten die nächsten zwei Jahrhunderte mittels kontrollierter Artenzucht in den Zoologischen Gärten der Welt zu parken, könnte das Schlimmste eventuell überstanden sein. So lange blieben die Zoos ein notwendiges Mittel zur Erhaltung der Tierwelt.

Das Losungswort heißt »Erhaltungszucht«. Mit Hilfe eines ausgeklügelten genetischen Managements entstanden seit den Achtzigerjahren weltweit Zuchtpopulationen für große Landwirbeltiere, deren Bestand in der Natur gefährdet ist. Nashörner, Tiger, Leoparden, Affen, Elefanten, Antilopen, dazu größere Vögel wie Greifvögel, Papageien oder Kraniche wurden in den letzten Jahren vielfach in Menschenobhut gezüchtet. Zuchtbücher unter Leitung der »Conservation Breeding Specialist Group«, einer Expertengruppe der Naturschutzbehörde IUCN (International Union for Conservation of Nature and Natural Resources) und der Weltzooorganisation, regeln die gezielte Vermehrung von Wildtieren in Menschenobhut. In Europa und damit auch in den deutschen Zoos kümmern sich die Europäischen Erhaltungszuchtprogramme (EEP) um die Koordination; alle wissenschaftlich geleiteten Tiergärten Deutschlands nehmen am EEP teil.

Dass die Zoos ihre Zucht koordinierten, war jedoch weniger allzu großer Sensibilität geschuldet als einem drohenden Notstand. Im Jahr 1975 trat ja das Washingtoner Artenschutzabkommen in Kraft, 1976 wurde es von Deutschland ratifiziert. Seitdem ist der Handel mit exotischen Tieren nur unter Auflagen gestattet, der Handel mit besonders bedrohten Arten verboten. Wer keinen Gorilla oder kein Nashorn mehr bei einem Tierhändler bestellen kann, ist gezwungen, selbst für den entsprechenden Nachschub, sprich: Nachwuchs, zu sorgen.

Manche Zoodirektoren, etwa der geläuterte britische Tierfänger und Erfolgsautor *Gerald Durrell* (1925–1995) hatten diesen Ernst der Lage auch schon zuvor erkannt. Bereits 1958 legte Durrell den Grundstein für den Zoo auf der britischen Kanalinsel Jersey, der heute »Durrell Wildlife Conservation Park« heißt. Die besondere Pointe: Der Zoo auf Jersey beherbergt *ausschließlich* vom Aussterben bedrohte Tiere, und zwar weitgehend unabhängig von ihrem Attraktionswert. Zudem kümmert sich der Durrell Wildlife Preservation Trust um Wiederansiedlungsprojekte für Mauritiusfalken und das Przewalski-Pferd. Andere berühmte Beispiele für Artenschutzorganisationen, die aus Zoos hervorgingen oder mit ihnen assoziiert sind, sind die Wildlife

Conservation Society in New York und die Frankfurter Zoologische Gesellschaft.

Fragt man Tierrechtler danach, was sie vom Selbstverständnis der Zoos als Treuhänder der Konkursmasse der Schöpfung halten, so spürt man tiefes Misstrauen. Eine Institution, die seit ihrer Gründung vornehmlich an Eigennutz interessiert gewesen sei und nicht am Schicksal der ausgestellten Tiere, als Garant des internationalen Artenschutzes? Für viele Tierrechtler sind Erhaltungszuchtprogramme keineswegs sinnvolle Beiträge zum Naturschutz, sondern Rechtfertigungsversuche der Zoos im Zeitalter ihres moralischen Bankrotts. Danach haben die Zuchtbemühungen der Zoos lediglich eine *Alibifunktion.* Sie sollen Menschen glauben machen, die Tierwelt ließe sich durch den Zoo retten. Hinter alledem stecke aber nicht Verantwortungssinn, sondern schnöder Eigennutz und gefährliche Geldverschwendung. Mit dem Geld, das erforderlich ist, sechzehn Nashörner ein Jahr lang in einem europäischen Zoo zu verpflegen, rechneten Kritiker aus, ließe sich im gleichen Zeitraum in Afrika ein kleinerer Nationalpark finanzieren.

Nun sehen Zoologische Gärten ihre Erhaltungszucht nicht als Alternative, sondern lediglich als Ergänzung dazu, sich in den Heimatländern zu engagieren. Und dafür haben sie einige Argumente. Viele Tierarten unternehmen in der Natur Wanderungen und sind deshalb nicht in bestimmte Gebiete eingrenzbar, in denen man sie völlig sicher schützen könnte. Bei der unsicheren politischen Situation vieler Entwicklungsländer und angesichts von Korruption, Wilderei und Kriegsgefahr sind auch Reservate prinzipiell gefährdet. Umweltverschmutzung und Gifte machen vor Nationalparks nicht Halt. Und schließlich sind viele wichtige Lebensräume, zumal die Meeresbiotope, überhaupt nicht käuflich. Nur mit Hilfe eines Artenpools könnten einmal vernichtete oder stark geschrumpfte Tierbestände wieder aufgefrischt werden.

Kernpunkt der Erhaltungszucht-Strategie der IUCN und des Weltzooverbands ist demnach gerade das Zusammenspiel zwischen der Zucht im Zoo (*ex situ*) und Schutzmaßnahmen vor Ort (*in situ*). Ein berühmtes Beispiel dafür ist die Zucht des Goldgelben Löwenäffchens in Südamerika. Nicht nur gelang es den Zoos, die charismatischen Äffchen regelmäßig zu züchten. Die Rückführung und Wiederansiedlung der Tiere war das entscheidende Argument, um einen Streifen des brasilianischen Küstenregenwalds unter Schutz zu stellen, der zuvor auf weniger als zwei Prozent seines ursprünglichen Bestands abgeholzt worden war.

Das Löwenäffchen ist eine Erfolgsgeschichte – ein Erfolg jedoch unter wenigen. Noch immer lassen sich die meisten der im Zoo planmäßig gezüchteten Wildtiere nicht in ihre Heimatregionen zurücksetzen. Es gibt Arten, deren Lebensraum vom Menschen definitiv zerstört wurde, durch Abholzung zum Beispiel oder menschliche Ansiedlungen. Dazu kommen Tiere, die mindestens eine ihrer arttypischen Verhaltensweisen im Zoo einbüßen, etwa ihr Jagdverhalten oder die Scheu vor dem Menschen. Ein weiteres Problem ist die in früheren Jahrzehnten bedenkenlos betriebene Inzucht von Arten, deren genetisches Material auf diese Weise entscheidend verändert wurde. Sie sind »genetisch verarmt« und damit häufig unfruchtbar oder besonders anfällig für Krankheiten.

Welche der auserwählten Tiere sich langfristig wieder ansiedeln lassen, ist oft ungewiss. Es fällt schwer sich vorzustellen, wie ein im Zoo geborener Tiger jemals wieder in den chinesischen Wäldern umherstreifen soll, wie es mit enormem Aufwand gegenwärtig beim Südchinesischen Tiger versucht wird, der in der Natur ausgestorben ist. Doch immerhin wachsen die Erfahrungen, die man mit Übergangsquartieren und Renaturierungstechniken macht, immer mehr. Wer weiß heute schon, was in fünfzig Jahren möglich sein wird? Im Zoo geborene Bartgeier flogen kurz nach ihrer Wiederansiedlung in den Alpen mit Knochen in die Luft und zerschmetterten sie auf den Felsen, um an das Mark im Inneren zu kommen; eine arttypische Verhaltensweise, die sie von ihren Zoo-Eltern niemals hatten lernen können.

Die Erfolgsaussichten für Wiederansiedlungen einzuschätzen ist nicht leicht, und zwar weder für Erhaltungszüchter noch für ihre Kritiker. Allerdings geht es bei dieser Kontroverse oft gar nicht um die realistischen Chancen der Erhaltung und Ansiedlung als vielmehr um Weltanschauungen. Die alles entscheidende Frage nämlich wurde bislang ausgeklammert: Zu welchem Zweck machen wir uns überhaupt dic Mühe, die wenigen »Flaggschiffe« der Tierwelt zu erhalten, wenn die restliche Flotte ohnehin zum Untergang verurteilt ist? Handeln wir hier tatsächlich im Namen der Tiere? Oder geht es dabei nur um die Interessen der Menschen?

Für die meisten Tierrechtler gibt es eine klare Alternative: Entweder ich handele um der Tiere willen und setze sie demgemäß ins Recht. Oder ich handele aus zweckrationalen Überlegungen, also aus menschlichem Eigennutz; die erste Variante ist gut, die zweite schlecht. Bereits ein kurzer Blick auf die Auswahlkriterien für die in den Erhaltungszuchtprogrammen vertretenen Tiere scheint den Verdacht des Eigennutzes zu bestätigen: Keine Schnecke, kein Käfer und keine Spinne sind hier vertreten. Dafür: Nashörner, Großkatzen und Giraffen. Entscheidend für ein EEP-Zuchtbuch ist nicht nur der Grad der Gefährdung einer Tierart in der Natur, sondern ebenso ihr Attraktionswert. So tritt der englische Wissenschaftsjournalist *Colin Tudge* (* 1943), ein flammender Befürworter der Erhaltungszucht, dafür ein, im Zweifelsfall einen Greifvögel einem Käfer vorzuziehen: »Stünden wir direkt vor der Wahl ... erschiene es abartig, den Vogel zugunsten des Käfers zu opfern. Das wäre, als würden wir einen Rembrandt aussortieren, um Platz für das Aquarell eines Hobbymalers zu schaffen.«[194]

Als »schön« oder »beeindruckend« empfundene Tiere haben in der Öffentlichkeit die besseren Karten. Nicht jeder, der einmal mit einer Sammelbüchse für den Erhalt des Sibirischen Tigers eine Fußgängerpassage entlanggebettelt ist, wird sich bereitfinden, das Gleiche auch für eine bedrohte Schnecke zu tun. Dass er für die Schnecke besonders viel Geld bekommen würde, ist ohnehin fraglich. (Gleichwohl gibt es ein Schneckenprojekt in der Südsee sowie Wiederansiedlungen von Insekten in England.)

Die Rolle der Ästhetik bei der moralischen Einteilung der Natur in erhaltenswerte und weniger erhaltenswerte Spezies ist enorm. Verwunderlich ist das nicht. Wir müssen annehmen, dass Ästhetik einer der wichtigsten Faktoren des moralischen Bewusstseins überhaupt ist. Sie hat einen so großen Anteil an unseren moralischen Wertschätzungen, dass man heutzutage noch nicht einmal Geld für »Brot für die Welt« sammeln kann, wenn man dafür nicht gleichzeitig süß aufgerissene Kinderkulleraugen über den Hungerbäuchen zeigt; eine Strategie, die selbst dann angewendet wird, wenn das Geld alten Menschen zugutekommen soll.

Weil Moral Menschenwerk ist, ist sie abhängig von menschlichen Empfindungen. Und daran, dass Ästhetik ein wichtiger Faktor ist, um dem Leben einen »Wert« zu verleihen, gibt es kaum etwas zu deuteln. Artenschutz oder Naturschutz können ohne das Argument der »Schönheit« (und des aus ihr abgeleiteten »Wertes« der Tiere und der Natur) nicht überleben. Um dies zu zeigen, möchte ich im Folgenden zwei andere Argumente für den Erhalt von Wildtieren vorstellen, die beide auf ihre Weise unbefriedigend bleiben. Es ist einmal das Argument, dass wir Tiere in aller Welt deshalb schützen sollen, weil sie entweder ökologisch oder für den Menschen *nützlich* sind. Und es ist das gleichsam entgegengesetzte Argument, dass *Arten ein prinzipielles Lebensinteresse* hätten, das völlig unabhängig von Menschen und ihren Interessen in der Welt existiert.

Betrachten wir zunächst das Argument, bestimmte Tiere seien deshalb zu schützen, weil sie für den Menschen nützlich sind. Ein berühmtes Beispiel ist der Afrikanische Elefant. Seine Bestände haben im 20. Jahrhundert dramatisch abgenommen, und auch im 21. Jahrhundert sind die Rüsseltiere nicht einmal in den großen Nationalparks sicher. In der Serengeti wurde in den letzten vier Jahren die Hälfte aller dort lebenden Elefanten gewildert. Zoologen wie *John Beddington* (* 1945) vom Londoner Imperial College raten deshalb zur langfristigen Nützlichkeitskalkulation. Der Elefant habe nur dann eine Chance zu überleben, wenn es gelingt, die Elfenbeinjäger von einer kontrollierten Ausbeutung ihrer Naturressourcen zu überzeugen. Es geht also nicht um Mitleid, sondern um »Nachhaltigkeit« *(sustainable use)*. Das Millionen Jahre alte Rüsseltier soll also nicht trotzdem, sondern gerade deshalb überleben, weil sich aus seinen verlängerten Schneidezähnen Nippes schnitzen lässt.

Aus der Nähe betrachtet ist das, was hier als Pragmatismus daherkommt, völlig weltfremd. Im korrupten Gefilz afrikanischer Regierungsbehörden, Nationalparkverwaltungen und organisierter Kriminalität ist kontrollierter »Elfenbeinabbau« ganz und gar unrealistisch. Zudem lässt sich aus diesem Beispiel sicher keine allgemeine Handlungsmaxime ableiten. Denn der Gedanke einer generellen Nützlichkeitsprüfung hat barbarische Konsequenzen. Soll man zahlreiche Robbenarten erhalten, weil man ihnen ihr wunderschönes Fell über die Ohren ziehen kann – gigantische Pelztierfarmen an Nord- und Südpol als Beitrag zum Artenschutz? Und was ist mit Tieren, die solche vermeintlichen Vorzüge nicht haben? Die Milch der Elenantilope könnte dem Menschen vielleicht in Zukunft einmal als Nahrungsquelle dienen. Aber eine Million Käferarten mehr oder weniger machen den Kohl nicht fett. Und es reicht leider ebenso nicht, dass Saatgutfirmen, Biotechnologen und Arzneimittelkonzerne mittlerweile systematisch im Regenwald auf Suche gehen, um die genetischen Ressourcen von Insekten, Pflanzen und Mikroorganismen zu erforschen – hier wird nur weniges Auserlesenes bewahrt; der Rest bleibt wertlos zurück.

Die Überzeugungskraft des Nützlichkeitsarguments ist äußerst begrenzt. Daran ändert auch die Variante nichts, Nützlichkeit nicht nach den Bedürfnissen des Menschen, sondern nach jenen der Natur zu bestimmen. Statt sich auf das ästhetische Bedürfnis des Menschen näher einzulassen, fordert *Richard Irwin Vane-Wright* (* 1942) vom Londoner Natural History Museum seit Langem, den Artenschutz allein danach auszurichten, wo tatsächlich die meisten ökologisch bedeutsamen Spezies vorkommen. Im Zweifelsfall bedeute dies, sich nicht für einen Leoparden, sondern für einen Käfer zu entscheiden. Doch Gott, so scheint es, meint die Welt keineswegs nur biologisch. Was aus Sicht eines Biologen sinnvoll und vernünftig erscheint, ist ethisch eine höchst problematische Maxime. So sind, ökologisch betrachtet, viele Bakterien schützenswerter als der Mensch. Und eine wirklich konsequent gedachte Ökologie kennt keine Ethik!

Betrachten wir deshalb nun das zweite Argument. Der genau gegenteilige Weg zum Nützlichkeitsargument besteht darin, ein vom Menschen völlig unabhängig gedachtes Lebensinteresse der Arten anzunehmen. Man kann sich darauf einigen, dass einzelne Menschen und einzelne Elefanten ein Lebensinteresse haben. Doch gilt, was für ein Individuum unbestreitbar besteht, auch für Arten? Mit Bertolt Brecht gesprochen, macht es einen großen Unterschied, ob man im Namen der Moral oder im Namen der Geschädigten argumentiert. Inwiefern sollte ein Tier darum wissen und darunter leiden, dass mit ihm zugleich seine Art ausstirbt? Sollte der Sibirische Tiger in den nächsten Jahren für immer aus den Birkenwäldern der Mandschurei verschwinden, dürfte ihn das Aussterben seiner Art weit weniger interessieren als uns. Der Schicksalskontext, in dem er sich befindet, besteht nur in der Menschenwelt und nicht in der seinen.

Wir retten den Tiger also nicht im Interesse des Tigers, sondern im Interesse all jener Menschen, die Tiger faszinierend finden und nicht tatenlos zusehen wollen, wie Wilderer den letzten Vertretern der schönen Großkatze für eine Handvoll Dollar oder Rubel den Garaus machen. Zu diesem prinzipiell anthropozentrischen Denken gibt es keine Alternative. Folglich kann man sie auch nicht einfordern. Allerdings ist keine Handlung schon allein deshalb schlecht, weil sie einem menschlichen Interesse dient.

Menschliches Interesse muss also unterteilt werden: in Absichten, die sich kurz- oder langfristig gegen dic Tier- und Umwelt richten, und solche, die ihr förderlich sind. Wenn wir den Tiger nicht deshalb retten, weil wir uns einen ganz schnöden Eigennutz versprechen, sondern deshalb, weil es uns bekümmert, dass die Großkatze ausgerottet wird – macht es angesichts eines so indirekten Eigennutzes wirklich etwas aus, dass wir dabei ein ästhetisches Motiv haben? Das Interesse nämlich, wie es der Philosoph *Michael Hauskeller* (* 1964) einmal genannt hat, »dass es etwas geben soll, das nicht wir selbst sind, mit anderen Worten, dass es weiterhin Werte geben soll, die wir nicht geschaffen haben«?[195]

Der Schutz ökologisch wenig bedeutsamer Tierarten und mit ihm die Erhaltungszuchtprogramme in den Zoologischen Gärten lassen sich nicht anders begründen als mit dem Kalkül auf ästhetische Empfindungen. Hätte das seit den Siebzigerjahren von der indischen Regierung geförderte Tigerprojekt nicht die Katze, sondern eine Fledermaus oder eine Milbe zum Leittier erklärt, hätte sich in Indien wohl kein einziges der vielen Reservate einrichten lassen, die heute unter Naturschutz stehen.

Auf vergleichbare Weise sind die Zuchtbemühungen und Wiederansiedlungsprojekte Zoologischer Gärten Flaggschiffprojekte, von denen viele andere Arten profitieren. Sollte man Zoos abschaffen, so würde das Geld, das diese gegenwärtig für

Artenschutz ausgeben, von den Städten und Gemeinden wohl kaum in andere Naturschutzprojekte investiert. Das Geld, das Zoos die Kommunen kosten, ist ja nicht einem anderweitigen Artenschutz abgetrotzt, sondern Theatern, Museen und Sportveranstaltungen. Und dass die Städte in Zukunft »Zoos« unterstützen würden, die als reine Artenschutzinitiativen vor Ort ohne ihre Flaggschiffe in der Heimat aktiv wären, ist äußerst unwahrscheinlich.

Für eine mit dem Faktor »Ästhetik« kalkulierende Bewahrungsstrategie müssen die Tiere im Zoo unmittelbar präsent sein. Doch wer als Zoodirektor mit den ästhetischen Empfindungen von Schönheit, Respekt und Ehrfurcht kalkuliert, übernimmt zugleich eine Verpflichtung: die Pflicht nämlich, alles dafür zu tun, ebenjene Werte dem Zoobesucher auch tatsächlich zu vermitteln. Wer von »Würde« und »Wert« der Tiere spricht, wäre schlecht beraten, bei der ästhetischen Aura der Tiere zu verweilen, ohne diese zugleich ethisch zu füllen. Denn zweifellos meint, wer von der Würde und dem Wert des Menschen spricht, diese Begriffe auch im ethischen Sinn.

Doch was bedeutet »Ethik« bei der Haltung von Zootieren? Immerhin treffen hier zwei verschiedene Aspekte zusammen. Das Eine ist das Recht jedes einzelnen Tiers auf individuelle Entfaltung. Das Andere ist das ästhetische Interesse des Menschen am Fortbestand von Arten. Beides entspringt, wie gezeigt, einem anderen Begründungsweg. Und bezeichnenderweise verfügen nicht wenige Erhaltungszüchter über die Kunst, die zwei Dinge so im Bewusstsein zu speichern, dass sie dort nicht zusammentreffen. Auch im 21. Jahrhundert gibt es Zoodirektoren, die voller Stolz auf ihre Zuchterfolge sind, aber nur wenig davon wissen wollen, dass ihre Pretiosen moralisch relevante Individuen sein sollen. Und noch immer bestehen zwischen Zoodirektoren und Tierrechtlern neben verständlichen Kontroversen zahlreiche Vorurteile und vorschnelle Unterstellungen: übertriebene Tierliebe und falsche Sentimentalität hier, Eigennutzdenken und barbarische Tierquälerei dort.

Dabei lohnt es sich, einmal darüber nachzudenken, was eigentlich ein geeigneter Qualifikationsweg für einen Zoodirektor im 21. Jahrhundert ist. Zurzeit erleben viele Biologen in deutschen Zoos die Demütigung, durch Wirtschaftsleute abgelöst zu werden. Das Ergebnis in Form von Erlebnis- und Freizeitparks wurde bereits kritisch diskutiert. Bei der Besichtigung eines entsprechend umgewandelten deutschen Zoos konnte ich mich davon überzeugen, dass der neue Geschäftsführer die meisten Vögel und Reptilien seines Zoos nicht kannte. Das Schwinden der biologischen Kenntnis wäre nur halb so schlimm, wenn es mit entsprechender kulturgeschichtlicher und ethischer Kompetenz ausgeglichen würde. Doch davon fehlte jede Spur. Kein Wunder, dass viele Zoos auch in dieser Hinsicht gegenwärtig ihre Seele verlieren.

Nach der Vorstellung der Welt-Zoo-Naturschutzstrategie der Weltzoo-Organisation ist der Zoo der Zukunft ein »Naturschutzzentrum«: ein großflächiger Erhaltungszuchtpark mit möglichst artgerechten Haltungsbedingungen, ästhetisch einfühlsam gestalteten Naturanlagen und einer ausgeklügelten Pädagogik. Was heute gefordert ist, sind nicht kosmetische Reformen. Es gilt, den einhundertfünfzig Jahre alten Geist des bürgerlichen Zoos für eine sensiblere Naturbetrachtung zu öffnen.

Natürlich stimmt es, dass viele Zoobesucher gar nichts lernen wollen und lediglich darauf bedacht sind, sich zu amüsieren. Ein seit hundertfünfzig Jahren einschlägig erzogenes Publikum lässt sich nicht im Handstreich für Ehrfurcht und Respekt gewinnen. In dieser Hinsicht gleichen Zoos oft Fernsehsendern, die sich seit Einführung des Privatfernsehens durch lautes Klappern und Trommeln wechselseitig unterbieten und sich stets am dümmsten, nie am intelligentesten Zuschauer orientieren. Vielleicht liegt es daran, dass vielen Zoodirektoren (ebenso wie Programmdirektoren) schlicht die Fantasie fehlt, um sich überhaupt ausmalen zu können, wie attraktiv und beliebt ein »stiller« und »meditativer« Zoo sein könnte.

»Ethische« Tierhaltung bemüht sich nicht nur darum, Zootiere so gut wie möglich unterzubringen. Sie macht aus den Schauobjekten auch *Subjekte,* indem sie sie als solche zeigt. Man könnte hier bei der Haltung von Menschenaffen anfangen. Wo früher Gorillas oder Orang-Utans als »Arten« gezeigt wurden, bemühen sich fortschrittliche Zoos heute darum, sie als »Personen« mit einer Biografie und mit ihren Charaktereigenschaften vorzustellen. Dokumentationen zur Geschichte der Menschenaffenhaltung in Zoologischen Gärten könnten dieses Bild kulturhistorisch ergänzen. Und auch die seit Mitte der Neunzigerjahre geführte Diskussion über die Frage, ob man den Großen Menschenaffen »Menschenrechte« zuerkennen sollte, gehört nicht nur in Talkshows oder auf Tierrechtskongresse, sondern vor allem in den Zoo. Was bedeutet »Artenschutz« bei Schimpansen? Sie in Reservaten als Tiere zu betrachten – oder sie als nächste Verwandte in UN-Treuhandgebieten vor »menschlichen Affen« zu schützen? Müsste aus dem Affenhaus nicht ein »Hominiden-Haus« werden? Eine Begegnungsstätte, an der jeder Besucher eine größtmögliche anthrozoologische Verbundenheit spürt? Es gibt wohl kaum einen passenderen Ort, um die Frage nach den Möglichkeiten und Grenzen einer modernen Tierethik zu diskutieren, als Zoologische Gärten. Müssten sie in dieser Diskussion nicht sogar federführend werden, anstatt die Frage zu verlachen oder ihr auszuweichen?

Wer seine Erhaltungszucht mit dem »Wert« von Tieren begründet, muss diesen »Wert« in den Mittelpunkt des Konzepts »Zoo« stellen. Noch in den Fünfzigerjahren hatten die gestrengen Herren der Prüfungskommission, die über die Steuerbegünstigung des Grzimek-Films *Serengeti darf nicht sterben* urteilten, den Tierfilmer empört zurechtgewiesen. Da hatte sich der

Tieronkel doch tatsächlich zu einem absurden Vergleich verstiegen: Die Erhaltung der letzten afrikanischen Wildtiere sei für die Menschheit ebenso wichtig wie die Erhaltung der Akropolis oder des Louvre. Auch heute ist man geneigt, den Juroren der Filmbewertungsstelle recht zu geben für ihre weise Einsicht. Nicht, dass man ernsthaft glaubte, der Vergleich mit Zebras, Gnus und Nashörnern beleidige die Kunstschätze, wie die Sittenwächter des Films befanden. Die wahre Pointe des albernen Scherzes liegt im Gegenteil: Der Vergleich von Kulturgütern mit Wildtieren diskreditiert die Tiere, weil er sie als Artefakte sieht und nicht als Lebewesen, deren Aura wir eben nicht selbst geschaffen haben.

Doch was meinen wir überhaupt, wenn wir von der »Aura« von Lebewesen sprechen? Was denken Tierschützer darüber? Wie argumentieren Tierrechtler? Warum liegen diese mit Artenschützern quer? Und warum sind auch diese untereinander oft heillos zerstritten?

• *Das unversöhnliche Triumvirat: Tierschutz, Tierrecht und Artenschutz.*

Das unversöhnliche Triumvirat

Tierschutz, Tierrecht und Artenschutz

In den Wäldern sind Dinge, über die nachzudenken,
man jahrelang im Moos liegen könnte.

Franz Kafka

Knapp sechzig Jahre ist es her, dass Grzimek in seinem Klassiker *Serengeti darf nicht sterben* das deutsche Kinopublikum mahnte, sich des traurigen Schicksals von ihren Weidegründen abgeschnittener Gnus und zusammengeschossener Nashörner zu erbarmen; Nachrichten aus einem fernen Phantasialand mit Namen, die sich auf immer im Gedächtnis verewigten: der Ngorongoro-Krater, der Manyara- und der Naivasha-See. Und in die goldenen Strahlen des Sonnenuntergangs mischten sich getragene Worte: Der Mensch nehme sich ein Beispiel an der Natur. So wie die Löwen zärtlich und harmonisch miteinander umgingen – so sollten auch die Menschen lernen, in Frieden und Eintracht miteinander zu leben.

Mag sein, dass dies einer der zahlreichen Tricks des cleveren Zoodirektors war, um Menschen für den Artenschutz zu begeistern. Vielleicht aber war es in den Fünfzigerjahren noch biologische Unkenntnis. Ein Löwenleben in der Serengeti ist alles andere als harmonisch. Blutige Existenzkämpfe tragen Löwenmännchen um die Führung eines Rudels aus, und nicht wenige Verlierer sterben an ihren Verletzungen. Eine friedliche und liebevolle Welt?

Wer die Faszination des Lebens auf diesem Planeten als einen »Wert« in sich spürt – und dies sind sicher nicht wenige in den reichen Gesellschaften des Westens –, neigt leicht dazu, die Natur romantisch zu idealisieren. Allein der Mensch erscheint als gefährlicher Störfaktor einer wunderbaren Welt des »fließenden Gleichgewichts« und der Harmonie. Für den größten Guru dieser Ansicht, den englischen Chemiker und Biophysiker *James Lovelock* (* 1919), ist grundsätzlich alles, was lebt, zu respektieren. Nicht nur Pflanzen und Tiere zählt Lovelock zum Leben dazu, sondern ebenso vermeintlich tote Stoffe wie das Erdöl, den Humus, die Kalkfelsen und den Sauerstoff. Sie alle entstanden im Zusammenspiel biotischer Vorgänge von großer Dynamik. Die Kehrseite dieser »biozentrischen« Sicht erlebten Lovelocks ungezählte »New Age«-Fans, als ihr Meister nach der Reaktorkatastrophe von Tschernobyl von der von Menschen verlassenen Natur schwärmte, die sich hier nun endlich ungestört entwickeln könne.

Etwas weniger empathisch als Lovelock, aber mit vergleichbaren Prämissen forderten in Deutschland Werte-Ethiker wie *Hans Jonas* (1903–1993), *Klaus Michael Meyer-Abich* (* 1936) oder *Vittorio Hösle* (* 1960) die fällige Ausweitung von Ehrfurcht, Verantwortung, Respekt und Würde auf die Natur. Als Anwälte eines vom Menschen unabhängigen Wertes der Natur frönen sie einem ökologischen Pantheismus. Müssen wir lernen, wie es in den kirchenwarmen Worten des Öko-Theologen und Mitbegründers des Freiburger Öko-Instituts *Günter Altner* (1936–2011) heißt, alle Natur, auch das »Unkraut« in unserem Garten, als »Partner des Menschen« zu verstehen?

Kaum zehn Jahre benötigte der Wind des Zeitgeistes in den Achtzigerjahren, um die Saat der Begriffe »Öko« und »Bio« aus dem Hinterhof verlotterter Kommunen in den allgemeinen Vorgarten des deutschen Volksbewusstseins zu tragen. Für Biogemüse, Biofleisch und ökologische Landwirtschaft ist heute nahezu jeder. Es scheint, als habe sich der Naturbegriff der westlichen Zivilisation in einer geradezu dramatischen Weise verändert. Was geht hier vor? Erleben wir gegenwärtig die zweite große Welle, die Natur aufzuwerten, ähnlich jener ästhetischen Bewegung des späten 18. und frühen 19. Jahrhunderts, als aufgeklärte Stadtbürger den verlorenen Ursprung des Menschen in Trauerweiden, Weihern, Waldeseinsamkeit und Bergpanoramen zu entdecken glaubten? Ein Revival jener eigentümlich verqueren Natursehnsucht, die sich im Zuge ungebrochen fortschreitender Industrialisierung und Ausbeutung die zerstörte Natur geschmackvoll als Schäferidylle und röhrenden Hirsch in Öl zurechtpinselte?

Was in den Tagen der Romantik Sache einzelner Dichter, Maler und Denker war, Ergüsse in Poesie, Literatur und bildender Kunst, übernehmen heute Profis der Werbe- und Freizeitindustrie. Ob Autos in der rauen Einsamkeit norwegischer Fjorde oder Primaten, die zeigen, dass in der Werbung nichts unmöglich ist, indem sie für das Produkt eines japanischen Automobilherstellers den Affen machen: Natur erscheint als ein positiver Wert. Clevere Reiseveranstalter entnehmen dem betrübten Naturfreund das tränenfeuchte Taschentuch und drücken ihm einen Flugschein nach Costa Rica oder Botswana in die Hand. Ferienhäuser locken Touristen in die natürliche Kulturlandschaft toskanischer Hügel und dänischer Zauberinseln. Kein Stadtwald, der bei schönem Wetter nicht von naturhungrigen Horden ziellos durchstreift wird.

Die Entfremdung der Menschen der westlichen Zivilisation von der Natur ist Folge der technischen und ökonomischen Ausbeutung des Planeten. Was ehemals religiös und symbolisch besetzt war, wird heute materiell nach dem Geldwert bemessen. Rücksichtslose Plünderung der Rohstoffe, ein anthropologisch bedenklicher Fortschrittsglaube und das eitle Gottvertrauen in den unbegrenzten Vorrat natürlicher Ressourcen zerschneiden das gewachsene Gefüge der Ökosysteme. Einerseits hat der technische Fortschritt des mechanistisch-materiellen Weltbildes die Menschen von vielen schädlichen Einflüssen der Natur befreit. Er hat die Kindersterblichkeit verringert, Seuchen und Krankheiten, die Jahrhunderte, vielleicht Jahrtausende wüteten, sind heute keine Bedrohung mehr. Er hat den Lebensstandard in vielen Ländern erhöht, Luxus und Komfort ermöglicht. Zugleich aber hat er den Menschen von der Natur entfremdet. Allergien und Zivilisationskrankheiten vermehren sich wie die Pilze. Die meisten Menschen der westlichen Zivilisation vermögen mehr Autotypen voneinander zu unterscheiden als heimische Pflanzen. In ganz Mitteleuropa gibt es heute keinen »Urwald« und keine »Wildtiere« im eigentlichen Sinne mehr. Doch nicht nur bei uns – die gesamte Oberfläche unseres Planeten ist Resultat menschlicher Kultur. »Ursprüngliche« Natur, die tatsächlich frei geblieben wäre von jedwedem menschlichen Einfluss, lässt sich nur noch fleckenweise finden. Und wenn man sie erst gefunden hat, ist auch sie nicht mehr unberührt.

Wer im 21. Jahrhundert eine Rückbesinnung auf die Natur fordert, muss sich demnach fragen lassen, welche »Natur« er eigentlich meint. Die Natur unserer Väter, unserer Vorväter, oder die Natur vor Auftritt des Menschen? Mit welch merkwürdigem Naturbegriff werfen wir um uns, wenn wir im Namen einer ursprünglichen und deshalb guten Lebensweise argumentieren, Bauernhöfe seien besser als moderne Agrarunternehmen? War die Einführung einer systematischen Landwirtschaft und

Viehzucht nicht bereits ein entscheidender Einschnitt in die ursprüngliche Natur? Welchen Wald verteidigten die Kämpfer gegen die Startbahn West des Frankfurter Flughafens? Einen tatsächlichen Urwald oder nicht vielmehr einen in Reihen gesetzten Speicher zur Zellulosefabrikation, kaum älter als gerade einmal einhundert Jahre?

Eine »Natur« im absoluten Sinne gibt es nicht. Wenn alles ohne gestalterisches Zutun des Menschen Entstandene und Gewachsene »Natur« ist, dann fallen Rothirsche, Bandwürmer, Viren, Gesteine, Moose und Krebsgeschwülste allesamt unter denselben Begriff. Doch bezeichnenderweise kümmert sich selbst der Natur*schutz* nicht um den Erhalt von Bandwurm und Krebsgeschwulst. Wie können wir sinnvoll von Biogemüse und Biofleisch sprechen, wenn alles Fleisch und Gemüse seiner Natur nach biologisch ist? Die als gut und schützenswert erachtete »Natur« ist ein Negativ-Begriff, geschmiedet als Waffe einer aus verunsichertem Eigennutz geborenen Kritik an den problematischen Herrschaftsmitteln des Menschen.

Doch dieser Begriff von der Natur ist eine von Mythen durchtränkte Fiktion. In der Realität des Planeten gibt es kein ökologisches Gleichgewicht, allenfalls halbwegs stabile Ungleichgewichte. Und nicht nur Löwen leben weit weniger friedlich, als Grzimek einst erzählte: Kosmische Explosionen, Meteoriteneinschläge, katastrophale Vulkanausbrüche und andere geologische Desaster schreiben die Geschichte eines Planeten, von dessen vielfältig hervorgebrachten Lebensformen nur ein einziges Prozent gegenwärtig existiert. Der Rest schwand für immer dahin, erstickt in der Asche der Vulkane, erfroren unter der grauen Dreckschicht in der Atmosphäre, gefangen durch grausame Werkzeuge und hinterhältige Fallen, dolchbezahnte Kiefer und unerbittliche Krallen.

Es ist nicht leicht, das menschliche Gefühl von einer harmonischen und erhabenen Natur mit den Grausamkeiten und Dissonanzen des Lebens zum Bild eines vom Schöpfungsfrieden beseelten Paradiesgartens zu verschmelzen. »Von sich aus« ist die Natur weder gut noch schlecht, sie weiß nicht einmal, was gut und schlecht ist. Ist es wirklich sinnvoll, diese Natur als einen positiven Wert zu betrachten? Selbst die wissenschaftliche Ökologie weiß hier nicht weiter. Ein Autökologe, der sich um die Bedeutung des einzelnen Organismus in seinem Umfeld kümmert, und ein Demökologe, der nach den Fortpflanzungsmöglichkeiten einer Population fragt, können leicht zu anderen Wertmaßstäben kommen als ein Synökologe, der die Erhaltungsbedingungen komplexer Ökosysteme erforscht. Was »gut« für das Wohl eines Einzelorganismus ist, muss noch lange nicht »gut« für die Population sein. Und das Wohl der Population wiederum kann der Schaden eines Ökosystems sein. Für manche Tierherden ist es ratsam, ein krankes oder schwaches Mitglied aus dem Verband auszustoßen, um Raubtiere von der restlichen Herde fernzuhalten. Lemming-Populationen, die sich auf der Suche nach neuen Nahrungsquellen millionenfach ins Meer stürzen, riskieren den Tod ungezählter Einzelindividuen. Und die Koalabären auf der australischen Känguru-Insel vermehrten sich in den Neunzigerjahren so stark, dass die von ihnen bevorzugte Eukalyptusart wegen Kahlfraß abstarb und die Koalas verhungerten.

Mit den Wissenschaften ist das so eine Sache. Je distanzierter und objektiver sie die Welt betrachten, umso nüchterner und amoralischer werden sie. Je näher sie dagegen einzelnen Lebewesen kommen, umso subjektiver und ethischer wird ihre Perspektive. Die Ökologie ist ein Beispiel für den ersten Fall, die Tierethik eines für den zweiten. Und irgendwo dazwischen befinden sich Arten- und Tierschutz. So ist das individuelle Wohlbefinden von Tieren für Ökologen völlig gleichgültig, für Artenschützer untergeordnet, für Tierschützer wichtig und für Tierrechtler das einzig relevante Kriterium. Konflikte sind damit programmiert. So steht für Artenschützer außer Frage, dass der Mensch mit allen zu seiner Verfügung stehenden Mitteln jene Folgen bereinigen muss, die er selbst durch Störung in der Natur verursacht hat. Von Menschen auf Inseln eingeschleppte Tiere sind dafür ein prägnantes Beispiel. So haben Kaninchen in Australien und Ratten, Marder und Füchse auf Neuseeland zahlreiche heimische Tiere ausgerottet. Gleiches gilt für viele Südseeinseln, deren Fauna durch menschliche Haustiere bedroht wird. Aus Sicht des Artenschutzes steht fest, dass der Zweck das Mittel heiligt, die eingeschleppten Tiere zu töten. Die Erhaltung der Art ist ihnen deutlich wichtiger als das Individualwohl einzelner Tiere.

Befürworteter Tiertod beginnt bei Ratten in der Kanalisation oder der Vergiftung von Tauben, geht über die Schlachtung von Nutztieren und endet bei der Jagd. Naturschützer wie *Einhard Bezzel* (* 1934) setzen sich mit wirtschaftlichen Argumenten für die »Dezimierung« überzähliger Wildtiere ein: »Erstaunlicherweise genießen manche Tiere, die wirtschaftliche und ökologische Schäden in fast schwindelerregender Höhe verursachen, in unserer Gesellschaft eine Vorzugsbehandlung, die alle ernsthaften Naturschützer und Tierfreunde veranlasst, sich für ihre Dezimierung nachdrücklich einzusetzen. Reh, Rothirsch und Gemse sind traditionell beliebt, gelten als romantische Galionsfiguren für Wald und Gebirge und können sich einer starken Lobby erfreuen.«[196] Dass der Bestand dieser Tiere in der Vergangenheit nicht stärker »dezimiert« wurde, hält Bezzel für einen schweren Fehler.

Artenschützer werben dafür, die Frage nach Leben und Tod von Wildtieren zu »versachlichen« – also genau das Gegenteil dessen, worauf es Tierrechtlern ankommt. Geht es nach ihnen, sollte jede Frage nach dem Wohl von Tieren gerade aus der Sphäre vermeintlicher Sachlichkeit befreit werden. Leidensfähige Lebewesen sind keine »Sachen«, also sollte man auch nicht »sachlich« mit ihnen umgehen. Denn wozu, so fragen sie, betreibt man

Artenschutz, wenn es gar nicht um das höchste Gut der Tiere, ihr individuelles Glück, geht?

Ein berühmtes Beispiel für solche Kontroversen sind die »Kondor-Kriege« in der Sierra Nevada. Mitte der Achtzigerjahre fingen Artenschützer des Fish and Wildlife Service die letzten freifliegenden Kalifornischen Kondore ein. Nur ganz wenige und weit versprengte Exemplare waren in der Natur verblieben, ohne Chance, dass ihre Art noch überleben könnte. Die Artenschützer hofften darauf, dass die gefangenen Vögel gemeinsam mit dem noch verbliebenen Dutzend ihrer Artgenossen in den Zoos von San Diego und Los Angeles eine neue Population aufbauen würden. Doch dagegen gingen Vertreter der National Audubon Society auf die Barrikaden. Die Audubon-Leute waren »von Hause aus« keine Tierrechtler, sondern Vogel- und Naturschützer, aber zur Verblüffung des Fish and Wildlife Service argumentierten sie mit einer tierrechtlerischen Begründung: Anstatt Unsummen für den Erhalt des riesigen Greifvogels auszugeben, sollte man die letzten Geier »in Würde sterben lassen«. Die Audubon-Leute machten ihren Kontrahenten das Leben schwer und bewachten die Schlafplätze der Vögel mit scharfer Munition. Nach drei Jahren »Partisanenkrieg« und ungezählten Schrotflinten-Gefechten in den Bergen setzten sich die Erhaltungszüchter schließlich durch. Mit einem Aufwand von über 100 Millionen Dollar wurden die Tiere erfolgreich gezüchtet, auf ihr Leben in Freiheit vorbereitet und unter ständiger Observation ausgesetzt. Als ich das Projekt im Herbst 1997 in den Vermilion Cliffs in Arizona besuchte, waren die Kondore nach vielen kostspieligen Rückschlägen gerade über den Berg. Inzwischen gibt es wieder mehr als zweihundert Kalifornische Kondore in der Natur. Allerdings werden sie bis heute mit toten Rindern gefüttert, schon um sie von den Abfallkörben der Besucherzentren in den Nationalparks abzuhalten. Denn verendete Bisons, ihre eigentliche Beute, gibt es in Kalifornien und Arizona so gut wie nicht mehr.

Warum wurde der Kalifornische Kondor als vermeintliches Wildtier gerettet? Natur- und Artenschützer verweisen hier gern auf den ökologischen Gesamtzusammenhang der Natur, der um jeden Preis gewahrt beziehungsweise wiederhergestellt werden soll. Doch genau das war im Fall des Kondors nicht entfernt der Fall. Als Endstufe der Nahrungskette, dessen Beute ausgerottet wurde, war er völlig verzichtbar geworden. Sein Verschwinden hinterließ keine erkennbaren ökologischen Folgen. Und nicht mal als »Flaggschiff« für den Schutz anderer Arten war der Kondor nützlich.

Der tatsächliche Grund für seine Bewahrung ist also ein anderer. Der Kalifornische Kondor wurde eingefangen, gezüchtet und ausgesetzt, weil Menschen dies »schön finden«. Zwar erregt der Geier mit seinem phallusartigen Kopf bei nicht wenigen Menschen regelrechten Ekel; bei Sympathieumfragen dürfte er kaum besser abschneiden als eine Landmine. Doch sieht man seine schwarz-weiße Silhouette über der Sierra Nevada, dem Grand Canyon und den Vermilion Cliffs schweben, wirkt der Vogel imposant und majestätisch.

Neben dem praktischen Nutzen für den Menschen ist Ästhetik, wie schon gesagt, die zweite große Triebfeder des Artenschutzes. Wir können uns nicht einfach von unseren ästhetischen Vorlieben für üppige Wälder und beeindruckende Elefanten befreien; sie sind ein wichtiger Teil unserer Sicht der Natur. Doch ästhetische Faszination ist nicht gleichbedeutend mit einem Wert »an sich«. Es gibt in der Welt des Menschen – und für den Menschen gibt es keine andere – nicht die Möglichkeit, außermenschliche Werte vorzufinden. Werte werden nicht im Wald entdeckt wie Pilze, sondern sie werden der Natur vom Menschen verliehen. Wildschweine in der Mandschurei erliegen nicht der ästhetischen Faszination des Tigers, sondern allenfalls dessen Pranken und Gebiss. Die Schönheit und der »Wert« der Katze ist eine menschliche Zutat. Der besondere Witz liegt darin, diesen verliehenen Wert so zu betrachten, *als ob* er der Natur von sich aus innewohnte, denn so wird er von vielen ja schließlich auch empfunden. (Dass Logiker mit solchen Werten Probleme haben, besagt noch nicht, dass Werte zu empfinden Unsinn ist. Ein Logiker oder eine Logikerin können auch nicht begründen, warum er oder sie eine Frau oder einen Mann »schön« finden oder lieben. Und sie werden kaum bestreiten, dass es das Empfinden von Schönheit und Liebe nun einmal »gibt«.) Auch die von ihrem »Wert« abgeleiteten »Rechte« der Tiere und der Natur auf ihren Erhalt werden ihnen vom Menschen verliehen – jedoch so, als ob sie es nicht wären.

So sachlich, wie Artenschützer ihr Anliegen vorzugsweise darstellen, ist es also gar nicht. Gerade die meisten imposanten oder hübschen Tiere dürften in ihrem Lebensraum nämlich verzichtbar sein. Kein Ozean kippt, weil die Wale aus ihm verschwinden, kein Ökosystem braucht Delfine. Und die Taiga in Sichote-Alin steht und fällt nicht mit den letzten Sibirischen Tigern, die in ihr herumstreifen. Das ökologische Argument ist hier oft vorgeschoben, um ein anderes, sehr menschliches Interesse zu rechtfertigen: dass wir Wale grandios und Tiger schön finden. Tatsächlich ist noch nicht einmal die Frage nach dem biologischen Sinn der Artenvielfalt geklärt. Ist jede Art ein spezieller Niet im großen Flugzeug des Ökosystems, dessen Flugtüchtigkeit mit jeder wegfallenden Spezies weiter gefährdet wird? Oder sind viele Arten lediglich überflüssige Passagiere in einem Flugzeug, das auch mit einer kleinen Besatzung hervorragend fliegen könnte?[197]

Die Ausrottung mancher Spezies scheint durchaus nicht zwingend so gravierende Folgen zeitigen zu müssen, wie mancher Ökologe sie für den Artenschutz in der Öffentlichkeit ausmalt. Es könnte durchaus sein, dass einige wenige Baumarten ausreichen, den Kohlenstoffkreislauf in den Tropenwäldern in Gang zu halten. Die Vergiftung des Trinkwassers und die Zerstörung der schützenden Ozonschicht verursachen unverhältnismäßig mehr

Schaden an den biologischen Kreisläufen der Natur als der Artentod eines brasilianischen Nachtfalters.

Das Engagement, das Menschen dafür aufbringen, Naturregionen und Tierarten zu bewahren, folgt nicht streng wissenschaftlichen Gesichtspunkten. Und selbstverständlich tun Ökologen auch gut daran, die Welt nicht schlichtweg ökologisch zu sehen. Andernfalls wären alle Lebewesen für sie ausschließlich Biokatalysatoren für Stoff- und Energieumsätze. Wie sollten Ökologen auf diese Weise ihre Familien lieben, ihren Hund hätscheln oder Kondore aussetzen? Für einen rein ökologisch denkenden Menschen wären gewisse Bakterien wertvoller, wichtiger und heilsamer als etwa der Mensch, und ihnen gälte sein ganzer Einsatz. Solche Menschen sollten besser nicht heiraten und nicht wählen. Denn ein radikal-konsequenter Naturschutz hätte vor allem ein Ziel: Den Bestand des Menschen drastisch zu dezimieren, wenn nicht sogar die ganze Spezies auszurotten. Lovelocks Schwärmerei über Tschernobyl lässt grüßen.

Auch ein Ökologe braucht also eine nicht-ökologisch ausgerichtete »unsachliche« Moral. Denn in der Frage über den Umgang mit Wildtieren ist Ökologie nur ein Argument unter anderen. Der »Wert« der Natur besteht nicht nur in ihrem Zusammenhang, sondern auch in ihren Einzelelementen, den Lebewesen selbst. Wie ließe sich das Metier der Ökologie sonst rechtfertigen, wenn nicht mit dem Lebensinteresse der darin eingebundenen Akteure? Ansonsten spräche nichts dagegen, dem Untergang entgegenzuprosten, in dem sicheren Wissen, dass sich die Natur nach dem Abgang des Menschen schon wieder irgendwie erholt, frei nach dem Witz: Treffen sich zwei Planeten. Sagt der eine: »Was ist denn mit dir los, du siehst ja so blass aus?« – »Ja«, sagt der andere, »mir geht es auch nicht gut, ich habe *homo sapiens.*« Sagt der andere: »Ach, das macht nichts. Das hatte ich auch schon mal, das geht vorbei!«

Naturschutz und Artenschutz benötigen ein nichtwissenschaftliches moralisches Fundament, um zu begründen, was sie tun. Und genau an diesem Punkt setzen Tierrechtler an: Artenschutz ohne ein moralisches Interesse an Tieren sei widersinnig. Und dieses Interesse müsse allen Tieren gelten, völlig unabhängig davon, wo sie leben und wie selten sie sind. Welchen Sinn soll es machen, das Abschlachten von gefleckten Katzen anzuprangern, ohne gleichzeitig darauf hinzuweisen, dass das Leben von Nerzen und Chinchillas zweifelsohne genauso bewahrenswert ist?

Für Tierrechtler sind Seltenheit und Bestandswahrung keine moralischen Argumente. So stellt der Tierrechtler Helmut Kaplan hier umstandslos einen seiner Faschismus-Vergleiche an, die in der Tierrechtsdiskussion als Totschlagargumente beliebt sind. Wer die Welt aus den Augen eines Artenschützers sehe, so Kaplan, könne auch durchaus der Ansicht sein, dass »an den Konzentrationslagern nichts auszusetzen gewesen« wäre, solange Hitler nur »dafür gesorgt hätte, dass die Juden nicht insgesamt aussterben«.[198] Von der Gleichsetzung von Tierrecht und Menschenrecht bis hin zur Unterstellung, Artenschützer dächten in faschistischen Kategorien, ist es nur ein kleiner Schritt.

Es ist nicht leicht, beide Perspektiven miteinander in Einklang zu bringen und zu befrieden. Seit Ökologen die Natur durch das distanzierte Fernglas der Wissenschaft neu wahrnehmen, müssen sie die Welt der Fakten und die der Moral neu ausbalancieren. Vor allem aus der Sicht des Synökologen erscheint der Gedanke, einzelnen Tieren »Rechte« zuzugestehen, völlig unsinnig. Für den Synökologen gibt es nicht einmal einen Vorrang von Tieren vor Pflanzen und vor anderen Faktoren des Ökosystems. Der schützenswerte »Wert« ist immer der gesamte Wald, nicht aber der einzelne Baum. Ob sich Käfer, Vögel und Tiger wohlfühlen oder nicht, ist absolut uninteressant – ihr »Wert« besteht allein in der Biogemeinschaft. Und das persönliche Wohl eines einzelnen Schimpansen zählt, so gesehen, weniger als die Wasserqualität eines Tümpels.

Wo Tierrechtler den Wert eines jeden leidensfähigen Wesens einfordern, kennen Synökologen nur den Wert des Gesamtsystems, das stets mehr ist als die Summe seiner Elemente. Hauptziel eines ökologisch kalkulierten Artenschutzes ist der Erhalt der Biotope. Anders ausgedrückt: Ihr höchstes Gut ist nicht das *Lebensrecht,* sondern das *Wohnrecht* von Arten. Auf genau diese Weise wurde auch der Tierschutz als Staatsziel ins Grundgesetz aufgenommen: Tiere sind Teil der Umwelt, die sie bewohnen (*Ein kurzer Text über das Töten*). Wenn Ökologen sich für moralische und juristische Rechte von nichtmenschlichem Leben einsetzen, dann nicht aus Mitleid mit den Bäumen, sondern aus Sorge um den Wald.

Doch die Ökologie steckt in einem Dilemma. Während sich Ökologen gegen das »unangebrachte Mitleid« und die »falschen Werte« von Tierrechtlern zur Wehr setzen, empfinden sie nicht selten selbst Mitleid und setzen ihrerseits Werte. Zwar hat der Ökologe gute rationale Argumente, im Dienst der Menschheit die Ressourcen der Tropenwälder zu schonen und die Meere nicht weiter zu vergiften – doch dass es einen Nationalpark im Bayerischen Wald geben muss und jedes Feuchtbiotop einen unersetzlichen Beitrag zum Weltklima leistet, wird er kaum glaubhaft machen können. Wenn sich ein Ökologe dennoch für solche Gebiete einsetzt, so kann es nur zwei Gründe dafür geben: Entweder er denkt an den Nah- beziehungsweise Fernerholungswert der Biotope (und müsste sich im Zweifelsfall einsichtig der Mehrheit seiner Mitbürger beugen, die einen Yachthafen und einen See zum Surfen für erholsamer halten). Oder er spricht dem Biotop schlicht deshalb einen Wert zu, weil es ein faszinierendes Stück Natur ist. Nicht wenige ökologisch denkende Naturschützer neigen der zweiten Variante zu. Aber sind sie dann nicht auf ähnliche Weise »Irrationalisten« (nämlich Werte-Ethiker) wie die von ihnen kritisierten Tierrechtler, die Werte an Glück und Leiden statt an Schönheit koppeln?

Dass Biokatalysatoren für Stoff- und Energieumsätze als Einzelorganismen keinen Wert darstellen, als Summe jedoch schon, ist keine plausible Gleichung. Der Begriff des Biotops, eines »Lebensraums«, ohne einen besonderen Begriff vom Leben, das sich in ihm abspielt, macht wenig Sinn. Das Gleiche gilt allerdings auch umgekehrt. Ein Tierrechts- oder Tierschutzgedanke, der dem natürlichen Schutzraum der Tiere keine gebührende Aufmerksamkeit schenkt, ist kurzsichtig. Richtig verstanden sind Tierrecht und Artenschutz Komplementärbegriffe. Ein durchdachter Naturschutz ist nur dann möglich, wenn man beide Faktoren berücksichtigt. So wie demokratische Staaten das Einzelwohl ihrer Bürger mit dem Gemeinwohl aller abgleichen, so fordern sowohl der Wald als auch die Bäume ihr Recht. Ein Artenschutz, der sich ausschließlich an ökologischen Relevanzen orientiert, ist barbarisch; ein Artenschutz hingegen, der allein nach dem Lebensinteresse der Tiere entscheidet, ist weltfremd.

In der Praxis führt dieses Zusammendenken allerdings zu schwierigen Abwägungen. Was tun, wenn von Menschen eingeschleppte Hauskatzen oder Hunde auf kleinen Inseln bodenbrütende Vögel ausrotten, die durch die Evolution nicht auf solche Räuber geeicht sind? Zählt das Lebensrecht der Katze tatsächlich mehr als das Existenzrecht einer Vogelart? Oder erfüllt in solchen Fällen der Mensch notgedrungen die Funktion eines »natürlichen Feindes«, der die Suppe, die er eingebrockt hat, auch selbst wieder auslöffeln muss? Die Praxis ringt hier Entscheidungen ab, die die Theorie nicht hergibt. Und sowohl Ökologen als auch Tierrechtler müssen sich eine schlaue Antwort darauf überlegen, welche Tierarten wir angesichts unserer beschränkten Rettungsmöglichkeiten eigentlich bewahren sollen? Die am höchsten entwickelten Tiere? Die schönsten Tiere? Oder die Tiere im schönsten Wald?

Dramatisch werden die Abwägungen, wenn Artenschutz,

Tierrecht und Menschenrecht aufeinandertreffen. Die ökologischen Schäden, die die Industrienationen durch Umweltgifte, Bergbau, Ölförderung, Meeresverseuchung und Abholzung in den Ländern der sogenannten Dritten Welt noch immer ungeniert anrichten, gehen einher mit dem Egoismus und einer Unvernunft der herrschenden Cliquen. All das zwingt auch mittellose Menschen in armen Ländern zum Raubbau an ihren Naturschätzen. Wie können wir ihnen da aus dem prassenden Westeuropa zurufen, sie sollten doch bitte ihre Wälder schonen und sich nicht so ungebührlich vermehren? Und wundert es uns, wenn sich die für ein Gorilla-Reservat aus ihrem angestammten Tropenwald umgesiedelten Pygmäen fragen: »Wieso sind wir eigentlich weniger wert als die Affen?« Wollen wir dann argumentieren, dass Gorillas sehr selten sind, Pygmäen dagegen nicht so sehr? Was würden wir umgekehrt davon halten, wenn Schwarzafrikaner zu uns kämen und die Bevölkerung Brandenburgs nach Polen umsiedelten, damit niemand den seltenen Schreiadler und die schöne Großtrappe bei der Brut stört?

Seit Einrichtung der großen Nationalparks in Süd- und Ostafrika starben bislang ungezählte »Wilderer«, niedergestreckt von den Kugeln staatlich bezahlter Wildhüter. Die erschossenen Menschen sind vornehmlich arme Teufel, angeheuert von gut organisierten Banden, hinter denen wiederum oft weiße oder in letzter Zeit chinesische Hintermänner bis hoch in die Regierungsebene stecken. Ein Ökologe könnte argumentieren, der biozönotische Wert von Elefanten oder Nashörnern sei höher als der von Menschen, etwa im Hinblick auf die Funktion von Elefanten für die Waldbiologie (für die sie allerdings eine zweischneidige Rolle spielen). Insofern sei das Töten von Wilderern als letztes Mittel zum Schutz gerechtfertigt. Als Werte-Ökologe könnte er dieses Argument noch dadurch stärken, der drohende Artentod der faszinierenden Tiere sei ein weitaus größerer Verlust für die Schönheit des Planeten als der Tod einiger Angehöriger der Spezies *Homo sapiens,* von der es ja ohnehin einige Milliarden zu viel gibt.

Artenschützer wie Grzimek waren tatsächlich dieser Ansicht und plädierten für munteren Schusswaffengebrauch – zwar nicht gegen Trophäenjäger im Bayerischen Wald, wohl aber in der Serengeti. Doch an dieser Stelle wird es befremdlich. Wenn wir wilde Tiere erhalten, weil »der Mensch« sie schön findet, dann ordnen wir sie ihm unter. Erschießen wir jedoch einen solchen Wilderer, so ordnen wir den Lebenswert des Wilderers den Tieren unter. Für »Humanisten« unter Artenschützern ist das eine harte Nuss. Wie gezeigt, sind Humanismus und Artenschutz vornehmlich über das Band der Ästhetik einander verbunden, aber kaum über das der Ethik. Diese Position ist so inkonsistent, dass Artenschützer Tierrechtlern, die das leidensfähige Leben über alles andere stellen, keinen Irrationalismus vorwerfen können, sondern allenfalls einen *anderen* Irrationalismus.

Auch für Tierrechtler ist die moralische Lage vertrackt. Für einen Utilitaristen wie Peter Singer müsste vor allem die Zahl der Betroffenen ausschlaggebend sein. Elefant und Wilderer sind moralisch gleich oder annähernd gleich wertvoll. Aus dieser Sicht wiegt das Glück zweier Elefanten mehr als das *eines* Menschen. Und der tödliche Schuss auf einen Wilderer wäre als letztes Mittel legitim. Denn wenn der Wilderer mehrere Tiere tötet, ist die Summe des von ihm verursachten Leides größer, als das eigene Leid zu sterben. Als ich mit Singer darüber diskutierte, trieb ich die Frage weiter auf die Spitze: Ich nahm das Schicksal der Kinder und anderer Angehörigen sowohl der Elefanten als auch der Wilderer mit in die Rechnung auf. Die Gleichung wurde damit immer unübersichtlicher und zeigte vor allem eins: dass man auf Singers tierethischer Basis niemals zu sicheren moralischen Urteilen kommen kann.

Es würde mich auch sehr interessieren, welche Lösung einem Werte-Ethiker wie Tom Regan dazu einfiele. Dieser lässt, wie gezeigt, solche Additionen gar nicht erst zu und erklärt das individuelle Leben aller interessensfähigen Spezies zum höchsten Wert. Doch unter lauter höchsten Werten kann niemand praktische Entscheidungen fällen! Verglichen mit den moralischen Konflikten, in die Regans Ethik einen Wildhüter verwickelt, ist die klassische griechische Tragödie ein Ponyhof.

Das Eigentümliche an dieser Diskussion ist, dass nicht wenige Menschen in Deutschland den Tod eines mit Drahtschlingen bewaffneten Wilderers in Afrika als letztes Mittel für gerechtfertigt halten. Gibt es bei uns tatsächlich so viele radikale Tierrechtler, die den Wert eines seltenen Tieres höher schätzen als den eines Menschen? Des Rätsels Lösung zeigt sich, wenn man das gleiche Szenario in den heimatlichen Wald verlegt und den Elefanten gegen ein seltenes Insekt austauscht. In diesem Fall kommen den meisten Menschen Todesschüsse auf »Wilderer« absurd vor. Irgendwie scheint der tödliche Blattschuss auf den Elefantenjäger in Kenia etwas anderes zu sein, als wenn er den heimischen Falterfreund trifft, während er den letzten Vertreter einer Spanner-Familie eintütet. Unser Mitgefühl mit anderen Menschen sinkt, je weiter sie von unserer Lebenswelt entfernt sind, und unser Mitgefühl mit Tieren steigt mit ihrer ästhetischen Faszination.

Artenschutz (sofern er nicht ausschließlich das Nützliche bewahren will) und Tierrecht sind beide irrationale Positionen. Sie unterscheiden sich nicht in der Frage der Vernunft, sondern darin, dass sie ihre moralische Sensibilität auf unterschiedliche Aspekte richten. Und genau dies ist ihre Stärke. Denn mit nüchterner Rationalität ist Fragen des Naturschutzes nicht beizukommen. Kein Philosoph und kein Ökologe vermögen stichhaltig zu begründen, warum es alle die Millionen Tierarten auf diesem Planeten geben muss. Aber sie werden ohne einen erheblichen theologischen Aufwand auch nicht begründen können, warum es Menschen geben soll. Gerade im Umgang mit dem Tier wird sich entscheiden, ob wir der Natur den mystischen Funken zurückgewinnen können, von dem auch unsere eigene Zukunft, sprich: unser Überleben, abhängt. Wie wenig verstehen wir selbst von unseren eigenen Interessen, die wir so leichtfertig »anthropozentrisch« nennen. Doch das grausame Ungleichgewicht der Welternährungslage, die Vergiftung unserer Nutztiere mit Antibiotika und Wachstumshormonen, das Verseuchen der Meere und die schonungslose Plünderung aller Ressourcen – all dies ist nicht auf das Wohl der Menschheit ausgerichtet und schon gar nicht auf ihre Zukunft. So zeigt uns der Schutz bedrohter Tiere und Regionen vor allem eines: dass wir *aus langfristigem Eigennutz etwas retten müssen, das gegenwärtig überall kurzsichtigem Eigennutz zum Opfer fällt*. Werden wir das schaffen?

• *Schopenhauers Treppe. Die Pragmatik des Nichtwissens.*

Schopenhauers Treppe

Die Pragmatik des Nichtwissens

Solange Menschen denken, dass Tiere nicht fühlen,
müssen Tiere fühlen, dass Menschen nicht denken.

Sprichwort

Wir haben eine lange Reise hinter uns gebracht; von den biologischen Grundlagen unseres Menschseins als eines speziellen Tieres unter anderen speziellen Tieren über die spirituelle Schicksalsgemeinschaft von Menschen und anderen Tieren in den frühen Hochkulturen hin zur Versachlichung der Tiere bei Juden, Griechen, Christen und Muslimen. Zuletzt haben wir über einen angemessenen Umgang mit Tieren für unsere Zeit nachgedacht und die heutigen Stätten des millionenfachen Tierleids in Ställen, Schlachthöfen, Labors usw. besucht.

Am Anfang haben wir dabei von einem anderen Ast der Evolution erfahren, der uns gleichsam entgegengesetzt ein Spitzenwesen hervorgebracht hat: die Kopffüßler, allen voran die faszinierenden Kraken. Sie lebten bereits in den Ozeanen, Hunderte Millionen Jahre lang, bevor Menschen an Land erschienen. Ihre

Fangarme betasteten den Meeressand und einander in wochenlangem Liebesspiel, ihre Farbnuancen signalisierten Stimmungen und Befinden, und ihre Papageienschnäbel zermalmten ihre Ahnen, die Muscheln, zu Perlmuttsplittern. Wir wissen nicht, wie es um die Welt bestellt wäre, wenn ein Vertreter der Oktopoden statt eines Primaten sie in den Griff genommen hätte, um sie nach seinem Gusto zu verändern. Geist, Denken, Vernunft und Kalkül wären nicht von Lebewesen definiert worden, die an der schönen Küste Kleinasiens, im verbrannten Süden Italiens oder in einer Kleinstadt unweit des Ägäischen Meers vor 2500 Jahren etwas entdeckt zu haben glaubten, das sie *logos* nannten: eine Allzweckwaffe, eine Denkmethode, eine Instanz und vielleicht auch nur eine Fiktion, geboren in einem engen Wirbeltiergehirn.

Wir stehen heute zu Beginn eines neuen Jahrtausends christlicher Zeitrechnung. Jedes Jahrtausend hat den Menschen von der umgebenden Natur und Tierwelt entfernt und entfremdet. Wenn wir weiter leben wie bisher, wird es kein weiteres Jahrtausend für die Spezies *Homo sapiens* auf diesem Planeten mehr geben. Wie auch immer wir dieser Gefahr begegnen werden, durch neue Sorgfalt und/oder neue Technologie – wir werden den Weg in die Zukunft den Synergismen der Natur ablauschen müssen und nicht allein den Privatbedürfnissen von Menschen und den Verwertungsinteressen des Kapitals.

Bereits im Jahr 1873 hatte der italienische Geologe *Antonio Stoppani* (1824–1891) von einem neuen Erdzeitalter gesprochen, das er »Anthropozoikum« nannte – das Zeitalter des Menschen. Im gleichen Sinne sprach der niederländische Meteorologe *Paul J. Crutzen* (* 1933) im Jahr 2000 vom »Anthropozän«. Die veränderte Atmosphäre, die übersäuerten Böden und Meere, die neuen Monokulturen der Landwirtschaft und der hunderttausendfache Artentod scheinen diesen Begriff zu rechtfertigen.

Doch das Wort ist missverständlich, wenn nicht gar irreführrend. Denn unser Zeitalter ist nur sehr oberflächlich betrachtet jenes des Menschen. Die Zerstörung der Natur wird zum überwältigenden Teil nicht vom »Menschen« verursacht, sondern sie erfolgt aus einem Denken heraus, das die Erde seit etwa zweihundert Jahren nach dem Kosten-Nutzen-Kalkül einiger Menschen in den reichen Industrieländern ausbeutet. Und diese Menschen denken dabei nicht typisch menschlich oder gar human, sondern nach Maßgabe des zu erzielenden Profits. Mag die Erde nach der Genesis auch allen Menschen gehören, über den Giftgehalt der Böden, der Meere und der Luft bestimmen nur wenige. Deshalb spricht der Politikwissenschaftler *Elmar Altvater* (* 1938) vom »Kapitalozän« und der Sozialpsychologe *Harald Welzer* (* 1958) vom »Knetozän«; Begriffsprägungen, die ich gerne um eine schönere ergänzen würde: das »Monetozän« – die Natur nimmt ab und das Geld nimmt zu.

Nicht »der Mensch« zerstört die Erde, sondern eine ziemlich abrupte Verhaltensänderung einer Teilpopulation von Menschen vor etwas mehr als zwei Jahrhunderten. Sie brachte kurzfristig eine ungeheure Blüte an komfortablen Lebensbedingungen hervor, betreibt aber einen solchen Raubbau an den Ressourcen, dass sie seitdem auf den raschen Untergang der ganzen Spezies zusteuert. Bezeichnenderweise leben die einzelnen Angehörigen der Art in einem derart hermetischen Sozialuniversum, dass sie, trotz eindringlicher Warnungen, ihr weiteres Glück in mehr und mehr Konsum suchen und es nicht schaffen, sich den lebensbedrohlichen Herausforderungen angemessen zu stellen. Stattdessen sind die Menschen dieser Lebensräume unausgesetzt mit den Schwierigkeiten des Paarungsverhaltens, dem Erwerb von toten Dingen und ihrer persönlichen Gesundheit beschäftigt, sodass sie die Krankheit ihres millionenfachen Lebensentwurfs sehr weitgehend ignorieren, obwohl sie darum wissen. In diesem Sinne nimmt die Menschheit einen ähnlichen Verlauf wie der jener Koalabären auf der Känguru-Insel, die sich um ihre eigene Existenz fraßen.

Das düstere Ende liegt noch in der mittleren Zukunft. Doch es scheint rasant näher zu rücken in einer Zeit, in der Menschen dazu übergehen, in Menschen unvollständige Maschinen zu sehen, statt in Maschinen unvollständige Menschen. Wir huldigen heute einer künstlichen Welt von Maschinen, deren Handlungen von erschreckend banaler Eindeutigkeit sind. In diesem Sinne hat der österreichische Biophysiker *Heinz von Foerster* (1911–2002) Computer als »trivial« erklärt – ganz im Gegenteil zu komplexen Lebewesen, deren Reiz und Wert in ihrer faszinierenden Unberechenbarkeit, also ihrer »Nicht-Trivialität« liegt.

Nicht ausrechenbar zu sein wie Menschen, Elefanten, Kraken und Paviane ist kein Mangel, sondern eine Qualität. Wie langweilig wäre ein Leben mit ausnahmslos berechenbaren Protagonisten? Ersetzen wir sie durch Computer, so verschwindet alles aus der Welt, was für Menschen einen langfristigen Wert hat. Der Philosoph *Odo Marquard* (1928–2015) definierte »Geschichten« als das, was passiert, »wenn etwas dazwischenkommt«. So kam der Mensch einst der Evolution dazwischen, und was sind Menschen anderes als ihre Geschichten? In der digitalen Welt jedoch läuft alles nach Plan. Ein Plan ist das Gegenteil einer Geschichte, er ist dann erfüllt, wenn nichts dazwischenkommt. In einer Welt der Pläne ohne Geschichten aber werden Menschen, nach Marquard, an »narrativer Athrophie« leiden, an einer Abmagerung und Auszehrung dessen, was ihrem Leben Wert und Sinn gibt.

So sind wir im Digitalzeitalter dabei, eine gleichsam perverse Vorstellung von einem zukünftigen »Leben« zu entwickeln, während wir überall in der Welt das bestehende Leben missachten und zerstören. Und wir verlieren dabei den Blick für all diejenigen Mitwesen, die gerade nicht funktional sind. Gründet nicht alle Faszination an Tieren darin, dass sie (und wohl auch die Artenvielfalt, in der sie uns begegnen) von Natur aus kein Mittel zu irgendeinem Zweck sind – jedenfalls nicht, solange wir sie nicht so gebrauchen oder darauf reduzieren?

Nach wie vor sind noch im 21. Jahrhundert mehr Menschen tagtäglich damit beschäftigt, Leben zu zerstören, als es zu erhalten. Und mit jedem innovativen Produkt stellt sich zugleich die Frage nach seinen Umweltkosten nicht nur bei der Herstellung, sondern ebenso bei seiner späteren Entsorgung. Während wir uns der Innovation verschreiben, bleibt die *Exnovation* außen vor – die Frage, welche Umweltkosten dadurch entstehen, ein Produkt verrosten oder verrotten zu lassen, es zu verbrennen oder es als Müll zu lagern.

Doch während engagierte Menschen nach Möglichkeiten suchen, die Welt, in der wir leben, zu bewahren, ein ethisches Fundament zu bauen für eine angemessene Sicht des Lebens, stoßen sie zugleich auf schier unüberwindliche Schwierigkeiten – auf Machtinteressen, Systemzwänge, Lobbys, Konventionen, Ignoranz und Starrsinn. Und das heute so dringend notwendige Verantwortungsbewusstsein, im Dienste der ganzen Menschheit etwas zu tun, scheint im Bonuspaket der Evolution für den Menschen nicht vorgesehen zu sein.

Für viele ist dies ein Grund zur Verzweiflung und zur Resignation. Pessimist zu sein hat immer den Vorteil, nicht enttäuscht werden zu können, und wirkt deshalb höchst attraktiv auf ängstliche Gemüter. Für mutige und beherzte Menschen aber gibt es keine Alternative zur Hoffnung. Immerhin durchläuft nach Arthur Schopenhauer jedes Problem bis zu seiner Anerkennung drei Stufen. Zuerst wird es kaum beachtet oder lächerlich gemacht. Als Nächstes wird es bekämpft. Und zuletzt gilt es als selbstverständlich.

Die Geschichte der politischen Freiheit, der Sklavenbefreiung und der Emanzipation der Frau scheinen dieses Stufenmodell zu bestätigen. Schon in der Antike erhoben einzelne Denker ihre Stimme gegen die Sklaverei und für die Gleichberechtigung der

Frau. Doch es vergingen mehr als zwei Jahrtausende, um diesen Forderungen in einigen Teilen der Welt auch nur annähernd zu entsprechen. Wenn heute die Frage nach den Tieren den Weg über Schopenhauers Treppe nimmt, so scheint der Weg ebenso mühselig zu sein wie in den beiden anderen Fällen. Von den Pythagoreern, Empedokles, Theophrast und Plutarch über die Mitleidsethik der Puritaner und Quäker bis hin zu den heutigen Human-Animal-Studies zieht sich ein langer Weg, ohne dass eine freundliche und respektvolle Tierethik bislang durchschlagenden Erfolg gehabt hätte.

Das Problem ist leicht benannt: Wie die Umweltfrage, so lässt sich auch die Tierfrage nicht verbessern, geschweige denn lösen, ohne die Bereitschaft, auf manches Unnötige zu verzichten. Doch erschreckenderweise vertreten heute selbst die aus bioethischen Überlegungen entstandenen Grünen keine Ethik des Verzichts mehr. Von der Abschaffung eines so gigantischen Umweltsünders wie des innerdeutschen Luftverkehrs ist, anders als in den Anfängen der Partei, nichts mehr zu hören. Und keine Landesregierung unter Mitwirkung der Grünen setzt sich ernsthaft dafür ein, die Massentierhaltung abzuschaffen. Seit mittlerweile dreißig Jahren thront der stolze Satz »Zweck dieses Gesetzes ist es, aus der Verantwortung des Menschen für das Tier als Mitgeschöpf dessen Leben und Wohlbefinden zu schützen« über einem Reich der millionenfachen Folter und rücksichtslosen Ausbeutung. In jenem elenden Territorium, das sich durch das Tierschutzgesetz legitimiert, gibt es nahezu nichts als »vernünftige Gründe«, »unvernünftige« hingegen kaum. Regiert wird das blutige Brachland der Humanität von einem Bundesminister für Ernährung, Landwirtschaft und Forsten, also nicht von dem vorhandenen Umweltminister, sondern vom Sachverwalter der Belange der Agrarindustrie und der Forstwirtschaft.

Keine im Bundestag oder in den Landtagen vertretene Partei begehrt dagegen auf. Einmal erreichte Standards der Ausbeutung von Tieren wie Hühnerbatterien, Stehsärge und Schweinekerker stehen heute nicht einmal mehr ernsthaft zur Diskussion. Allenfalls ein paar Zentimeter werden von Richtlinie zu Richtlinie verschoben. Und freiwillig räumen die Interessenvertreter der industriellen Agrarwirtschaft keinen Zentimeter ihrer Spaltenböden für den Tierschutz. Immerhin profitiert der Verbraucher von billigem Fleisch und billigen Eiern. Wen interessiert es im Nachhinein, dass bei einer Beibehaltung der Freilandhaltung von Hühnern und hohem Eierpreis ebenso wenig eine Revolution ausgebrochen wäre wie bei einem konstanten Preisniveau für Fleisch aus den Zeiten der Weimarer Republik? Doch selbst für die Grünen sind Tierleben und Tiertod eine »Ware« unter anderen auf dem globalen Markt – und ebendies rechtfertigt die Massentierhaltung. Wer international dazugehören will, muss auch im Unterbietungswettbewerb mithalten.

Die Kritik an Vergangenheit und Gegenwart sollte allerdings nicht blind machen: Die Geschichte der Menschheit unterliegt gleichwohl einem unausgesetzten Wandel. Diese Entwicklung ist nicht gleichbedeutend mit permanentem Fortschritt, wie er in den Köpfen der Politik, der Wirtschaft und mancher Philosophen und Theologen spukt. Aus ethischer Sicht gibt es bis heute nicht ein einziges gesichertes Etappenziel, das als moralischer *Common Sense* der gesamten Weltbevölkerung zum Maßstab diente. Und doch besteht Anlass zu einem gedämpften Optimismus. Dass wir heute moralische Verbesserungen nicht nur einfordern, sondern auch erwarten können, liegt nicht an der Eigendynamik der Moral. Entscheidender als alles andere ist die historische Ausnahmesituation eines mehr als siebzig Jahre währenden Friedens in Westeuropa, ein kultureller »Störfall« der neueren Menschheitsgeschichte. Philosophien und Religionen mit ihrem Verbrauch an Moral entstehen bevorzugt in Vor- und Nachkriegszeiten. In Zeiten des Krieges wird gerne an die Gruppensolidarität appelliert, und ethische Auseinandersetzungen beschränken sich im Dienst eines völkischen Pragmatismus auf ein Minimum. Lange Friedenszeiten dagegen entwickeln einen eigentümlichen Hang zu produktiver Unordnung und kritischem Hinterfragen.

Während sich die juristische Diskussion in Deutschland immerhin auf der zweiten Stufe von Schopenhauers Treppe befindet, ist das moralische Bewusstsein vieler Menschen in den westlichen Industrieländern bereits im Sprung auf die dritte. Zwar sind die Verdrängungsmechanismen der meisten Menschen noch ziemlich intakt, und die gesellschaftliche Ächtung barbarischer Praktiken ist noch verhältnismäßig leise. Doch Schuldgefühle und Beschämung brechen sich langsam ihren Weg durch die Steinplatten des Alltagsbewusstseins vieler junger Menschen. Viele wissen, dass jeder sechste Mensch auf unserem Planeten an Unterernährung leidet und vom Hungertod bedroht ist, während in den reichen Ländern ebenso viele übergewichtige und fettleibige Menschen herumlaufen. Sie kennen die Zusammenhänge zwischen dem Welthungerproblem und der Massentierhaltung. Sie wissen, dass mehr als die Hälfte aller Getreideernten weltweit als Tierfutter oder Sprit endet. Sie verachten die Unmoral der Börsen, die mit alldem auch noch zynisch und geschmacklos spielt. Und sie ziehen für sich daraus die entsprechenden »gastro-politischen« Schlüsse.

Ein veganer Lebensstil – und sei er zusätzlich durch den Gesundheitswahn und die Fitnessreligion unserer Zeit gespeist – ist heute nicht mehr lächerlich, sondern weitgehend akzeptiert. Die Jahresproduktion an Veggie-Produkten stieg in Deutschland von 2010 bis 2016 rasant von 3000 auf 20000 Tonnen. Nicht nur in den Hipster-Metropolen wie New York oder San Francisco, sondern auch in deutschen Großstädten blüht das Urban Farming. Man erzeugt gesundes Essen auf den Dächern von Hochhäusern und Lagerhallen. Selbst gezüchtetes und selbst gemachtes Essen steht hoch im Kurs, und Massentierhaltung ist ebenso verpönt wie alles andere, was in Masse gefertigt ist. Die Sehnsucht gilt echter bäuerlicher Arbeit, traditionellem Handwerk und perfekter und ursprünglicher Ernährung. Healthy-Fast-Food-Ketten bedrohen selbst Marktgiganten wie McDonald's. Keine Filiale in den USA bietet mehr Chicken McNuggets an, die für Menschen entwickelte Antibiotika enthalten. Und weitere Schritte in Richtung Healthy Food werden folgen.

Nicht gebildete Vorkämpfer wie in den vergangenen Jahrhunderten, sondern weitreichende Schwingungen, getestet im Windkanal des Zeitgeists, entscheiden heute über den Erfolg neuer Ideen und Ideale. Natürlich erfasst dieser Wind nicht die gesamte Gesellschaft. »Der Mensch ist, was er isst«, das berühmte Bonmot des Philosophen *Ludwig Feuerbach* (1804–1872), gilt auch umgekehrt. Wir sind nicht nur, was wir essen, sondern wir essen abhängig von dem, wer wir glauben zu sein. So sind es heute vor allem junge Menschen, die sich nach einem Spagat sehnen zwischen globaler digitaler Arbeitswelt und naturverbundener, regionaler und fairer Ernährung. Der Fair-Trade-Handel ist in Deutschland von 50 Millionen Euro Umsatz vor zehn Jahren auf eine Milliarde im Jahr 2015 gestiegen.

Ernährung ist ein Politikum geworden, ein Feld, auf dem man sich verantwortlich zeigt. Wer nicht Veganer oder Vegetarier ist, bekennt sich oft immerhin als »Flexitarier«, der sich bewusst ernährt und seinen Fleischkonsum einschränkt. Im Zentrum einer solchermaßen veränderten Lebenspraxis steht nicht nur der schnelle »Ergebnisnutzen«, wie der Schweizer Verhaltensökonom *Bruno S. Frey* (* 1941) unterscheidet, sondern ebenso der »Prozessnutzen«. Dabei sein ist vielleicht nicht alles, aber wer bei etwas dabei ist, sieht die Dinge anders, als wenn er sie nur von außen unbeteiligt betrachtet. Je mehr Menschen die Sache der Ernährung und damit auch die der Tierhaltung als die ihre ansehen, umso besser ist es um die Bewegung bestellt.

Doch der Weg ist steinig. Noch immer fällt es vielen Philosophen schwer, den Weg zu denken von einer anthropozentrischen Verständigungsgemeinschaft in eine anthrozoologische Verständnisgemeinschaft. Und in der Erörterung der praktischen Konsequenzen einer neuen Tierethik gibt es mehr verschiedene Ansichten als vielen Tierrechtlern lieb ist. Zoo, Zirkus, Pelztierfarmen, Fleischkonsum und Tierversuche lassen sich nicht in einem Atemzug nennen. So wichtig es auch ist, die Widersprüche und Schizophrenien im Umgang mit dem Tier zu benennen: Dort, wo es nicht um Heuchelei, sondern tatsächlich um Güter geht, ist eine Güterabwägung unumgänglich.

Eine Ethik des Nichtwissens taugt allemal nur so viel, wie sie sich als *Pragmatik des Nichtwissens* auf Konflikte und Güterabwägungen einlässt. Man kann nicht allen Menschen in Deutschland vorschreiben, Vegetarier zu werden; man wird Tierversuche dort zulassen müssen, wo lebenswichtige Bedürfnisse von Menschen betroffen sind; und man wird schon allein deshalb die Idee des Zoos für gerechtfertigt halten müssen, weil eine vollendete Befreiung aller Zoo-, Nutz- und Haustiere über kurz oder lang erst recht zur totalen Versachlichung oder zur Ignoranz gegenüber Tieren führte und die Entfremdung perfekt machte: aus den Augen, aus dem Sinn.

Es bleibt gegenwärtig genug zu tun, um die wichtigsten ethisch eindeutigen Ziele zu verwirklichen: das Verbot von Pelztierfarmen; die Einschränkung der Jagd auf ökologische Härtefälle; ein striktes Verbot der landwirtschaftlichen Intensivhaltung aller Couleur und die Förderung von »Kulturfleisch«; ein gesetzlicher Schutz von Nutztieren vor gentechnologischer Manipulation zu vordringlich ökonomischen Zwecken; die scharfe Kontrolle und ethisch ernsthafte Abwägung der Frage, ob Tierversuche wirklich zwingend erforderlich sind; die Neuerung, Tiere als »Rechtssubjekte« vor Gericht vertreten zu lassen; der Schutz der wichtigsten Naturregionen dieser Erde gegen die Nutzungsinteressen kurzsichtiger und korrupter Regierungen; die Aufklärungsarbeit in den Industrieländern, endlich ihre Bedürfnisse von ihrem Bedarf unterscheiden zu lernen.

Sollte sich nur ein Teil dieser Forderungen von Naturschützern, Tierschützern und Tierrechtlern gemeinsam durchsetzen lassen, wäre schon viel erreicht. Und sollten die bestehenden falschen Freund-Feind-Linien zwischen althergebrachtem Naturschutz und Tierschutz auf der einen und provozierendem Tierrecht auf der anderen Seite einer neuen Solidarität weichen – dann dürfte auch die dritte Stufe von Schopenhauers Treppe in absehbarer Zeit zu nehmen sein. Immerhin geschieht es oft genug, wie einst der englische Philosoph *John Stuart Mill* (1806–1873) meinte, »dass ein universaler Glaube, ein Glaube, von dem niemand frei war oder von dem sich niemand ohne eine außerordentliche Anstrengung von Vorstellungskraft oder Mut befreien konnte, in einem späteren Zeitalter so greifbar zur Absurdität wird, dass die einzige Schwierigkeit darin besteht, zu verstehen, wie eine solche Idee jemals glaubwürdig erscheinen konnte«.

Die Geschichte der Menschheit ist ein Museum gedachter und gelebter, gestürzter und reformierter Ordnungssysteme. Auch die gegenwärtige Ordnung von Schöpfung und Moral, die uns noch immer selbstverständlich erscheint, ist gerade mal in unserer heutigen Zeit und Kultur verständlich. Ordnung fällt nicht vom Himmel; sie ist gemacht nach je eigenen Regeln in verschiedenen Zeiten, verschiedenen Kulturen und Sachbereichen. Wir leben heute in einer Zeit, in der vielen Menschen bewusst wird, wie fragil diese Ordnungen sind, bis hin zur »Weltordnung«. Die Folgen der Globalisierung, bei der die Menschenströme den Kapitalströmen folgen und als »Flüchtlinge« bei uns Zuflucht suchen, die Umweltprobleme in der sogenannten Dritten Welt, die ungezählten Bürgerkriege und Menschenrechtsverletzungen belehren unmissverständlich darüber. In solcher Lage erscheint vielen die Frage nach den Tieren abständig oder zumindest zweitrangig. Doch moralischer Fortschritt entsteht nicht dadurch, ausschließlich das je Dringlichste zuerst zu behandeln! Denn weder lässt es sich sicher benennen, noch folgt die Moral einem Ranking der Dringlichkeit.

So abhängig die Tierfrage in der Praxis von anderen Menschheitsproblemen ist, so unabhängig ist sie davon in der Moral. Ein grundsätzlich falscher Umgang mit Tieren steht und fällt nicht damit, dass Menschen andere Sorgen haben. Und die Tierethik kann leider auch nicht versprechen, dass sie die Welt von allem erdenklichen Übel erlöst, sobald der Mensch seinen Platz in der Natur erst anders definiert hat. Eine leidfreie Welt ist undenkbar; der Mensch kann nicht existieren, ohne anderem Leben Gewalt anzutun. Aber immerhin lässt ein anthrozoologisches Bewusstsein die Handlungsspielräume fragwürdiger und veränderlicher erscheinen, als sie es in der starren Grenzziehung der christlich-abendländischen Kulturgeschichte waren. Wir werden genauer darüber nachdenken müssen, warum Unterschiede wie jener zwischen Mensch und Schimpanse einen moralischen Unterschied machen und andere, wie der zwischen Schimpanse und Blattlaus, nicht.

Noch vor zweihundertdreißig Jahren war Immanuel Kant der Ansicht, die Sache der Ethik wäre mit der *Kritik der praktischen Vernunft* irgendwie erledigt. Und kein Jahrhundert ist es her, dass Naturforscher meinten, die ganze Aufgabe bestünde darin, ihre Berechnungen und Messapparaturen zu verbessern. Heute wissen wir, dass *Homo sapiens,* gehemmt durch ein unzureichendes Begriffssystem, ein Gefangener seiner Sinne, sich nur unsicher vorwärtstastet durch das Zwielicht, das am inneren und äußeren Horizont seiner Welt dämmert; dem dunklen Kasten seines Wirbeltiergehirns hier, den unsicheren Koordinaten von Raum und Zeit in den Weiten des Kosmos dort.

So steht es an, dass möglichst viele Menschen ihr Selbstverständnis und ihre Ethik auf die Höhe der Zeit bringen. Wenn wir dabei von unserem Nichtwissen ausgehen, statt von den ungesicherten Axiomen des Wissens, werden wir unser Wissen besser verstehen lernen. Als »Primat«, der Erste der Schöpfung, wie sich *Homo sapiens* einst selbst definierte, stünde es ihm gewiss gut zu Gesicht, auch die Verantwortung eines »Primaten« zu übernehmen: als Herrscher des Planeten zugleich dessen Beschützer zu sein.

Wie hatte einst Charles Darwin die Entwicklung der menschlichen Ethik beschrieben? »In dem Maße, wie der Mensch nach und nach an intellectueller Kraft zunahm und in den Stand gesetzt wurde, die weiter entfernt liegenden Folgen seiner Handlungen zu übersehen, wie er hinreichende Kenntnisse erlangt hatte, um verderbliche Gebräuche und Aberglauben zu verwerfen, wie er, je länger, desto mehr, nicht bloß die Wohlfahrt, sondern auch das Glück seiner Mitmenschen in's Auge fassen lernte, wie in Folge von Gewohnheit, dieser Folge wohltuender Erfahrung, wohltätigen Unterrichts und Beispiels, seine Sympathien zarter und weiter ausgedehnt wurden, so dass sie sich auf alle Menschen aller Rassen, auf die schwachen, gebrechlichen und andren unnützen Glieder der Gesellschaft, endlich sogar auf die niederen Thiere erstreckten, – in dem Maße wird auch der Maßstab seiner Moralität höher und höher gestiegen sein.«[199]

Doch Darwins fromme Utopie vom Gewinn der intellektuellen Kraft, dem Überschauen der Handlungen und dem Erlangen hinreichender Kenntnisse über verderbliche Gebräuche und Aberglaube – dieser wahrhaft bedeutsame Sprung in der Evolution des Bewusstseins ist aus damaliger wie heutiger Sicht keine vollendete Vergangenheit.

Er bleibt die Aufgabe der Zukunft.

Anhang

Anmerkungen

1 https://vebu.de/themen/lifestyle/anzahl-der-vegetarierinnen.
2 Albert Schweitzer (2006), S. 25.
3 Hal Herzog (2012), S. 15 ff.
4 Mahabharata, zitiert nach Angelika Malinar, in: Münch/Walz (1998), S. 156 f.
5 Michel Adanson: *Cours d'histoire naturelle fait en 1772*, M. J. Payer 1845, Bd. 1, S. 4 f.
6 Charles Bonnet: *Palingénésie philosophique*, in: Ders., Œuvres, Bd. 7, S. 149 f.
7 www.darwinproject.ac.uk/darwinletters/calendar7entry-729.html.
8 Karl Marx an Friedrich Engels, 18. Juni 1862, MEW 30, S. 249.
9 Gerhard Roth (1994), S. 324.
10 Aristoteles: *Tierkunde*, Buch II. 502a 16 ff. 8.
11 Brief an J. G. Gmelin vom 14. Februar 1747, zitiert nach George Seldes: *The Great Thoughts*, Ballantine Books 1985, S. 247.
12 Jean-Jacques Rousseau: *Über Ursprung und Grundlagen der Ungleichheit*, Aufbau 1955, S. 153.
13 Charles Darwin, zitiert bei Ernest S. Turner: *All Heaven in a Rage*, Michael Joseph 1964, S. 162.
14 Charles Darwin: *Die Abstammung des Menschen und die geschlechtliche Zuchtwahl* (Nachdruck), Fourier 1992, S. 139.
15 Julian Huxley: *The Uniqueness of Man*, Scientific Book Club 1943, S. 3.

16 Konrad Lorenz: *Die Rückseite des Spiegels. Versuch einer Naturgeschichte menschlichen Erkennens*, Piper 1983, 4. Aufl., S. 227.
17 Pierre Teilhard de Chardin (1994), S. 23.
18 Heinrich Karl Erben (1988), S. 328.
19 Richard Leakey und Roger Lewin (1993), S. 25.
20 Aristoteles: *Von den Teilen der Tiere*, IV.687a 7 ff.
21 Ebd., 687a 8–10.
22 *The London Quarterly Review*, 90 (Juli 1860), S. 138.
23 Heinrich Karl Erben (1988), S. 337.
24 Ernst Mayr (1979), S. 194.
25 Jared Diamond (1994), S. 54.
26 Ebd., S. 56.
27 Gerhard Roth (1994), S. 53.
28 Konrad Lorenz: *Die Rückseite des Spiegels*, a.a.O., S. 228.
29 Zitiert nach *Der Spiegel*, Nr. 38, 12. September 2015, S. 103.
30 Nicholas Humphrey, zitiert nach Leakey/Lewin (1993), S. 288.
31 Jane Goodall (1991), S. 28.
32 Richard Leakey und Roger Lewin (1993), S. 291.
33 Heini Hediger (1988), S. 282.
34 Mary Midgley (1985), S. 56.
35 Vgl. dazu: Alexander Kluge: *Kongs große Stunde. Chronik des Zusammenhangs*, Suhrkamp 2015, S. 201.
36 Flavius Arrianus: *Indische Merkwürdigkeiten und Hannons Seereise* (1764), zitiert nach Jost Perfahl: *Die Erde ist wunderschön. Reisen durch drei Jahrtausende*, Steingrüben 1964, S. 28.
37 Vgl. dazu und zur Kultur- und Abbildungsgeschichte von Menschenaffen: Hans Werner Ingensiep (2013).
38 Friedrich Nietzsche: *Also sprach Zarathustra*, 3. Kapitel, http://gutenberg.spiegel.de/buch/-3248/4.

39 Zitiert nach Carl Sagan und Ann Druyan (1993), S. 351.
40 Zitiert nach Hans-Wilhelm Smolik: *rororo Tierlexikon in 5 Bänden*, Bd. 1, Reinbek 1968, S. 36.
41 Alfred Edmund Brehm: *Illustrirtes Thierleben*, Bd. 1–3, Verlag des Bibliographischen Instituts Leipzig 1875, S. 1.
42 Hans-Wilhelm Smolik: *rororo Tierlexikon in 5 Bänden*, a. a. O., S. 49.
43 Desmond Morris: *Der nackte Affe*, Droemer Knaur 1968, S. 11.
44 Konrad Lorenz: *Vergleichende Verhaltensforschung. Grundlagen der Ethologie*, Springer 1978, S. 311.
45 Jared Diamond (1994), S. 35.
46 Ebd., S. 37.
47 Vgl. dazu die Auswertung der zu Tausenden zählenden Beispiele in Sanjida M. O'Connell: *Empathy in Chimpanzees. Evidence for Theory of Mind?*, in: Primates 36, S. 397–410.
48 Frans de Waal (1998), S. 157.
49 Richard Dawkins (2007), S. 243.
50 Zitiert nach Manuel Schneider: *Tiere als Konsumware? Gedanken zur Mensch-Tier-Beziehung*, in: Schneider/Karrer (1992), S. 107–146, hier S. 131.
51 Ernst Mach: *Populär-wissenschaftliche Vorlesungen*, Barth 1896, S. 244.
52 Wolf Singer: *Vom Geschöpf zum Schöpfer*, in: *Die Zeit*, Nr. 27, 1996.
53 www.schimpansen.mpg.de/23452/Adoption.
54 Gerhard Roth (1994), S. 21.
55 Ebd., S. 63 f.
56 Hans Peter Duerr (1984), S. 231.
57 Plutarch, *Antonius*, Kap. 45.
58 www.fr-online.de/frankfurt/wissenschaftler-enttarnt-legende-die-wahrheit-ueber-kleopatras-tod,1472798,4538394.htm.

59 Lothar Störk, in: Münch/Walz (1998), S. 93.
60 Emma Brunner-Traut (1974), S. 42.
61 Ebd.
62 Gegen Ende des Films sagt Cheyenne (Jason Robards) zu Jill (Claudia Cardinale) über Mundharmonika (Charles Bronson): »Das kannst du nicht verstehen, Mädchen. Männer wie er, die leben mit dem Tod.«
63 Emma Brunner-Traut (1974), S. 39.
64 Zitiert nach Erik Hornung (1972), S. 197.
65 Herodot: *Historien* II, 123.
66 Zitiert nach Hellmut Brunner (1988), S. 153.
67 Herodot: *Historien* II, 65-67.
68 Juvenal, Sat. 15.
69 Lukian, Deor.conc. 10f.
70 www.wissen-im-netz.info/literatur/goethe/gedichte/24.htm.
71 Vgl. Helck/Westendorf/Otto (1975 f.), Stichwort »Tierkult«.
72 Eugen Drewermann (1991), S. 104.
73 Rudolf Bösinger (1980), S. 8.
74 Harald Steffahn (1987), S. 96.
75 Empedokles, 196 fr. 128, zitiert nach Wilhelm Capelle: *Die Vorsokratiker*, Kröner 2008.
76 Empedokles, 194 fr. 138 und 196 fr. 128.
77 Empedokles, 192 fr. 136.
78 Empedokles, 95 fr. 60 und 94 fr. 57.
79 Empedokles, 31 A 72.
80 Empedokles, 181 fr. 117.
81 Aristoteles: *Politik*, 1256 b3.
82 Ebd.
83 Cicero: *De natura deorum*, 2, 160.
84 Plutarch: *Vom Fleischessen*, zitiert nach: Baranzke/Gottwald/Ingensiep (2000), S. 138.
85 Cicero: *De natura deorum*, 2. Buch, Kap. LXII.

86 Plutarch: *De sollertia animalium*; Moralia, hier: 963F–964A.

87 Elke Rutzenhöfer (Hrsg.): *Augustinus. Opera*, Bd. 25: *Die Lebensführung der katholischen Kirche und die Lebensführung der Manichäer*, Schöningh 2003, S. 165.

88 Koran, Sure 16, Verse 5–8. Nach der Übersetzung von Rudi Paret: *Der Koran*, Kohlhammer 1982, S. 216.

89 Josef van Ess: *Theologie und Gesellschaft im 2. und 3. Jahrhundert Hidschra. Eine Geschichte des religiösen Denkens im frühen Islam*, 6 Bände, De Gruyter 1991–1997, hier Bd. II, S. 52–53.

90 Zitiert nach Alma Giese, in: Niehwöhner/Seban (2001), S. 120.

91 Zitiert nach Otfried Reinke: *Tiere. Begleiter des Menschen in Tradition und Gegenwart* (1995), S. 48.

92 Thomas von Aquin: *Summa theologica* I, qu 96.

93 Ebd., qu 75.

94 Richard Brüllmann: *Lexikon der treffenden Martin-Luther-Zitate*, Ott 1983, S. 172 f.

95 Zitiert nach Angelika Malinar, in: Münch/Walz (1998), S. 168.

96 Ebd., S. 168.

97 Ebd., S. 160.

98 Ebd., S. 162.

99 Ebd., S. 162 f.

100 Ebd., S. 163.

101 Ebd., S. 155.

102 Friedrich Nietzsche: *Über Wahrheit und Lüge im aussermoralischen Sinne*, in: *Nietzsches Werke, Kritische Gesamtausgabe*, Dritte Abteilung, 2. Bd., De Gruyter 1973, S. 369 f.

103 Johannes Scottus Eriugena: *De divisione naturae (Periphyseon)* IV. 5.

104 Michel de Montaigne: *Essais*, 2. Bd., Diogenes 1992, S. 32 f.

105 Baruch de Spinoza: *Die Ethik*, IV. Teil, Lehrs. 37.

106 Ebd.

107 René Descartes: *Abhandlung über die Methode des richtigen Vernunftgebrauchs und der wissenschaftlichen Wahrheitsforschung*, Reclam 1961, S. 55.

108 Thomas Hobbes: *Vom Bürger* (1642), 8. Kap., 10, Meiner 1994, S. 165.

109 Karl Sälzle: *Kulturgeschichte der Jagd*, in: José Ortega y Gasset (Hrsg.): *Über die Jagd* (1957), S. 91–133, hier S. 126.

110 David Hume: *An Enquiry Concerning Human Understanding*, sect. IX., xxx.

111 Johann Heinrich Winckler (Hrsg.): *Philosophische Untersuchungen von dem Seyn und Wesen der Seelen der Thiere, von einigen Liebhabern der Weltweisheit in sechs verschiedenen Abhandlungen ausgeführet, und mit einer Vorrede von der Einrichtung der Gesellschaft dieser Personen ans Licht gestellt*, Breitkopf 1742 I, 1742 II, 1743 III, 1745 IV, hier 1742 II, S. 93.

112 Christian Wolff: *Vernünfftige Gedancken von den Absichten der natürlichen Dinge* (1726), XI. Cap. § 235.

113 Georg Friedrich Meier: *Versuch eines neuen Lehrgebäudes von den Seelen der Thiere*, Hemmerde 1749, S. 118.

114 Johann Gottlieb Fichte: *Grundlage des Naturrechts nach Prinzipien der Wissenschaftslehre*, Meiner 1979, S. 223.

115 Ebd., S. 224L.

116 Adam Gottlieb Weigen: *De Jure Hominis in Creaturas* (1711), 8. Kapitel, Reprint Olms 2008.

117 Humphrey Primatt: *The Duty of Mercy and the Sin of Cruelty to Brute Animals* (1776), Neudruck Centaur Press 1992, S. 21.

118 Ebd., S. 24.

119 Jean-Jacques Rousseau: *Diskurs über die Ungleichheit* (1755), Schöningh 1997, 4. Aufl., S. 99.

120 Jeremy Bentham: *An Introduction to the Principles of Morals and Legislation*. Clarendon Press 1789, Kap. 17.

121 Ebd.

122 Wilhelm Dietler: *Gerechtigkeit gegen Thiere* (1787), Neudruck Asku-Presse 1997, S. 23 f.

123 Lauritz Smith: *Versuch eines vollständigen Lehrgebäudes der Natur und Bestimmung der Thiere und der Pflichten des Menschen gegen die Thiere*, Christ 1793, S. 459.

124 Ebd., S. 397.

125 Immanuel Kant: *Anthropologie in pragmatischer Hinsicht*, in: Ders.: *Schriften zur Anthropologie, Geschichtsphilosophie, Politik und Pädagogik* 2, § 1, in: Werkausgabe, Suhrkamp 1977.

126 Arthur Schopenhauer: *Preisschrift über die Grundlage der Moral* (1841), § 8, Meiner 1979, S. 60.

127 Ebd., S. 136.

128 Ebd., S. 138.

129 Ebd.

130 Charles Darwin: *Die Abstammung des Menschen und die geschlechtliche Zuchtwahl* (Reprint), a. a. O., S. 139.

131 Henry S. Salt: *Die Rechte der Tiere*, Schwantje 1907, S. 21.

132 Leonard Nelson: *System der philosophischen Rechtslehre und Politik* (1924), § 127, in: Ders. *Gesammelte Schriften in neun Bänden*, Bd. 6, Meiner 1970, S. 288.

133 Vgl. Nils Ole Oermann (2009), S. 149 f.

134 Albert Schweitzer (2006), S. 22.

135 Albert Schweitzer: *Was sollen wir tun?* (1986) S. 30 f.

136 Albert Schweitzer: *Kultur und Ethik. Kulturphilosophie. 2. Teil*, C.H. Beck 1923, S. 239.

137 Ebd., S. 330.

138 Karl Barth: *Kirchliche Dogmatik*, Bd. III, Teile 1–4, Theologischer Verlag 1969, 3. Aufl., S. 377.

139 Albert Schweitzer (2006), S. 77 f.

140 Ebd., S. 67.

141 Tom Regan: *The Case for Animal Rights* (1983), S. 412.

142 Peter Singer: *Ethik und Tiere*, in: Friederike Schmitz (2014), S. 82.

143 Vgl. Richard David Precht: *Der Wert des Lebens und die Definition des Todes*, Deutschlandfunk-Sendung 1999.

144 Tom Regan: *Von Menschenrechten zu Tierrechten*, in: Friederike Schmitz (2014), S. 113.

145 Gary L. Francione: *Empfindungsfähigkeit, ernst genommen*, in: Friederike Schmitz (2014), S. 171.

146 Helmut F. Kaplan (1991), S. 109.

147 www.zeit.de/gesellschaft/2014-10/tierschutz-radikale-aktivisten-vegane-armee-fraktion.

148 Jürgen Körner (1996), S. 219.

149 Peter Singer (1986), S. 20.

150 Vgl. Chimaira – Arbeitskreis für Human-Animal Studies (2011), S. 13.

151 Cora Diamond: *Die Bedeutung des Menschseins,* in: Dies. (2012), S. 127.

152 Philadelphia Citypaper, 14. Juli 2000: http://citypaper.net/articles/090700/cs.cover.side1.shtml.

153 Richard Rorty: *Hoffnung statt Erkenntnis. Eine Einführung in die pragmatische Philosophie*, Passagen 1993, S. 81.

154 Cora Diamond (2012), S. 180.

155 www.tier-im-fokus.ch/mensch_und_tier/wolf_meliorismus/.

156 Jürgen Körner (1996), S. 116.

157 Ebd., S. 117.

158 Ebd., S. 143.

159 Helmuth Plessner: *Grenzen der Gemeinschaft. Eine Kritik des sozialen Radikalismus*, in: Ders.: *Macht und menschliche Natur*, Gesammelte Schriften V, Suhrkamp, S. 12.

160 Jean-Claude Wolf (1992), S. 21.

161 Hans Wollschläger (1989), S. 13.
162 Tierschutzbericht des Bundesministers für Ernährung, Landwirtschaft und Forsten 1995, S. 51.
163 Zitiert nach Johannes Caspar (1999), S. 496 f.
164 Ebd., S. 510.
165 Ebd., S. 512 f.
166 www.telegraph.co.uk/news/worldnews/africaandindianocean/zimbabwe/11771267/Cecil-the-lion-from-king-of-the-pride-to-the-hunters-bow.html.
167 Matt Cartmill (1995), S. 275 f.
168 www.jagdverband.de/content/image-der-jagd.
169 www.abschaffung-der-jagd.de/presse/repraesentativeumfragen/index.html.
170 www.jagdreguliertnicht.ch.
171 Matt Cartmill (1995), S. 292.
172 www.welt.de/wirtschaft/article137576315/Amerikas-unappetitlicher-Hunger-nach-Fleisch.html.
173 Zitiert nach Ingensiep/Baranzke/Gottwald (2000), S. 289.
174 Zitiert nach: www.handelsblatt.com/technik/das-technologie-update/healthcare/kuenstliches-fleisch-der-burger-der-aus-der-zelle-kam/9733680.html.
175 Jeremy Rifkin (1994), S. 13 f.
176 Zitiert nach: www.handelsblatt.com/technik/das-technologie-update/healthcare/kuenstliches-fleisch-herstellungsweise-wie-bier-das-in-kesseln-gebraut-wird/9733680-2.html.
177 www.aerzte-gegen-tierversuche.de/de/infos/tierversuche-an-affen/11-hirnforschung-an-affen-grausam-und-sinnlos.
178 www.noz.de/deutschland-welt/niedersachsen/artikel/48535/todliche-tierversuche-bei-der-bundeswehr-jahrlich-sterben-hunderte-tiere.
179 www.heise.de/tp/artikel/42/42805/1.html.
180 https://aerzte-gegen-tierversuche.de/de/infos/tierversuchsfreie-forschung/110-forschung-ohne-tierleid

181 www.dfg.de/sites/flipbook/tierversuche_forschung/#1.

182 http://dip21.bundestag.de/dip21/btd, S. 8.

183 Pietro Croce (1988), S. 15.

184 Bernhard Rambeck (1990), S. 17 und S. 21.

185 Ebd., S. 11.

186 Vgl. ebd., S. 44.

187 Jane Goodall: *Schimpansen. Die Überbrückung einer Kluft*, in: Cavalieri/Singer (1994), S. 19–32, hier S. 29.

188 Vgl. McKenna/Travers/Wray (1993); Projektgruppe »Panthera« (1994).

189 In einem Brief an den Verfasser vom 11. Januar 1996, anlässlich meines Dossiers über die Erhaltungszucht Zoologischer Gärten in der *Zeit* vom 5. Januar 1996.

190 http://ppp.phwa.ch/wordpress/wp-content/uploads/2014/10/Berger-Warum-sehen-wir-Tiere-an.pdf, S. 32.

191 www.waza.org/en/site/conservation/animal-welfare-1439197763.

192 Norbert M. Schmitz: *Der Zoo als wahres, weil ästhetisches Bild der Natur*, in: Ingensiep (2015), S. 111.

193 *Wir werden einsam sein.* Evolutionsbiologe Edward O. Wilson über Artenvielfalt, Ameisen und Menschen, in: *Der Spiegel*, Nr. 48, 1995.

194 Colin Tudge (1993), S. 142.

195 Michael Hauskeller: *Naturschutz für wen?*, in: Scheidewege. Jahresschrift für skeptisches Denken, Jg. 25, 1995/96, S. 185–201, hier S. 201.

196 Einhard Bezzel (1994), S. 18.

197 Vgl. dazu die Anmerkungen von Hans Schuh zu Edward O. Wilsons Plädoyer für den Artenschutz, in: *Die Zeit*, Nr. 26, 1995.

198 Helmut F. Kaplan (2011), S. 112.

199 Charles Darwin: *Die Abstammung des Menschen und die geschlechtliche Zuchtwahl* (Reprint), a. a. O., S. 137.

Ausgewählte Literatur

Für Leser, die sich mit den angesprochenen Sachbereichen und Problemen näher beschäftigen möchten, enthält dieses Buch für jedes Kapitel eine Auswahl von exemplarischen Büchern oder Aufsätzen zur vertiefenden Lektüre.

Das Menschentier

Die Ordnung der Schöpfung

Die Entwicklung der Naturgeschichte im 18. und 19. Jahrhundert erzählt auf eigenwillige Weise Michel Foucault: *Die Ordnung der Dinge,* Suhrkamp 1971. Die Spielregeln der Evolution und die Möglichkeiten ihrer Interpretation zeigt Ernst Mayr: *Evolution und die Vielfalt des Lebens,* Springer 1979; ders.: *Die Entwicklung der biologischen Gedankenwelt,* Springer 1984; desgleichen Wolfgang Wieser (Hrsg.): *Die Evolution der Evolutionstheorie. Von Darwin zur DNA,* Spektrum 1994. Monumental und von größter Gedankentiefe ist: Stephen Jay Gould: *The Structure of Evolutionary Theory,* Harvard University Press 2002. Ebenfalls lesenswert sind Goulds Aufsatzsammlungen zum Thema: *Darwin nach Darwin. Naturgeschichtliche Reflexionen,* Ullstein 1987; *Wie das Zebra zu seinen Streifen kommt. Essays zur Naturgeschichte,* Suhrkamp 1991; *Das Lächeln des Flamingos. Betrachtungen zur Naturgeschichte,* Suhrkamp 1995; *Der Daumen des Panda. Betrachtungen zur Naturgeschichte,* Suhrkamp 2009, 3. Aufl. Die Evolution des Lebens und des Menschen fasst das in manchen Teilen allerdings etwas veraltete Buch von Heinrich Karl Erben: *Die Entwicklung der Lebewesen. Spielregeln der Evolution,* Piper 1988, 3. Aufl., übersichtlich zusammen. Als neueres Lehrbuch für den Überblick gut geeignet ist: Jan Zrzavý, David Storch und Stanislav Mihulka: *Evolution. Ein Lese-Lehrbuch,* dt. Ausgabe hrsg. von Hynek Burda und Sabine Begall, Spektrum 2009. Erhebliche Zweifel an der aktuellen biologischen Konzeption der Evolution übt Thomas Nagel: *Geist und Kosmos. Warum die materialistische neodarwinistische Konzeption der Natur so gut wie sicher falsch ist,* Suhrkamp 2016.

Der Primat

Die biologische und kulturelle Evolution des Menschen ist Gegenstand zweier lesenswerter Bücher US-amerikanischer Wissenschaftler, des Evolutionsbiologen Jared Diamond: *Der dritte Schimpanse. Evolution und Zukunft des Menschen,* Fischer 1994, und des Astrophysikers Carl Sagan und seiner Frau Ann Druyan: *Schöpfung auf Raten,* Droemer Knaur 1993. Eine kluge Sicht des Menschen aus biophilosophischer Perspektive: John Dupré: *Darwins Vermächtnis. Die Bedeutung der Evolution für die Gegenwart des Menschen,* Suhrkamp 2005. Ebenso Stephen Jay Gould: *Der falsch vermessene Mensch,* Birkhäuser 1983. Das Zitat von Pierre Teilhard de Chardin stammt aus ders.: *Der Mensch im Kosmos,* C.H. Beck 2010, 4. Aufl. Eine multiperspektivische Beleuchtung des Menschen unternehmen Norbert Elsner und Hans-Ludwig Schreiber (Hrsg.): *Was ist der Mensch?,* Wallstein 2002.

Der aufrechte Affe

Eine Ehrenrettung der Kraken gegenüber dem Menschen als komplexeste Wesen unseres Planeten unternimmt die kulturkritische Studie von Vilém Flusser und Louis Bec: *Vampyroteuthis infernalis,* European Photography 2002, 2. Aufl. Über die Möglichkeiten dessen, was ein Krake ist und sein könnte, siehe: Roger Caillois: *Der Krake. Versuch über die Logik des Imagi-*

nativen, Hanser 2013. Siehe dazu auch Gerhard Roth: *Wie einzigartig ist der Mensch? Die lange Evolution der Gehirne und des Geistes,* Spektrum 2010. Zum früheren und heutigen Stand der Paläoanthropologie siehe Josef H. Reichholf: *Das Rätsel der Menschwerdung,* dtv 1990; Richard Leakey und Roger Lewin: *Wie der Mensch zum Menschen wurde. Neue Erkenntnisse über den Ursprung und die Zukunft des Menschen,* Heyne 1977; dies.: *Der Ursprung des Menschen,* Fischer 1993; Friedemann Schrenk: *Die Frühzeit des Menschen. Der Weg zum Homo sapiens,* C.H. Beck 2008; Thomas Junker: *Die Evolution des Menschen,* C.H. Beck 2009; Douglas Palmer: *Die Evolution des Menschen. Woher wir kommen und wohin wir gehen,* National Geographic 2011. Mit der Tier-Mensch-Grenze beschäftigt sich Thomas Suddendorf: *Der Unterschied. Was den Mensch zum Menschen macht,* Berlin 2014. Die Entwicklung des menschlichen Gehirns, insbesondere seines Sprachvermögens analysiert Michael Tomasello: *Die kulturelle Entwicklung des menschlichen Denkens. Zur Evolution der Kognition,* Suhrkamp 2006; ders.: *Eine Naturgeschichte des menschlichen Denkens,* Suhrkamp 2014.

Sinn und Sinnlichkeit

Klassiker zur Primatenforschung sind Jane Goodall: *Wilde Schimpansen,* Rowohlt 1982; dies.: *Ein Herz für Schimpansen. Meine 30 Jahre am Gombe-Strom,* Rowohlt 1991; dies.: *50 Years at Gombe,* Stewart, Tabori & Chang 2012; Sue Savage Rumbaugh und Roger Lewin: *Kanzi – der sprechende Schimpanse. Was den tierischen und den menschlichen Verstand unterscheidet,* Droemer Knaur 1995; Dorothy L. Cheney und Roger M. Seyfarth: *Wie Affen die Welt sehen. Das Denken einer anderen Art,* Hanser 1995; Barbara B. Smuts (Hrsg.): *Primate Societies,* Chicago University Press 1986; Biruté Galdikas: *Reflections of Eden,* Little Brown 1995. Zur Kommunikation unter Affen siehe: Katja Liebal: *Primate Communication. A Multimodal Approach,* Cambridge University Press 2013. Einen breiten Überblick über den gegenwärtigen Stand der Primatenforschung liefert Karen B. Strier: *Primate Behavioral Ecology,* Taylor & Francis 2016, 5. Aufl. Zum sozialen Lernen bei Tieren und Menschen siehe: William Hoppitt und Kevin N. Laland: *Social Learning. An Introduction to Mechanisms, Methods and Models,* Princeton University Press 2013. Zur Entwicklung von Primaten und Primatenverhalten siehe: John G. Fleagle: *Primate Adaption and Evolution,* Academic Press 2013. 3. Aufl.; John C. Mitani, Josep Call, Peter M. Kappeler, Ryne A. Palombit und Joan B. Silk (Hrsg.): *The Evolution of Primate Societies,* University of Chicago Press 2012. Zur Evolution des Bewusstseins nach wie vor interessant ist Nicholas Humphrey: *A History of the Mind. The Evolution and Birth of Consciousness,* Cambridge University Press 1991. Das genannte Buch des Schweizer Zoodirektors Heini Hediger ist ders.: *Tiere verstehen,* dtv 1988.

Eins Komma sechs Prozent

Zur Geschichte des Verhältnisses von Menschen und Menschenaffen siehe maßgeblich Hans Werner Ingensiep: *Der kultivierte Affe. Philosophie, Geschichte und Gegenwart,* Hirzel 2013. Zur Forderung, den Großen Menschenaffen Rechte zuzusprechen, siehe: Paola Cavalieri und Peter Singer (Hrsg.): *Menschenrechte für die Großen Menschenaffen,* Goldmann 1994. Über den Ursprung der Moral in Primatengesellschaften siehe: Frans de Waal: *Unsere haarigen Vettern. Neueste Erfahrungen mit Schimpansen,* Harnack 1983; ders.: *Wilde Diplomaten. Versöhnung und Entspannungspolitik bei Affen und Menschen,* Hanser 1991; ders.: *Der gute Affe. Der Ursprung von Recht und Unrecht bei Menschen und anderen Tieren,* dtv 2000; ders.: *Bonobos. Die zärtlichen Menschenaffen,* Birkhäuser 1998; ders.: *Der*

Affe und der Sushimeister. Das kulturelle Leben der Tiere, dtv 2005; ders.: *Der Affe in uns. Warum wir sind, wie wir sind,* Hanser 2006; ders.: *Primaten und Philosophen. Wie die Evolution die Moral hervorbrachte,* Hanser 2008; ders.: *Das Prinzip Empathie. Was wir von der Natur für eine bessere Gesellschaft lernen können,* Hanser 2011; ders.: *Der Mensch, der Bonobo und die Zehn Gebote,* Klett-Cotta 2015. Ein negatives biologisches Menschenbild vertreten dagegen: Richard Dawkins: *Das egoistische Gen,* Spektrum 2007; Michael Ghiselin: *The Economy of Nature and the Evolution of Sex,* University of California Press 1974; Robert Wright: *Diesseits von Gut und Böse. Die biologischen Grundlagen unserer Ethik,* Limes 1996; Mark Ripley: *Die Biologie der Tugend. Warum es sich lohnt, gut zu sein,* Ullstein 1996. Eine ausgewogene Betrachtung zur Evolution der Moral findet sich in: Richard Joyce: *The Evolution of Morality,* MIT Press 2007.

Die Tücke des Subjekts

Aus der sehr umfangreichen kognitionswissenschaftlichen Literatur empfehlen sich die einführenden Bücher des Neurobiologen Gerhard Roth: *Das Gehirn und seine Wirklichkeit,* Suhrkamp 1994; ders.: *Fühlen, Denken, Handeln. Wie das Gehirn unser Verhalten steuert,* Suhrkamp 2003, 5. Aufl. Eine Übersicht mit wichtigen Texten zu den Möglichkeiten und Grenzen unseres Wissens über Tiere liefern Dominik Perler und Markus Wild (Hrsg.): *Der Geist der Tiere. Philosophische Texte zu einer aktuellen Diskussion,* Suhrkamp 2005. Über das Bild, das sich Menschen von Tieren machen, siehe zudem das hervorragende Einführungsbuch von Hans Werner Ingensiep und Heike Baranzke: *Das Tier,* Reclam 2008. Einsichten in die kognitiven Probleme des Tierverständnisses behandelt auch Markus Wild: *Tierphilosophie. Zur Einführung,* Junius 2008.

Das Tier im Auge des Menschen

Die Tundra des Gewissens

Eine Gesamtinterpretation der Weltreligionen im Hinblick auf ihr Naturverständnis unternimmt das etwas extravagante Buch des Anthropologen Hans Peter Duerr: *Sedna oder Die Liebe zum Leben,* Suhrkamp 1984. Zur Domestizierung von Haustieren siehe: Roger A. Caras: *A Perfect Harmony. The Intertwining Lives of Animals and Humans throughout History,* Simon & Schuster 1997. Zur Vorstellungswelt »Tier« unter anderem in der Frühzeit des Menschen siehe: Aaron Gross, Anne Vallely und Jonathan Safran Foer (Hrsg.): *The Animals and the Human Imagination. An Anthology, Beginnings to 1600,* Columbia University Press 2012.

»Ich habe kein Tier misshandelt«

Zur Einführung in die altägyptische Religion empfehlen sich die hervorragenden Schriften des Ägyptologen Jan Assmann. Von dessen zahlreichen Büchern seien erwähnt: Jan Assmann: *Ägypten. Theologie und Frömmigkeit einer frühen Hochkultur,* Kohlhammer 1984; ders.: *Ma'at: Gerechtigkeit und Unsterblichkeit im alten Ägypten,* Hanser 1990; ders.: *Stein und Zeit. Mensch und Gesellschaft im alten Ägypten,* Fink 1991; ders.: *Tod und Jenseits im Alten Ägypten,* C.H. Beck 2010, 2. Aufl. Klassiker sind Erik Hornung: *Der Eine und die Vielen. Ägyptische Gottesvorstellungen,* Wissenschaftliche Buchgesellschaft 1989, 3. Aufl.; Emma Brunner-Traut: *Die alten Ägypter. Verborgenes Leben unter Pharaonen,* Kohlhammer 1987, 4. Aufl.; Hellmut Brunner: *Altägyptische Weisheit. Lehren für das Leben,* Wissenschaftliche Buchgesellschaft 1988; Klaus Koch: *Geschichte der altägyptischen Religion. Von den Pyramiden bis zu den Mysterien der Isis,* Kohlhammer 1993. Informationen zum Tierkult liefert der einschlägige Artikel in Wolfgang Helck, Wolfhart Westendorf und Eberhard Otto (Hrsg.): *Lexikon der Ägyptologie,* Harassowitz 1975 ff. Zu speziellen Themen sind empfehlenswert folgende Aufsätze und Bücher: Erik Hornung: *Die Bedeutung des Tieres im alten Ägypten,* in: Studium Generale 20, 1967, S. 69–84; ders.: *Ägyptische Unterweltsbücher,* Artemis 1972; ders.: *Die Vieldeutigkeit der Tiere im alten Ägypten,* in: Friedrich Niewöhner und Jean-Loup Seban (Hrsg.): *Die Seele der Tiere,* Harassowitz 2001, S. 41–50. Emma Brunner-Traut: *Die Stellung des Tieres im Alten Ägypten,* in: Universitas 40, 1985, S. 333–347. Lothar Störk: *Die Tiere im Alten Ägypten,* in: Paul Münch und Rainer Walz: *Tiere und Menschen. Geschichte und Aktualität eines prekären Verhältnisses,* Schöningh 1998, S. 87–120.

Hirten und Herrscher

Klassiker über das Tier im Judentum sind Josef Wohlgemuth: *Das Tier und seine Wertung im alten Judentum,* Kauffmann 1930; Michael Landmann: *Das Tier in der jüdischen Weisung,* Lambert Schneider 1959. Das Verhältnis des Judentums zum Tier ist das Thema eines umfangreichen Sammelbands von Bernd Janowski, Ute Neumann-Gorsolke und Uwe Gleßmer (Hrsg.): *Gefährten und Feinde des Menschen. Das Tier in der Lebenswelt des alten Israel,* Neukirchener 1993. Siehe weiterhin Otfried Reinke: *Tiere. Begleiter des Menschen in Tradition und Gegenwart,* Neukirchener 1995; Florian Schmitz-Kahmen: *Geschöpfe Gottes unter der Obhut des Menschen. Die Wertung der Tiere im Alten Testament,* Neukirchener 1997; Othmar Keel, Thomas Staubli u. a.: *»Im Schatten Deiner Flügel«. Tiere in der Bibel und im Alten Orient,* Academic Press Fribourg 2001; Peter Riede: *Im Spiegel der Tiere. Studien zum Verhältnis von Mensch und Tier im alten Israel,* Vandenhoeck & Ruprecht 2002; Silvia Schroer: *Die Tiere in der Bibel. Eine kulturgeschichtliche Reise,* Herder

2010. Eine gute Einführung in das Thema jüdisch-christliche Religion und Tierethik geben zwei Taschenbücher des ehemaligen ZDF-Redakteurs Wolf-Rüdiger Schmidt: *Leben ohne Seele? Tier – Religion – Ethik,* Goldmann 1991; ders.: *Geliebte und andere Tiere in Judentum, Christentum und Islam. Vom Elend der Kreatur in unserer Zivilisation,* Goldmann 1996. Viel Kritik an der Haltung von Judentum und Christentum gegenüber dem Tier üben zwei Bücher von Eugen Drewermann: *Über die Unsterblichkeit der Tiere. Hoffnung für die leidende Kreatur,* Walter 1990; ders.: *Der tödliche Fortschritt,* Herder 1991, 6. Aufl., hier besonders S. 67–110.

Das verlorene Paradies

Über Philosophie und Ethik der Vorsokratiker siehe James Luchte: *Early Greek Thought: Before the Dawn,* Bloomsbury Publishing 2011. Zum Seelenbegriff des Griechentums siehe den Klassiker von Franz Rüsche: *Blut, Leben und Seele. Ihr Verhältnis nach Auffassung der griechischen und hellenistischen Antike, der Bibel und der alexandrinischen Theologen. Eine Vorarbeit zur Religionsgeschichte des Opfers* (1930), Johnson Reprint 1968; ferner zur frühgriechischen Seelenvorstellung Jan Nicolaas Bremmer: *The Early Greek Conception of the Soul,* Princeton University Press 1987, 2. Aufl.; Claudia Frenzel: *Tier, Mensch und Seele bei den Vorsokratikern,* in: Friedrich Niewöhner und Jean-Loup Seban (Hrsg.): *Die Seele der Tiere,* Harassowitz 2001, S. 59–92. Zum Vegetarismus siehe den Klassiker von Johannes Haussleiter: *Der Vegetarismus in der Antike,* Töpelmann 1935. Zum Mensch-Tier-Verhältnis in der Antike siehe Urs Dierauer: *Tier und Mensch im Denken der Antike. Studien zur Tierpsychologie, Anthropologie und Ethik,* Grüner 1977; ders.: *Mensch und Tier im griechisch-römischen Denken,* in: Paul Münch und Rainer Walz (Hrsg.): *Tiere und Menschen. Geschichte und Aktualität eines prekären Verhältnisses,* Schöningh 1998, S. 37–85;

ders.: *Vegetarismus und Tierschonung in der griechisch-römischen Antike,* in: Manuela Linnemann und Claudia Schorcht (Hrsg.): *Vegetarismus,* Harald Fischer 2001, S. 15–20; Annetta Alexandridis, Markus Wild und Lorenz Winkler-Horacek (Hrsg.): *Mensch und Tier in der Antike. Grenzziehung und Grenzüberschreitung,* Reichert 2009. Zu Aristoteles' Versachlichung des Tieres siehe: Martin F. Meyer: *Aristoteles und die Geburt der biologischen Wissenschaft,* Springer 2015.

»Kümmert sich Gott etwa um die Ochsen?«

Einige für die Rolle des Tieres im Christentum wichtige Bücher wurden bereits im Kontext des Judentums genannt. Eine vehemente Kritik am Umgang der Kirche mit dem Tier übt Carl Anders Skriver: *Der Verrat der Kirchen an den Tieren,* Starczweski 1967. Eine Aufforderung zum Umdenken in unserem Umgang mit Tieren unternehmen zahlreiche schöpfungstheologisch inspirierte Bücher, von denen hier nur drei erwähnt werden: Rudolf Bösinger: *Bruder Esel. Tiere, die uns anvertraut,* Lahn 1980; Rainer Hagencord: *Noahs vergessene Gefährten. Ein zerrüttetes Verhältnis heilen,* Grünewald 2010; Kurt Remele: *Die Würde des Tieres ist unantastbar. Eine neue christliche Tierethik,* Butzon & Bercker 2016. Zur Rolle des Tieres im Islam siehe Herbert Eisenstein: *Einführung in die arabische Zoographie. Das tierkundliche Wissen in der arabisch-islamischen Literatur,* Reimer 1991; ders.: *Mensch und Tier im Islam,* in: Paul Münch und Rainer Walz (Hrsg.): *Tiere und Menschen. Geschichte und Aktualität eines prekären Verhältnisses,* Schöningh 1998, S. 121–146; Alma Giese: *»Vier Tieren auch verheißen war, ins Paradies zu kommen«. Betrachtungen zur Seele der Tiere im islamischen Mittelalter,* in: Friedrich Niewöhner und Jean-Loup Seban (Hrsg.): *Die Seele der Tiere,* Harassowitz 2001, S. 111–132.

Scheinheilige Kühe

Über den Umgang mit Tieren in der alten asiatischen Tradition informiert Christopher Key Chapple: *Nonviolence to Animals, Earth and Self in Asian Traditions,* State University of New York Press 1993. Eine umfangreiche Gesamtdarstellung des Verhältnisses von Mensch und Tier im Hinduismus liegt nicht vor. Hinweise finden sich in Heinrich Zimmer: *Philosophie und Religion Indiens,* Suhrkamp 1979. Aspekte beleuchten Ludwig Alsdorf: *Beiträge zur Geschichte von Vegetarismus und Rinderverehrung in Indien,* Akademie der Wissenschaften und der Literatur, Abhandlungen der geistes- und sozialwissenschaftlichen Klasse, Jg. 1961, (6), 1962; Jan Gonda: *Mensch und Tier im alten Indien,* in: Studium Generale 20.2, 1967, S. 105–116. Eine gute Zusammenfassung der wichtigsten Themenfelder gibt der Aufsatz von Angelika Malinar: *Wechselseitige Abhängigkeiten und die Hierarchie der Körper: Zum Verhältnis zwischen Tieren und Menschen in hinduistischen Traditionen nach der episch-puranischen Literatur,* in: Paul Münch und Rainer Walz: *Tiere und Menschen: Geschichte und Aktualität eines prekären Verhältnisses,* Schöningh 1998, S. 147–178. Zum Tier im Buddhismus siehe Francis Story: *The Place of Animals in Buddhism,* Buddhist Publication Society 1964; Lambert Schmithausen und Mudagamuwe Maithrimurthi: *Tier und Mensch im Buddhismus,* in: Paul Münch und Rainer Walz: *Tiere und Menschen. Geschichte und Aktualität eines prekären Verhältnisses,* Schöningh 1998, S. 179–224. Lambert Schmithausen: *Essen ohne zu töten. Zur Frage von Fleischverzehr und Vegetarismus im Buddhismus,* in: Perry Schmidt-Leukel (Hrsg.): *Die Religionen und das Essen,* Diederichs 2000, S. 145–202.

Die Denker und das liebe Vieh

Eine schöne Quellensammlung zur Diskussion um die »Tierseele« liefert Gotthard Martin Teutsch: *Da Tiere eine Seele haben ... Stimmen aus zwei Jahrtausenden,* Kreuz 1987. Zeugnisse des philosophischen Disputs über die animalische Vernunft hat Hans-Peter Schütt (Hrsg.): *Die Vernunft der Tiere,* Keip 1990 zusammengestellt. Noch umfassender ist der Sammelband, den Manuela Linnemann zusammengestellt hat: *Brüder – Bestien – Automaten. Das Tier im abendländischen Denken,* Harald Fischer 2000. Verschiedene Dimensionen des Mensch-Tier-Verhältnisses von der Antike bis zur Gegenwart versammelt das Kompendium von Hans Werner Ingensiep, Heike Baranzke und Franz Theo Gottwald: *Leben – Töten – Essen. Anthropologische Dimensionen,* Hirzel 2000. Eine weitere Textsammlung von der Antike bis zur Gegenwart bietet Ursula Wolf: *Texte zur Tierethik,* Reclam 2008. Zur Theorie der Tierautomaten siehe Alex Sutter: *Göttliche Maschinen. Die Automaten für Lebendiges bei Descartes, Leibniz, La Mettrie und Kant,* Athenäum 1988. Zum Begriff der »Würde« in der tierethischen Diskussion in Geschichte und Gegenwart siehe maßgeblich: Heike Baranzke: *Würde der Kreatur? Die Idee der Würde im Horizont der Bioethik,* Königshausen & Neumann 2002.

»Können sie leiden?«

Das Verhältnis protestantischer Sekten zum Tier beleuchtet der lesenswerte Aufsatz von Rainer E. Wiedenmann: *Protestantische Sekten, Höfische Gesellschaft und Tierschutz,* in: Kölner Zeitschrift für Soziologie 1,1996, S. 35–65; ders.: *Tiere, Moral, Gesellschaft. Elemente und Ebenen humanistischer Sozialität,* VS Verlag für Sozialwissenschaften 2009. Die wenig bekannte deutschsprachige Literatur des 18. Jahrhunderts diskutiert Hans Werner Ingensiep: *Tierseele und tierethische Argumentationen in der deutschen philosophischen Literatur des 18. Jahrhunderts,* in: Internationale Zeitschrift für Geschichte und Ethik der Naturwissenschaften, Technik und Medizin Nr. 2, 1996, S. 103–118.

Zu Schopenhauers buddhistischem Tierverständnis siehe: Jochen Stollberg (Hrsg.): *»Das Tier, das du jetzt tötest, bist du selbst ...« Arthur Schopenhauer und Indien,* Klostermann 2006. Die Geschichte des Tierschutzes vornehmlich in den angelsächsischen Ländern erzählt E. S. Turner: *All Heaven in a Rage,* Michael Joseph 1964. Hervorragend und äußerst detailliert ist Mieke Roscher: *Ein Königreich für Tiere. Die Geschichte der britischen Tierrechtsbewegung,* Tectum 2009. Die Klassiker des Tierrechts sind erhältlich als: Henry Salt: *Animals' Rights Considered in Relation to Social Progress* (1892), Kessinger Publishing 2010; Leonard Nelson: *System der philosophischen Ethik und Pädagogik,* Gesammelte Schriften, Band V, Meiner 1970.

Eine neue Tierethik

Das eiserne Tor

Zu Albert Schweitzer siehe Nils Ole Oermann: *Albert Schweitzer. 1875–1965. Eine Biographie,* C.H. Beck 2009; Zu seiner Tierethik siehe: Erich Gräßer: *Albert Schweitzer. Ehrfurcht vor den Tieren,* C.H. Beck 2006; Albert Schweitzer: *Was sollen wir tun? 12 Predigten über ethische Probleme* (1919), Lambert Schneider 1986, 2. Aufl. Zur Diskussion um Schweitzers Ethik siehe: Günter Altner, Ludwig Frambach, Franz-Theo Gottwald und Manuel Schneider: *Leben inmitten von Leben. Die Aktualität Albert Schweitzers,* Hirzel 2005. Die wichtigsten Schriften Peter Singers zum Thema sind: *Animal Liberation. Die Befreiung der Tiere,* Rowohlt, erweiterte Neuauflage 1996. Weiterhin: *Praktische Ethik,* Reclam 1984; ders. (Hrsg.): *Verteidigt die Tiere. Überlegungen für eine neue Menschlichkeit,* Neff 1986; ders.: *Henry Spira und die Tierrechtsbewegung,* Harald Fischer 2001. Von Tom Regan seien genannt: *The Case for Animal Rights,* University of California Press 2004, 3. Aufl.; ders.: *Defending Animal Rights,* University of Illinois Press 2001; ders. und Carl

Cohen: *The Animal Rights Debate,* Rowman & Littlefield 2001; ders.: *Animal Rights, Human Wrongs. An Introduction to Moral Philosophy,* Rowman & Littlefield 2003; ders. und Jeffrey M. Masson: *Empty Cages. Facing the Challenge of Animal Rights,* Rowman & Littlefield 2005.

Schutz oder Recht – Eine artgerechte Moral – Gut, besser, am besten

Ein gutes Nachschlagewerk zum Thema »Tierschutz« hat Gotthard Martin Teutsch verfasst: *Mensch und Tier. Lexikon der Tierschutzethik,* Vandenhoeck & Ruprecht 1987. Die verschiedenen Aspekte des Tierschutzes beleuchtet der Sammelband von Ursula M. Händel (Hrsg.): *Tierschutz. Testfall unserer Menschlichkeit,* Fischer 1984. Das Selbstverständnis der Tierrechtsbewegung bringt im deutschsprachigen Raum Helmut F. Kaplan zum Ausdruck: *Philosophie des Vegetarismus,* Lang 1988; ders.: *Sind wir Kannibalen? Fleischessen im Lichte des Gleichheitsprinzips,* Lang 1991; ders.: *Leichenschmaus. Ethische Gründe für eine vegetarische Ernährung,* Book-on-Demand 2011, 4. Aufl.; ders.: *Tiere haben Rechte,* Harald Fischer 1998; ders.: *Ich esse meine Freunde nicht oder Warum unser Umgang mit Tieren falsch ist,* Trafo 2009; ders.: *Tierrechte. Modetrend oder Moralfortschritt?,* Book-on-Demand 2012. Eine wütende Anklage schrieben auch Sina Walden und Gisela Bulla: *Endzeit für Tiere,* Rowohlt 1992. Von der jüngeren Literatur im Umfeld der Tierrechtsbewegung seien erwähnt Hilal Sezgin: *Artgerecht ist nur die Freiheit. Eine Ethik für Tiere oder Warum wir umdenken müssen,* Piper 2015, 2. Aufl.; Martin Balluch: *Der Hund und sein Philosoph. Plädoyer für Autonomie und Tierrechte,* Promedia 2015. Zur philosophischen Grundlegung von Tierrechten und einer egalitären Tierethik in der Nachfolge von Singer und Regan siehe: Raymond G. Frey: *Interests and Rights. The Case Against Animals,* Oxford University Press 1980; ders.: *Rights, Killing and Suffer-*

ing, Blackwell 1983; ders.: *Utility and Rights*, Blackwell 1984; ders.: *Rights, Killing and Suffering. Moral Vegetarianism and Applied Ethics*, Blackwell 1985; Mary Midgley: *Animals and Why They Matter*, University of Georgia Press 1985: Steve F. Sapontzis: *Morals, Reason, and Animals*, Temple University Press 1987; Rosemary Rodd: *Biology, Ethics, and Animals*, Clarendon 1990; Michael W. Fox: *Inhumane Society. The American Way of Exploiting Animals*, St. Martin's Griffin 1990; Bernard Rollin: *Animal Rights & Human Morality*, Prometheus Books 2006, 3. Aufl.; Gary L. Francione: *Animals, Property, and the Law*, Temple University Press 1995; ders.: *Rain without Thunder. The Ideology of the Animal Rights Movement*, Temple University Press 1996; ders.: *Introduction to Animal Rights. Your Child or the Dog?*, Temple University Press 2000; ders.: *Animals as Persons. Essays on the Abolition of Animal Exploitation*, Columbia University Press 2008; ders.: *The Animal Rights Debate. Abolition or Regulation*, Columbia University Press 2010; David DeGrazia: *Taking Animals Seriously. Mental Life and Moral Status*, Cambridge University Press 1996; Stephen R. L. Clark: *Animals and Their Moral Standing*, Routledge 1997; Dale Jamieson: *Morality's Progress. Essays on Humans, Other Animals, and the Rest of Nature*, Oxford University Press 2002. Paola Cavalieri: *Die Frage nach den Tieren. Für eine erweiterte Theorie der Menschenrechte*, Harald Fischer 2002; Cora Diamond: *Menschen, Tiere und Begriffe. Aufsätze zur Moralphilosophie*, Suhrkamp 2012. Einen guten Sammelband mit wichtigen Texten der angloamerikanischen Tierrechtsdiskussion der letzten vierzig Jahre hat Friederike Schmitz zusammengestellt: *Tierethik. Grundlagentexte*, Suhrkamp 2014. In der deutschsprachigen Tierethik ist maßgeblich Jean-Claude Wolf: *Tierethik. Neue Perspektiven für Menschen und Tiere*, Harald Fischer 2005, 2. Aufl.; ders.: *Traditioneller Tierschutz, radikaler Tierschutz und der ethische Meliorismus*, tier-im-fokus.ch, 5. März 2011; Ursula Wolf: *Das*

Tier in der Moral, Klostermann 1990; dies.: *Ethik der Mensch-Tier-Beziehung,* Klostermann 2012. Unter den Sammelbänden zum Thema erscheinen mir besonders wichtig: Manuel Schneider, Andreas Karrer u.a. (Hrsg.): *Die Natur ins Recht setzen. Ansätze für eine neue Gemeinschaft allen Lebens,* C. F. Müller 1992, hier vor allem der ausgezeichnete Beitrag von Manuel Schneider. Alberto Bondolfi (Hrsg.): *Mensch und Tier. Ethische Dimensionen ihres Verhältnisses,* Universitätsverlag Fribourg 1995; Martin Liechti (Hrsg.): *Die Würde des Tieres,* Harald Fischer 2002. Gegen eine »Würde« der Tiere argumentiert mit den Waffen der analytischen Philosophie Norbert Hoerster: *Haben Tiere eine Würde? Grundfragen der Tierethik,* C.H. Beck 2004.

Was tun?

Lieben – Hassen – Essen

Mit der Psychologie der Mensch-Tier-Beziehung befasst sich Jürgen Körner: *Bruder Hund & Schwester Katze. Tierliebe – Die Sehnsucht des Menschen nach dem verlorenen Paradies,* Kiepenheuer & Witsch 1996. Einen Querschnitt des Mensch-Tier-Verhältnisses in Gegenwart und Geschichte bietet das theologisch inspirierte Buch von Harald Steffahn: *Menschlichkeit beginnt beim Tier. Gefährten und Opfer,* Kreuz 1987. Siehe weiterhin: James Serpell: *Das Tier und wir. Eine Beziehungsstudie,* Albert Müller 1990; Hanna Rheinz: *Eine tierische Liebe. Zur Psychologie der Beziehung zwischen Mensch und Tier,* Kösel 1994. Zum Mensch-Tier-Verhältnis auf der Anklagebank siehe Gerhard Staguhn: *Tierliebe. Eine einseitige Beziehung,* Hanser 1996; Melanie Joy: *Warum wir Hunde lieben, Schweine essen und Kühe anziehen. Karnismus – eine Einführung,* compassion media 2013, 5. Aufl.; Bernhard Kathan: *Zum Fressen gern. Zwischen Haustier und Schlachtvieh,* Kadmos 2004; Antoine F. Goetschel: *Tiere klagen an,* Fischer 2013. Den Begriff

»Anthrozoologie« prägte Hal Herzog: *Wir streicheln und wir essen sie. Unser paradoxes Verhältnis zu Tieren,* Hanser 2012. Einen Überblick der vielen unterschiedlichen Facetten bieten: Hartmut Böhme, Franz-Theo Gottwald, Christian Holtorf, Thomas Macho, Ludger Schwarte, Christoph Wulf (Hrsg.): *Tiere. Eine andere Anthropologie,* Böhlau 2004; Michael Rosenberger: *Gefährten – Konkurrenten – Verwandte. Die Mensch-Tier-Beziehung im wissenschaftlichen Diskurs,* Vandenhoeck & Ruprecht 2009; Hans Werner Ingensiep (Hrsg.): *Das Tier in unserer Kultur. Begegnungen, Beziehungen, Probleme,* Oldip 2015. Aus der Perspektive der Sozialwissenschaften: Renate Brucker, Melanie Bujok, Birgit Mütherich u. a. (Hrsg.): *Das Mensch-Tier-Verhältnis. Eine sozialwissenschaftliche Einführung,* Springer 2014. Aus der Perspektive der Human-Animal Studies: Chimaira – Arbeitskreis für Human-Animal Studies (Hrsg.): *Human-Animal Studies. Über die gesellschaftliche Natur von Mensch-Tier-Verhältnissen,* transcript 2011; Arianna Ferrari und Klaus Petrus (Hrsg.): *Lexikon der Mensch-Tier-Beziehungen,* transcript 2015; Annette Bühler-Dietrich und Michael Weingarten (Hrsg.): *Topos Tier. Neue Gestaltungen des Tier-Mensch-Verhältnisses,* transcript 2015.

Ein kurzer Text über das Töten

Das Tierschutzgesetz ist nachlesbar unter www.gesetze-im-internet.de/tierschg/BJNR012770972.html. Ausführlich kommentiert wird es von Almuth Hirt, Christoph Maisack, Johanna Moritz: *Tierschutzgesetz. Kommentar,* Franz Vahlen 2007; Albert Lorz und Ernst Metzger: *Tierschutzgesetz. Tierschutzgesetz mit Allgemeiner Verwaltungsvorschrift, Rechtsverordnungen und Europäischen Übereinkommen sowie Erläuterungen des Art. 20a GG. Kommentar,* C.H. Beck 2008, 6. Aufl. Ein hervorragendes Buch zur Rechtsproblematik des Tierschutzgesetzes ist Johannes Caspar: *Tierschutz im Recht der modernen Industriegesell-*

schaft. Eine rechtliche Neukonstruktion auf philosophischer und historischer Grundlage, Nomos 1999. Zum modernen Umweltrecht siehe: Christopher D. Stone: *Umwelt vor Gericht. Die Eigenrechte der Natur,* Trickster 1992, 2. Aufl.; ders.: *Earth and Other Ethics,* Harper & Row 1975; ders.: *The Gnat is Older than Man. Global Environment and Human Agenda,* Princeton University Press 1993; ders.: *Should Trees Have Standing? And Other Essays on Law, Morals, and the Environment,* Oceana Publications 1996. Einen noch viel weitergehenden Ansatz, der Tiere als »Staatsbürger« verstehen möchte, entwerfen Sue Donaldson und Will Kymlicka: *Zoopolis. Eine politische Theorie der Tierrechte,* Suhrkamp 2013.

Naturschutz oder Lustmord?

Das Selbstverständnis von Jägern rechtfertigt mit einem »Jagdtrieb« Florian Asche: *Jagen, Sex und Tiere essen. Die Lust am Archaischen,* Naumann-Neudamm 2012; Jagen als »Achtung des brüderlichen Geschöpfs« verteidigt Gerd H. Meyden: *Was uns Jägern wirklich bleibt …,* Stocker 2013, 5. Aufl. Jagd als »Liebe zur Natur« rechtfertigt Lothar C. Rilinger: *Die Magie der Jagd … Erlebnisse und Begegnungen,* Stocker 2010. Die Kulturgeschichte der Jagd erzählt das faszinierende Buch von Matt Cartmill: *Das Bambi-Syndrom. Jagdleidenschaft und Misanthropie in der Kulturgeschichte,* Rowohlt 1995. Ein Klassiker ist José Ortega y Gasset (Hrsg.): *Über die Jagd,* Rowohlt 1957. Aus der engagierten jagdkritischen Literatur erwähnenswert sind das streitbare Buch von Horst Hagen: *Wie edel ist das Waidwerk?,* Ullstein 1984, sowie zwei Bücher des Tierrechtsaktivisten Dag Frommhold: *Das Anti-Jagdbuch. Von der ökologischen und ethischen Realität des edlen Waidwerks,* Hirthammer 1994; ders.: *Jägerlatein. Über die ökologischen Lügen der Waidmänner,* Okapi 1996.

Jenseits von Wurst und Käse

Die Literatur zur Massentierhaltung ist mittlerweile sehr umfassend. Genannt seien die Klassiker Wolf-Michael Eimler: *Tierische Geschäfte. Barbarische Methoden im Fleisch- und Eierland,* Droemer Knaur 1987; Manfred Karremann und Karl Schnelting: *Tiere als Ware. Gequält – getötet – vermarktet,* Fischer 1992; Jeremy Rifkin: *Das Imperium der Rinder,* Campus 1994. Über die gentechnologisch unterstützte Tierzucht informiert aus theologischer, wirtschaftlicher und wissenschaftlicher Sicht der Sammelband von Bernhard Sill (Hrsg.): *Bio- und Gentechnologie in der Tierzucht. Ethische Grund- und Grenzfragen im interdisziplinären Dialog,* Ulmer 1996. Ein moderner Klassiker zur Praxis des Fleischessens ist Volker E. Pilgrim und Max Melbo: *Zehn Gründe, kein Fleisch mehr zu essen,* Rowohlt 1992. Neuere Literatur zum Thema sind: Jonathan Safran Foer: *Tiere essen,* Fischer 2012, 5. Aufl.; Andreas Grabolle: *Kein Fleisch macht glücklich. Mit gutem Gefühl essen und genießen,* Goldmann 2012: Karen Duve: *Anständig essen. Ein Selbstversuch,* Goldmann 2012. Einen umfassenden Überblick zum ethischen Problem des Fleischessens geben: Franz-Theo Gottwald, Hans Werner Ingensiep und Marc Meinhardt (Hrsg.): *Food Ethics,* Springer 2010. Zum Dilemma der Tierzucht in der Landwirtschaft siehe: Tanja Busse: *Die Wegwerfkuh. Wie unsere Landwirtschaft Tiere verheizt, Bauern ruiniert, Ressourcen verschwendet und was wir dagegen tun können,* Blessing 2015. Literarische Texte zum Schlachten von Tieren hat Manuela Linnemann gesammelt, in: dies. (Hrsg.): *Der Weg allen Fleisches. Das Motiv des Schlachtens in der Literatur,* Harald Fischer 2006.

Das Tier als Dummy

Zwei Bücher berichten über die Geschichte der Vivisektion: Andreas-Holger Maehle: *Kritik und Verteidigung des Tierver-*

suchs. Die Anfänge der Diskussion im 17. und 18. Jahrhundert, Steiner 1992, sowie das ältere Buch von Hubert Bretschneider: *Der Streit um die Vivisektion im 19. Jahrhundert,* Fischer 1962. Streitbar ist der wortgewaltige Essay des Schriftstellers Hans Wollschläger: *»Tiere sehen dich an« oder Das Potential Mengele,* Haffmans 1989. Radikale Kritik übt Pietro Croce: *Tierversuch oder Wissenschaft. Eine Wahl,* CIVIS 1988. Desgleichen Bernhard Rambeck: *Mythos Tierversuch. Eine wissenschaftskritische Untersuchung,* Zweitausendeins 1990. Bernard E. Rollin: *The Unheeded Cry. Animal Consciousness, Animal Pain and Science,* Wiley-Blackwell 1998, erweiterte Aufl.; Larry Carbone: *What Animals Want: Expertise and Advocacy in Laboratory Animal Welfare Policy,* Oxford University Press 2004. Differenzierte Kritik übt auch Winfried Ahne: *Tierversuche. Im Spannungsfeld von Praxis und Bioethik,* Schattauer 2007. Um möglichst genaue Kriterien für die Legitimität von Tierversuchen bemüht sich Norbert Alzmann: *Zur Beurteilung der ethischen Vertretbarkeit von Tierversuchen,* Narr Francke Attempto 2016.

Alcatraz oder Psychotop?

Die genannten Bildbände über das Elend von Zootieren sind Virginia McKenna, Bill Travers und Jonathan Wray (Hrsg.): *Gefangen im Zoo. Tiere hinter Gittern,* Zweitausendeins 1993, sowie: Projektgruppe »Panthera«: *Der Zoo. Fotografien von Tieren in Gefangenschaft,* Echo 1994. Zur Geschichte der Zoos siehe Robert J. Hoage und William A. Deiss (Hrsg.): *New Worlds, New Animals,* Johns Hopkins University Press 1996; Annelore Rieke-Müller und Lothar Dittrich: *Der Löwe brüllt gleich nebenan,* Böhlau 1998; Eric Baratay und Elisabeth Hardouin-Fugier: *Zoo. Von der Menagerie zum Tierpark,* Wagenbach 2000. Eine geschichtliche Betrachtung der Repräsentation von »Natur« als Kultur im Zoo macht Norbert M. Schmitz: *Der Zoo als wahres, weil ästhetisches Bild der Natur. Die zivilisatorische Leistung des Zoologischen Gartens,* in: Hans Werner Ingensiep: *Das Tier in unserer Kultur. Begegnungen, Beziehungen, Probleme,* Oldib 2015, S. 105–139. Über die Entwicklung und das Selbstverständnis von Zoos informieren Linda Koebner: *Zoo Book. The Evolution of Wildlife Conservation Centers,* Forge 1994; Vicki Croke: *The Story of Zoos: Past, Present, and Future,* Scribner 1997; im deutschsprachigen Raum: Dieter Poley (Hrsg.): *Berichte aus der Arche,* Thieme 1993. Eine umfassende Bilanz bis in die Achtzigerjahre zieht Jeremy Cherfas: *Zoo 2000. A Look Beyond the Bars,* Crown Publications 1987. Die World Conservation Strategy der WAZA auf Deutsch: *Die Welt-Zoo-Naturschutzstrategie. Die Rolle von Zoos und Aquarien im Weltnaturschutz,* Köln 1997 (Vertrieb in den Zoos). Die Ethik von Zoos diskutieren aus Sicht von kritischen Befürwortern im angloamerikanischen Raum Bryan G. Norton, Michael Hutchins, Elizabeth E. Stevens und Thierry L. Maple (Hrsg.): *Ethics on the Ark. Zoo and Aquarium Biology, and Conservation Series,* Smithsonian Institution Press 1995. Über die Diskussion um artgerechte Zooanlagen informiert David J. Shepherdson, Jill D. Mellen und Michael Hutchins (Hrsg.): *Second Nature. Environmental Enrichment for Captive Animals,* Smithsonian Institution Press 1998. Ein Klassiker der zookritischen Literatur in den Achtzigerjahren ist: Emilio Sanna: *Verrückt hinter Gittern. Von den Leiden der Zootiere,* Heyne 1987. Harte Kritik aus Tierrechtsperspektive übt Dale Jamieson: *Gegen zoologische Gärten,* in: Peter Singer (Hrsg.): *Verteidigt die Tiere,* Neff 1986, S. 164–178. Ebenfalls radikale Kritik übt Stefan Austermühle: *… und hinter tausend Stäben keine Welt. Die Wahrheit über Tierhaltung im Zoo,* Rasch und Röhrig 1996. Die Menschenaffenhaltung in deutschen Zoos prangert Colin Goldner an: *Lebenslänglich hinter Gittern: Die Wahrheit über Orang-Utan, Gorilla und Co in deutschen Zoos,* Alibri 2014. Gemäßigter wägen ab Stephen Bostock: *Zoos and Animal Rights*, Routledge 1993; TIERethik, Zeitschrift zur Mensch-Tier-Beziehung, 02/2014, Heft 9: *Zoo*, Monsenstein und Vannerdat 2014.

Das Zeitalter der Einsamkeit

Über die Erhaltungszuchtstrategie der Zoos berichtet sehr ausführlich Colin Tudge: *Letzte Zuflucht Zoo. Die Erhaltung bedrohter Arten in Zoologischen Gärten*, Spektrum 1993. Siehe dazu auch Gunther Nogge: *Über den Umgang mit Tieren im Zoo. Tier- und Artenschutzaspekte*, in: Paul Münch und Rainer Walz: *Tiere und Menschen. Geschichte und Aktualität eines prekären Verhältnisses*, Schöningh 1998, S. 447–457. Gegen die Erhaltungszucht argumentieren mehrere Beiträge in Eberhard Schneider, Hans Oelke und Herbert Groß (Hrsg.): *Die Illusion der Arche Noah. Gefahren für die Arterhaltung durch Gefangenschaftszucht*, Echo 1989. Über erfolgreiche Wiederansiedlungsprojekte informieren Tim W. Clark, Richard R. Reading und Alice L. Clarke (Hrsg.): *Endangered Species Recovery. Finding the Lessons, Improving the Process*, Island Press 1994.

Das unversöhnliche Triumvirat

Über Ökologie und Artenschutz berichtet der Klassiker von Edward O. Wilson: *Der Wert der Vielfalt. Die Bedrohung des Artenreichtums und das Überleben des Menschen*, Piper 1995. Eine Übersicht über den Stand der Dinge zu Beginn der Neunzigerjahre liefert ders. (Hrsg.): *Ende der biologischen Vielfalt? Der Verlust an Arten, Genen und Lebensräumen und die Chancen für eine Umkehr*, Spektrum 1992. Stephen R. Kellert: *The Value of Life. Biological Diversity and Human Society*, Island Press 1996; Richard Leakey und Roger Lewin: *The Sixth Extinction. Patterns of Life and the Future of Humankind*, Doubleday 1995. Eine neuere Bilanz zieht Josef H. Reichholf: *Ende der Artenvielfalt? Gefährdung und Vernichtung von Biodiversi-*

tät, Fischer 2008; ders.: *Stabile Ungleichgewichte. Die Ökologie der Zukunft,* Suhrkamp 2008. Eine katastrophale Aussicht liefert Derrick Jensen: *Endgame. Zivilisation als Problem,* Pendo 2008. Das Verhältnis des Menschen zur Natur in kulturphilosophischer Sicht beleuchtet Gernot Böhme: *Anthropologie in pragmatischer Hinsicht. Darmstädter Vorlesungen,* Suhrkamp 1985; ders.: *Natürliche Natur. Über Natur im Zeitalter ihrer technischen Reproduzierbarkeit,* Suhrkamp 1992. In die Debatte um die »Bioethik« führen ein: Dieter Birnbacher (Hrsg.): *Ökologie und Ethik,* Reclam 1980; Johann S. Ach und Andreas Gaidt (Hrsg.): *Herausforderung der Bioethik,* Frommann 1993; Anton Leist, Dieter Sturma und Bert Heinrichs: *Handbuch Bioethik,* Metzler 2005. Zur Naturethik siehe: Angelika Krebs (Hrsg.): *Naturethik. Grundtexte der gegenwärtigen tier- und ökoethischen Diskussion,* Suhrkamp 1997. Aus der philosophischen Werte-Ökologie seien genannt James E. Lovelock: *Gaia. A New Look at Life on Earth,* Oxford University Press 1979; Hans Jonas: *Das Prinzip Verantwortung,* Insel 1979; Klaus Michael Meyer-Abich: *Wege zum Frieden mit der Natur. Praktische Naturphilosophie für die Umweltpolitik,* Hanser 1984; ders.: *Aufstand für die Natur. Von der Umwelt zur Mitwelt,* Hanser 1990; Vittorio Hösle: *Philosophie der ökologischen Krise,* C.H. Beck 1994, 2. Aufl.; Andreas Weber: *Alles fühlt. Mensch, Natur und die Rebellion der Lebenswissenschaften,* Berlin Verlag 2007. Gegen Tierschutz und Tierrecht argumentiert aus Sicht von Naturschützern Einhard Bezzel: *Liebes böses Tier. Die falsch verstandene Kreatur,* Droemer Knaur 1994, 2. Aufl. Die ethischen Konflikte der Ökologie diskutieren Konrad Ott: *Ökologie und Ethik. Ein Versuch praktischer Philosophie,* Attempto 1994, 2. Aufl., sowie Dietmar von der Pfordten: *Ökologische Ethik,* Rowohlt 1996, und ders. und Julian Nida-Rümelin (Hrsg.): *Ökologische Ethik und Rechtstheorie,* Nomos 1995. Über die »Kondor-Kriege« berichten Noel F. R. Snyder: *The California Condor*

Recovery Program. Problems in Organization and Execution, in: Tim W. Clark, Richard R. Reading und Alice L. Clarke (Hrsg.): *Endangered Species Recovery. Finding the Lessons, Improving the Process,* Island Press 1994, S. 183–204; John Moir: *Return of the Condor. The Race to Save Our Largest Bird from Extinction,* The Lyons Press 2006. Die Tierrechtsposition in der Umweltethik macht Tom Regan stark, in: *All That Dwell Therein. Animal Rights and Environmental Ethics,* University of California Press 1982. Ebenso Dale Jamieson: *Ethics and the Environment. An Introduction,* Cambridge University Press 2008.

Schopenhauers Treppe

Zum Anthropozän siehe: Bernd Scherer und Jürgen Renn: *Das Anthropozän. Ein Zwischenbericht,* Matthes und Seitz 2015; Jürgen Manemann: *Kritik des Anthropozäns. Plädoyer für eine neue Humanökologie,* transcript 2014. Über den Gesamtzusammenhang von Massentierhaltung, Welthunger und Politik reflektieren Peter Singer und Jim Mason: *What We Eat And Why It Matters,* Arrow 2006; Eric Holt-Giménez und Raj Patel: *Food Rebellions! Crisis and the Hunger for Justice,* Food First Books 2009; dies.: *Food Movements Unite! Strategies to Transform Our Food System,* Food First Books 2012. Einen philosophischen Überblick und politischen Ausblick zur Ernährung entwirft Harald Lemke: *Die Politik des Essens. Wovon die Welt morgen lebt,* transcript 2012. Über Tiere als »nicht-triviale Maschinen« schreibt Harald Welzer in: *Die smarte Diktatur. Der Angriff auf unsere Freiheit,* Fischer 2016.

Dank

Wenn mir bei der Bearbeitung dieses zwanzig Jahre alten Textes manches als bleibend und richtig erscheint, so denke ich auch heute an jene Menschen, die mir damals mit klugem Rat und gutem Gespräch zur Seite standen: Hans-Jürgen und Georg Jonathan Precht, Hans Werner Ingensiep und Heike Baranzke, Manuela Linnemann, Manuel Schneider, Konrad Hamacher, Elmar Anhalt, Frank Esken, Gunther Nogge und Helmut Pechlaner. Zudem möchte ich hiermit all denjenigen ungenannten Tierschützern und Tierschützerinnen danken, die mir damals auf ungezählten Lese- und Vortragsreisen so freundlich begegnet sind.

Personenregister

Zitatnachweis

Der aufrechte Affe: Das Zitat von Erich Kästner stammt aus dem Gedicht: »Elegie mit Ei«. Abgedruckt in: Erich Kästner: *Herz auf Taille,* dtv, München 2005, 10. Aufl.
Sinn und Sinnlichkeit: Das Zitat von Claude Lévi-Strauss ist aus *Mythologica I. Das Rohe und das Gekochte,* übersetzt von Eva Moldenhauer, Suhrkamp, Frankfurt am Main 1971.
Die Tücke des Subjekts: Das Zitat von Eugen Drewermann stammt aus seinem Vortrag: »Haben Tiere eine Seele?«, gehalten am 20. Oktober 2015 in Bispingen.
»Kümmert sich Gott etwa um die Ochsen?«: Das Zitat von Franz-Josef Degenhardt ist eine Zeile aus seinem Lied »In den guten alten Zeiten«.
Schutz oder Recht?: Das Zitat von Elias Canetti ist abgedruckt in: Elias Canetti: *Über Tiere.* Hanser, München 2002.
Naturschutz oder Lustmord?: Das Zitat von Theodor Heuss ist abgedruckt in: Theodor Heuss: Der Bundespräsident. Briefe 1954–1959. Hrsg. und bearb. von Ernst Wolfgang Becker, Martin Vogt und Wolfram Werner, Walter de Gruyter, Berlin 2013.
Jenseits von Wurst und Käse: Das Zitat von Winston S. Churchill ist abgedruckt in: Winston S. Churchill: *Memoiren. Bd. 1/1. Von Krieg zu Krieg. 1919 bis 3. September 1939,* Scherz, Frankfurt am Main 1948.
Das Zeitalter der Einsamkeit: Das Zitat von Theodor W. Adorno ist abgedruckt in: Theodor W. Adorno: *Minima Moralia,* Suhrkamp, Frankfurt am Main 1969.

Unsere Leseempfehlung

576 Seiten
Auch als E-Book
und Hörbuch
erhältlich

Im ersten Teil seiner auf drei Bände angelegten Geschichte der Philosophie beschreibt Richard David Precht die Entwicklung des abendländischen Denkens von der Antike bis zum Mittelalter. Dabei verknüpft er die Linien der großen Menschheitsfragen und verfolgt die Entfaltung der wichtigsten Ideen. Er bettet die Philosophie in die politischen, wirtschaftlichen und sozialen Fragen der jeweiligen Zeit ein und macht sie auf diese Weise lebendig. So kann man sich einen tiefen Einblick in die Geschichte der Philosophie verschaffen. Tauchen Sie ein in die schier unerschöpfliche Fülle des Denkens!

www.goldmann-verlag.de
www.facebook.com/goldmannverlag

GOLDMANN
Lesen erleben